三國志よりみた邪馬臺國

——国際関係と文化を中心として——

渡邊義浩著

汲古書院

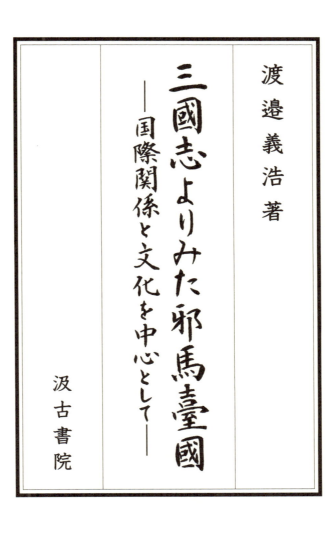

三國志よりみた邪馬臺國／目　次

序　章　邪馬臺國論争と三國時代の国際関係・文化　…… 3

第一篇　三國時代の国際関係と魏志倭人傳

第一章　後漢の匈奴・烏桓政策と袁紹　…… 35
はじめに
一、不臣から臣従へ
二、体制内異民族
三、陛下の赤子
四、於扶羅と蹋頓
おわりに

第二章　後漢の羌・鮮卑政策と董卓　…… 57
はじめに
一、外戚の軍事力と第一次涼州放棄論
二、羌族の自立と第二次涼州放棄論

三、西北列將と第三次涼州放棄論
四、董卓の外戚化と涼州兵
おわりに
第三章　曹魏の異民族政策……85
はじめに
一、志は征西將軍
二、天子と異民族
三、諸葛亮の陣没
おわりに
第四章　諸葛亮の外交政策……105
はじめに
一、草廬對の思想的位置
二、天下分割と荊州の帰屬
三、異民族の懐柔と公羊學
おわりに

第五章　孫呉の国際秩序と亶州 …… 131
はじめに
一、山越と武陵蠻
二、士燮と扶南
三、公孫氏と高句麗
四、亶州を求めて
おわりに
第六章　国際関係よりみた倭人傳 …… 151
はじめに
一、東夷傳注の西戎傳
二、二人の「親魏」王
三、陳壽の執筆意図と景初三年
おわりに

第二篇　魏志倭人傳の世界観と三國・西晉時代の文化

第七章　三國時代の文化と倭人傳の世界観……175
はじめに
一、「東南」の表現
二、里程を規定する世界観
三、倭國への好意
おわりに
第八章　鄭玄の經學と西高穴一号墓……201
はじめに
一、合葬の諸類型
二、後漢における合葬の記録
三、經學における合葬の解釈
四、明帝による鄭玄説の採用
おわりに

第九章　孫呉の正統性と國山碑 …… 221
はじめに
一、漢室匡輔の形成と限界
二、不安定な正統性と瑞祥
三、東南の運氣と禹の結合
四、國山碑に現れた孫呉の正統性
おわりに

第十章　張華『博物志』の世界觀 …… 253
はじめに
一、阮籍の影響
二、緯書に基づく世界觀
三、異民族への蔑視
四、世界觀の影響力
おわりに

終　章　邪馬臺國の真実……275
附　篇　魏志倭人傳譯注……301
文献表……335
あとがき……355

三國志よりみた邪馬臺國

――国際関係と文化を中心として――

序章　邪馬臺國論争と三國時代の国際関係・文化

はじめに

『三國志』巻三十 鮮卑・烏丸・東夷傳の倭人の条（日本では「魏志倭人傳」と呼ぶ。以下、倭人傳と略称）は、倭國と曹魏との朝貢・回賜関係、倭の諸国と道程、倭國の地誌と政治体制を記している（一）。このうち、倭の諸国とそこへの道程の解釈を中心とする邪馬臺國論争には、厖大な研究の蓄積がある（二）。それらの中でも有力な、邪馬臺國の所在をそれぞれ九州と畿内に求める両説は、倭人傳の記述が、日本の地理や歴史に対する現代的な常識に反しているため、さまざまな読み方の工夫を行っている（三）。

しかし、倭人傳の記述が日本の地理や歴史と合致するか否かは、『三國志』にとって二次的な問題に過ぎない。三品彰英〈一九四八〉が提唱したように、倭人傳の記述は撰者の考えのように読むことが必要である（四）。そのためには、「倭人傳」だけではなく『三國志』全体が抱える史料としての性格から、倭人傳の理念と現実を分けて論じなければなるまい。

本書は、三國時代の国際関係と曹魏国内の政治状況、および陳壽に代表される史家の世界観を踏まえた上で、三國時代の国際関係と文化より、倭人傳を『三國志』の一部として解読する。同時に、三國時代の国際関係、ならびに三國から西晉にかけての文化の一端を明らかにするものである。

序章では、邪馬臺國論争に対する本書の方法論を提示したのち、三國時代の国際関係と文化を概観していく。

一、倭人傳と邪馬臺國論争

二十四史の中で、日本に関する列傳を備えるものは十四、そのうち異民族の中で日本に関する記録の字数が最も多いものは、『三國志』だけである。それほどまでに力を込めて、陳壽が倭人傳を描いたのは、司馬懿の功績を宣揚するという目的に加えて、事実としても、倭國と曹魏が密接な関係を結んでいたためである。

倭人傳によれば、景初三（二三九）年から正始八（二四七）年までの九年間に、倭國から曹魏に使者を派遣したのは四回、曹魏から使者が派遣されたのは二回である。平均すると約一八年に一回となる遣唐使に比べ、はるかに頻度が高い。曹魏と邪馬臺國との密接な関係を記録する『三國志』に関する研究史より整理していこう。

1.『三國志』のなかの倭人傳

西晉の陳壽が著した『三國志』は、唐代より正史と位置づけられた紀傳體の史書である。紀傳體は、中国に複数の皇帝が濫立した時、誰を本紀に記すかにより、正統を表現する。陳壽は、魏書三十巻・蜀書十五巻・呉書二十巻という三部構成で『三國志』を著しながらも、魏書にのみ本紀を設けて曹魏の正統を示した。したがって、皇帝が世界を支配するという価値観を表現するための夷狄の列傳は、魏書にのみ附された。儒教において、中華の天子の德は、それを慕って朝貢する夷狄の存在によって証明されるためである。曹魏の中華としての正統を示すために設けられた唯一の夷狄傳が、『三國志』巻三十 烏丸・鮮卑・東夷傳である。したがって、曹魏に朝貢した倭人の記録は、反抗的な民族も多かった東夷傳のなかで、曹魏の正統性ならびにそれを継承する西晉の正統性を表現するため、政治的意図を含んだ記述となるのである。

『三國志』は、陳壽が一から書き記した史書ではない。魏書は、王沈の『魏書』と魚豢の『魏略』、呉書は韋昭の『呉書』という、先行する史書に多くを依拠している。(五)これらの先行する史書に加えて、陳壽は西晉の史官として、国家が保管する皇帝の制・詔や臣下の上奏文を見ることができた。そのなかでも制・詔は、陳壽のみならず、中国歴代の史官が原則として手を加えないものであるため、当時の史料がそのまま記録される。倭人傳のなかで、卑彌呼を親魏倭王とする制書の信頼性が最も高い理由である。それでも陳壽は、どの記録を採用して、どの記録を伏せるのかという作業を通じて、あるいは「春秋の筆法」と呼ばれる歴史叙述の方法により、自らの思いを表現したのである。

倭人傳は、最も史料的な価値の高い、倭國の朝貢と曹魏からの回賜（朝貢に対して、中華の恩恵を示すため、多くの物品を賜与すること）と、卑彌呼を親魏倭王に封建する制書を記した部分を最後に配置する。その前に、制書を与える対象となった倭國とは、どのような国であるのかを説明するため、倭の諸国とそこへの道程、倭國の地誌と政治体制を記している。これら三つの部分より構成される倭人傳の概要を整理しておこう。

(1) 倭の諸国と道程

帯方郡（朝鮮半島の中部）から邪馬臺國に至る道程の方位と距離、国ごとの官名・戸数・概況が記載される。さらに、卑彌呼の支配下にある国名が列記され、対立する南の狗奴國の記述もある。この部分の解釈が、邪馬臺國論争を惹き起こした。

(2) 倭國の地誌と政治体制

入墨（黥面・文身）から衣服・髪型・織物に始まり、鳥獣・兵器・衣食・葬儀・持衰（航海の安全を祈る者）・占い・飲食・寿命・婚姻といった倭國の地誌と、統治機構・刑罰・身分秩序などの政治体制、および倭の地全体の地理が記載される。

(3) 朝貢と回賜および制書

景初三（二三九）年に始まり正始八（二四七）年に至る、倭國からの四回の朝貢と曹魏の対応、および卑彌呼を親魏倭王に封建する制書が記載される。

邪馬臺國論争は、これらの三つの部分のうち、(1)「倭の諸国と道程」の解釈を中心とする。韓國から對馬・一支（壱岐）を経て、末盧（松浦）に着く。ここまでの道程は、諸説同じである。末盧の東南にある伊都國から先が、邪馬臺國論争の対象となる。それでも、伊都國より東南に進んで到着する奴國を現在の博多とすることは、ほぼ共通の理解となっている。奴國から先をどう解釈するかにより、九州説と大和説という邪馬臺國論争の二大学説が分かれることになる。

2. 邪馬臺國論争

邪馬臺國の所在をめぐる論争は、長い歴史を持つ。舎人親王らがまとめた『日本書紀』は、神功攝政三十九年、四十年、四十三年の各条に、倭人傳を引用し、神功皇后と卑彌呼を同一人物とし、邪馬臺國を大和と考えている。ただし、これらの引用は、『日本書紀』編纂当時のものであるという説と、後世の注記であるという説とが並立している。前者であれば、邪馬臺國論争は、実に奈良時代にまで遡ることになる。

江戸時代には、邪馬臺國の研究に先鞭をつけた松下見林の『異稱日本傳』（元禄六〔一六九三〕年）が、『日本書紀』

の考えに従って、「邪馬臺」を「やまと」と読み、卑彌呼を神功皇后であるとした。それを継承する形で、邪馬臺國の本格的な研究を始めた者が、新井白石である。白石は、「魏志は實録」と述べるように、倭人傳に全幅の信頼を寄せる。『古史通或問』（正徳六〔一七一六〕年）では、邪馬臺國を大和とし、卑彌呼を神功皇后とする『日本書紀』を継承して、倭人傳に見える對馬國以下を当時の地名に比定した。ところが、のちに著した『外國之事調書』（享保七〔一七二二〕年）では、邪馬臺國を筑後國山門郡であると自説を展開し、現在まで続く、邪馬臺國九州説と大和説の嚆矢となったのである。

一方、本居宣長は、『馭戎慨言』（安永七〔一七七八〕年）のなかで、曹魏への使者は、「熊襲などのたぐひなりしもの」が、神功皇后と偽って私的に派遣したものである、とする。そして、投馬國から邪馬臺國まで「水行十日、陸行一月」という記述が大和までの日程に合わないことを強調して、邪馬臺國は九州にある、としたのである。中国文化の影響を受ける以前の日本本来の心を追求する國學の立場からは、日本の皇后が中国に朝貢するなどあってはならないことである。こうした國學者としての立ち位置が、宣長を九州説に駆り立てたのであろう。

明治に入り、『古事記』『日本書紀』の紀年を研究した那珂通世が、「日本上古年代考」（明治二十一〔一八八八〕年）などにおいて、神功皇后の時代は、卑彌呼よりも一〇〇年ほど後になることを指摘すると、神功皇后と卑彌呼を同一視する説は、少なくなっていく。

それでは、卑彌呼は誰なのか。これこそが日本の起源と係わる、という問題意識のなかで、日韓併合の年にあたる明治四十三（一九一〇）年、九州説を代表する白鳥庫吉の「倭女王卑彌呼考」と、大和説を代表する内藤虎次郎（湖南）の「卑彌呼考」が公表された。

東京大学の東洋史学の開祖である白鳥庫吉〈一九一〇〉の九州説の特徴は、里数・日程の解明に努めた点にある。

本居宣長の九州説のみならず、その国体護持の思想をも尊重する白鳥は、倭人傳の里数・日程では、邪馬臺國が九州内に収まらないことについて、倭人傳の「里數の標準が概して短少にして、支那國に行はれたる古今の尺度に合」わないとし、一里を約四三四ｍとする漢魏の里制ではなく、一里を約七五〜九〇ｍとする短里を倭人傳が用いている、と主張した。さらに、不彌國から邪馬臺國までの「水行十日、陸行一月」の日程を、その間の「一國の名稱だに記さざるは、理に於て然るべからず」として、一月は一日の誤写である、とする。また、卑彌呼を「崇神天皇と同時代」の人であり、『日本書紀』が卑彌呼を神功皇后としたのは、その王権の「祭祀を以て政治の要道とする一種の神裁政治」のあり方が、共通であったことによる。そして、「女王國の興亡及び其の滅亡」が、「景行天皇及日本武尊」の九州北部の平定と神功皇后の「三韓を征伐」する好機になった、としたのである。

大和説をとる内藤湖南が、後年、國學的な大義名分論に基づく九州説に抗するには勇気を要した、と述懐しているように、戦前は国体護持との係わりから優位を占めた九州説であるが、白鳥説以降も里数・日程の解釈には苦心を続けてきた。そのままでは北九州に邪馬臺國が収まらないためである。こうした距離の問題を解決するため、戦後まもなく発表されたものが、榎一雄〈一九四七〉であった。

榎一雄〈一九四七〉は、倭人傳の里程・日程記事が、伊都國の前後で記述方法を異にすることに注目する。すなわち、瀚海を渡った後、對馬國から伊都國までは、前に接する土地からの①方位と②距離を示した後に、到着する③国名があげられる。「①東南に陸を行くこと②五百里で、③伊都國に到着する」という記述方法である。これに対して、伊都國から邪馬臺國までは、最初に①方位をあげてから③国名をかかげ、その後に②距離が示される。「①東南にすすんで③奴國に至るまで②百里」という記述方法である。榎は、この記述方法の違いは、前者が連続的に狗邪韓國から對馬國・一支國・末盧國を経由して伊都國に至る道筋を表現し、後者が放射状に伊都國を起点として、伊都國から奴國、伊都國から不彌國、伊都國から投馬國、伊都國から邪馬臺國のそれぞれに至る道筋を表現するために用いられた、としたのである。

これにより邪馬臺國は、筑後の山門か肥後の山門の地に、位置づけられることになった。それとともに、帯方郡から邪馬臺國まで、一万二千里という倭人傳の記述をも実証できることになり、井上光貞《一九六〇》は、「ここに九州説は磐石の基礎を得た」と、榎の「放射説」を高く評価した。

しかし、榎への反論は、三品彰英〈一九四八〉により即座に行われた。三品は、榎の読み方を特異であるとし、『魏志』の撰者は、他の部分で倭地は南に延長された島國で、會稽東冶の東方に迄のびてゐると考証してゐるのであるから、……榎氏の讀方は、たとへ巧妙であっても、撰者の考へた如くでないことは右によつて明瞭である」と述べる。さらに、「日本列島が南方に敷列してゐると云ふことは、明らかに日本の地理と矛盾するけれども、……吾々の持ってゐる地圖上の日本列島を、南の方に敷列せしめるやうに、しかも不正確な形に歪めて、九十度の轉回を試みるのが撰者の考へに即する所以である」と提案して、大和説に不利とされてきた方位の問題を解決する新説までを主張したのである。

九州説は、方位が不利とされる大和説に対して、距離に問題を抱えていた。それを克服するために、白鳥の短里説や榎の放射説が主張された。しかし、現在では考古学の進展により、さらなる弱点が指摘されている。第一は、四世紀とされていた古墳築造の開始年代が三世紀の前半まで遡ることが解明され、その時期には、九州よりも大規模な古墳が、近畿・中国地方に存在していること。第二は、九州説が邪馬臺國の所在を主張する北九州の弥生遺跡の優位性が、三世紀に入ると失われることである。とりわけ、これまで集落遺跡を欠いていた大和に、纏向遺跡が発見されたことは、日本考古学の趨勢を大きく大和説に傾かせている。

一方、京都大学の中国史学の鼻祖である内藤虎次郎（湖南）〈一九一〇〉の大和説の特徴は、地名・人名・官名の詳細な考証にある。内藤は、詳細な地名考証を行うと共に、邪馬臺國の位置について、「投馬國より水行十日陸行一月といへる距離も、奴國あたりより投馬までの距離を水行二十日と算するに比しては、無理なりとせず。又當時七萬餘戸を有する程の大國は、之を邊陲の筑紫に求めんよりも、之を王畿の大和に求めん方穩當なるに似たり。此れ余が邪馬臺國を以て、舊說の大和に復すべしと思へる理由」であると述べ、卑彌呼を倭姫命（日本武尊の叔母、神話的な初代斎宮）に擬定する新説を提示したのである。

ただし、倭人傳のままでは、方位が異なるため、不彌國以降の南は東の誤りであるとした。その際、「支那の古書が方向を言ふ時、東と南と相兼ね、西と北と相兼ねるは、その常例」である、と述べるに止まったこともあり、橋本増吉〈一九一〇〉の全面的な批判など、多くの反論を受けた。すでに述べた、日本列島を南方に延びる形で考える三品彰英の説は、方位の問題を解決しようとする試みであった。

それでも、大和説は、考古学から多くの支持を集めた。高橋健自〈一九二二〉は、卑彌呼の時代が古墳時代であるという前提から、畿内に成立した古墳が東西に伝播すること、前漢の鏡が北九州に、後漢・三國の鏡が近畿に多いことを論拠に、邪馬臺國は大和にあると主張した。また、笠井新也〈一九二四〉は、卑彌呼を倭迹迹日百襲姫命（大物主神の妻）であるとし、箸墓古墳をその墓と考えた。戦後になると、小林行雄《一九六一》が、同笵鏡論（同一の鋳型を用いて鋳造した鏡〔同笵鏡〕の分布より古墳を分析する議論）により、卑彌呼の遺使に係わる三角縁神獣鏡が舶載品であることを主張し、邪馬臺國大和説の理論的な支柱を確立したのである。

もちろん、大和説にも弱点はある。倭人傳の民俗・風俗が南方系であること、近畿以西に存在したはずの吉備國や出雲國の詳細に触れられないまま、近畿圏まで含む道程の記述とみなすのは不自然であることなどは、その代表的指摘である。

以上のように、邪馬臺國論争のなかで有力な九州説と大和説は、倭人傳の記述が、日本の地理や歴史に関する現代的な常識に反しているため、さまざまな読み方の工夫をしている。九州説では距離、大和説では方位の工夫がされてきたのである。

また、論争の中では、邪馬臺國がいかなる国家であるのか、という議論も展開された。それについては、佐伯有清《一九七一》・《一九八一～八二》・《一九八二》・《二〇〇六》という有益な学説史整理がある。もちろん、武光誠・山岸良二《一九九八》のように、戦後、邪馬臺國についての多くの仮説が出されてきたが、そのなかには学界の共有財産となりうるような成果は数えるほどしかなく、明治時代もしくは大正時代までの研究成果を身につけることがまず必要であり、最近の雑多な研究に目を奪われると、邪馬臺國研究の本質を見失ってしまう恐れがある、という意見もある。しかし、戦後の研究では、邪馬臺國あるいは倭國という国家の構造や性質を追究することで、さまざまな邪馬臺國像が提示されている。

九州説の立場から、邪馬臺國を国家連合と位置づけ、戦後の研究に大きな影響を与えたものが、藤間生大《一九五〇》である。弥生の中期には、生産力の地域的不均等が現れ、奴隷も生まれ、身分もできてくるが、奴隷制的生産関係ではなく、共同体的な社会構成が支配的な段階である。卑彌呼は、国家連合のなかで、その体制に君臨するものではない。卑彌呼は、各国の王（族長）勢力の均衡のなかで共立されており、王たちによって制約もされている。北九州の弥生式遺跡が、中期以降みるべきものがないのは、卑彌呼の国家連合が共同体的な社会構成の枠内にとどまっていたためで、それはやがて畿内の連合政権によって征服されていく、としたのである。

これに対して、上田正昭〈一九五八〉は、大和説の立場から、邪馬臺國に古代専制国家の萌芽をみる。邪馬臺國と服属国との関係は、「ルーズな連合」や単なる「部族連合」ではなく、「一大率」や邪馬臺國内部の官制によっても明らかなように、身分と階級をはらむ支配者集団の統属関係であり、そこには初期専制君主制の形態を見いだすことができる。女王共立の基盤は、列島全体の国々を主体とするものではなく、邪馬臺國を中心とする畿内諸勢力の共立であり、この段階では、すでに王権は父権を中心に特定の支配者集団に固定しつつあった。権力の基盤としての共同体は、原始的形態のそれではなく、いわゆる「アジア的形態」と規定されるものであって、奴隷制を内包する共同体的諸関係が初期専制君主の性格を特色づけている、としたのである。

上田正昭〈一九五八〉の主張に対して、九州説に立つ井上光貞《一九六〇》は、共立の主体は、地方の諸小国と見なすべきである、とする。その上で、倭國は邪馬臺國をはじめとする諸小国の連合からなる「邪馬臺國連合」であるとし、このような時代の社会は「英雄時代」、政治体制は「原始的民主制」にふさわしい、とした。上田により、原始的民主制が批判されると、井上は時間の経過に伴う王権の変容を説いて自説を強化する。井上光貞〈一九六六〉は、邪馬臺國を宗主とする政治的連合体は、二世紀の六〇年代前後の大乱のなかから生まれたその当座においては、まさに部族連合的なものであったけれども、三世紀の三、四〇年代、魏の朝廷が自己の使者や倭人の使者を通じてナマナマしく観察した時には、この統合体は、既に一つの原始国家となっていた、と説いて、時間の経過に伴う王権の変容を主張したのである。

上田・井上論争が問題とした「共立」の事例について、牧健二〈一九六二〉は、『三國志』烏丸・鮮卑・東夷傳を検討することにより、連邦を形成していた倭國を構成する諸国が、卑彌呼を共立したものである、と主張した。一方、山尾幸久〈一九六七〉は、女王「共立」を陳壽の儒教的思想の産物である、としている。

あるいは、邪馬臺國の理解に際して、東アジア全体に視野を広げて、日本古代国家が成立する際の重要な条件として国際的契機を重視すべきことを説いた者が石母田正である。石母田正〈一九七一〉は、邪馬臺國の女王卑彌呼は、二つの顔を持っていた、という(六)。

石母田が主張する卑彌呼が持つとする二つの顔、すなわち、国内に向いている「鬼道ニ事エ」るシャーマン的女王の顔と、外部に向いている「親魏倭王」としての鋭敏な国際感覚を持つ開明的な君主としての顔という理解については、後者の開明的な君主という考え方に疑問が残る。本書は、卑彌呼の国際感覚について、中国史の立場から捉え直しを試みよう。

3. 本書の方法論

史書に偏向が含まれることは、陳壽の『三國志』に限らない。むしろ、ゆがみを持たない記録を求める方が難しい。したがって、歴史学は、史料の信憑性と正確性を文献解釈により批判する内的史料批判と、史料の出所や伝来過程を調べる文献考証である外的史料批判により、歴史的事実を解明する。

中国史学において、内的・外的な史料批判に基づき、本文の正しさを検証する方法論を自覚的に採用したものは、『三國志』に附せられた裴松之の注が最初である（渡邉義浩〈二〇〇三b〉）。それは、儒教に従属していた「史」が自立するなかで、自らの方法論を模索する試みから生まれた。倭人傳についても、裴松之が東夷傳の終わりに厖大な注を付けることによって、陳壽の記述の偏向を際立たせている。

『三國志』は、陳壽が著してから、南宋で刊本になるまで、約千年間の抄本の時代を経て伝わった。まだ裴注も付けられていない、東晉の抄本が六種、西域より出土している(七)。流布して間もないにも拘らず、現行の『三國志』と文字の異同がある。しかも、現行本の文字の正しい場合が多い。抄本の写し手は、人間であるから間違いを犯す。それも、興味を牽かない部分は誤りやすい。残念ながら、倭人傳は、愛情を持って写されていなかったようである。

『三國志』の版本のなかで最良とされてきたのは、南宋の紹興本と紹熙本を組み合わせて影印した百衲本である。それを明の北監本を校刻した清の武英殿本、明の南監本を校印した金陵活字本、汲古閣本を校刻した江南書局刻本という三種の本により校勘したものが、中華書局より一九五九年に出版された標点校勘本である。そのいずれにおいても、邪馬「臺」國は、邪馬「壹」國と表記されているのである。

古田武彦〈一九六九〉は、「原文をみだりに改定すべきではない」として、内藤湖南以来、史料批判により改めてきた「邪馬壹國（壹を臺に改める）」「景初二年（二を三に改める）」などの字句をそのまま読むべきであるとし、その後、独創的な説を展開して、邪馬壹國を博多湾沿岸の奴國の故地にある、としている。

これに対して、佐伯有清〈一九七〇〉は、「現存する古刊本は十二世紀のものにすぎず、……写本として伝わっていく過程で当然誤写が起こりえた」と批判した。また、尾崎雄二郎〈一九七〇〉は、倭人語を表した漢字は、古田の述べるような「卑字」「貴字」という価値判断を伴ったものではなく、韻書（発音引きの漢字字書）に並べられた漢字グループのなかから、機械的に最初の漢字を選んだものに過ぎないと述べ、古田説の論拠を否定している。

こうした『三國志』の文字の異同や記述の矛盾、他の史書との比較や人名・地名・官職の検討などは、清において古文献を実証的に研究した考證學者を中心に、多くの成果が積み重ねられてきた。それらをまとめたものが、盧弼の『三國志集解』（民國二十五（一九三六）年）である。前者について、『三國志集解』は、次のように述べている。

> 范書は邪馬臺國に作る。邪馬臺は即ち日本語の「太和」の二字の譯音なり。此れ壹に作るは誤りなり。日本國志に、「神武天皇 太和の橿原に卽位す」と。[八]

「范書」は『後漢書』であり、『後漢書』が「邪馬壹國」を「邪馬臺國」につくっていること、日本語の「太和」

という二字の音訳が「邪馬臺」であることを論拠に、盧弼は「壹」を「臺」の誤りとする。穏当な解釈と言えよう。

本書は、清朝考證學者によって行われてきた外的史料批判を踏まえながら、三國時代の国際関係と文化のあり方を解明することを通じた内的史料批判により倭人傳を解読することにより、以下の三点を明らかにしていく。

第一に、曹魏と邪馬臺國の密接な関係の背景にある三國時代の国際関係を明らかにする。第一章から第五章までがこれに当てられる。第二に、三國時代の国際関係と文化のあり方からの内的史料批判に基づいて、倭人傳の偏向を明らかにする。第六章・第七章がこれに当てられる。第三に、倭人伝の記述の歪みをもたらすような『三國志』の偏向の原因と倭人傳以外の事例を明らかにする。第八章から第十章までがこれに当てられる。

続いて、三國時代の国際関係と文化を概観していこう。

二、倭人傳を生んだ国際関係

三國時代は、漢という巨大な帝国の崩壊に伴い、国際関係にも文化にも、大きな変容が見られた時代である。そうした国際関係の変化の中で、倭國の存在が、中国史上初めて大きな意味を持ち、当該時代の歴史書に、邪馬臺國の存在が記録された。その記述内容を正確に把握するためにも、中国史の変革の時代を理解するためにも、三國時代の国際関係と文化のあり方を解明する必要がある。

もちろん、国際関係と文化を理解する前提として、三國時代の国家と社会のあり方を知らねばならない。それについては、すでに研究書を刊行しており[九]、ここで簡単に整理しておこう。

三國時代は、後漢「儒教國家」の崩壊を受けて、兩晉南北朝の貴族制が立ち現れる転換期である。後漢時代に豪族が規制力を持っていた社会は、文化の専有に基づく名声を基盤とする「名士」を支持する社会へと変貌を遂げた。三國時代における支配層である「名士」、並びにその後継者である貴族が、西欧の封建領主のような土地の所有を存立基盤として主権を分有する存在に転化しなかった理由は、かれらに身体化された儒教理念が、国家の官僚を理想としたことに起因する。

三國の政権構造は、君主と「名士」との関係によって、それぞれ異なる。諸葛亮を中心とする「名士」の勢力が強かった蜀漢では、「名士」は自己の地位を再生産するための九品中正のような制度を持つ必要がなかった。国家の制度もまた、国是である「漢室復興」に歩調を合わせ、漢のそれを継承するものが多かった。一方、君主権力の強い孫吳では、九品中正に似た大公平制度が形成されたが、それは十全な発達を見せなかった。君主の私的権力の強化が推進されたためである。これらの両国に対して、兩晉南北朝の国家のあり方、ならびに貴族制を準備したものが曹魏であった。曹魏は、屯田制などにより国家権力全体の強化・再編を行う一方で、「名士」を支配層とする新たな社会に対応し、「名士」層の存立基盤となっている名声の理由である儒教に対抗した。漢魏交代期における社会構造の変容に、最もよく対応した国家と評してよい。曹魏における国家権力の再編、すなわち農民の一人一人を再び把握していこうとする営みは、隋唐帝国における律令体制の淵源となる。また、皇帝権力による様々な文化的価値の認定に対抗しようとする「名士」の努力からは、多様な文化の専有者たる貴族が立ち現れる。

このような社会と国家のあり方を踏まえたうえで、本書は、三國時代の国際関係と文化を追究していく。それにより、日本に関する本格的な最古の記録である「魏志倭人傳」に記された邪馬臺國の理解を深めていきたい。ここでは、具体的な分析の前提として、三國時代の国際関係と文化を先行研究を踏まえながら概観するものである。[一〇]

1．曹操の抑圧策

曹魏の基礎を築いた曹操は、征西將軍になることが青年期の志であった。後漢は、後期から末期にかけて、チベット系の羌族の侵入に苦しみ、涼州を放棄すべきとの政策も議論されるほどであった(一一)。そうしたなかで、征西將軍は羌族との戦いを任され、段熲・皇甫嵩・朱儁といった後漢を代表する名将たちが就いた官職であった。そして若き日の曹操を愛し、曹操が自らの理想と慕った橋玄も、征西將軍であった(一二)。曹操は、かれらの後継者として異民族を討伐していく政策を国際関係の基本に据える。のちに、羌族は曹操の部下である夏侯淵に平定されていく。

これに対して、袁紹は、後漢を建国した光武帝劉秀の政策を継承して、河北に拠点を置くだけでなく、かつて光武帝の切り札となったモンゴル系の烏桓と友好関係を結んだ(一三)。袁紹は、烏桓の蹋頓に公孫瓚を攻撃させ、これを打ち破っている。袁紹は、朝廷の命令を偽造して蹋頓に單于の称号を与え、その協力を得て河北最強の勢力を誇った。それでも、建安五（二〇〇）年、袁紹は曹操に官渡の戦いで敗れた。建安十二（二〇七）年、曹操は、袁氏の残党を追いながら、太行山を越える大遠征を敢行し、蹋頓を斬り烏桓を滅亡させ、その精鋭を自らの軍に吸収する。

一方、前漢を苦しめたモンゴル系の匈奴は、南北に分裂し、南匈奴は後漢に服属していた。南匈奴の單于である於扶羅もまた、袁紹の味方をした。やがて、於扶羅は曹操に帰順するが、弟の呼廚泉は平陽で曹操に反乱を起こす。曹操はこれを平定し、建安十八（二一三）年、魏公になると呼廚泉を鄴に抑留、代わって右賢王の去卑に南匈奴を監督させた。のち匈奴は五部に解体され、漢を圧伏させていた昔日の栄光を失っていく(一四)。

曹操は、このように前漢を揺るがした匈奴、後漢を苦しめた羌族を服従させ、後漢の建国の切り札であった烏桓を吸収した。橋玄をはじめとする征西將軍たちの思いは、曹操に結実したと言えよう。

2．海に活路を求めて

建安十三（二〇八）年、赤壁の戦いで曹操を破った孫権であるが、人口の不足に起因する国力の劣勢は、支配領域内の山越を戸籍に組み込むだけでは如何ともし難かった[一五]。孫権は、そこで水戦という曹操に対する優位性を伸ばすとともに、人口問題の解決のため海上に活路を求める。孫権は皇帝に即位した黄龍元（二二九）年の秋、呂岱に命じて、東南アジアに使者を派遣した。皇帝が天下の支配者として天子である以上、その徳を慕って朝貢する夷狄が存在しなければならない。使者に応えて孫権に朝貢した、扶南（カンボジア）・林邑（南ヴェトナム）・堂明（ラオ人の国家）の諸国は、孫呉の国際秩序の中で南蠻に位置づけられたのである。このとき、呂岱が派遣した使者の朱應と康泰は、それぞれ『扶南異物志』『扶南土俗』を著している（杉本直治郎〈一九五六〉を参照）。それらによれば、かれらは、クシャーナ朝（大月氏國）のカニシカ王の孫にあたるヴァースデーヴァ王の使者と接触している。ヴァースデーヴァ王（波調王）は、曹魏の明帝により、太和三（二二九）年十二月、「親魏大月氏王」に封建される。大月氏國が、扶南と曹魏にほぼ同時に使者を派遣した理由は、ササン朝（二二六年〜）の勃興にある（本書第八章を参照）。

孫呉は、交州道経由で蜀漢背後の雍闓や南蠻と連携するだけではなく、海の道経由で西戎にもアプローチしていた。もちろん、海を経由して東夷に目を向けていたと考えてよい。後述するように日本から呉鏡が発掘される理由である。

3．後漢の融和政策の継承

劉備が建国した蜀漢は、正式な国号を漢（あるいは季漢）とするように、後漢を継承する国家であった。したがって、諸葛亮の外交政策は、草廬對に、「西のかた諸戎と和し、南のかた夷越を撫」すと述べるように、後漢の融和的な異民族政策を踏襲するものであった。

「南のかた夷越を撫」すは、南征および南中統治の基本方針となった。孫呉が背後で支援する南蠻の平定を目指す諸葛亮に、馬謖は南蠻の城ではなく心を攻めることを説く。孫呉との同盟を結び直したこともあり、諸葛亮は馬謖の進言を容れ、ほぼ戦うこともなく南方を平定する。

「西のかた諸戎と和」すは、第一次に代表される諸葛亮の涼州経由の北伐を支える戦略となり、姜維にも継承される。建興五（二二七）年より始まる諸葛亮の北伐は、直接、長安・洛陽を攻めるものではなく、涼州を拠点として長安を目指すものであった。したがって、涼州の背後にあたる西域の異民族や鮮卑に積極的な外交攻勢をかける。その結果、鮮卑は諸葛亮と同盟を結び、西域諸国は北伐に呼応して兵を出すことを約束したという（本書第四章を参照）。

ここで曹魏は、曹操以来の異民族への抑圧策を変更せざるを得なくなった。諸葛亮への対応を一任されていた曹眞は、西域諸国の背後にある大月氏國と結ぶことにより、西域の親蜀漢系異民族を牽制する。このために太和三（二二九）年十二月、ヴァースデーヴァ王に与えた称号が、「親魏大月氏王」であった。同じかたちの王号である「親魏倭王」が与えられる国際関係はこうして整えられた。[二六]「親魏大月氏王」が蜀漢に対抗するための異民族に与えられたことに対して、「親魏倭王」は孫呉に対抗するための異民族に与えられる。

4.「四国志」の可能性

諸葛亮の北伐に対抗するため、曹魏は東方に大きな力を裂くことができなかった。この間、遼東半島を中心に朝鮮・山東半島にまで勢力を伸ばし、孫呉、そして倭とも外交関係を結んでいたものが公孫氏である。[二七]諸葛亮が陣没し、曹魏が公孫氏を包囲する外交政策を展開すると、公孫氏は皇帝への道を登り始める。「四国志」の可能性である。これを阻止するため、曹魏の明帝は、景初二（二三七）年、司馬懿を派遣して公孫氏を殲滅する。

この功績を言祝いで、倭國の卑彌呼が使者を派遣してきた、と帯方郡は伝えた。したがって、倭人傳に使者派遣の年代が、公孫氏滅亡の直前である景初二年六月と記述されることは伝写の誤りであり、『日本書紀』の注にもあるように、景初三年六月が正しい。

卑彌呼の曹魏への第一回目の使者は、それ以降の使者に比べて、明らかに貢ぎ物がお粗末である。公孫氏へ、あるいは帯方郡への使者であったであろう第一回の使者が洛陽に至ると、曹魏は「親魏倭王」の称号を与える。遼東の公孫氏を滅ぼした権力者司馬懿の功績を褒め称えるためである。このため、邪馬臺國は孫呉の海上進出に対抗できる東南の大国とされた。帯方郡から一万二千里（洛陽からは一万七千里）の彼方にあるとされたのは、洛陽から一万六千三百七十里にある大月氏國との釣り合いのためである。また、約十五万戸の大国とされたのも、十万戸の大月氏國より大きな国であることを示すためであった（本書第七章を参照）。

5．日本から発掘される呉鏡

孫權は、扶南・林邑・堂明を朝貢させた翌（黃龍二〈二三〇〉）年、東方の珠崖・夷州・亶州に、衞溫・諸葛直が率いる一万の軍を派遣している。衞溫・諸葛直は、珠崖（海南島）よりも遠方の夷州（台湾）の数千人を連れ帰りながらも、罪に問われて殺された。夷州には到達したのであるから、亶州に辿り着けなかったことが処刑の原因である。

亶州は、『三國志』巻四十七 呉主傳に、徐福の移住した場所である、と明記されるため、古来、日本を指すと言われてきた。その際、注目すべきは、『後漢書』列傳八十五 東夷傳が、「亶州」を邪馬臺國の近辺に存在する倭國の一部と判断し、かつその起源を前漢のころ、「分かれて二十餘國」となっていた「東鯷人」と考え、『漢書』巻二十八下地理志下の東鯷人と呉主傳の夷州・亶州を結合した記事を『三國志』巻三十 東夷傳 倭國の条を踏まえた倭に関する記事の後に附していることである。孫權が探索させた亶州は、その実在の有無は別としても、倭國であると考えてよい（本書第五章を参照）。

すでに後漢の光武帝から王として金印を受けている倭國を朝貢させれば、孫呉の国際秩序において倭國は東夷に位置づけられる。孫權が、衞溫・諸葛直に一万人を率いて海上を探索させた理由は人狩りにはなく、一万人は孫呉の中華としての武威を示すためのものであった。衞溫・諸葛直は、この目的を果たせなかったが故に、罪に問われたのである。

兵庫県宝塚市安倉古墳からは、赤烏七（二四四）年銘鏡が出土している[一八]。三世紀における日本と中国との関係を邪馬臺國のみに限定して捉える必要はない。孫呉と国際関係を持っていた倭國の存在の可能性が、卑彌呼の死後、曹魏が使者を邪馬臺國に派遣して黄幢をもたらした理由である。敵国の背後にある異民族と結ぶことを原則とする三國時代の国際関係の中で、とりわけ東夷としての「亶州」を東の海に求める孫呉への対抗の必要性により、曹魏、そして司馬氏は邪馬臺國を重視し続ける。孫呉の国際秩序確立への努力は、曹魏が倭國と密接に結びつく国際的要因となっていたのである。

このため、司馬氏と倭との友好的な関係は、次の世代にも継承された。司馬昭の子司馬炎が西晉を建国し、母方の祖父王肅の説に基づいて天を祀ったその日、倭の女王（おそらく壱與）の使者は、司馬氏の德を示す東夷として、その儀禮に参列している（渡邉義浩《二〇一二b》）。

西晉「儒教國家」は、異民族との融和を掲げる国家であった。ところが、異民族の中国国内への移住が増えるにつれ、儒教の中華思想に基づき異民族を排除する考え方が蔓延、異民族は奴隷のように差別されていく。これへの反発が永嘉の亂を引き起し、西晉は滅亡、異民族は五胡十六國を建国する。倭からの使者の記録も途絶え、倭の五王の時代まで、中国と日本との外交関係は記録されなくなるのである。

三國時代は、前近代において、日本の存在が中国の国際関係において極めて重要な位置を占めた希有の時代なのである。

三、倭人傳の背後にある世界観

「古典中國」を形成した後漢「儒教國家」を承けて、[一九] 三國時代は未だ儒教が大きな規制力を持っていた。朱子以前の儒者を代表する鄭玄と王肅は、ともに三國時代を生きた。[二〇] 諸葛亮は、鄭玄から王肅へと学問を差し渡した荊州學を修め、自らの行動規範を『春秋左氏傳』に求めている。一方で、儒教を相対化するため、曹操が文學を宣揚したことを契機に、さまざまな文化に価値が見い出されていくのも、三國時代の文化の特徴である。兩晉南北朝の貴族が兼修を目指した「四學三教」、すなわち儒學・文學・玄學・史學の四學、儒教・道教・佛教の三教のそれぞれが、儒教から自立的な価値を有していくのである。[二一]

1．鄭玄と王肅

漢代の儒教を集大成した鄭玄の經典解釈の特徴は、壮大にして緻密な体系性のほか、その所説の宗教性の高さにある。鄭玄は、主として前漢の今文學者が偽作し、孔子の神秘化や予言を特徴とする緯書を經書の解釈に積極的に援用した。緯書の中には、文字通り經書を補う形で、經書の解釈を目的に著されたものも多かったためである。それは、今古文のすべての經典について、古文學系テキストを底本として今文學系の解釈で体系的に総合化しようとしていた鄭玄にとって、必要不可欠なものであった。このため、緯書に基づく鄭玄の經典解釈は、強い宗教性を帯びたのである[二二]。

鄭玄の生きた時代は乱世であった。後漢末に国政を壟断した董卓のブレーンとなってまで、乱れた漢を治めようとした蔡邕が、呂布と王允に殺された時、漢の世は誰と共に正せばよいのかと鄭玄は呻いた。このころから鄭玄の注は、観念の度合いを強める。鄭玄は、漢の事例を引きあいに周を説明することが多く、また漢を代表する儒者と位置づけられるため、鄭玄の注には漢の現実がそのまま反映されていると考えられることもあった。しかし、鄭玄は現実の国家としての後漢を見放していた。鄭玄の注は、来るべき次の時代に備えて、漢の価値観を集大成し、後世に伝えようとするものであった。それが、鄭玄の經典解釈の体系性を生み、かつその議論を観念的にしていたのである。

鄭玄の注は、当時としては非常な早さで各地に伝わった。四百年の長きにわたり存続した漢の崩壊を目の当たりにして、新たなる価値観が待ち望まれていたのである。漢魏革命を起こして後漢を滅ぼし、漢の国制を変更する必要のあった曹魏は、鄭玄の經典解釈に基づいて国制を定めていく。天の子である天子にとって最も重要な祭祀は、天の祭祀である。曹魏の第二代皇帝である明帝は、後漢で行われていた天の祭祀方法を鄭玄の「六天説」に基づく祭天儀禮に改めた。鄭玄の解釈の持つ宗教性や無矛盾の体系性により、君主権力を強化することを目指したのである[二三]。

一方、早く伝播したが故に、鄭玄説への反発も後漢末には生まれていた。荊州學である。荊州學とは、後漢末の荊州を支配した劉表に仕える宋忠を中心に、司馬徽など在野の学者も含んで成立した新しい儒教である。荊州學は、『周禮』『儀禮』『禮記』の「三禮」、とりわけ『周禮』により諸経を体系化する鄭玄に対して、『春秋左氏傳』を中心に据える。戦乱の春秋時代を歴史事実に重点を置いて描く『春秋左氏傳』は、乱世を治めるための具体的な規範を多く含んでいた。

荊州學の特徴は、人間中心の合理主義的な經典解釈にある。このため、漢代の儒教、そしてその集大成である鄭玄の經典解釈で大きな役割を果たしていた緯書の宗教性に批判を向けた。また、荊州學は、儒教を「經世濟民」に役立てることを重視した。司馬徽は、かれら自身を単なる学者とは峻別し、時務を識る「俊傑」と位置づける。その司馬徽の友人である龐德公から、次代を担う「名士」との意味で「臥龍」と評された者が、諸葛亮である。諸葛亮は、自らを管仲・樂毅に準え、宰相と将軍の才能をともに磨き、国家の経営にあたることを抱負とし、蜀漢を主体的に建国することで志を遂げていく（渡邉義浩〈二〇〇二b〉を参照）。

一方、荊州學を支えた宋忠から学問を受け、鄭玄に対する異議申し立てを經典解釈として展開した者が、王肅である。王肅は、鄭玄説に基づく明帝の禮制改革に反発する中から、自らの經學を練りあげ、緯書を否定する合理的な經典解釈を生み出した。加賀栄治《一九六四》は、ここに魏晉の「新」を見る。聖人孔子の神秘性や宗教性に縋るのではなく、論理の正しさ、合理性に、儒教經義の正当性を求めていく。王肅の經典解釈には、荊州學を淵源とする人間の理性に基づく合理性がある。王肅の緯書否定は、南宋の朱子に継承されていく。

2．文學

後漢末の建安年間（一九六～二二〇年）は、中國史上、初めて「文學」の価値が、国家により宣揚された時代である。その主唱者は曹操、『孫子』に注を付けるほど兵法に通じた時代の英雄は、自らの志を高らかに詩に唱った。そうした曹操の営為は、『尚書』堯典に、「詩は志を言ふ」と述べられている儒教の伝統の影響下にあった。それでも曹操は、荀彧ら「名士」層の価値基準で一尊の位置に置かれていた儒教、とりわけ春秋公羊學が「聖漢」と尊ぶ後漢を相対化するために、人事基準に文學を据えることで、新たな価値として文學を宣揚したのである〈渡邉義浩〈一九九五〉を参照〉。これに対して、儒教は、文學の宣揚による地位の低下を防ぐために、革命を容認する經義を組み立て、曹丕の即位を正統化する〈渡邉義浩〈二〇〇四〉を参照〉。

したがって、曹丕は、『典論』論文篇において、文學の独立を宣言することはなかった。その論理はあくまで『春秋左氏傳』の「立言不朽論」に基づくものであり、「一家の言」として「不朽」の価値を持つとされたものは、曹操の政策を正統化した徐幹の『中論』であり、自らの『典論』であった〈渡邉義浩〈二〇〇九b〉を参照〉。

弟の曹植も、「辭賦は小道」と述べ、兄の立場を継承するが、「小道」であるが故に、「辭賦」には表現のための仮構が許された。こうして曹植は、現代的な文學意識の高まりに基づく表現を追究していくことができたのである〈渡邉義浩〈二〇一二a〉を参照〉。曹植の自覚は、西晉の陸機に継承される。陸機は、「文賦」を著し、儒教的な文學理論である「詩言志」に「詩縁情」を対置し、抒情詩を表現する方法論を示した。ここに文學は儒教から自立したのである〈渡邉義浩〈二〇一三e〉を参照〉。曹植と陸機の間にあって、儒教から文學を、そして権力から文學を解き放そうとした阮籍・嵇康の作品も、三國時代を代表する文學である〈大上正美《二〇〇〇》を参照〉。

3．玄學・史學

『周易』『老子』『莊子』の「三玄」に兼通することを特徴とする玄學は、何晏・王弼らの「正始の音」により開始された。板野長八〈一九四三〉は、何晏・王弼の思想を、先王の道を道家的な立場、とくに莊子的な見地より再組織し、老莊的な道を儒教の道に見出したもので、儒教の体統の下における老莊的な要素の進出であった、とする。また、福永光司〈一九五八〉は、何晏の「無名論」に「有名」「無名の有名」「無名」の三者を挙げられることに着目し、堯や舜といった儒教の聖人が体得している「無名の有名」とは、実在世界に参入しながら、世俗の世界に立つことである、としている。

曹爽に評価された何晏は、吏部尙書として玄學に基づく人事を行い、新たな文化価値である玄學を宣揚して儒教に対抗した（渡邉義浩〈二〇〇一ａ〉を参照）。玄學もまた、皇帝権力からの自律性を当初から持つ文化価値として出発したわけではない。玄學に権力からの自律性を付与した者は、阮籍・嵇康である。阮籍は、喪中に有りながら、司馬昭の宴席で公然と酒肉を口にした。「孝」で求められる外在的な規範を無視することにより、偽善的で欺瞞に満ちた司馬氏の「孝」に、内的価値基準としての自分なりの「孝」を対峙させたのである。司馬昭は、阮籍が「毀頓」しているとして、非禮を責めなかった。阮籍なりの「孝」、すなわち「名士」阮籍の自律的価値基準を容認したのである（渡邉義浩〈二〇〇二ａ〉を参照）。玄學は、こうして君主権力からの自律性を獲得した。否、常に獲得できるとは限らなかった。嵇康は、曹魏の宗室と縁戚関係にあったためか、湯王・武王を謗ったことを理由に、司馬氏に殺されているのである（渡邉義浩〈二〇〇六ａ〉を参照）。西順蔵〈一九六〇〉は、司馬氏ら権力者が世間の絶対価値をたてまえにすぎぬ「にせ」だとすることに抵抗して、嵇康は是非善悪をはっきりさせ、志操を守ろうとし、「にせ」が私性にあることを批判して「釋私論」を著したとしている。

史は、帝王の記録であった。『漢書』を著していた班固は投獄された。國史を改作しているとの密告を受けたためである。ゆえに班固は釈放後、漢の徳と功業が高大で、符瑞・圖讖に応える神聖なものであることは、あたかも堯のようである、と漢を称えた（板野長八〈一九八〇〉を参照）。

漢の崩壊は、かかる束縛を史書より外した。ゆえに「名士」の自律的秩序の可視的表現である人物評価は、その立証のため多くの人物伝を生み出した。「名士」やその後身である貴族は、九品中正の「狀」を有利にする手段として史書を濫造したのである。それらの史書は、帝王の記録ではないため、史料批判が可能であった。裴松之の史料批判は、儒教の訓詁とは方法を異にし、諸本を広く収集・比較して歴史的事実を探究するもので、ここに中国における「史」の自立を求め得るのである（渡邉義浩〈二〇〇三b〉を参照）。

4．道教

後漢を崩壊させた黄巾の乱は、その紐帯に張角の太平道を置いていた。大淵忍爾〈一九五七〉によれば、漢代の社会を支えていた里社を中心とした共同体の崩壊が、かかる個人宗教を成立させたという。また、黄巾は、「蒼天 已に死す、黄天 當に立つべし。歳は甲子に在り、天下大吉」というスローガンを流布させたが、漢は火徳で赤がシンボルカラーなので、蒼天の意味が分かりにくい。宮川尚志〈一九八〇〉は、五行説とは関係なく青々とした天のことであるとし、鈴木中正〈一九八二〉は、それまでの青い空が黄色になるという自然界の一大異変、華北にしばしば起こる黄塵万丈の現象を予言するものである、としている。しかし、天は概念から考えていく必要があり、黄天は太平道の天である中黄太乙、蒼天は儒教の天である昊天上帝と理解できる（渡邉義浩〈二〇〇八a〉を参照）。

一方、少し遅れて漢中に勢力を張った張魯の五斗米道は、太平道と同じように符水により病気を治したが、靜室で過ちを自首・反省させたのちに（思過）、符水を飲ませることが特徴であった（二四）。

また、五斗米道は、曹操・曹丕を「真人」と位置づけ君主権力に迎合して、教派の存続を目指した。吉川忠夫〈一九七八〉が指摘するように、曹丕の革命に際して、五斗米道教団がそれを承認し推戴することは、その神性を内外に示すうえで一定の効果を有したと考えてよい。こうして曹魏の保護を受けた五斗米道は支配者層に受容され、琅邪の王氏・高平の郗氏といった貴族、東晉の簡文帝などの晉帝室の中心人物を信者とし得たのである。

道教という文化価値の特徴は、国家の支配を正統化する国家宗教としての側面と、民衆の信仰を集めて反体制的運動の中核となる側面という二面性を持つ点にある。貴族の文化価値の一部をなす道教は、前者のそれであった。

5．佛教

佛教の中國への伝来は、後漢の明帝期と言われるが、その本格的受容は、東晉・五胡十六國時代である。それでも、後漢末の光和二（一七九）年には、大月氏國から支婁迦讖が来て、『般舟三昧經』を漢訳したという[二五]。また、同じく大月氏國出身の支謙は、孫權の信頼を得て博士となり、東宮の輔導をつとめ、『維摩詰經』などを訳出した。

ただし、三國時代における佛教の受容は、資料の制約が大きく、分からないことが多い。『後漢書』を著した范曄は、祇洹寺の大檀越である范泰を父に持ちながら、神滅論者であり、佛教否定論者であった。それは、父の范泰が慧義たちと踞食論争を展開し、厳しくインド流の食事作法を批判したことに原因があると考えてよい（吉川忠夫〈一九六八〉を参照）。そのためか、後漢末に西域や南方から伝わった佛教に関する記述が、『後漢書』には十分に記されていない。また、『三國志』を著した陳壽は、制約があって四夷傳のうち、佛教の記述がなされるはずの西域傳・南蠻傳を立伝することができなかった。種本となった『魏略』には、西戎傳があるにも拘らず、陳壽がそれを踏襲しなかったのは、西域との国際関係を記すと、司馬懿の政敵であった曹爽の父曹眞が、諸葛亮と結んだ西域諸国を牽制するため大月氏國を朝貢させ、親魏大月氏王に封建できた功績を大書せざるを得なくなるためである。また、南蠻との国際関係を記すと、扶南・林邑・堂明の諸国が、孫呉に朝貢していたことを記さざるを得ず、曹魏の国際秩序が南蠻諸国に波及していなかったことを認める記述となるためである。

一方、三國時代の佛教に関する佛教側の資料は、道教との対抗のためか、佛教の浸透ぶりを誇張するものが多く、十分な信頼を寄せるに足りない。たとえば、唐の道宣の『廣弘明集』には、曹植の「弁道論」と「魚山の梵唱」を結合することにより、曹植を道教への批判者で、佛教の梵唱の創始者と位置づけている。鎌田茂雄は、曹植の佛教受容を主張するが、川合康三も述べるように、梵唄の創始者を曹植に帰するのは、唐以前最高の詩人とされる曹植に、後代の佛教者の立場から仮託されたものと考えてよい(二六)。

江南の寺院には、孫權との関わりを伝承として持つものが多い。したがって、三國時代の佛教研究は、こうした資料の問題を越えなければならないのである。

おわりに

中國史上、日本の存在が初めて大きな意味を持ったのは、三國時代であった。倭人傳を正確に理解するためにも、日本を含めた三國時代の国際関係の研究を進展させる必要がある。また、四學三教と並称されるような儒教以外の文化が価値を認められ、中国のみならず、日本文化にも大きな影響を与えていく端緒となるのも三國時代である。

『三國志演義』に代表される物語世界の時代としてだけではなく、その国際的・文化的な位置を明確に認識すべく本論に進んでいきたい。

《注》

(一) 東夷傳に記される諸国の中で、最多の一九八三字より成る「倭人傳」は、主として本文に記した三つの部分より構成される。その翻訳は多いが、佐伯有清《二〇〇〇》は、「倭人傳」で用いられている言葉の用例を中国の古典・史書に求めて調査しているほか、これまでの「倭人傳」の解釈の歴史にも触れている。
（二）それぞれの時点における邪馬臺國の研究史の集成に、三品彰英《一九七〇》、佐伯有清《一九八一～八二》、三木太郎《一九八九》がある。中でも、佐伯有清《一九八一～八二》は、基本論文を収録しており、有益である。
（三）佐伯有清《一九八一～八二》の解説は、新井白石・本居宣長に始まる邪馬台国論争を六期に整理する。また、ジャーナリストの立場からは、岡本健一《一九九五》が、畿内説・九州説を中心に論争の歴史を的確に整理している。
（四）三品彰英〈一九四八〉は、主として榎一雄〈一九四七〉の「放射説」と呼ばれる行程記事の解釈を批判し、陳壽が倭地は南に延長された島国で、會稽東冶の東方にまで延びている、とすることに留意すべきと主張した。
（五）魏書が魚豢の『魏略』に基づいたとする内藤湖南《一九四九》に対して、陳壽も魚豢も王沈の『魏書』に基づいたとする山尾幸久〈一九六七〉、陳壽は主として『魏書』に依拠し『魏略』を参照したとする満田剛〈一九九九〉があり、津田資久〈一九九八〉は、『魏略』研究の学説史整理を行う。また、韋昭の『呉書』については、高橋康浩《二〇一一》を参照。なお『三国志』の成立年代について、江畑武〈二〇〇〇、〇一〉が、太康五（二八四）年説を主張する。
（六）石母田の提唱した東アジア全体に視野を広げる、国際的な邪馬臺國の理解は、西嶋定生《一九九四》・《一九九九》などに継承されていく。
（七）『三國志』の抄本については、大川富士夫〈一九七八〉、片山章雄〈一九九一〉を参照。
（八）范書作邪馬臺國。邪馬臺卽日本語太和二字之譯音。此作壹誤。日本國志、神武天皇卽位於太和之橿原（『三國志集解』巻三十　東夷傳　倭人の条）。なお、『日本國志』は黄遵憲の著作である。
（九）以下、三國時代の社会と国家については、渡邉義浩《二〇〇四》、また、その要点に思想のあり方を加えた渡邉義浩《二〇一二a》も参照。
（一〇）谷口房男《一九九六》は、三國時代の国際関係を概観して、三國それぞれの異民族政策の相違を蜀漢の懐柔策、孫呉の討伐策、曹魏の懐柔と討伐の両面策と総括している。

(一一) 羌族については、内田吟風《一九七五ａ》、佐藤長《一九七八》、涼州放棄論については、森本淳《二〇一二》を参照。

(一二) 曹操と段熲・皇甫嵩・朱儁あるいは橋玄など西北列將との関係については、石井仁《二〇〇〇》を参照。

(一三) 烏桓については、内田吟風《一九七五ａ》を参照。

(一四) 匈奴全般については、内田吟風《一九七五ｂ》を参照。沢田勲《一九九六》は、匈奴を分かりやすく概述する。匈奴の五部分割については、町田隆吉〈一九七九〉を参照。

(一五) 山越については、川本芳昭《一九九八》を参照。また、川本芳昭《二〇〇四》は、中国史における諸民族の関係を論じて、分かりやすい。

(一六) 親魏大月氏王と親魏倭王との関係については、手塚隆義〈一九六三〉。それを広めたものは、岡田英弘《一九七六》である。また、これらの説への反論に、大庭脩《一九七一》・《一九九六》がある。

(一七) 孫呉と遼東との関係については、本書第五章のほか、重松俊章〈一九三七〉、西嶋定生〈一九七八〉を参照。

(一八) 梅原末治〈一九三七〉。このほか、車崎正彦〈二〇〇八〉、上野祥史〈二〇〇七〉も参照。

(一九) 「古典中國」については、渡邉義浩《二〇一二ｃ》、後漢「儒教國家」については、渡邉義浩《二〇〇九》を参照。

(二〇) 鄭玄と王肅を中心に、三國時代を中心とする「古典中國」と儒教との関係を概述したものに、渡邉義浩《二〇一二ａ》がある。

(二一) 貴族が「四學三教」の兼修を目指したことについては、森三樹三郎《一九八六》、吉川忠夫《一九八四》を参照。

(二二) 鄭玄の經學については、間嶋潤一《二〇一〇》を参照。また、堀池信夫〈二〇一二〉は、鄭玄学の研究動向を整理したものである。

(二三) 鄭玄の經學と政治との関わりについては、渡邉義浩〈二〇〇七ａ〉・〈二〇〇八ａ〉を参照。

(二四) 吉川忠夫〈一九八七〉、〈一九九四〉、土屋昌明〈一九九四〉を参照。

(二五)『出三藏記集』による。『般舟三昧經』の訳者とテキストについては、末木文美士・梶山雄一〈一九九二〉を参照。

(二六)鎌田茂雄〈一九八二〉第二章第一節「三国時代の仏教」、川合康三〈二〇一〇〉を参照。

第一篇　三國時代の国際関係と魏志倭人傳

第一章　後漢の匈奴・烏桓政策と袁紹

はじめに

後漢末、地球規模で約三度低下した平均気温は（一）、中国の生産力の中心を黄河流域から長江流域へと移していく一方で、北方・西方の異民族の中国への侵入をもたらした。北方・西方の異民族は、やがて四世紀には五胡十六國時代の諸国家を形成していく。北方・西方の異民族のみならず、朝鮮・日本といった東アジア諸国家の本格的な始動も同じく四世紀からであることは、三國・西晉という三世紀の中国国家が、漢四百年の伝統を受けながら、異民族に対する様々な政策を展開していった一つの証であろう。

黄巾の乱を契機に、後漢の衰退が誰の目にも明らかになっていたとき、後漢を守ろうとする異民族があった。右賢王の於扶羅に率いられた匈奴である（二）。また、官渡の戦に敗れた袁紹が卒し、追い詰められた袁紹の二子を守ろうとする異民族もあった。袁尚・袁熙を助けて曹操と戦った烏桓である（三）。

匈奴と烏桓は、なぜ後漢を、そして袁氏を守ろうとしたのであろうか。本章は、その理由を後漢の匈奴・烏桓政策から解明し、さらに袁紹の異民族政策との関わりを論ずるものである。

一、不臣から臣従へ

前漢武帝のとき、激しく漢と戦った匈奴が、漢に帰順したのは、宣帝の甘露三（前五一）年のことである。それに先立ち、宣帝は、来朝する呼韓邪單于への対応を集議に附していた。集議は、匈奴の單于の位を諸侯王の下に置くべきとする丞相の黄覇・御史大夫の于定國の議と、單于に不臣の禮を加え、位を諸侯王の上に置くべきとする蕭望之の議に分かれた。宣帝は、蕭望之の議を是とし、客禮によって呼韓邪單于を待遇し、その位を諸侯王の上と定めた（『漢書』巻七十八　蕭望之傳）。こうして漢は、匈奴と和親を結んだのである。

單于を臣下とすべきと説いた黄覇・于定國の議は、『春秋公羊傳』成公十五年の「春秋は、其の國を內として諸夏を外とし、諸夏を內として夷狄を外とす（春秋、內其國而外諸夏、內諸夏而外夷狄）」を論拠とする。これに対して、宣帝期に出現した『春秋穀梁傳』は、華夷混一の理想社会の実現を説いていた。そこで宣帝は、單于来朝の四ヵ月後、蕭望之を司会に石渠閣會議を主宰する。新たな匈奴政策の依拠すべき經典となった穀梁傳を公認するためである。會議の結果は「多く穀梁に従」い、宣帝の意向どおりとなった（『漢書』巻八十八　儒林　瑕丘江公傳）。ここに漢の華夷思想は、公羊傳の厳しい攘夷思想から穀梁傳の華夷混一へと大きく展開したのである[四]。

宣帝以来の匈奴との和親を破壊した者は、王莽である。王莽が漢の外交関係を一新して、夷狄を下に置く政策を展開した理由は、『禮記』曾子問と『春秋公羊傳』隱公元年に基づき構築された「天に二日無く、土に二王無き（天無二日、土無二王）」天下の「一統を大《たふと》（大一統）」ぶという世界観にある[五]。單于を臣下と位置づけられた匈奴は、中国への侵攻を繰り返し、莽新の崩壊を促す赤眉の乱を惹起する。

莽新に代わって後漢が建国された後にも、匈奴の侵攻は続いた。ようやく、建武二十四（四八）年になって、薁鞬日逐王の比が、祖父の呼韓邪單于の称号を継いだことを漢の五原塞に伝え、翌建武二十五（四九）年に、「稱臣」して「舊約」を修めた。大飢饉の中、匈奴は南北に分裂し、蒲奴單于（比の独立後は、北單于）から、南邊八部の「大人」に推戴された比が、醢落尸逐鞮單于（最初の南單于）となって独立し、呼韓邪單于と称して、後漢との和親を求めて来たのである。

南單于 復た使を遣はして闕に詣らしめ、藩を奉じて①臣と稱し、國の珍寶を獻じ、使者の監護を求め、侍子を遣はし、②舊約を修む。（六）

②「舊約」とは、ここでは宣帝の故事を指す。したがって、南單于の比は、自ら謙遜して①「稱臣」すれば、祖父の呼韓邪單于と同様、客禮により「不臣」として待遇されると期待したと考えてよい。ところが、光武帝がこれを集議に附すと、群臣は「夷狄の情は僞にして知り難く、許す可からず（夷狄情僞難知、不可許）」（『後漢書』列傳九 耿弇傳附耿國傳）として、南單于の申し出を拒否すべしとする意見が多かった。そうした中、ひとり耿國だけが宣帝の故事にならって南單于の申し出を受けることを主張し、光武帝はこれに従ったと記録される。（七）

しかし、外交の実態は、宣帝の故事とは異なるものであった。

（建武）二十六年、中郎將の段郴・副校尉の王郁を遣はし、南單于に使ひし其の庭を立てしむ。五原の西部塞を去ること八十里なり。單于 乃ち延《まね》きて使者を迎ふ。使者曰く、「單于 ①當に伏拜して詔を受くべし」と。單于 顧望すること 頃《しばらく》有りて、乃ち伏して②臣と稱す。拜し訖はりて、譯をして使者に曉さしめて曰く、「單于 新たに立ち、誠に左右に慙づ。願はくは使者 衆中にて相 屈折せしむること無かれ」と。骨都侯ら見て、皆 泣《なみだ》下る。郴ら反命するや、詔して乃ち南單于の入りて雲中に居るを聽す。（八）

光武帝の使者となった中郎將の段郴は、南單于に対して、その庭を五原の西部塞より八十里の地に立てさせる一方で、單于に①「伏拜して詔を受」けるよう要求する。南單于に臣禮を取らせようとしたのである。南單于は少したらったのち、やむなく②「臣と稱し」て光武帝の詔を受けた。穀梁傳に基づく宣帝の故事とは異なり、公羊傳の厳しい夷狄観が表出する後漢の外交政策の結果、匈奴は臣従を余儀なくされた。匈奴を保護・監視する使匈奴中郎將が置かれたのも、この時である。(九) 北匈奴との対決を控える南匈奴は、臣従してでも、後漢からの協力を得る必要があったのである。

こうして協力し得た後漢と南匈奴に攻撃され、衰退した北匈奴の優留單于は、章和七（八七）年、鮮卑に殺害される。後漢は、永元元（八九）年には、征西大將軍の耿秉と車騎將軍の竇憲に北匈奴を討伐させ、北單于を稽落山の戦いで大破する。さらに、永元二（九〇）年、南匈奴の休蘭尸逐侯鞮單于と共に、使匈奴中郎將の耿譚が北單于を襲撃し、永元三（九一）年、右校尉の耿夔の遠征により北單于を敗走させる（『後漢書』列傳七十九 南匈奴傳）。こうして、北匈奴は中華圏から姿を消したのである。

二、体制内異民族

漢に臣従した南匈奴は、歳ごとに使者を派遣して、人質の意味も持つ「侍子」を送って入朝させた。中華と夷狄として表現される儒教の世界観は、朝貢に来る異民族が中華の周縁に存在することを必須としていたためである。

單于　歳盡に輒ち使を遣はして奏を奉じ、侍子を送りて入朝せしめ、中郎將の從事一人、將領して闕に詣る。漢は謁者を遣はして、前の侍子を送りて、單于の庭に還らしめ、道路に交會す。元正に朝賀し、陵廟を拜祠し畢はるや、漢 乃ち單于の使を遣《や》り、謁者をして將送せしむ。綵繒千匹・錦四端・金十斤・太官の御食の醬、及び橙橘・龍眼・荔支を賜ひ、單于の母、及び諸々の閼氏・單于の子、及び左右賢王・左右谷蠡王・骨都侯の功善有る者に、繒綵を賜ふこと合して萬匹。歲ごとに以て常と爲す。（一〇）

南單于が毎年、使者を派遣し、上奏文とともに侍子を送ると、漢は謁者に先の侍子を送り返させる。元旦に朝賀し、陵廟を拝した後には、單于に使者を出し、きわめて多くの回賜を与えることが、「歲ごとに以て常と」されていたという。

こうした後漢の待遇に対して、比の子である休蘭尸逐侯鞮單于の屯屠何は、「臣らは漢の地に生長し、口を開きて食を仰ぎ、歲時の賞賜は、動《やや》もすれば輒ち億萬、垂拱して枕に安んずと雖も、報効の地無きことを慙づ（臣等生長漢地、開口仰食、歲時賞賜、動輒億萬、雖垂拱安枕、慙無報效之地）」と述べ、漢のために戦うことを誓っている（『後漢書』列傳七十九 南匈奴傳）。後漢が南匈奴を体制内に組み込み、その協力を引き出していることを理解できよう。

そうした物理的な戦闘力に加えて、南匈奴は理念的にも、後漢「儒教國家」（一一）の体制を支えていた。儒教では、天子が世界の支配者であることを表現するため、天子に朝貢する夷狄を必要とする。強力な夷狄が遠方から朝貢すればするほど、天子の徳は引き立つ。「儒教國家」は、その体制内に夷狄を必要としていたのである。南單于は、「儒教國家」の儀禮において、次のような役割を果たしていた。

東都の儀、百官・四姓親家の婦女・公主・諸王の大夫・外國の朝者侍子・郡國の計吏 陵に會す。晝漏上水、大鴻臚 九賓を設け、寢殿の前に隨立せしむ。（一二）

明帝が光武帝の原陵の上で始めた墓祭である上陵の儀禮において、陵に会する者のうち、「四姓親家の婦女」は、外戚の樊・郭・陰・馬氏の四姓とその親族の婦女であり、「公主」は皇帝の娘、「諸王の大夫」は、正月に璧を奉じて皇帝に拝賀する王の使者である。また、「郡國の計吏」は、毎年郡國から上京し、会計報告をするとともに、貢献物を上納して、中央と地方郡國との間の貢納・従属関係を更新する役割を果たしていた。[一三]「外國の朝者侍子」は、かれらと並んで、上陵の儀禮に参加している。しかも、「九賓」について、薛綜は、「九賓とは、王・侯・公・卿・二千石・六百石より下は郎・吏・匈奴の侍子に及ぶまで、凡そ九等を謂ふ」と述べ、「外國の朝者侍子」の中で、「匈奴の侍子」が特別に「九賓」として優遇されていたことが分かる。[一四]夷狄の中における匈奴の理念的な重要性が理解できよう。このように、南匈奴は、後漢「儒教國家」において、体制内異民族として欠くことのできない地位を確立していたのである。

こうした匈奴のあり方は、後漢「儒教國家」の経義を定めた『白虎通』における夷狄の定義にも、次のように反映している。

王者の臣とせざる所の者は三、何ぞや。二王の後、妻の父母、夷狄を謂ふなり。……夷狄なる者は、中國と域を絶ち俗を異にし、中和の氣の生ずる所に非ず、禮義の能く化する所に非ず、故に臣とせざるなり。春秋傳に曰く、「夷狄相誘《いざ》なはば、君子疾《にく》まず」と。尚書大傳に曰く、「正朔の加へざる所、即ち君子の臣とせざる所なり」と。[一五]

後漢「儒教國家」において夷狄は、殷と周の後裔である「二王の後」、外戚である「妻の父母」と並んで、王者が「臣とせざるもの」と位置づけられている。理念的には「不臣」の地位に置かれているのである。ただし、その理由は、夷狄が「中和の氣の生ずる所」ではないことに置かれている。こうした生まれが異なるとする夷狄観は、『春秋左氏傳』のそれである（渡邉義浩〈二〇〇八b〉を参照）。『白虎通』の夷狄の規定は、穀梁傳が述べるような、華夷混一の理想社会を求めるものではなかったのである。

こうした蔑視も影響したのであろう。南匈奴の内部で混乱が起こると、南匈奴が漢に叛くこともあった。順帝の永和五（一四〇）年には、南匈奴の左部の句龍王である吾斯が、車紐らと共に叛いている。度遼將軍の馬續は、国境部隊および烏桓・鮮卑・羌胡の計二万余人を動員し、これを撃破したが、吾斯の抵抗は続いた。これに際して、順帝は、叛乱には係わっていなかったにも拘らず、去特若尸逐就單于を詰問する。これを苦にした單于は、のちに自殺した。このため吾斯は、車紐を單于に立て、後漢に侵入したが、使匈奴中郎將の張耽は、單于の車紐を馬邑の戦いに大破し、後任の馬寔が刺客により吾斯を殺して、ようやく叛乱は平定された（『後漢書』列傳七十九 南匈奴傳）。ここでは、順帝が、句龍王の吾斯が叛いた責任を單于に追究していることに注目したい。漢は、單于を通じて、匈奴が漢に従うことを強制させていたのである。むろん、かかる統制は、叛かない場合には、匈奴への保護政策となって現れる。

同じく順帝のとき、朔方より以西の障塞の整備不良により、鮮卑が南侵して匈奴の漸將王を殺したことがあった。單于がこれを憂い恐れ、障塞の修復を求めると、順帝は匈奴を保護するために、障塞を修復している（『後漢書』列傳七十九 南匈奴傳）。後漢は、匈奴の保護者として、鮮卑から匈奴を守っているのである。

あるいは、桓帝は、延熹元（一五八）年に、叛乱を起こした伊陵尸逐就單于の居車兒を許し、その地位を保証している。

> 延熹元年、南單于の諸部 並びに畔き、遂に烏桓・鮮卑と與に緣邊の九郡に寇す。張奐を以て北中郎將と爲して之を討たしめ、單于の諸部 悉く降る。奐 單于は國事を統理すること能はざるを以て、乃ち之を拘へ、上りて左谷蠡王を立てんとす。桓帝 詔して曰く、「春秋は正しきに居るを大とす。居車兒は一心に化に向かふ。何の罪ありてか黜けん。其れ遣りて庭に還せ」（一六）と。

匈奴の諸部の叛乱を平定した張奐は、その原因を国事を統制できない單于に求め、これを拘束して左谷蠡王を擁立しようとした。ところが、桓帝は「春秋の義」を掲げて、單于更迭を防いだ。桓帝が掲げる「春秋の義」は、『春秋公羊傳』隠公三年の、「君子は正しきに居るを大とす（君子大居正）」を典拠とする。惠棟の『後漢書補注』は、居車兒が叛乱に加わらず、一心に漢の教化に向かっていたことを桓帝が「正しきに居る」という春秋の義によって評価した、と解釈する。首肯し得る見解である。桓帝は、『春秋公羊傳』に基づき、單于を保護して、匈奴が漢の教化の下に正しく居ることを目指したのであった。（一七）こうして体制内異民族の匈奴は、後漢に従い続けたのである。

また、後漢は、匈奴よりも劣る待遇ではあるが、烏桓にも体制内異民族としての地位を与えていた。もともと烏桓は、前漢武帝の匈奴との戦いの際より、漢のために匈奴の動静を探り、「大人」が歳ごとに朝見する体制内異民族で、前漢は護烏桓校尉を置いて、（一八）これを保護していた。王莽の対外政策を機に、烏桓も中国に侵攻していたが、後漢を建国した光武帝は、精鋭の烏桓突騎（幽州突騎）を擁する漁陽郡と上谷郡を軍事的な基盤とした。後世、「雲臺二十八將」と呼ばれる功臣に位置づけられた呉漢・蓋延・王梁（漁陽出身）、景丹・寇恂・耿弇（上谷出身）は、光武帝の騎兵の主力であった。天下を平定した光武帝は、長城外の烏桓を服屬させるため、伏波將軍の馬援を送り、三千の騎兵を率いさせ、五原關から出撃させたが成果はなかった。

それでも、光武帝の建武二十五（四九）年、烏桓の「大人」郝旦ら九百二十二人が、闕に至って朝貢する。そのとき、夷狄の中で烏桓は特別視されたことが、次のように伝えられている。

> 是の時 四夷 朝賀し、絡驛として至る。天子 乃ち命じて大いに會して勞ひ饗し、賜ふに珍寶を以てす。烏桓 或ひは留まりて宿衞せんことを願ふ。是に於て其の渠帥を封じて侯王・君長と爲す者 八十一人、皆 塞内に居り、緣邊の諸郡に布く。種人を招來し、其の衣食を給せしむ。遂に漢の偵候と爲り、匈奴・鮮卑を擊つことを助く。（一九）

烏桓は、数多の朝貢した夷狄の中で、例外的に「宿衞」を願い、漢から「侯王・君長」に八十一名の多きが封建され、「漢の偵候」となって「匈奴・鮮卑を撃つことを助」けた。そして、南匈奴と同様、このとき烏桓は中国内に移住を許された。遼東郡屬國・遼西郡・右北平郡・漁陽郡・廣陽郡・上谷郡・代郡・雁門郡・太原郡・朔方郡に分居し、また長城外の烏桓にも移住するよう働きかけさせた。烏桓が、匈奴よりもさらに従属性の強い体制内異民族であったことを理解できる。川本芳昭は、（一〇）長城という巨大な建造物を通じて分断されていた中国と胡が、それを乗り越える形で交流を顕在化させる始まりとして、これを注目すべき現象としている。

もちろん烏桓が、こののち漢に対して全く叛かなかったわけではない。明帝の永平年間（五八～七五年）には、漁陽烏桓の大人の欽志賁が部族を糾合して背き、鮮卑も後漢へ攻撃を始めた。遼東太守の祭肜は、欽志賁を暗殺し、これを平定している。また、安帝期には、漁陽・右北平・雁門の烏桓の率衆王である無何らが、鮮卑や匈奴と連合して、代郡・上谷郡・涿郡・五原郡を略奪した。安帝は、大司農の何熙に車騎將軍を兼任させ、近衛兵を旗下につけて、国境地帯の七つの郡と黎陽營の兵士、あわせて二万の軍で攻撃し、撃破した。これ以後、烏桓は、ふたたび後漢に接近したので、大人の戎末廆を都尉とした。順帝期に戎末廆は、配下の咄歸や去延らを率い、護烏桓校尉の耿曄に従って鮮卑を攻めて功績をあげ、それぞれ率衆王の位を与えられている。（一一）

このように、匈奴と烏桓は、後漢「儒教國家」が形成する中華と夷狄の世界観において必須とされる体制内異民族と位置づけられ、一時的に叛くこともあるにせよ、多くは漢のために戦い続けた異民族なのであった。

三、陛下の赤子

こうした匈奴と烏桓の漢との関係を背景に、漢の異民族観も変容していく。章帝期に行われた白虎観會議の議論をまとめた『白虎通』では、匈奴をはじめとする夷狄は、「中和の氣の生ずる所」ではないとされていた。これに対して、桓帝期に黨錮の禁に遭い、漢の再興を信じながら、『春秋公羊傳』に注を付けた何休は、「夷狄　進みて爵に至る」ことにより、「大平」が齎されると主張する。

『春秋公羊經傳解詁』隱公元年において、何休は次のように注をつけている。

〔傳〕見る所　辭を異にし、聞く所　辭を異にし、傳へ聞く所　辭を異にす。

〔注〕……①傳へ聞く所の世に於ては、治は①衰亂の中に起こるを見はし、心を用ふること尚ほ麤觕なり、故に①其の國を内にして諸夏を外にす。……②聞く所の世に於ては、治は②升平に見はれ、②諸夏を内にして夷狄を外にす。……③見る所の世に至りては、治は③大平に著はれ、③夷狄　進みて爵に至り、天下の遠近・小大は一の若し。(二二)

①衰亂（所傳）の世では、自国以外は華夏の諸国といえども外にするが、②升平（所聞）の世では、夷狄は外にしても華夏諸国には自他の区別を設けない。そして、③大平（所見）の世では、夷狄は進んで爵に至り、華夏と夷狄の区別も消滅して、天下はすべて一同に帰するというのである。(二三)　こうした何休注の夷狄との共存を目指す発想は、經學的には穀梁傳の影響として説明し得る。『穀梁廢疾』を著し、公羊の優位を主張した何休であるが、經典解釈に現れた夷狄観には穀梁傳の影響を色濃くみることができるのである。

しかし、何休が生きた後漢の現実は、「大平」とは程遠い有り様にあった。宦官の専横により国政は紊乱し、それを批判した李膺たちは、延熹九（一六六）年、黨人として禁錮された。第一次黨錮の禁である。何休が黨人の領袖である陳蕃の辟召を受け、現実政治の改革を目指したのは、桓帝の崩御を機に建寧元（一六八）年に、外戚の竇武が陳蕃を太傅に抜擢したためであった。ところが、翌建寧二（一六九）年、竇武と陳蕃が宦官の誅滅に失敗すると、何休は第二次黨錮の禁に連坐した。[二四]『春秋公羊經傳解詁』は、こののち黨錮を解かれる光和二（一七九）年までの間に著されたものとされる（『後漢書』列傳六十九下 儒林 何休傳）。したがって、何休の夷狄觀には、黨人の領袖であった陳蕃の異民族政策の影響もあった。陳蕃は、異民族について、次のように上奏している。

> 時に零陵・桂陽の山賊 害を爲し、公卿 議して遣はして之を討たしめんとす。……（陳蕃）曰く、「昔 高祖の創業するや、萬邦は肩を息ませ、百姓を撫養し、之を赤子に同じくす。今 二郡の民も、亦た陛下の赤子なり。赤子をして害を爲さしむるを致すは、豈に所在 貪虐にして、其れをして然せしむるには非ずや。宜しく嚴しく三府に勅し、牧・守・令・長を隠覈せしむべし。其の政に在りて和を失ひ、百姓を侵暴する者有らば、即ち便ちに擧奏し、更めて清賢奉公の人にして、能く法令を班宣するに情は愛恵に在る者を選ばば、王師を勞《わづら》はさずして、而して羣賊は弭息す可し」と。[二五]

陳蕃は夷狄の「山賊」もまた、「陛下の赤子」であるとして、その討伐に反対している。こうした陳蕃の夷狄認識は、夷狄もまた「天地の生む所」であるとする何休の夷狄認識と相通じる。陳蕃の場合には、さらに進んで、「陛下の赤子」すなわち、夷狄も中国を構成する一要素と認識しているのである。

何休は、經典解釈の整合性を保つ必要があった。ゆえに、陳蕃ほどに強く夷狄を「陛下の赤子」と位置づけられなかった。「大平」の世に至れば、「夷狄 進みて爵に至る」と述べることが、強い攘夷思想を含む公羊傳の經典解釈としては限界であったのだろう。

これに対して、陳蕃の思想は、自ら国政に関与する中で抱いた夷狄観である。陳蕃が夷狄を「陛下の赤子」と上奏した際に、国政を掌握していた者は、後漢の外戚の中で最も専横をきわめた梁冀であった（『後漢書』列傳五十六　陳蕃傳）。梁冀を始めとする後漢の外戚は、羌族などの夷狄を自らの軍に編入して軍事力を強化する一方で、奴隷のように搾取する異民族政策を遂行していた[二六]。陳蕃は、羌族などの夷狄を虐げていく、外戚に多く見られる異民族政策に対抗する中で、主として匈奴や烏桓に施行されていた後漢に伝統的な寛容を旨とする異民族政策を対置した。それによって、自らの政治の方向性を示したと考えてよい。

竇武は、梁冀と同じく外戚でありながら、宦官と対抗するために陳蕃と組んだ。そして、竇武と陳蕃が第二次黨錮の禁の際、宦官に殺害された後に、宦官の打倒を目指した者が、同じく外戚の何進であり、それを支えた者が袁紹であった。したがって、袁紹は、陳蕃の異民族政策を継承すべき政治的立場にある。それは、夷狄を体制内異民族として位置づけ、保護をする代わりにその軍事力を利用するという後漢の伝統的な異民族政策であった。

四、於扶羅と蹋頓

光武帝以来の体制内異民族として優遇されてきた南匈奴は、後漢における経典解釈の展開の中で形成されていく夷狄を許容する異民族観をも受けながら、黄巾の乱に際して後漢を援助する。單于の羌渠は、中平年間に右賢王の於扶羅の率いる援兵を派遣して、後漢を支援した（『三國志』巻一　武帝紀注引『魏書』）。中平四（一八七）年になって、前中山太守の張純が烏桓・鮮卑とともに叛乱を起こすと[二七]、ふたたび單于の羌渠は、靈帝の詔を受けて幽州牧の劉虞の指揮下に入るため、左賢王に兵力を授けて援軍とする（『後漢書』列傳七十九 南匈奴傳）。しかし、その負担は大きかった。

中平四年、前の中山太守たる張純 反畔し、遂に鮮卑を率ゐて邊郡を寇す。靈帝 詔して南匈奴の兵を發し、幽州牧の劉虞に配して之を討たしむ。單于 左賢王を遣はして騎を將ゐて幽州に詣らしむ。國人 單于の兵を發して已むこと無きを恐れ、五年、右部の醢落は休著各胡の白馬銅ら十餘萬人と與に反し、攻めて單于を殺す。[一八]

靈帝の期待に單于は応え続けようとした。しかし、匈奴の國人たちは、度重なる徴兵に耐えきれず、中平五（一八七）年、右部の醢落が單于の羌渠を殺害するに至る。これを受けて、後漢を支援してきた於扶羅が單于の位に即くが、羌渠を殺した國人たちは、別に須卜骨都侯を共立して單于に立てた。本国の國人たちから單于の地位を認められなかった於扶羅は、後漢を頼る。

持至尸逐侯單于の於扶羅、中平五年に立つ。國人の其の父を殺せし者 遂に畔き、共に須卜骨都侯を立てて單于と爲す。而して於扶羅 闕に詣りて自ら訟へんとす。會々靈帝 崩じ、天下 大いに亂る。單于 數千騎を將ゐ、白波賊と兵を合して、河內の諸郡に寇す。時に民 皆 保聚し、鈔掠するも利無く、而して兵 遂に挫傷す。復た國に歸らんと欲するも、國人 受けざれば、乃ち河東に止まる。須卜骨都侯は單于と爲ること一年にして死す。南庭 遂に其の位を虛しくし、老王を以て國事を行はしむ。[一九]

於扶羅は、自らの即位が國人に認められなかったことを後漢に訴え、後漢の力を借りて、自らの地位を守ろうとした。しかし、靈帝の崩御もあって、後漢は於扶羅を支援することができなかった。戻る場所を失っていた於扶羅は、河東郡に止まる。一方、國人の支持を得ていた須卜骨都侯が一年で卒すると、以後、南匈奴は單于を立てることができず、事実上ここに滅亡する。漢と命運を共にしたのである。

こののち、於扶羅は、反董卓連合軍が結成されると、張楊と共に袁紹に属した。袁紹こそ、後漢の体制内異民族政策の継承者であったためであろう。しかし、袁紹は、於扶羅の單于の地位を保証することはなかった。初平元（一九〇）年より、袁紹は、幽州牧の劉虞を皇帝に擁立しようとしており（『三國志』巻一 武帝紀）、後漢の朝廷より於扶羅に單于の地位を引き出すことができなかったのである。初平二（一九一）年、於扶羅は張楊を人質にとって袁紹に背いたが、袁紹配下の麴義に敗れた。初平四（一九三）年には、陳留郡に進出した袁術を黑山賊とともに支援する。皇帝を称する準備をしていた袁術にとって、北方の異民族を象徴する匈奴を勢力下に収めることは、理念的にも重要な意味を持った。しかし、袁術は曹操に敗れ、最終的に於扶羅は曹操に降服する（『後漢書』列傳七十九 南匈奴傳）。

一方、烏桓は、袁紹に従い続けた。於扶羅の離反に学んだのか、袁紹が烏桓を体制内異民族として積極的に位置づけたためである。

> 建安の初、冀州牧の袁紹、前將軍の公孫瓚と相 持して決せず。蹋頓 使を遣はして紹に詣りて和親を求め、遂に兵を遣はして助けて瓚を撃ち、之を破る。紹 制と矯りて蹋頓・難樓・蘇僕延・烏延らに賜ふに、皆 單于の印綬を以てす。(三〇)

袁紹と公孫瓚との対峙中(三一)、王を自称していた丘力居の子である樓班が年少であることに乗じて、烏桓の実権を握った従子の蹋頓は、自らの地位を確立するため、袁紹に協力して公孫瓚を撃つことを申し出た。袁紹は、朝廷の「制」と偽って、蹋頓・難樓・蘇僕延・烏延らに單于の称号と印綬を附与する。匈奴の南單于の不在をよいことに、その地位を烏桓に与えたのである。袁紹が、後漢の体制内異民族政策を継承していることを理解できる。ただし、ここで袁紹は、單于の地位を蹋頓一人に与えていない。蹋頓は、独裁的な権力を確立できてはいなかったと考えてよい。また、袁紹も、烏桓の権力者が一人になることを望まなかった。このため、烏桓の内部では混乱が続いた。

> 後に難樓・蘇僕延、其の部衆を率ゐて樓班を奉じて單于と爲し、蹋頓を王と爲すも、然れども蹋頓 猶ほ計策を

秉る。廣陽の人たる閻柔、少くして烏桓・鮮卑の中に沒し、其の種人の歸信する所と爲る。柔 乃ち鮮卑の衆に因り、烏桓校尉の邢擧を殺して之に代はる。袁紹 因りて柔を寵慰して、以て北邊を安んず。（二二）

蹋頓と同様、袁紹から單于の地位を与えられていた難樓・蘇僕延は、丘力居の子である樓班を單于に立てるため、政変を敢行した。しかし、蹋頓をも王の地位に留めたように、樓班を頂点とする権力もまた確立していなかった。そうした中、若い時に捕らえられ、烏桓と鮮卑のもとで成長した漢人の閻柔は、鮮卑部族の力を借りて、護烏桓校尉の邢擧を殺し、自ら護烏桓校尉に就いた。こうした混乱した状況に際して、袁紹は、閻柔をも懐柔して、烏桓との関係を安定化させた。

これにより、袁紹は全力を挙げて南下することができた。しかし、袁紹は、建安五（二〇〇）年、官渡の戦いで曹操に敗れ、建安七（二〇二）年、後継者を定めないうちに死去する。このため、袁紹の長子である袁譚は、三男の袁尚と対立し、曹操の離間策もあって、両者は武力で対立する。曹操の介入に敗れた袁尚が、二男の袁熙とともに逃げ込んだ先は、烏桓の蹋頓のもとであった。

紹の子たる尚の敗るるに及び、蹋頓に奔る。時に幽・冀の吏人の烏桓に奔る者は十萬餘戸、尚は其の兵力に憑り、復た中國を圖らんと欲す。曹操の河北を平ぐるに會《あ》たり、閻柔は鮮卑・烏桓を率ゐて歸附す。操 卽ち柔を以て校尉と爲す。建安十二年、曹操 自ら烏桓を征し、大いに蹋頓を柳城に破り之を斬り、首虜は二十餘萬人。袁尚 樓班・烏延らと與に皆 遼東に走《のが》るるも、遼東太守の公孫康、並《み》な斬りて之を送る。其の餘衆たる萬餘落、悉く中國に徙居すとしか云ふ。（二三）

蹋頓は、袁尚・袁熙を助けて曹操と戦った。しかし、烏桓の事情を熟知している閻柔が曹操に帰順したこともあって、柳城の戦いに敗れて斬られた。代わって、樓班・烏延らが袁尚・袁熙と共に遼東まで逃れたものの、遼東太守の公孫康に斬られた。残余の烏桓は、中国国内に強制移住させられ、その精強な騎兵は、曹操軍に組み込まれた(三四)。後漢の匈奴・烏桓政策を継承した袁紹の勢力もまた、ここに滅亡したのである。

おわりに

前漢期より和蕃公主を降嫁させるなど(三五)、後漢にとって、最も近しい夷狄であった匈奴は、後漢の祭祀体系にも組み込まれる体制内異民族であった。後漢は、南匈奴の單于を保護・統制し、匈奴もまた後漢を守るために戦った。もちろん、一時的には離反することもあったが、黃巾の乱を契機とする後漢の危機に際して、南單于は、漢の救援のために於扶羅を派遣した。しかし、混乱を極めていた後漢は、於扶羅に守ってもらうことも、於扶羅を守ることもできなかった。於扶羅は曹操に降服し、南匈奴は漢と命運を共にする。

こうした後漢の匈奴、さらには烏桓に対する後漢の体制内異民族政策を規定したものは『春秋公羊傳』であり、その注釋を集大成した何休は、陳蕃の故吏であった。政治的に陳蕃の後継者に当たる袁紹は、この異民族政策を継承する。このため、袁紹は、烏桓の協力を得て公孫瓚を打倒できたが、曹操には官渡の戦いで敗れる。それでも、烏桓は、袁紹の二子を助けて、曹操との戦いを続けていく。体制内異民族であった匈奴と烏桓は、最後まで自らの保護者であった後漢と袁紹を守ろうとしたのである。

後漢の異民族政策のすべてが、異民族との融和を目指す儒教理念に基づいて行われたわけではない。体制外異民族であった羌族には隷属を強い、それを外戚の基盤としていく。こうした外戚の後継者が董卓である。そして、羌族の抵抗には、徹底的な武力鎮圧を行うが、その主体となった西北列将の後裔、それが曹操である。これらの問題については、第二章・第三章で論ずることにしたい。

《注》

（一）青木栄一〈二〇〇七〉。より大きな視座で、気候変動と東アジア史との関係を論ずる妹尾達彦〈二〇一五〉も参照。

（二）匈奴に関しては、内田吟風《一九七五b》、林幹《一九八六》という代表的研究のほか、沢田勲《一九九六》、林幹《一九八三》、林幹《一九八四》、劉学銚《一九八七》、陳序経《二〇〇七》などがある。

（三）烏桓に関しては、内田吟風《一九七五a》、馬長寿《一九六二》という古典的研究のほか、船木勝馬《一九八九》、馬植傑〈一九九三〉、白翠琴〈一九九六〉などがある。

（四）以上の経緯を含め、兩漢時代の華夷思想については、渡邉義浩〈二〇〇八b〉を参照。

（五）王莽の世界觀とその対外政策については、渡邉義浩〈二〇一一〉を参照。

（六）南單于復遣使詣闕、奉藩①稱臣、獻國珍寶、求使者監護、遣侍子、②修舊約（『後漢書』列傳七十九 南匈奴傳）。

（七）『後漢書』列傳九 耿弇傳附耿國傳に、「（耿）國 獨り曰く、「臣 以爲へらく、宜しく孝宣の故事の如く之を受くべし」と。……帝 其の議に從ひ、遂に比を立てて南單于と爲す（〈耿〉國獨曰、臣以爲、宜如孝宣故事受之。……帝從其議、遂立比爲南單于）」とある。

（八）（建武）二十六年、遣中郎將段郴・副校尉王郁、使南單于立其庭。去五原西部塞八十里。單于乃延迎使者。使者曰、單于①當伏拜受詔。單于顧望有頃、乃伏②稱臣。拜訖、令譯曉使者曰、單于新立、誠慚於左右。願使者衆中無相屈折也。骨都侯等見、皆泣下。郴等反命、詔乃聽南單于入居雲中（『後漢書』列傳七十九 南匈奴傳）。

（九）南匈奴の内附については、内田吟風〈一九三六〉のほか、閔海霞・崔明徳〈二〇〇七〉を参照。後漢の南匈奴政策全般については、胡玉春〈二〇〇七〉、王平〈二〇〇八〉を参照。

（一〇）單于歳盡輒遣使奉奏、送侍子入朝、中郎將從事一人、將領詣闕。漢遣謁者、送前侍子、還單于庭、交會道路。元正朝賀、拜祠陵廟畢、漢乃遣單于使、令謁者將送。賜綵繒千匹・錦四端・金十斤・太官御食醬、及橙橘・龍眼・茘支、賜單于母、及諸閼氏・單于子、及左右賢王・左右谷蠡王・骨都侯有功善者、繒綵合萬匹。歳以爲常（『後漢書』列傳七十九　南匈奴傳）。

（一一）後漢「儒教國家」については、渡邉義浩《二〇〇九》を参照。

（一二）東都之儀、百官・四姓親家婦女・公主・諸王大夫・外國朝者侍子・郡國計吏會陵。晝漏上水、大鴻臚設九賓、隨立寢殿前（『後漢書』志四　禮儀上）。

（一三）上計吏については、鎌田重雄〈一九四三〉、曾我部静雄〈一九七〇〉を参照。

（一四）九賓、謂王・侯・公・卿・二千石・六百石下及郎・吏・匈奴侍子、凡九等（『續漢書』志四　禮儀上引薛綜注）。外國の侍子が匈奴に限定されなかったことは、『後漢紀』巻二十三　靈帝紀　建寧五年の条に、「西域三十六國の侍子」とあるように、西域の諸国からも侍史が送られていたことから明らかである。それらの中で匈奴は「九賓」として別格の扱いを受けたと考えてよい。

（一五）王者所不臣者三、何也。謂二王之後、妻之父母、夷狄也。……夷狄者、與中國絶域異俗、非中和氣所生、非禮義所能化、故不臣也。春秋傳曰、夷狄相誘、君子不疾。尚書大傳曰、正朔所不加、卽君子所不臣也（『白虎通』王者不臣）。『白虎通』は、陳立《一九九四》を底本とした。また、『白虎通』の後漢「儒教國家」における意義については、渡邉義浩〈二〇〇五b〉を参照。

（一六）延熹元年、南單于諸部並畔、遂與烏桓・鮮卑寇緣邊九郡。以張奐爲北中郎將討之、單于諸部悉降。奐以單于不能統理國事、乃拘之、上立左谷蠡王。桓帝詔曰、春秋大居正。居車兒一心向化。何罪而黜。其遣還庭（『後漢書』列傳七十九　南匈奴傳）。

（一七）こうした教化の結果、『後漢書』列傳七十九　南匈奴傳に、「夏、新たに降れる一部の大人たる阿族ら遂に反畔し、呼尤徽を脅して與に俱に去らんと欲す。呼尤徽曰く、「我は老いたり。漢家の恩を受けたれば、寧ろ死すとも相 隨ふ能はず」と（夏、新降一部大人阿族等遂反畔、脅呼尤徽欲與俱去。呼尤徽曰、我老矣。受漢家恩、寧死不能相隨）」とあるように、匈奴の溫禺犢王の呼尤徽は、漢家の恩を掲げて、漢への叛乱に加わらないとの意思を表明するに至っている。

（一八）護烏桓校尉、ならびに匈奴を統括した使匈奴中郎將については、船木勝馬〈一九七七〉を参照。なお、久保靖彦〈一九六三〉、林幹〈一九八七〉、何天朝〈一九八七〉もある。また、烏桓の南下については、李莎〈二〇一二〉を参照。

（一九）是時四夷朝賀、絡驛而至。天子乃命大會勞饗、賜以珍寶。烏桓或願留宿衞。於是封其渠帥爲侯王・君長者八十一人、皆居塞內、布於緣邊諸郡。令招來種人、給其衣食。遂爲漢偵候、助擊匈奴・鮮卑（『後漢書』列傳八十 烏桓傳）。なお、『後漢書』烏桓傳と『三國志』烏丸傳とを比較することで、それぞれの資料の偏向を指摘する吉本道雅〈二〇一〇〉には重要な指摘が多い。

（二〇）川本芳昭〈二〇〇九〉。また、川本の東アジアの諸民族と国家の全体像については、川本芳昭《二〇〇四》・《二〇一五》を参照。

（二一）以上、『後漢書』列傳八十 烏桓傳。また、趙紅梅〈二〇一二〉は、烏桓の後漢への朝貢をその従属性などにより三期に分類している。すなわち、朝貢活動が遼西・遼東烏桓を中心としていた光武帝の建武二十五（四九）年から明帝の永平十六（七三）年、降伏を乞うことが中心となる安帝の永初三（一〇九）年から桓帝の延熹九（一六六）年、三郡烏桓が朝貢の中心となる中平五（一八八）年から建安十二（二〇七）年の三期である。また、王慶献〈一九九一〉も参照。

（二二）〔傳〕所見異辭、所聞異辭、所傳聞異辭。〔注〕……於①所傳聞之世、見治起於①衰亂之中、用心尚麤觕、故①內其國而外諸夏。……於②所聞之世、見治②升平、②內諸夏而外夷狄。……至③所見之世、著治③大平、③夷狄進至於爵、天下遠近・小大若一（『春秋公羊經傳解詁』隱公元年）。

（二三）田中麻紗巳〈一九八八〉は、何休の「大平」について、中国国内の治世である狭義の太平を考え、さらにこれを展開した理想的な広義の太平をも描こうとした、としている。

（二四）黨錮の禁に関しては、渡邉義浩〈一九九一〉を参照。

（二五）時零陵・桂陽山賊爲害、公卿議遣討之。……（陳蕃）曰、昔高祖創業、萬邦息肩、撫養百姓、同之赤子。今二郡之民、亦陛下之赤子也。致令赤子爲害、豈非所在貪虐、使其然乎。宜嚴勅三府、隱覈牧・守・令・長。其有在政失和、侵暴百姓者、卽便擧奏、更選清賢奉公之人、能班宣法令情在愛惠者、可不勞王師、而羣賊弭息矣（『後漢書』列傳五十六　陳蕃傳）。

（二六）馬援から始まる、外戚が自らの軍事力に羌族など夷狄を編入する政策については、本書第二章を参照。

（二七）後漢末、遼西烏桓の丘力居、上谷烏桓の難樓は王を自称し、また、遼東屬國烏桓の蘇僕延は峭王、右北平烏桓の烏延は汗魯王と自称していた。中山太守であった張純は、亡命して丘力居の配下に入ると、自ら彌天安定王と号し、三郡烏桓の総指揮者となり、青・徐・幽・冀の四州を攻撃した（『後漢書』列傳七十九　南匈奴傳）。こうした張純のあり方は、涼州において韓遂や馬騰が羌族を糾合したことに似ており、漢民族が文化的格差を利用して異民族の指導者になっていく事例と考えられる。

（二八）中平四年、前中山太守張純反畔、遂率鮮卑寇邊郡。靈帝詔發南匈奴兵、配幽州牧劉虞討之。單于遣左賢王將騎詣幽州。國人恐單于發兵無已、五年、右部醯落與休著各胡白馬銅等十餘萬人反、攻殺單于（『後漢書』列傳七十九　南匈奴傳）。

（二九）持至尸逐侯單于於扶羅、中平五年立。國人殺其父者遂畔、共立須卜骨都侯爲單于。而於扶羅詣闕自訟。會靈帝崩、天下大亂。單于將數千騎、與白波賊合兵、寇河內諸郡。時民皆保聚、鈔掠無利、而兵遂挫傷。復欲歸國、國人不受、乃止河東。須卜骨都侯爲單于一年而死。南庭遂虛其位、以老王行國事（『後漢書』列傳七十九　南匈奴傳）。

（三〇）建安初、冀州牧袁紹與前將軍公孫瓚相持不決。蹋頓遣使詣紹求和親、遂遣兵助擊瓚、破之。紹矯制賜蹋頓・難樓・蘇僕延・烏延等、皆以單于印綬（『後漢書』列傳八十　烏桓傳）。

（三一）袁紹と公孫瓚の対決、それぞれの政権の特徴については、渡邉義浩〈一九九七〉を参照。

（三二）後難樓・蘇僕延、率其部衆奉樓班爲單于、蹋頓爲王、然蹋頓猶秉計策。廣陽人閻柔、少沒烏桓・鮮卑中、爲其種人所歸信。柔乃因鮮卑衆、殺烏桓校尉邢擧而代之。袁紹因寵慰柔、以安北邊（『後漢書』列傳八十　烏桓傳）。

(三三) 及紹子尚敗、奔蹋頓。時幽・冀吏人奔烏桓者十萬餘戸、尚欲憑其兵力、復圖中國。會曹操平河北、閻柔率鮮卑・烏桓歸附。操卽以柔爲校尉。建安十二年、曹操自征烏桓、大破蹋頓於柳城斬之、首虜二十餘萬人。袁尚與樓班・烏延等皆走遼東、遼東太守公孫康、並斬送之。其餘衆萬餘落、悉徙居中國云(『後漢書』列傳八十 烏桓傳)。

(三四) 曹操の烏桓征服については、張作耀〈一九九一〉、李大龍〈二〇〇五〉がある。曹操軍に組み込まれた烏桓については、張晉〈二〇一五〉を参照。

(三五) 前漢時代の和蕃公主については、佐々木満実〈二〇一一〉を参照。

第二章　後漢の羌・鮮卑政策と董卓

はじめに

後漢が異民族の中で、最も脅威としたものは羌族、次いで鮮卑である。中国史において羌族は、氐族とともに最も古く現れる部族の一つであるが、その脅威を反映して『後漢書』で初めて西羌傳が設けられた。前漢より続く断続的な羌族の反乱は、後漢になると急速に激しさを増した（一）。一方、鮮卑は、後漢が南匈奴とともに北匈奴と戦った際に、北單于を斬る功績を挙げていたが、桓帝期に檀石槐が現れてのち、急速に台頭して後漢と激しく対立するに至る（二）。

後漢では、羌族と鮮卑の侵攻が相次ぐ涼州を放棄しようとする「涼州放棄論」が三度上奏されたが、いずれも採用されなかった。それぞれの涼州放棄論の背景には、いかなる政治構造があり、却下された放棄論はなぜ繰り返し提出されたのであろうか。

また、後漢末における涼州の混乱に際して、その平定に向かいながら鎮圧はせず、涼州で自己の勢力を拡大し、やがて後漢の実権を掌握する董卓は、羌族といかなる関係を持っていたのであろうか。本章は、後漢の脅威であった羌族と鮮卑への異民族政策、およびそれと連動する後漢の政治構造を論ずるものである。

一、外戚の軍事力と第一次涼州放棄論

後漢の皇后は、光武帝の母である①樊氏（荊州南陽）を含めると、光武帝の②郭皇后（冀州常山）・③陰皇后（荊州南陽）、明帝の④馬皇后（司隷扶風）、章帝の⑤竇皇后（司隷扶風）、和帝の⑥陰皇后（荊州南陽）・⑦鄧皇后（荊州南陽）、安帝の⑧閻皇后（司隷河南）、順帝の⑨梁皇后（涼州安定）、桓帝の⑩梁皇后（涼州安定）・⑪鄧皇后（荊州南陽）・⑫竇皇后（司隷扶風）、靈帝の⑬宋皇后（司隷扶風）・⑭何皇后（荊州南陽）、獻帝の⑮伏皇后（徐州琅邪）・⑯曹皇后（豫州沛國）の十六名であり、後漢が実権を喪失していた獻帝期を除くと、荊州南陽（①樊③陰⑥陰⑦鄧⑪鄧⑭何）と司隷・涼州［司隷扶風（④馬⑤竇⑫竇⑬宋）・司隷河南（⑧閻）・涼州安定（⑨梁⑩梁）］に、その出身地を二分できる。(三)

荊州南陽は、光武帝の出身地であり、光武帝が軍事的拠点とした河北［冀州常山（②郭）］を含め、後漢の初期から中期にかけては、皇帝権力の基盤であった地域から皇后を選んでいたことが分かる。これに対して、後漢の中期以降は、司隷・涼州といった羌族との戦いを担う地域から皇后が選ばれるように変化している。しかも、⑪の鄧皇后は、梁冀の妻孫壽の舅である梁紀と母が再婚しており、宮中に入る際には梁氏を名乗っていた（『後漢書』卷十　皇后紀）。したがって、少帝（皇子辯）の生母であったが故に、後漢としては例外的に屠殺業者という地位の低い家柄から皇后となった⑭何皇后を除くと、⑦和帝の鄧皇后以降、外戚が権力を掌握した荊州系の皇后家は存在しない。しかも、実質的に荊州系最後の外戚となった鄧騭は、車騎將軍として羌族を討ち、大敗している（『後漢書』列傳九　鄧禹傳附鄧騭傳）。これに対して、司隷・涼州系の外戚、なかでも馬・竇・梁の三家は、羌族との戦いに活躍することで、將軍としての地位を維持し、大將軍・錄尚書事として輔政するという、後漢の外戚に典型的な権力形態を作りあげていく。

二つの外戚集団の転換点は、羌族との戦いにあったと考えてよい。これら馬・竇・梁の三家を荊州系と分けるために「河西の外戚」と呼ぼう。「河西の外戚」こそ、後漢の羌族政策の主たる担い手であった。

「河西の外戚」で最初に羌族と関わった馬援は、光武帝の建武十一（三五）年に提出された第一次涼州放棄論（提案者は朝臣とされ、不明）の反対者であった。

是の時、朝臣は金城の破羌よりの西は、塗《みち》遠く寇 多きを以て、議して之を棄てんと欲す。（馬）援 上言すらく、「破羌より以西、城は多く完牢にして、依りて固む可きに易し。其の田土は肥壌にして、灌漑 流通す。①如し羌をして湟中に在らしめば、則ち害を爲すこと休《や》まざらん。棄つ可からざるなり」と。（光武）帝 之を然りとす。是に於て武威太守に詔して、②悉く金城の客民を還らしむ。歸る者は三千餘口、各々 舊邑に反らしむ。援 奏して爲に③長吏を置き、城郭を繕ひ、塢候を起て、水田を開導し、勸むるに耕牧を以てす。郡中 業を樂しむ。又④羌豪の楊封を遣はして塞外の羌に譬説せしめ、皆 來りて和親す。又 武都の氐人の公孫述に背きて來降せし者は、援 皆 其の侯王・君長を復し、印綬を賜はらんと上る。帝 悉く之に從ふ。乃ち馬成の軍を罷む。（四）

馬援は、破羌縣より西を放棄すべきとする涼州放棄論に反対して、その議が光武帝の支持を得ると、②「金城」の「客民」「三千餘口」を帰還させ、③「長吏を置き、城郭を繕ひ、塢候を起て、水田を開導」するだけでなく、「耕牧」を勧めることで、郡を安定させた。その際、①「羌」を「湟中」にそのまま留まらせるべきではない、と述べ、また実際にも、④「羌豪の楊封」を派遣して「塞外の羌」を至らせているように、漢族だけではなく、積極的に羌族を徙民している。羌族の徙民地域は、「隴西太守の馬援 先零羌を撃破するに因り、徙して天水・隴西・扶風に致す（因隴西太守馬援撃破先零羌、徙致天水・隴西・扶風）」（『後漢書』巻一下 光武帝紀下）とあるように、涼州の天水郡・隴西郡だけではなく、自らの出身地でもある司隷扶風郡にまで及んだ。先零羌を徙民した三郡をはじめとする「隴漢」地方は、王莽期より馬援が力を振るっていた地域であった（『後漢書』列傳十四 馬援傳）。

（馬援）因りて北地に亡命し、畜牧を以て事と爲す。援の父は嘗て牧師令爲り、兄の員は護苑使者爲り、故人・賓客 多く之に從ふ。安定・天水・隴西の數郡に轉ずるや、豪傑 風を望みて至り、賓客 自づから環ること嘗に數十人たり。援 田畜すること日〻に廣く、羊は五・六千頭、馬は數百羣、穀は萬斛あり。乃ち歎じて曰く、「凡そ殖財なる者は、貴《たふと》ければ以て施すなり。不《しか》らずんば則ち守錢たる奴のみ」と。乃ち散じて以て昆弟・舊故に賑す。乃ち還りて長安に至る。（五）

馬援は、「羊は五・六千頭、馬は數百羣、穀は萬斛」を産み出す「田畜」経營、すなわち、牧畜を主とする農牧経營を行っている。これは、牧畜を主とする半農半牧民である羌族と同じ経営形態である。熊谷滋三は、馬・竇・梁という羌族と密接な関係を持った一族が、羌族を吸收して勢力の確保・拡大を目指す私的意図によって羌族を徙民した、と主張する。（六）首肯し得る見解である。

後年の事例であるが、徙民された羌族は、奴婢としても使役されていた。

羌衆 折傷し、種人 瓦解し、降る者は六千餘口なり。分ちて漢陽・安定・隴西に徙す。迷唐 遂に弱り、其の種衆は千人に滿たず、遠く賜支河首を踰へ、發羌に依りて居す。明年、周鮪 畏懦に坐して徵せられ、侯霸 代はりて校尉と爲る。安定の降羌たる燒何種、諸羌數百人を脅して反叛するも、郡兵 之を擊滅し、悉く弱口を沒入して奴婢と爲す。（七）

徙民された羌族は、兵として軍事的基盤に充当されたほか、兵に耐えない「弱口」は「沒入して奴婢」とされたという。こうして、体制外異民族である羌族は、外戚やその政策を継承する官僚たちによって、私的な奴婢として使役された。したがって、羌族と居住領域が近接する「河西の外戚」は、積極的に羌族を討伐して、討伐後に羌族を自らの勢力圏に徙民させたのである。体制内異民族である匈奴や烏桓が集団を維持しながら保護・統制を受けたことと対照的な対応と言えよう[八]。

明帝の永平元（五八）年には、「河西の外戚」である竇固が、馬援と同様の羌族の徙民策を行っている。その際、三輔に徙民された羌族は、「七千口」に及んだ（『後漢書』列傳七十七 西羌傳）。また、章帝の建初二（七七）年には、馬援の次子馬防が、羌族を討伐したうえで（『後漢書』列傳七十七 西羌傳）、投降した羌族を徙民している（『後漢紀』巻十一 章帝紀）。「河西の外戚」である梁統も、永平元（五八）年と建初二（七七）年の徙民に関わりを持っている。

このように、「河西の外戚」である馬氏・竇氏・梁氏は、自己の勢力の確保と拡大に羌族の内徙を利用した。熊谷滋三〈一九八八〉によれば、かれらのもとに徙民させられた羌族は、そののち概ね反乱を起こすことはなく、後漢中期以降の羌族反乱の主体となった者たちは、こののち内徙させられた者たちであった、という。

それでは、王莽の簒奪に鑑み、外戚の専横を防ごうとした光武帝から章帝までの後漢初期の皇帝たちは、「河西の外戚」の勢力伸長に直結する羌族政策をなぜ容認したのであろうか。

第一の理由は、匈奴が南北に分裂し、帰服した南匈奴を体制内異民族として位置づけ、それと協力して北匈奴に対抗することが、後漢初期の異民族政策の中心に置かれたことにある（本書第一章）。羌族を兵源とする「河西の外戚」は、北匈奴との戦いの主力でもあった。その軍事的基盤を形成するための羌族の徙民を止めることはできまい。

また、第二の理由は、羌族を体制内異民族とすることを試みた明帝の施策が失敗に終わったことにある。明帝は、羌族を自らの保護・統制下に置くべきと考えていた。あるとき、臨羌縣の縣長は、「比銅鉗」という百歳を超える婦人とともに、盧水胡を避けて郡縣にやってきた羌族がいささか法を犯したために、「比銅鉗」を捕らえ六・七百人を誅殺した。この措置に対して明帝は、羌族への「仁恵」を尊重すべしとの詔を下している。

昔 桓公 戎を伐つも仁惠無く、故に春秋 貶めて曰く、齊人なりと。今 國家は德無く、恩は遠きに及ばず、羸弱なること何の辜ありて、當に命を幷はすべし。夫れ長平の暴は、帝なる者の功に非ず、咎は太守・長吏の妄りに殘戮を加ふるに由る。比銅鉗 尙ほ生くれば、在る所に醫藥を致して養視し、其の種人を招かしめ、若し故地に歸らんと欲する者あらば、厚く之を遣送せよ。其の小種 若し手を束ね自ら詣り、功を效さんと欲する者は、皆其の罪を除け。若し逆謀有りて吏の捕らふる所と爲り、而して獄狀 未だ斷ぜざれば、悉く以て功有る者に賜へ。[九]

詔の典拠とされている『春秋公羊傳』莊公三十年には、「齊人 山戎を伐つ（齊人伐山戎）」という經文に、「此れ齊侯なり。其の人と稱するは何ぞや。貶せるなり（此齊侯也。其稱人何。貶）」と傳が付けられており、「仁惠」なく西戎を討伐した齊侯が批判されている。明帝は、羌族を「故地」に戻し、これを保護しようとしていたのである。

ところが、こうした明帝の詔にも拘らず、翌永平元（五八）年には、竇固・馬武により徙民が行われ続けている。一方、明帝の意を受けた謁者の竇林は、羌族の保護・統制のため羌族の滇岸を「歸義侯・漢大都尉」に任ずる。しかし、翌年、より有力な滇吾が降ると、これが「第一の豪」であると述べ、ともに闕に至って報告する。明帝は一つの種族に二つの「豪」が居ることに信が置けず、追及して竇林の官を免ずる。明帝が利害が相反する「河西の外戚」の竇林を用いたことは、失策であったと言ってもよい。それでも、滇吾の子である東吾は、父が漢に降服したため、塞内に居住して後漢に従っていたが、弟の迷吾たちが漢を寇盗することを止められなかった（『後漢書』列傳七十七 西羌傳）。こうして、羌族を体制内異民族に位置づける試みは放棄されていくのである。

二、羌族の自立と第二次涼州放棄論

安帝の永初四（一一〇）年、龐参により、第二次涼州放棄論が提議される。その背景から、確認しよう。迷吾は一時、馬防に一時討伐されたのち、章和元（八七）年、護羌校尉の張紆により殺害された[一〇]。迷吾の子である迷唐に対して、護羌校尉の聶尚は「文徳を以て之を服せしめんと欲」したが、明帝以来の保護・統制政策は失敗した。そこで、後任の護羌校尉の貫友は分離政策を採り、財貨により羌族を分断した。その後も迷唐との抗争は続いたが、やがて、曹鳳の上言を機に、漢族を涼州に移住させる屯田策を推進する一方で、降服した羌族を三輔に徙し、漢の郡県を強化する政策を遂行していく。この結果、羌族は居住地を失い、徙民先の郡県に使役されて、不満を鬱積させていく[一一]。

時に諸〻の降羌、布《あまね》く郡県に在り。皆 吏人・豪右の徭役する所と爲り、積むに愁怨を以てす。安帝の永初元年夏、騎都尉の王弘を遣はして、金城・隴西・漢陽の羌 數百千騎を發して、西域に征せしめんとす。弘 迫促して發遣せしも、羣羌は遠く屯して還らざるを懼る。行きて酒泉に到るに、多く散叛するもの有り[一二]。

羌族は、後漢の「吏人・豪右」に「徭役」され続けており、その憂いが、永初元（一〇七）年、西域遠征に徴発されることを機に爆発し、極めて大規模な反乱となった。後漢は、車騎将軍である外戚の鄧騭と征西校尉の任尚に、中央の五営および三河・三輔・汝南・南陽・潁川・太原・上黨の兵あわせて五万人を率いて、討伐に当たらせた。これまで、羌族に対処してきた「河西」の兵力だけではなく、中央軍や鄧騭の出身地である南陽の兵、さらには烏桓突騎を含む上黨の兵まで動員した大規模な遠征軍であった。ところが、鄧騭は、諸郡の兵が揃わないうちに先制攻撃を受け、さらに平襄の戦いで「死者八千餘」と記される大敗を喫する。

是に於て滇零ら、北地に天子を自稱し、武都・參狼・上郡・西河の諸雜種を招集し、衆 遂に大いに盛んにして、東のかた趙・魏を犯し、南のかた益州に入り、漢中太守の董炳を殺し、遂に三輔を寇鈔し、隴道を斷つ。湟中諸縣の粟 石ごとに萬錢、百姓の死亡せしもの、勝げて數ふ可からず。朝廷 制する能はざるも、而るに轉運は難劇たれば、遂に騭に詔して師を還さしめ、任尙を留めて漢陽に屯し、諸軍の節度を爲さしむ。朝廷 鄧太后の故を以て、騭を迎へ拜して大將軍と爲し、任尙を樂亭侯・食邑三百戶に封ず。(一三)

鄧騭を擊破した滇零は、北地郡で天子を自称し、羌族を糾合して、趙・魏・益州・三輔に侵入し、隴道を断った。地域経済は崩壊し、補給も継続できず、安帝は鄧騭を呼び返した。それでも、鄧太后が存命であったため、敗軍の将である鄧騭を車騎將軍から大將軍へと昇進させた。外戚專横の歪みである。

こうした状況の中、第二次涼州放棄論は、龐參が鄧騭に奏記する形で主張された。

(永初)四年、羌寇 轉《うたた》盛んにして、兵費 日ごとに廣し。且つ連年 登《みの》らざれば、穀 石ごとに萬餘なり。(龐參 鄧騭に奏記して曰く、「比年、羌寇 特に隴右を困《くる》しめ、徭を供し役を賦して損を爲すこと日ごとに滋く、官負人責は數十億萬なり。……①參 前《さき》に數〻宜しく西域を棄つべしと言ひ、乃ち西州の士大夫の笑ふ所と爲る。今苟《かりそ》めに不毛の地を貪りて、不使の民を營恤し、軍を伊吾の野に暴《さら》して、以て三族の外を慮《おそ》れしめ、果たして涼州を破るとも、禍亂は今に至らん。夫れ境を拓きて寧からざれば、彊に益すこと無し。田多きも耕さざれば、何ぞ飢敝を救はん。②故に善く國を爲《おさ》むる者は、務めて其の內を懷《おも》ひて、外の利を求めず、務めて其の民を富ましめて、土を廣ぐるを貪らず。③三輔は山原曠遠にして、民庶は稀疏、故縣・丘城、居る可き者多し。今 宜しく邊郡の自ら存する能はざる者を徙し、入りて諸陵に居らしめ、故縣に田戍せしむべし。孤城・絕郡は、權を以て之を徙さん。轉運の遠費は、聚《あつ》めて之を近くし、徭役の煩數なるは、休めて之を息《いこ》はせん。此れ善の善なる者な

り」と。④騭及び公卿、國用の足らざるを以て、參の議に從はんと欲せしも、衆 多く同ぜず。乃ち止む。[一四]

第二次涼州放棄論は、鄧騭の失態を隠蔽するために、②に述べるような儒教理念を掲げることで、羌族が多く居住する涼州そのものを放棄しようとする案であった。そこには、「河西の外戚」が支えていた西北異民族への防壁としての涼州の役割に対する理解はなく、③三輔を満たして防衛線とする提案であった。「河西の外戚」の勢力圏がそのまま異民族に隣接することになる「河西の外戚」には受け入れ難い案であった。したがって、涼州放棄論は、④鄧騭とその一派の公卿が賛成したものの、かつて龐參の①西域放棄論を笑った「西州の士大夫」を含むであろう「衆」の「多く」が反対して、涼州の放棄は沙汰止みになった。それでも、元初元（一一四）年、龐參は護羌校尉になると「恩信」をもって羌族に接し、翌年には號多など七千余人を帰属させ、河西への道を通じている（『後漢書』列傳四十一 龐參傳）。

第二次涼州放棄論に反対した「衆」の中で、その「議」が残る者は、虞詡である。虞詡は、これまで漢を守ってきた涼州の規制力に期待する。

竊《ひそ》かに聞くに、公卿 策を定め、當に涼州を弃つべしと。之を愚心に求むるも、未だ其の便を見ず。……涼州 既に弃つれば、卽ち三輔を以て塞と爲し、三輔を塞と爲さば、則ち 園陵は單外ならん。此れ不可の甚だしき者なり。喭に曰く、①「關西は將を出《いだ》し、關東は相を出す」と。其の兵に習ひて壯勇なるを觀るに、實《まこと》に餘の州に過ぐ。今②羌胡の敢て入りて三輔に據りて、心腹の害を爲さざる所以の者は、涼州の後に在るを以ての故なり。其の土の人の鋒を推し鋭を執り、反顧の心無き所以の者は、漢に臣屬するが爲《ため》の故なり。若《も》し其の境域を弃て、其の人庶を徙《うつ》さんとすれば、土に安んじて遷るを重《はばか》り、必ず異志を生ぜん。[一五]

虞詡は、『漢書』巻六十九 趙充國傳を典拠とする、「關西は將を出《いだ》し、關東は相を出す」という諺を引用しながら、涼州出身の將軍たちが軍事に通暁することを力説する。そして、羌族が三輔を拠点としない理由を後ろに涼州があることに求める。漢が涼州を放棄すれば、漢の頼みとする涼州が異心を抱く、とその危険性を訴えたのである。

虞詡の涼州放棄反対論を聞いた李脩が、代案を求めると、虞詡は、涼州の規制力を存分に発揮させるための方策を提案する。

今 涼土 擾動し、人情 安んぜず。竊かに憂ふるに、卒然として非常の變有らんことを。誠に宜しく四府・九卿に令して、各〻彼《か》の州の數人を辟せしめ、其の牧・守・令・長の子弟、皆 除して宂官と爲し、外は以て勸め厲《はげ》まして、其の功勤に荅へ、内は以て拘致して、其の邪計を防ぐべし。(二六)

虞詡は、四府(大將軍府と三公府)と九卿が涼州の人々を辟召し、涼州の刺史・太守・縣令の子弟を散官に取り立て、涼州の人々の功績に報いる一方で、子弟を態のよい人質とすることを進言した。李脩は、これに従い涼州の民心を安寧にし得たという。

それでも外戚として政権を掌握していた鄧騭の意向は強く、隴西郡は襄武縣に、安定郡は美陽縣に、北地郡は池陽縣に、上郡は衙縣にそれぞれ移された。そして、元初三(一一六)年には、鄧騭の従弟である度遼將軍の鄧遵が、南單于と左鹿蠡王の須沈の「萬騎」を率いて羌族を討ち、西河の羌族「萬一千口」を降服させた。しかし、十余年におよぶ羌族との戦いにより、「軍旅の費、轉運の委輸は二百四十億」に及び「府帑」は空となり、「幷・涼」の二州は疲弊を極めたのである(『後漢書』列傳七十七 西羌傳)。

第二次涼州放棄論に反対し、鄧騭に怨まれ左遷されていた虞詡は、永寧四(一二九)年、武都郡に羌族が侵入すると、鄧太后からその「將帥の略」を買われて武都太守となった。郡の兵は三千たらずでありながら、虞詡は、一万に及ぶ羌族を撃破する。

既に郡に到るや、兵は三千に満たずして、羌の衆は萬餘。赤亭を攻圍せらるること數十日、(虞)詡乃ち軍中に令し、彊弩をして發すること勿《な》からしめ、而して潛かに小弩を發せしむ。羌 以爲《おも》へらく、矢の力 弱く、至る能はずと。兵を幷はせて急攻す。詡 是に於て二十の彊弩をして共に射しめ、一人として發して中たらざるもの無し。羌 大いに震へ退く。詡 因りて城を出でて奮擊し、傷殺する所多し。明日、悉く其の兵衆を陳《なら》べ、東の郭門より出で、北の郭門より入らしめ、衣服を貿易して回轉すること數周、羌 其の數を知らず、更ゝ相 恐動す。詡は賊 當に退くべしと計り、乃ち潛かに五百餘人を遣はして淺水に於て伏を設け、其の走路を候《うかが》はしむ。虜 果たして大いに奔る。因りて掩擊し、大いに之を破り、斬獲すること甚《おほ》だ衆し。賊 是に由りて敗れ散じ、南のかた益州に入る。(一七)

この戦いで虞詡が初めに用いた彊弩は、ふつうの弓よりも貫通力があり、射程距離も長いので、軍馬を倒し、敵騎兵の弓の射程外からの制圧も可能であった。歩兵が騎兵に対抗し得る最強の兵器と言える。こののち「西北列將」が騎兵との戦いの際に重視する武器である。また、続いて行った兵力を多く見せる方法は、やがて董卓が洛陽で行ったものと同じである。董卓が羌族との戦いの中から現れてくることを窺わせる。

また、虞詡は、内政では司隷校尉として、公卿でも宦官でも不正は徹底的に弾劾する「猛政」を展開した。こののち羌族との戦いの主力となる「西北列將」も、たとえば曹操が理想とした橋玄のように、猛政を指向する者が多かった。(一八)羌族との戦法、儒者として内政に猛政を用いる指向性など、虞詡は桓帝期・靈帝期の「西北列將」の先駆として位置づけることができるのである。

そして、かつて虞詡は、順帝の永和元(一三六)年に、尚書令として蠻夷の租賦を漢人に準えて増加すべきとする武陵太守の上奏に反対している。その理由は、蠻夷を哀れんでのことではなく、「其の獸心貪婪にして、率《したが》ふるに禮を以てし難き（其獸心貪婪、難率以禮）」ことに置かれている（『後漢書』列傳七十六 南蠻西南夷傳）。明帝が詔で述べた「仁惠」な異民族政策とは、遠く異なる思想に虞詡の異民族政策が基づいていることを理解できよう。

天子を自称するような羌族の自立を機に、明帝が述べ南陽の外戚が試みた「仁惠」な異民族政策は破綻し、羌族を自らの兵力基盤や奴婢とする「河西の外戚」の異民族政策も大きく後退した。羌族は、南匈奴を動員してまで征討すべき体制外異民族と明確に位置づけられたのである。

三、西北列將と第三次涼州放棄論

後漢は、西北の辺境に軍隊を駐留させ、服従した異民族を統治していた。その主体は、涼州隴西郡令居縣に駐屯する護羌校尉、幽州上谷郡寧縣に駐屯する護烏桓校尉、幷州西河郡美稷縣に駐屯する使匈奴中郎將である。これら「四夷中郎將校尉」を統括するものが、西北方面軍総司令官と言うべき度遼將軍である。度遼將軍は、後漢で常設された唯一の將軍職であった。石井仁《二〇〇〇》は、『後漢書』李雲傳の言葉を典拠に、これらの官職を歴任する者たちを「西北列將」と総称し、桓帝期以降の「西北列將」が、曹操の祖父曹騰と交友関係にあったと指摘する。

西北列將の戦いの中では、建寧元（一六八）年、段熲が羌族を撃破した逢義山の戦いが、かれらの戦法を今日に伝えている。

建寧元年春、（段）熲 兵萬餘人を將ゐ、十五日の糧を齎《も》ち、彭陽より直ちに高平を指し、先零の諸種と逢義山に戰ふ。虜の兵 盛んにして、熲の衆 恐る。熲 乃ち軍中に令して鏃を張り刃を利《と》がしめ、長矛は三重にし、挾むに強弩を以てし、輕騎を列ねて左右の翼と爲す。兵將を激怒せしめんとして曰く、「今 家を去ること數千里、進

まば則ち事 成り、走《のが》るれば必ず盡く死せん、努力して功名を共にせん」と。因りて大いに呼《さけ》び、衆 皆 聲に應じて騰《は》せ赴く。熲 騎を傍より馳せしめ、突きて之を撃つ。虜衆 大いに潰ゑ、斬首すること八千餘級、牛馬羊二十八萬頭を獲たり(一九)。

段熲は、「長矛」を羌族の正面に三重に並べ、これを「強弩」で挟んで、「輕騎」を「左右の翼」に置いた。羌族の騎兵が攻め掛かってきても、長矛を持った三列の歩兵はなかなか崩れず、その合間から強弩が騎兵に応戦する。こうして騎兵の進撃を止めている間に、段熲軍両翼の軽装騎兵が機動力を生かして敵の側面、あるいは後方にまわりこむことに成功し、勝利を収めたのである(二〇)。

かつて安帝期における羌族の自立に苦しんだ鄧騭は、最終的に南匈奴一万騎を投入してこれを鎮圧した。騎兵には騎兵で対抗する他なかったのである。しかし、長期にわたる羌族との戦いの中で、西北列將は次第に騎兵に対抗し得る戦法を編み出し、長矛部隊と強弩部隊を有効に組み合わせることで、優勢な羌族の騎兵に対抗できるに至ったのである。

こうした軍事的な優勢は、異民族に対する蔑視を助長する。同じく「西北列將」でありながら、太尉の朱寵より『歐陽尚書』を受け、やがて黨錮の禁に連座する張奐と、逢義山の戦いの英雄である段熲とは、その異民族観を根底から異にしていた。張奐が、羌族は恩徳で懐けて降服させるべきであり、段熲はいつ失敗するか分からないという上言をすると、詔を下された段熲は、次のように反論している。

臣 本より①東羌は衆《おほ》しと雖も、輭弱にして制し易きを知る。所以《ゆえ》に比《しき》りに愚慮を陳べ、永寧の筭を爲さんことを思ふ。而るに中郎將の張奐は、虜は強く破り難く、宜しく招降を用ふべしと說けり。聖朝は明監ありて、瞽言を信納し、故に臣の謀は行はるるを得、奐の計は用ひられず。事執 相 反して、遂に猜恨を懷く。叛羌の訴へを信じ、辭意を飾潤して、臣の兵は累ねて折衄せらると云ふ。（張奐）又 言はく、「②羌も一氣の生ずる所なれば、誅盡す可からず、山谷は廣大なれば、空靜ならしむ可からず、血 流れて野を汙し、和を傷め灾を致さん」と。臣伏して念《おも》ふに、周秦の際に、戎狄は害を爲し、中興より以來、羌寇は最も盛んにして、之を誅するも盡きず、降ると雖も復た叛く。……煎當の邊に亂するや、③馬援は之を三輔に遷せしめ、始めは服するも終には叛き、今に至るまで鯁《やまひ》と爲る。故に遠識の士は、以て深憂と爲す。今 傍郡の戸口は單少にして、數〻羌の創毒する所と爲るも、④而れども降徒をして之と與に雜居せしめんと欲するは、是れ猶ほ枳棘を良田に種ゑ、虺蛇を室内に養ふがごときなり。故に臣は大漢の威を奉じ、長久の策を建て、其の本根を絶ちて、能く殖《ふ》やしめざらんと欲す。本規るに、三歳の費用は五十四億、今 適〻朞年にして、耗す所は未だ半ばならざるに、而るに餘寇 殘燼し、將に殄滅に向かはんとす。臣 每に詔書を奉ずるに、軍は内より御せずと。願はくは斯の言を卒《と》げ、一に以て臣に任せよ。時に臨みて宜しきを量り、權便を失はざらん」と。（二一）

段熲は、羌族は①「輭弱にして制し易」いものである、との認識を前提としながら、張奐が②「羌も一氣の生ずる所なれば、誅盡す可からず」と主張することを厳しく批判している。張奐ら「黨人」の指導者であった陳蕃は、「零陵・桂陽の山賊」を「陛下の赤子」と位置づけ、その討伐に反対している（『後漢書』列傳五十六 陳蕃傳）。陳蕃が夷狄を中國を構成する一要素と認識していたように、張奐も漢民族と同様に羌族も「一氣の生ずる所」であるから誅滅できないと主張していた。段熲は、これを否定するのである。

こうした排他的な民族意識は、やがて西晉の元康九（二九九）年、羌族・氐族の擁立した皇帝を打倒した後に著された江統の「徙戎論」へと継承されていく。夷狄への教化を否定し、夷狄を中華の内部から排除することを説く「徙戎論」には、胡漢の雜居への反発と夷狄の脅威に戦慄する漢族の拒絶反応が見られる。（二二）段熲もまた、降服した羌族を漢族と④「與に雜居」させることを「枳棘を良田に種ゑ、虺蛇を室内に養」うことに準えて、感情的に拒絶している。そして、羌族を降服させる政策は、③馬援から始まったが、当初は服従する羌族もやがては反乱を起こす、と「河西の外戚」の政策をも否定し、羌族の殲滅を主張しているのである。

たしかに、陽嘉四（一三五）年から漢安二（一四三）年までに、三十万人以上の羌族が帰順しており（前田正名〈一九八四〉を参照）、涼州の胡漢雜住は大きく進展していた。加えて、永壽二（一五六）年以降には、鮮卑の大人である檀石槐が、中国への侵攻を開始する（一三）。そして、延熹九（一六六）年夏には、南匈奴・烏桓と連合して、後漢を危機に陥れる。

> （延熹）九年夏、（檀石槐）遂に騎 數萬人を分ちて、緣邊の九郡に入り、並びに吏人を殺掠す。是に於て復た張奐を遣はして之を撃ち、鮮卑 乃ち塞を出でて去る。朝廷 積《ひさ》しく之を患《うれ》ふるも、而れども制する能はず。遂に使を遣はして印綬を持して、檀石槐を封じて王と爲し、與に和親せんと欲す。檀石槐 受くるを肯ぜずして、而して寇抄すること滋〻甚だし（一四）。

これに対し、後漢は、異民族との融和を考える張奐を派遣してこれを撃ち、ひとまず鮮卑を塞外へと追うことができた。そこで後漢は、鮮卑に使者を派遣して、「檀石槐を封じて王」にすることで、鮮卑との和親を模索する。従来の主張から考えて、張奐が主導した外交政策であろう。しかし、檀石槐は、これを拒絶する。こうして鮮卑を体制内異民族にすることは失敗に終わり、その侵入略奪は、ますます激しさを増していく。

靈帝期に入ると、鮮卑は幽・幷・涼の三州で略奪を行い、中国の北辺は損害を受けない歳はなかったという。熹平六（一七七）年夏、ようやく後漢は、護烏丸校尉の夏育・破鮮卑中郎將の田晏・使匈奴中郎將の臧旻を派遣して、南匈奴の屠特若尸逐就單于の軍とともに、雁門塞から長城の外に出て、三路に分かれて進み、二千余里にわたる遠征を行った。しかし、檀石槐に迎撃されて、臧旻らは敗走、無事に帰還できた兵馬は、十分の一に過ぎなかったという（『後漢書』列傳八十 鮮卑傳）。

後漢に幸いなことには、光和四（一八一）年、檀石槐が卒すると、息子の和連は、貪欲淫乱で公平を欠いたため、部下の半数が従わず、北地郡の漢人に和連は殺害された。和連の子である騫曼は幼なく、兄の子の魁頭が代わって立ったが、やがて成長した騫曼と争い、部下は離散する。魁頭の死後、弟の歩度根が立つが、次兄の扶羅韓はこれとは別に数万の衆を擁して大人となった。こうして檀石槐の死後、鮮卑は一時衰え、後漢は安寧を得られたのである。[一五]

ところが、光和七（一八四）年に、黄巾の乱が起こると、後漢は北辺への対応を後回しにせざるを得なくなる。久しく続いた鮮卑との戦いに疲弊した涼州の羌族や漢人には、戦いに見合った代償は払われなかったと考えてよい。中平二（一八五）年、これまで後漢の戦いに従軍してきた湟中義従胡の北宮伯玉を中心に反乱が興る。北宮伯玉のほか、李文侯が將軍となり、漢族の邊章・韓遂も迎えられるなど、涼州を挙げての反乱となった（『後漢書』列傳六十二 董卓傳）。しかも、そこにはもともと段熲に従っていた將士も多く加わっていた（『後漢書』列傳四十七 劉陶傳）。

こうした中、司徒の崔烈は、涼州の放棄を集議に諮る。第三次涼州放棄論である。

司徒の崔烈 以爲《い》へらく、「宜しく涼州を弃つべし」と。詔して公卿・百官を會するや、烈 堅く先の議を執る。爕 言を厲して曰く、「司徒を斬らば、天下 乃ち安んぜん」と。尚書郎の楊贊、爕は大臣を廷辱せりと奏す。帝 以て爕に問ふ。爕 對へて曰く、「……今 涼州は天下の要衝にして、國家の藩衞なり。高祖 初めて興るや、酈商をして別に隴右を定めしむ。世宗 境を拓きて、四郡を列置し、議者 以爲へらく、「匈奴の右臂を斷てり」と。①今 牧御 和を失ひて、一州をして叛逆せしめ、海內は之が爲に騷動し、陛下は臥するも安らかに寢《い》ねず。烈は宰相と爲るも、國の爲に之を弭《やす》んずる所以の策を思はんことを念ぜず、乃ち一方萬里の土を割き弃てんと欲す。

臣　竊かに之に惑ふ。②若し左衽の虜をして此の地に居るを得しむれば、士は勁《つよ》く甲は堅く、因りて以て亂を爲さん。此れ天下の至慮にして、社稷の深憂なり。若し烈　之を知らざれば、是れ極蔽なり。知りて故《ことさら》に言へば、是れ不忠なり」と。帝　燮の議に從ふ。(二六)

崔烈の第三次涼州放棄論の詳細は伝わらない。傅燮の厳しい反対により、靈帝が涼州放棄論に従わなかったことを『後漢書』は記すだけである。傅燮の反対意見の中心は、涼州を放棄することで、②夷狄が涼州に居住するようになれば、涼州を拠点に反乱を起こすだけであり、敵に拠点を与えることはない、とするところにある。①にも表現されるように、涼州が一州を挙げて反乱している状況においては、これを殲滅する以外に中国を守る方法はない、としたのである。

したがって、第三次涼州放棄論が却下されると、後漢は攻勢に転ずる。司空の張溫は、車騎將軍となり、袁滂を副に、破虜將軍の董卓・盪寇將軍の周愼を統率して、歩騎十万を動員した。これ以外にも、公孫瓚が烏桓突騎三千を指揮し、陶謙・孫堅も參軍事として加わっている。(二七) これだけの陣容を整えたにも拘らず、羌族を平定できなかった。その一因は、董卓が積極的に羌族に攻撃を加えようとせず、張溫に不遜な態度を取り続けたため、孫堅が董卓を斬ることを張溫に進言したような(『三國志』巻四十六 孫破虜傳)、討伐軍内の統率の乱れにあった。董卓はなぜ、羌族と積極的に戦わなかったのであろうか。

四、董卓の外戚化と涼州兵

董卓は、桓帝期に羌族を移住させた隴西郡の出身であり、(二八) 以前から羌族と個人的に交友関係を結んでいた。

（董卓）少くして嘗て羌中に遊び、盡く豪帥と相 結ぶ。後に歸りて野に耕すや、諸々の豪帥の來りて之に從ふ者有り。①卓 爲に耕牛を殺し、與に共に宴樂す。豪帥 其の意に感じ、歸りて相 斂めて雜畜千餘頭を得て、以て之に遺《おく》る。是に由りて健俠を以て名を知らる。州の兵馬掾と爲り、常に徼《めぐ》りて塞下を守る。②卓の膂力 人に過ぎ、兩鞬を雙帶して、左右に馳射し、羌・胡の畏るる所と爲る。[二九]

董卓のもとに羌族の豪帥たちが多くやってくると、①董卓は耕牛を殺して宴会を催した。豪帥たちはその意気に感じ入り、畜獣千余頭を集め、董卓に贈った。また、檀石槐が現れると、南匈奴までもが一時鮮卑に従ったように、騎兵は勇壮な指揮官を好む。董卓は、②二つの弓袋を身に着けて、馬を走らせながら左右に射ることができた。その男気と武力により、董卓は羌族から畏敬されていた。また、董卓は、中郎將の張奐のもとで軍司馬となり、ともに漢陽郡の羌族を討伐したことがある（『後漢書』列傳六十二 董卓傳）。董卓は、張奐の寛容な異民族政策の影響を受けていたと考えられる。

したがって、中平二（一八五）年に起こった、湟中義從胡の北宮伯玉を中心とする反乱の際には、「時に衆軍敗退するも、唯だ卓のみ師を全くして還り、扶風に屯す（時衆軍敗退、唯卓全師而還、屯於扶風）」（『後漢書』列傳六十二 董卓傳）と記されるように、実質的な損害を受けることはなかった。積極的に戦闘することはなかったと考えてよい。さらに、中平六（一八九）年に、董卓は徵召を受けて少府とされたが就任せず、次のように上奏している。

①將ゐし所の湟中義從及び秦胡の兵は、皆 臣に詣りて曰く、「②牢直 畢はらず、稟賜 斷絕し、妻子 飢凍す」と。臣の車を牽挽し、行くを得ざらしむ。羌胡は敝腸にして狗態なれば、臣は禁止する能はず、輒ち將順して安慰す。異を增せば復た上らん。[三〇]

董卓の上奏文によれば、かつて①反乱を起こしていた湟中義從および秦胡の兵は、多く董卓に降服し、董卓はこれを自分の軍に編入している。しかも、かれらは②「俸給は支払われず、褒美は途絶え、妻子は飢え凍え」ていると訴えて、董卓から離れようとしないので、かれらを慰撫するために、自分はそのまま涼州に止まる、と述べている。

このように降服した羌族ら異民族を自分の軍に入れて軍事的な基盤とする政策は、かつて馬援を代表とする「河西の外戚」が、行っていたことである。董卓が、「河西の外戚」のような古い政策を実行し得たのは、戦争が続き鮮卑が台頭して、羌族が疲弊の極にあったことによる。こうして董卓の涼州兵は、羌族と戦った漢人の精鋭と、降服した羌族が多く含まれる、精強な部隊となっていったのである。

董卓の涼州兵に、降服した羌族が多く含まれることは、湟中義従とともに反乱を起こしていた韓遂の動向より立証し得る。

> 初め卓の關に入るや、韓遂・馬騰を要《むか》へて共に山東を謀らんとす。遂・騰 天下の方に亂るるを見、亦た卓に倚りて兵を起さんと欲す。興平元年、馬騰 隴右より來朝し、進みて霸橋に屯す。(三一)

涼州の反乱軍は、北宮伯玉を殺した韓遂が、馬騰とともに勢力を掌握したが、董卓はかれらを迎えようとしていたという。韓遂・馬騰もまた董卓を頼って兵を起こそうとしていた、というのである。ところが、董卓が殺害されたため、韓遂・馬騰は董卓の後継政権である李傕・郭汜に従うことになる。両者が手を組んだ理由について、森本淳は、「羌族を多く含む涼州人による軍」という意味において、反乱軍と董卓軍とに何ら質的な差異がなかったことによる、としている。(三二) 首肯し得る見解であろう。こののち李傕と郭汜が内紛を起こし、獻帝が曹操に迎えられると、涼州勢力は分裂して、赤壁の戦いの後、曹操に撃破されていく。

このように降服した羌族を自己の軍事基盤に編入するという「河西の外戚」の羌族政策を継承していた董卓は、自らも外戚になることを目指した。

（董）卓（陳留）王を以て賢なりと爲し、且つ董太后の養ふ所爲れば、卓 自ら太后と同族なるを以て、廢立の意有り。（三三）

靈帝の母である董皇太后は、生母を亡くした劉協（陳留王、獻帝）を養育し、靈帝に立太子を勧めたことから、政敵であった何氏の恨みを買い、洛陽から追放されていた（『後漢書』本紀十下 皇后下 孝仁董皇后紀）。董卓は、董皇「太后と同族」であることから、少帝（弘農王、劉辯）を廢し、獻帝を擁立したのである。こうして、董卓は外戚として権力を行使しようとしたのである。

また、董卓は、黨人を抜擢して、輿論の支持を集めようとした。

卓 乃ち司徒の黃琬・司空の楊彪と與に、倶に鈇鑕を帶びて闕に詣りて上書し、追ひて陳蕃・竇武及び諸〻の黨人を理《ゆる》して、以て人望に從ふ。是に於て悉く蕃らの爵位を復し、擢きて子孫を用ふ。（三四）

董卓は、竇武・陳蕃の名誉を回復し、その路線を継承して、「名士」を積極的に登用したのである。（三五）多くの「名士」がそれを拒否する中で、蔡邕だけは董卓を支えていく。（三六）かつて蔡邕は、鮮卑を討伐するか否かについて、次のように述べている。

書に夏を猾すを戒め、易に鬼方を伐ち、周に獫狁・蠻荊の師有りと。漢に闐顏・瀚海の事有り。殊類を征討すること、由る所 尚し。然り而して時に同異有り、埶に可否有り、故に謀に得失有り、事に成敗有り、齊しくす可からざるなり。……夫れ邊垂の患ひは、手足の蚧搔なり。中國の困しみは、胷背の瘭疽なり。方今 郡縣の盜賊すら尙ほ禁むること能はず、況んや此の醜虜にして伏す可きをや。……（三七）

蔡邕の上奏に靈帝は從わなかったが、蔡邕が鮮卑に対して攻撃すべきではない、と考えていたことは、董卓の異民族政策と共通性を持つ。蔡邕は武力で董卓に脅されていたわけではなく、政策の共通点を見出しながら、自らの理想を董卓のもとで実現しようと積極的に政権に関わっていたのである。

しかし、蔡邕は、袁紹を中心とする反董卓連合の結成に怯える董卓を操縦することはできなかった。長安への遷都を強行した董卓は、やがて王允と呂布に暗殺される。(三八)

董卓は、後漢の伝統的な異民族政策の継承者という点では袁紹と同じであった。ただし、袁紹は体制内異民族を保護・統制していくという匈奴・烏桓政策の後継者である。これに対して、董卓は体制外異民族を自己の軍事基盤の中に組み込んでいくという「河西の外戚」の対羌族政策の後継者である。董卓が、一時的には天子を自称し得るほど、自立性を高めた羌族を再び、自己の軍事基盤の中に押し込めることができたのは、靈帝期の鮮卑に対する軍事行動などを通じて、羌族が弱体化していたことによる。「河西の外戚」の羌族政策と董卓のそれとの間に出現した騎兵に対抗し得る戦術を持つ「西北列將」の後継者こそ、曹操なのである。

おわりに

後漢における羌族政策は、当初は「河西の外戚」である馬氏・竇氏・梁氏により担われ、「河西の外戚」の勢力の確保と拡大に羌族の内徙が利用された。第一次涼州放棄論が反対された理由である。皇帝権力がこれを許容したのは、第一に北匈奴に対抗するため、第二に羌族を体制内異民族として保護・統制できなかったことによる。

後漢はやがて、涼州への漢民族の屯田を本格化し、一方、羌族は徙民させられたので、居住地を奪われた羌族は、不満を鬱積させていた。安帝の永初年間、西域への徴兵を契機に始まった羌族の大反乱は、これを主因とする。外戚の鄧騭が反乱の平定に失敗すると、失敗を隠蔽するため、第二次涼州放棄論が龐參によって提出された。虞詡の反対で放棄論は退けられ、最終的には南匈奴を投入することで、十余年続いた反乱は平定された。

こうした羌族との戦いの中から形成されたものが、「西北列將」である。かれらは、歩兵と強弩の組み合わせにより優勢の騎兵に対抗する戦術を生み出し、その軍事的優越性は、羌族への差別意識を助長した。張奐のように、異民族との共存を模索する思想は主流から外れ、鮮卑の檀石槐が王への封建を拒否したように、羌族や鮮卑が後漢の体制内異民族になることはなかった。

新たに台頭した鮮卑の侵攻により、涼州は疲弊した。しかも、山東より黄巾の乱が起こると、涼州への恩賞は行き渡らなくなり、韓遂・馬騰といった漢族をも含めた涼州全体の反乱が勃発する。これに対して、第三次涼州放棄論が提起されるが、涼州を放棄したところで後漢の脅威は減るわけではなく、かえって異民族に拠点を与えるだけとなるため、後漢は黄巾平定後の軍事力を総動員して鮮卑に対抗した。その一員として派遣された董卓は、かつての「河西の外戚」のように、羌族を自らの軍に組み込むという、古い権力構造を有していた。やがて後漢の実権を掌握した董卓は、董太后が養育していた献帝を擁立することで、自らの外戚化を進めていく。時代に逆行する董卓のこうした政策が羌族に歓迎された理由は、打ち続く戦争と鮮卑の台頭により、かつて天子を自称したほどの自立性をすでに失っていたことによろう。羌族との戦いの中で、外戚は勢力を拡大し、最終的な後継者として董卓を生み出したのである。

董卓個人は王允に打倒される。しかし、董卓の流れを汲む涼州兵を打倒するものは、「西北列將」の流れを汲んだ曹操であった。これについては、章を改めて論ずることにしたい。

《注》

（一）羌族全般については、佐藤長《一九七八》、周錫銀・李紹明・冉光栄《一九八四》を参照。羌族の由来ならびに東羌・西羌については、伊瀬仙太郎〈一九八二〉、塙博〈一九八一〉を参照。また、秦漢時代の羌族については、伊瀬仙太郎〈一九八四〉、蒙黙〈一九八五〉、余尭〈一九八一〉、趙明〈一九九四〉を参照。なお、盧丁・工藤元男《二〇〇〇》も参照。

（二）鮮卑については、内田吟風《一九七五ａ》、馬長寿《一九六二》、林旅芝《一九七三》、劉学銚『鮮卑史論』《一九九四》などを参照。

（三）後漢の外戚が皇帝の疑似権力であること、および『白虎通』に定められた「娶るには大國を先にす」という「春秋の義」により、罪を犯しても再任される再生産構造を持つことについては、渡邉義浩〈一九九〇〉を参照。

（四）是時、朝臣以金城破羌之西、塗遠多寇、議欲棄之。（馬）援上言、破羌以西、城多完牢、易可依固。其田土肥壤、灌漑流通。①如令羌在湟中、則爲害不休。不可棄也。（光武）帝然之。於是詔武威太守、②令悉還金城客民。歸者三千餘口、使各反舊邑。援奏爲③置長吏、繕城郭、起塢候、開導水田、勸以耕牧。郡中樂業。又④遣羌豪楊封譬說塞外羌、皆來和親。又武都氐人背公孫述來降者、援皆上復其侯王・君長、賜印綬。帝悉從之。乃罷馬成軍（『後漢書』列傳十四 馬援傳）。

（五）（馬援）因亡命北地、以畜牧爲事。援父嘗爲牧師令、兄員爲護苑使者、故人・賓客多從之。轉安定・天水・隴西數郡、豪傑望風而至、賓客自環嘗數十人。援田畜日廣、羊五・六千頭、馬數百羣、穀萬斛。乃歎曰、凡殖財者、貴以施也。不則守錢奴耳。乃散以賑昆弟・舊故。乃還至長安（『後漢紀』巻四 光武帝紀）。

（六）熊谷滋三〈一九八八〉。これに対して、佐藤長『チベット歴史地理研究』《一九七八》は、羌族の徙民の目的を反乱防止に、伊瀬仙太郎〈一九八四〉は、それに軍事的・経済的利点を加えている。また、馬長寿《一九八四》は、軍事的利用を指摘している。

（七）羌衆折傷、種人瓦解、降者六千餘口。分徙漢陽・安定・隴西。迷唐遂弱、其種衆不滿千人、遠踰賜支河首、依發羌居。明年、周鮪坐畏懦徵、侯霸代爲校尉。安定降羌燒何種、脅諸羌數百人反叛、郡兵擊滅之、悉沒入弱口爲奴婢（『後漢書』列傳七十七 西羌傳）。

（八）後漢が南匈奴、さらには烏桓を体制内異民族とし、統制と保護を通じて自らの軍事力としたことについては、本書第一章を参照。

（九）昔桓公伐戎而無仁惠、故春秋貶曰、齊人。今國家無德、恩不及遠、羸弱何辜、而當幷命。夫長平之暴、非帝者之功、咎由太守長吏妄加殘戮。比銅鉗尚生者、所在致醫藥養視、令招其種人、若欲歸故地者、厚遣送之。其小種若束手自詣、欲效功者、皆除其罪。若有逆謀爲吏所捕、而獄狀未斷、悉以賜有功者（『後漢書』列傳七十七 西羌傳）。

（一〇）護羌校尉については、岡安勇〈一九九三〉を参照。

（一一）『後漢書』列傳七十七 西羌傳。なお、内田吟風〈一九八五〉、大沢勝茂〈二〇〇〇〉も参照。

（一二）時諸降羌、布在郡縣。皆爲吏人・豪右所徭役、積以愁怨。安帝永初元年夏、遣騎都尉王弘、發金城・隴西・漢陽羌數百千騎、征西域。弘迫促發遣、羣羌懼遠屯不還。行到酒泉、多有散叛（『後漢書』列傳七十七 西羌傳）。

（一三）於是滇零等、自稱天子於北地、招集武都・參狼・上郡・西河諸雜種、衆遂大盛、東犯趙・魏、南入益州、殺漢中太守董炳、遂寇鈔三輔、斷隴道。湟中諸縣粟、石萬錢、百姓死亡、不可勝數。朝廷不能制、而轉運難劇、遂詔騭還師、留任尚屯漢陽、爲諸軍節度。朝廷以鄧太后故、迎拜騭爲大將軍、封任尚樂亭侯・食邑三百戶（『後漢書』列傳七十七 西羌傳）。

（一四）（永初）四年、羌寇轉盛、兵費日廣。且連年不登、穀石萬餘。（龐）參奏記於鄧騭曰、比年、羌寇特困隴右、供徭賦役爲損日滋、官負人責數十億萬。……①參前數言宜棄西域、乃爲西州士大夫所笑。今苟貪不毛之地、營恤不使之民、暴軍伊吾之野、以慮三族之外、果破涼州、禍亂至今。夫拓境不寧、無益於彊。多田不耕、何救飢敝。②故善爲國者、務懷其內、不求外利、務富其民、不貪廣土。③三輔山原曠遠、民庶稀疏、故縣・丘城、可居者多。今宜徙邊郡不能自存者、入居諸陵、田戍故縣。孤城・絕郡、以權徙之。轉運遠費、聚而近之、徭役煩數、休而息之。此善之善者也。④騭及公卿、以國用不足、欲從參議、衆多不同。乃止（『後漢書』列傳四十一 龐參傳）。

（一五）竊聞、公卿定策、當弃涼州。求之愚心、未見其便。……涼州既弃、卽以三輔爲塞、三輔爲塞、則園陵單外。此不可之甚者也。喭曰、①關西出將、關東出相。觀其習兵壯勇、實過餘州。今②羌胡所以不敢入據三輔、爲心腹之害者、以涼州在後故也。其土人所以推鋒執鋭、無反顧之心者、爲臣屬於漢故也。若弃其境域、徙其人庶、安土重遷、必生異志（『後漢書』列傳四十八 虞詡傳）。

（一六）今涼土擾動、人情不安。竊憂、卒然有非常之變。誠宜令四府・九卿、各辟彼州數人、其牧・守・令・長子弟、皆除爲宂官、外以勸厲、荅其功勤、內以拘致、防其邪計（『後漢書』列傳四十八 虞詡傳）。

（一七）既到郡、兵不滿三千、而羌衆萬餘。攻圍赤亭數十日、（虞）詡乃令軍中、使彊弩勿發、而潛發小弩。羌以爲、矢力弱、不能至、并兵急攻。詡於是使二十彊弩共射、一人發無不中。羌大震退。詡因出城奮擊、多所傷殺。明日、悉陳其兵衆、令從東郭門出、北郭門入、貿易衣服回轉數周、羌不知其數、更相恐動。詡計賊當退、乃潛遣五百餘人於淺水設伏、候其走路。虜果大奔。因掩擊、大破之、斬獲甚衆。賊由是敗散、南入益州（『後漢書』列傳四十八 虞詡傳）。

（一八）猛政については、渡邉義浩〈二〇〇一b〉、曹操が橋玄を理想としたことについては、渡邉義浩〈二〇〇一c〉を參照。

（一九）建寧元年春、（段）熲將兵萬餘人、齎十五日糧、從彭陽直指高平、與先零諸種戰於逢義山。虜兵盛、熲衆恐。熲乃令軍中張鏃利刃、長矛三重、挾以強弩、列輕騎爲左右翼。激怒兵將曰、今去家數千里、進則事成、走必盡死、努力共功名。因大呼、衆皆應聲騰赴。熲馳騎於傍、突而擊之。虜衆大潰、斬首八千餘級、獲牛馬羊二十八萬頭（『後漢書』列傳五十五 段熲傳）。

（二〇）逢義山の戰いの分析は、石井仁〈二〇〇六〉に基づく。

（二一）臣本①知東羌雖衆、而輭弱易制。所以比陳愚慮、思爲永寧之筭。而中郎將張奐、說虜強難破、宜用招降。聖朝明監、信納瞽言、故臣謀得行、奐計不用。事埶相反、遂懷猜恨。信叛羌之訴、飾潤辭意、云臣兵累見折衄。（張奐）又言、②羌一氣所生、不可誅盡、山谷廣大、不可空靜、血流汙野、傷和致灾。臣伏念、周秦之際、戎狄爲害、中興以來、羌寇最盛、誅之不盡、雖降復叛。……煎當亂邊、③馬援遷之三輔、始服終叛、至今爲鯁。故遠識之士、以爲深憂。今傍郡戶口單少、數爲羌所創毒、④而欲令降徒與之雜居、是猶種枳棘於良田、養虺蛇於室內也。故臣奉大漢之威、建長久之策、欲絕其本根、不使能殖。本規、三歲之費用五十四億、今適朞年、所耗未半、而餘寇殘燼、將向殄滅。臣每奉詔書、軍不內御。願卒斯言、一以任臣。臨時量宜、不失權便（『後漢書』列傳五十五　段熲傳）。

（二二）江統の「徙戎論」とそこに見られる民族意識については、渡邉義浩〈二〇〇九a〉を参照。

（二三）檀石槐については、船木勝馬〈一九六五〉、張久和〈二〇〇一〉、何天明〈二〇〇八〉、康家瑋〈二〇〇九〉を参照。

（二四）（延熹）九年夏、（檀石槐）遂分騎數萬人、入緣邊九郡、並殺掠吏人。於是復遣張奐擊之、鮮卑乃出塞去。朝廷積患之、而不能制。遂遣使持印綬、封檀石槐爲王、欲與和親。檀石槐不肯受、而寇抄滋甚（『後漢書』列傳八十　鮮卑傳）。

（二五）以上、『後漢書』列傳八十　鮮卑傳による。また、後漢末から三國時代の鮮卑については、船木勝馬〈一九七六〉を参照。

（二六）司徒崔烈以爲、宜弃涼州。詔會公卿・百官、烈堅執先議。燮厲言曰、斬司徒、天下乃安。尚書郎楊贊、奏燮廷辱大臣。帝以問燮。燮對曰、……今涼州天下要衝、國家藩衞。高祖初興、使酈商別定隴右。世宗拓境、列置四郡、議者以爲、斷匈奴右臂。①今牧御失和、使一州叛逆、海內爲之騷動、陛下臥不安寢。烈爲宰相、不念爲國思所以弭之之策、乃欲割弃一方萬里之土。臣竊惑之。②若使左衽之虜得居此地、士勁甲堅、因以爲亂。此天下之至慮、社稷之深憂也。若烈不知之、是極蔽也。知而故言、是不忠也。帝從燮議（『後漢書』列傳四十八　傅燮傳）。

（二七）參軍事については、石井仁〈一九八八〉を参照。

（二八）董卓については、翦伯賛〈一九八八〉、方詩銘〈一九九二〉、陳勇〈一九九五〉などを参照。

（二九）（董卓）少嘗遊羌中、盡與豪帥相結。後歸耕於野、諸豪帥有來從之者。①卓爲殺耕牛、與共宴樂。豪帥感其意、歸相斂得雜畜千餘頭、以遺之。由是以健俠知名。爲州兵馬掾、常徼守塞下。②卓膂力過人、雙帶兩鞬、左右馳射、爲羌・胡所畏（『後漢書』列傳六十二　董卓傳）。

（三〇）①所將湟中義從及秦胡兵、皆詣臣曰、②牢直不畢、稟賜斷絕、妻子飢凍。牽挽臣車、使不得行。羌胡敝腸狗態、臣不能禁止、輒將順安慰。增異復上（『後漢書』列傳六十二 董卓傳）。

（三一）初卓之入關、要韓遂・馬騰共謀山東。遂・騰見天下方亂、亦欲倚卓起兵。興平元年、馬騰從隴右來朝、進屯霸橋（『後漢書』列傳六十二 董卓傳）。

（三二）森本淳〈二〇〇八〉。なお、張大可〈一九八五〉は、董卓軍の大督護であった胡軫が、『九州春秋』では「涼州大人」とあることをその証拠として掲げている。

（三三）（董）卓以（陳留）王爲賢、且爲董太后所養、卓自以與太后同族、有廢立意（『後漢書』列傳六十二 董卓傳）。なお、この記事は、『三國志』巻六 董卓傳および裴松之注には含まれず、范曄『後漢書』独自の記事である。

（三四）卓乃與司徒黃琬・司空楊彪、俱帶鈇鑕詣闕上書、追理陳蕃・竇武及諸黨人、以從人望。於是悉復蕃等爵位、擢用子孫（『後漢書』列傳六十二 董卓傳）。

（三五）三國時代の知識人を「名士」と称し、「名士」と君主権力との関係により、それぞれの政権構造が異なることを明らかにした、渡邉義浩《二〇〇四》を参照。

（三六）蔡邕については、丹羽兌子〈一九七二〉、福井重雅〈一九八三〉、鄧安生〈一九九五〉などを参照。

（三七）書戒猾夏、易伐鬼方、周有獫狁・蠻荊之師。漢有闐顏・瀚海之事。征討殊類、所由尚矣。然而時有同異、執有可否、故謀有得失、事有成敗、不可齊也。……夫邊垂之患、手足之蚧搔。中國之困、胷背之瘭疽。方今郡縣盜賊尚不能禁、況此醜虜而可伏乎。……（『後漢書』列傳八十 鮮卑傳）。

（三八）呂布については、伊永文〈一九八六〉、方詩銘〈一九八八〉、楊懿・王舒彦〈二〇一一〉などを参照。

第三章　曹魏の異民族政策

はじめに

後漢は、異民族政策に三つの方向性を有していた。第一は、異民族を保護・統制する政策で、主として匈奴・烏桓に対して行われた。このため、後漢の滅亡に際して、匈奴は後漢に請われて出兵している。また、この政策を継承した袁紹の二子は、最期まで烏桓と共に曹操と戦った（第一章）。第二は、討伐した異民族を自らの軍事基盤として組み込んでいく政策で、主として後漢の中期まで羌族に対して行われた。これは、馬氏・梁氏・竇氏といった「河西の外戚」が始めた政策で、やがて地方官へと広がった。しかし、繰り返される異民族の徙民と漢族による屯田は、羌族の不満を高め、涼州放棄論が提案されるほど激しい羌族の反乱を招いた。そうした中、涼州での異民族討伐を主要任務とする征西將軍は、次第に羌族や鮮卑の軽装騎兵に対抗し得る戦術を練り上げ、これを殲滅する強大な武力を保有するに至る（第二章）。異民族政策の第三の方向性である。

後漢末に現れた曹操は、『孫子』に注をつけた三國一の兵法の達人として、どのような異民族政策を選択したのであろうか。また、曹操の子曹丕が建国した曹魏は、曹操の異民族政策をどのように継承したのであろうか。本章は、曹魏における異民族政策の展開を論ずるものである。

一、志は征西將軍

三國曹魏の基礎を築いた曹操は、辺境で漢のために戦い、功績を挙げることを人生の目標と考えていた時期があるという。『魏武故事』に収められる「十二月己亥令」は、曹操若年の志を自ら次のように語っている。

> 孤 始めて孝廉に擧げらるるや、年 少く、自ら以ふに本と巖穴知名の士に非ざれば、海內の人の凡愚とせらるる所と爲るを恐れ、一郡守と爲り、好みて政教を作して、以て名譽を建立し、世の士をして明らかに之を知らしめんと欲す。故に濟南に在りしとき、始め殘を除き穢を去り、心を平らかに選擧し、諸常侍に違迕す。以て彊豪の忿る所と爲り、家禍を致すを恐れ、故に病を以て還る。官を去りての後、年紀 尙ほ少く、同歲中に、年 五十なるもの有り、未だ名づけて老と爲さざるを顧視し、內に自ら之を圖るに、此れより二十年を却去し、天下の清むを待つも、乃ち同歲中の始めて擧げらるる者と等しきのみ。故に四時を以て鄉里に歸り、譙の東五十里に於て精舍を築き、秋夏は讀書し、冬春は射獵せんと欲す。底下の地を求め、泥水を以て自ら蔽はるるを欲し、賓客の往來の望を絕たんとす。然れども意の如くするを得る能はず、後に徵せられて都尉と爲り、典軍校尉に遷り、意は遂に更まり、國家の爲に賊を討ち功を立てんと欲し、封侯せられ征西將軍と作るを望まんと欲す。然る後に墓道に題して言ふ、「漢の故の征西將軍たる曹侯の墓」と。此れ其の志なり（一）。

曹操が「征西將軍」になることを志した理由は、祖父の曹騰以来、羌族・鮮卑との戦いの中から生まれた「西北列將」の人脈に、連なっていることによる。石井仁《二〇〇〇》が論証するように、曹騰恩顧の人脈は、西北の辺境防衛に活躍した者が多い。しかも、単なる武将ではなく、門弟に教授するほどの学識を持ちながら、戦場に出れば鮮やかな采配を振るい敵を粉砕する「儒將」であった。三公への昇進の際、曹騰に感謝したという种暠が推挙した橋玄は、「儒將」の典型である。橋玄は、若き日の曹操の最大の理解者であり、曹操の理想でもあった。橋玄は「橋君學」を創始した橋仁の七世孫で、「梁國の橋氏」は典型的な儒教官僚の家柄である。しかし、橋玄は、後漢の儒教的統治である「寛」治を行わず、涼州の豪族である皇甫氏の汚職を摘発し、我が子の誘拐事件の際には、子もろとも犯人を誅滅するなどの「猛」政を行った。こうした「猛」政が、曹操の政治方針となり、荀彧たち「名士」の高い評価を受けていく[三]。

曹操は、橋玄を自らの理想として、異民族を討伐していく政策を「西北列將」より継承する。それは、曹操と対峙した袁紹が、後漢の体制内異民族であった匈奴と烏桓、なかでも烏桓を保護・統制し（本書第一章）、自らの軍事的基盤としていたことへの対抗策でもあった。

建安五（二〇〇）年、官渡の戦いで、曹操が袁紹に勝利すると、袁紹が懐柔して烏桓対策に用いていた閻柔は、烏桓と鮮卑を引き連れて曹操のもとに帰順する。そこで曹操は、閻柔を改めて護烏桓校尉に任じ、漢の節を与えて、以前どおり上谷郡寧城で職務にあたらせた（『三國志』巻八 公孫瓚傳）。一方、袁紹の三男である袁尚は、曹操に敗れて烏桓の蹋頓のもとに逃げ込むと、蹋頓の力を頼んで冀州奪回を目論む。建安十一（二〇六）年、曹操は自ら柳城の蹋頓を攻撃する。

> 建安十一年、太祖 自ら蹋頓を柳城に征す。軍を潛め道を詭はるも、未だ至らざること百餘里、虜 乃ち覺る。尚 蹋頓と與に衆を將ゐて凡城に逆戰し、兵馬 甚だ盛んなり。太祖 高きに登りて虜の陣を望み、軍を抑へて未だ進まず。其の小《や》や動くを觀て、乃ち其の衆を擊破し、陳に臨みて蹋頓の首を斬り、死者は野を被ふ。速附丸・樓班・烏延ら遼東に走《のが》るるも、遼東 悉く斬り、其の首を傳送す。其の餘遺 迸《はし》るも皆 降る。幽州・幷州の（閻）

柔の統べし所の烏丸 萬餘落と及《とも》に、悉く其の族を徙して中國に居り、其の侯王・大人に種衆を帥從して征伐に與らしむ。是れより三郡の烏丸 天下の名騎と爲る。(三)

こうして柳城の戦いで烏桓を破り蹋頓を斬った曹操は、遼東郡に逃げた烏桓、閻柔の支配下の烏桓と共に、三郡烏桓を中国に徙民させ自己の軍事的基盤としたのである。異民族を討伐して、それを自らの軍事基盤に組み込む政策は、かつて「河西の外戚」が羌族に行った政策に近い。曹操は、「西北列將」の流れを汲みながらも、段熲のように異民族を殲滅の対象とは考えず、「河西の外戚」の政策を継承しながら異民族を「氣を一にする」ものと考えた張奐のように（本書第二章参照）、烏桓を自らの軍事基盤に組み込む政策を採用した。こうして天下に名高い三郡烏桓は、曹操の騎兵に吸収されたのである。

一方、中平二（一八五）年より、湟中義從胡の北宮伯玉を指導者とし、漢族の邊章・韓遂を迎え、羌族を多く含んだ涼州の反乱勢力では、韓遂と馬騰との対立が激化していた。曹操は、鍾繇と張既に馬騰を召し返させ、前將軍・假節・槐里侯に任じて、三輔を安定させた。曹操と袁紹の対立に際し、鍾繇は張既を使者に馬騰を説得して、袁紹側の郭援を撃破させる。その後も馬騰は、曹操の援軍要請に応え、龐德を従えて張白騎・張琰・衞固らの討伐に参加している。建安十三（二〇八）年、曹操は荊州遠征に際して、馬騰らの關中割拠を危惧し、張既を派遣して部曲を解散した上で帰還するよう説得させた。

太祖 將に荊州を征せんとするに、而るに（馬）騰ら關中に分據す。太祖 復た（張）既を遣はして騰らを喩さしめ、部曲を釋《はな》ち還るを求めしむ。騰 已に之を許すも而るに更めて猶豫す。既 變を爲すを恐れ、乃ち諸縣に移して儲偫を促し、二千石もて郊迎せしむ。騰 已むを得ずして東に發す。太祖 騰を表して衞尉と爲し、子の超を將軍と爲し、其の衆を統べしむ。(四)

曹操は、このほか子の馬休を奉車都尉に、馬鐵を騎都尉に任じ、馬騰は一族を引き連れ鄴に移住する。曹操が赤壁で大敗した際、關中がすぐに反応できなかった理由である。やがて、解体された馬騰の軍を再編した馬超が、韓遂と共に曹操に敵対するが、潼關の戦いで大敗し、馬騰ほか三族は皆殺しにされた（『後漢書』列傳六十二 董卓傳）。

曹操は、鄴に帰還する際、夏侯淵を行護軍將軍に任命し、長安に駐屯させた。建安十七（二一二）年、夏侯淵は、張郃・徐晃らと共に涼州の諸勢力を討伐し、南山の劉雄・鄠の梁興（五）を滅ぼし、羌族の諸部族を降伏させる。馬騰や梁興など「河西の外戚」は、この時点に至っても、羌族に対する影響力を保っていたのである。曹操は、それを打ち破って涼州への支配を進めていく。それでも、再起した馬超が冀城を陥とし、汧の氐族が馬超に呼応すると、建安十九（二一四）年、趙衢・尹奉らが馬超討伐を計画し、西城で挙兵した姜敍と共に、馬超の妻子を殺害する。馬超は漢中へ逃れたが、張魯に兵を借り戻ってくると祁山を包囲する。姜敍らは夏侯淵に救援を求め、夏侯淵は出兵する。

（夏侯淵）張郃をして歩騎五千を督して前に在り、陳倉の狹道より入らしめ、淵は自ら糧を督して後に在り。郃 渭水の上に至るや、①（馬）超 氐・羌數千を將ゐて郃を逆《むか》ふ。未だ戰はず、超 走り、郃 軍を進めて超の軍の器械を收む。淵 到り、諸縣 皆 已に降る。韓遂 顯親に在り、淵 襲ひて之を取らんと欲し、遂 走る。淵 遂の軍糧を收め、追ひて略陽城に至り、遂を去ること二十餘里、諸將 之を攻めんと欲すも、或《あるひと》 言ふに、②當に興國の氐を攻むべしと。淵 以爲へらく、遂の兵 精《つよ》く、興國の城 固く、攻むるも卒に拔く可からず、長離の諸羌を擊つに如かず。長離の諸羌 多く遂の軍に在れば、必ず歸りて其の家を救はん。若し羌を捨て獨り守らば則ち孤たり、長離を救はば則ち官兵 與に野戰するを得、必ず虜にす可きなりと。淵 乃ち督將を留め輜重を守らしめ、輕兵の歩騎もて長離に到り、羌の屯を攻燒し、斬獲すること甚だ衆《おほ》し。諸羌の遂の軍に在る者、各々種落に還る。遂 果たして長離を救ひ、淵の軍と對陣す。諸將 遂の衆きを見て、之を惡み、營を結び塹を作りて乃ち與に戰はんと欲す。淵曰く、「我 轉じて闘ふこと千里、今 復た營塹を作らば、則ち士衆 罷弊し、久しくす可からず。賊衆しと雖も、與《くみ》し易きのみ」と。乃ち之に鼓し、大いに遂の軍を破り、其の旌麾を得たり。略陽に還り、軍を進めて興國を圍む。③氐王の千萬 逃れて馬超に奔り、餘衆 降る。轉じて高平の屠各を撃ち、皆 散走せしめ、其の糧穀牛馬を收む。乃ち淵に節を假す。(六)

先鋒の張郃は、①馬超の率いる氐族・羌族を斥け、夏侯淵は韓遂を討伐する。その際、②氐族の守る興國城の強さを嫌った夏侯淵が、羌族の居住地を攻めていることには注目してよい。後漢を通じて精強を誇った羌族が曹操との戦いの中で衰退し、代わって氐族が勃興しつつあることを窺い得るためである。夏侯淵が、羌族の居住地を攻めると、想定どおり韓遂はその救援に駆けつける。韓遂軍の主力が羌族であることを理解できよう。こうして野戦に持ち込み得た夏侯淵は、韓遂を撃破する。さらに興國を包囲すると、③氐族の王である千萬(七)は馬超のもとに逃亡したが、その部下は夏侯淵に降伏した。こうして夏侯淵は、涼州の馬超・韓遂とその勢力下にあった羌族・氐族を撃破して、涼州をほぼ平定した(八)。曹操は、自らも志した「征西將軍」が長らく戦い続けた羌族を征討することに成功したのである。

夏侯淵に涼州を委ねている間、曹操は南匈奴とも対峙していた。黄巾の乱に際して、漢を助けるよう派遣された左賢王の於扶羅は、單于の羌渠を殺して須卜骨都侯を共立した國人たちに、單于の地位の継承を認められなかった。國人たちは、度重なる徴兵に耐えきれなかったのである。於扶羅は、漢に訴えようとしたが、靈帝が崩御したために、河東郡に留まった。於扶羅は、反董卓連合が組織されると、張楊とともに袁紹に属する。しかし、初平二（一九一）年、張楊を人質にとって袁紹に背いたが敗れ、それでも於扶羅は、度遼將軍の耿祉の軍勢を奪って勢力を盛り返していた（本書第一章）。

曹操は、初平三（一九二）年、黑山賊を討ったのち、於扶羅と內黃で戦い、これを大破した。このため、初平四

（一九三）年、袁術が陳留に進出した際には、於扶羅は黒山賊とともに袁術を支援したが、袁術が曹操に敗れたため、最終的に曹操に帰順した（『後漢書』列傳六十五 袁術傳、列傳七十九 南匈奴傳）。興平二（一九五）年、於扶羅が死去すると、弟の呼廚泉が代わって單于となった。建安七（二〇二）年、呼廚泉は平陽で反乱を起こし、袁紹の部下の郭援・袁紹の甥の高幹と共に鍾繇・馬超と戦ったが敗れ、改めて曹操のもとに投降する。結局、建安二十一（二一六）年、曹操の命を受けた右賢王の去卑が、南單于の呼廚泉を誘って入朝させ（『晉書』巻五十六 江統傳）、呼廚泉を抑留することに協力した功績により「監國」に就任する（『後漢書』列傳七十九 南匈奴傳）。

この間の事情について、内田吟風は、『晉書』北狄傳・江統傳・載記と『通典』、なかでも北狄傳の記述を論拠に、建安二十一（二一六）年、曹操により南單于が許に抑留された直後、匈奴は五部に分割されたと主張する。（九）しかし、『三國志』・『後漢書』および江統の「徙戎論」には、曹操による五部分割の記事は見えない。町田隆吉〈一九七九〉・〈一九八〇〉は、綿密な史料批判により、曹操による五部分割という記述の虚構を暴き、『晉書』載記・北狄傳などの記載は、『漢趙記』の偏向を継承した『十六國春秋』をそのまま採用したために生じた誤りである、としている。曹操の対匈奴政策は、單于抑留策に止まるのである。（一〇）

以上のように、曹操は、烏桓に遠征してその精鋭を自らの軍に編入し、夏侯淵に涼州の羌族・氐族を征討させ、匈奴の南單于である呼廚泉の抑留に成功したのである。

二、天子と異民族

曹操は、最後には魏王となったものの、天子の高みから異民族を保護するという視座はなかった。自らもその一人であった中国国内の群雄を平定するのと同じように、異民族を敵とみなし、その打倒に努めた。これに対して、天子となった曹丕の異民族政策は、異民族を匹敵するものと認識しないところに特徴を持つ。事実としては、天下は三分しているものの、理念としては、天子は天下の唯一の支配者として、異民族を徳で教化すべき存在である。したがって、天子にとって異民族の朝貢は、天子の徳を証明する重要な手段なのである。

　こうして曹操には抑留されていた南單于の呼廚泉は、曹丕の天子としての理念に不可欠な存在に変わる。臣下が曹丕の即位を勧進した「魏公卿上尊號奏」の冒頭に掲げられた四十六名の連名の十九人目に、呼廚泉は「匈奴の南單于たる臣　泉」と名を連ねる（渡邉義浩〈二〇〇四〉）。呼廚泉は曹丕の即位を願う異民族の代表とされているのである。したがって、即位した文帝曹丕は、呼廚泉を優遇する。

　黃初元年十一月癸酉……更に匈奴の南單于たる呼廚泉に魏の璽綬を授け、青蓋車・乘輿・寶劍・玉玦を賜ふ。[一一]

青蓋車は車蓋が青く、皇子が王になったときに賜与されるもので、「王の青蓋車」と呼ばれる（『後漢書』志二十九輿服上）。呼廚泉は匈奴の伝統的な称号である「單于」を用い続けながら、曹氏一族と同様の「王」としての格式を与えられたのである。さらに、文帝の即位を言祝いで建立された「受禪表」碑にも、「匈奴の南單于、東夷・南蠻・西戎・北狄の王侯・君長の羣、入るに旗門よりし、咸 位に旅《つい》づ（匈奴南單于、東夷・南蠻・西戎・北狄王侯・君長之羣、入自旗門、咸旅于位）」と記されるように（渡邉義浩〈二〇〇八c〉）、匈奴の南單于だけではなく、「東夷・南蠻・西戎・北狄の王侯・君長の羣」もまた、文帝の即位儀礼において、その地位の高下に従って順序よく並び、文帝が天子であることを視覚的に示す重要な役割を果たしたのである。

　したがって、曹操のときは対峙していた鮮卑にも、文帝は王号を賜与していく。[一二] 建安十二（二〇七）年、曹操が柳城に遠征して烏桓の蹋頓單于らを斬って幽州を平定すると、鮮卑の步度根・軻比能たちは護烏桓校尉の閻柔を通じて朝貢し、屈伏を余儀なくされた。やがて、軻比能は扶羅韓を殺し、その子泄歸泥と配下を手中に収め、歩度根と仇敵の間柄となった（『三國志』巻三十 鮮卑傳）。そうした中、文帝が即位すると、歩度根は使者を送って馬を献上する。

> 文帝 践阼するや、田豫を烏丸校尉と爲し、持節して幷はせて鮮卑を護り、昌平に屯せしむ。歩度根 使を遣はして馬を獻じ、帝 拜して王と爲す。[一三]

文帝は、曹操のときには屈従させていた鮮卑に対して、歩度根に王の位を賜与する。冊封體制[一四]の中に鮮卑を位置づけることにより、天子としての権威を高めようとしたのである。ところが、歩度根は王となっても、その後もしばしば軻比能と戦闘を交え続けた。文帝は、軻比能にも「附義王」の称号を与えていたのである（『三國志』巻三十 鮮卑傳）。冊封體制では、同一民族内で敵対する勢力に複数の王号を賜与する事例は少ない。ここには、護烏桓校尉の田豫の分割政策が関わっている。

> （田豫）校尉と爲ること九年、其の夷狄を御するや、恆に兼幷を摧抑し、強猾を乖散せしむ。凡そ逋亡・姦宄、胡の爲に計を作《な》して官に利あらざる者は、豫 皆 構刺攪離して、凶邪の謀をして遂げず、聚居の類をして安んぜざらしむ。[一五]

護烏桓校尉として持節して鮮卑をも統御していた田豫は、常にかれらを仲間割れに追い込み、強力な者を殺害するという、分割政策を展開していた。理念として必要な異民族を王に封建する一方で、その勢力拡大を嫌って分裂を促進していたのである。

こうして軻比能との戦いに弱体化した歩度根は、その配下の一万余戸を率いて太原郡と雁門郡に入った。そして、使者を送って父を軻比能に殺されていた泄歸泥を誘う。泄歸泥は、部族民たちを引き連れ、歩度根に従った（『三國志』巻三十 鮮卑傳）。以後、文帝期において、鮮卑は、歩度根と軻比能の対立を抱えながら、曹魏に従い続ける。

ところが、明帝期の青龍元（二三三）年、諸葛亮と結んだ軻比能は、歩度根と和親を結び、幷州の支配を脱して自分のもとに来ることを誘った。幷州刺史の畢軌は蘇尙・董弼を派遣し、歩度根を迎えに来た軻比能の軍を襲わせたが、軻比能の子に撃退される。こうして歩度根は、泄歸泥と部族民を率いて軻比能の配下となり、幷州を略奪した。明帝は、驍騎將軍の秦朗を征伐に向かわせる。秦朗により歩度根は敗走し、軻比能に殺された。さらに青龍三（二三五）年、護烏桓校尉を兼任していた幽州刺史の王雄は、刺客を派遣して軻比能を暗殺する。(一六)

文帝期には服従していた鮮卑が背いた理由は、蜀漢の諸葛亮の外交努力により、軻比能が蜀漢に味方したためである（本書第四章）。自ら軍を率いて北伐を行う一方で、諸葛亮が繰り広げる外交政策は、曹魏の脅威となっていた。遼東半島の公孫氏への対応が不十分であったのも、諸葛亮の存在を理由とする。

公孫氏の遼東半島の支配、ならびに朝鮮半島への進出は、後漢末の公孫康より始まる。『三國志』巻三十 東夷傳韓の条によれば、公孫康は、朝鮮半島の樂浪郡の南に帯方郡を置き、部下の公孫模と張敞を派遣して、韓・濊の地域を平定した。さらに、遼東・玄菟・樂浪・帯方の四郡を支配するだけでなく、山東半島の東萊地方に營州刺史を置く。こうして東方では高句麗・夫餘にも勢力を及ぼし、西方では烏桓にも影響を与えるほど大きな勢力を振るったのである。(一七)

公孫康より始まる遼東・朝鮮支配に対し、曹魏は当初、蜀漢への対処を優先して黙認の態度を取っていた。しかし、康の次子である公孫淵が、太和二（二二八）年、叔父の恭からその地位を奪って政権を確立し、孫呉の孫權が、黄龍元（二二九）年、皇帝に即位した後、これを公孫淵に通知すると、曹魏も遼東を問題視し始める。

一方、孫權は、海上進出を目指し、(一八)黄龍二（二三〇）年、衞溫と諸葛直に一万人を率いさせ、海路により夷州と澶州を探索させた。二人は辿り着けなかったが、夷州は台湾あるいは日本、澶州は海南島とも種子島とも済州島ともされる。さらに、孫權は、嘉禾元（二三二）年、馬の購入を名目に、將軍の周賀・校尉の裴潛を遼東に派遣する（本書第五章）。これに応じて公孫淵は、校尉の宿舒・郎中令の孫綜らを帰国に従わせ、孫呉に臣従しようとした。この動きを察知した曹魏は、將軍の田豫に山東半島の突端の成山で待ち伏せさせ、周賀を殺害した。しかし、公孫淵の使者である宿舒・孫綜は、この攻撃を逃れ、公孫淵の上奏文を孫權に奉じたのである。

嘉禾二（二三三）年、孫權は公孫淵を燕王に冊封するため、太常の張彌・執金吾の許晏・將軍の賀達を派遣する。張昭らの反対を押し切っての派遣であった。[一九]しかし、曹魏に圧力をかけられていた公孫淵は、張彌・許晏を斬殺して、その首を曹魏に送った。『三國志』巻八 公孫淵傳は、公孫淵が孫呉は遠く頼みにできない、と考えたことにより首を送ったのである、という。それならば、公孫淵は、当初から孫呉に使者を派遣しないであろう。実際には、公孫淵は、曹魏が諸葛亮の北伐と対峙中であったため、遼東へ兵力を回し得ないと判断したため、曹魏の懐柔策を期待したのである。予想通り、明帝は公孫淵を大司馬・樂浪公に封建して招撫し、諸葛亮との対決に全力を注いだ。鮮卑の軻比能が曹魏に背き、諸葛亮に呼応したのは、この年のことである。この時点においては、軍事的にも外交的にも蜀漢の方が、孫呉に比べて遙かに脅威であった。

諸葛亮に対抗する中で、曹魏は天子の理念のためだけではなく、実質的な軍事力としても異民族を重視するようになる。その結果、蜀漢の背後にあった大月氏王に賜与されたものが、「親魏大月氏王」であった。また、諸葛亮の陣没後、司馬懿の遼東征討の功績を称える目的で、公孫氏の滅亡を機に曹魏に朝貢した倭國に与えられた「親魏倭王」は、「親魏大月氏王」と同格とされた。それは、曹魏の異民族政策が、実質的な軍事力としても異民族を重視するように転換していたためなのである。

三、諸葛亮の陣没

建興十二（二三四）年八月、諸葛亮は五丈原に陣没する。主力軍を率いて、蜀漢を防いでいた司馬懿は、洛陽に帰還した。こうして諸葛亮の脅威から解放された曹魏は、遼東の問題に着手し得る余裕を得た。（二〇）青龍四（二三六）年七月、曹魏は、孫呉により單于に封建されていた高句麗王に圧力をかけ、孫呉からの使者を斬首させる（『三國志』巻三明帝紀）。公孫淵の周囲を服従させると共に、孫呉の影響力を朝鮮・遼東半島から駆逐し始めたのである。

景初元（二三七）年七月、明帝は、幽州刺史の毌丘儉に公孫淵を攻撃させる。これを撃退した公孫淵は、自立して燕王となり、紹漢と元号を立て、周囲の異民族に印綬を与える一方で、孫呉に使者を派遣して援軍を要請する。（二一）しかし、派遣した使者を惨殺されていた孫權は、公孫淵を支援しなかった。ひとまず使者を厚遇すると共に、大軍を北方に送り、形勢を観望するという羊衜の献策に従った。（二二）

なお、景初元（二三七）年秋、明帝が毌丘儉に遼東を討たせた際、かつて袁氏と共に遼西に逃亡していた右北平烏桓單于の寇婁敦と遼西烏桓都督・率衆王の護留は、配下の五千余人を引き連れて毌丘儉に降伏している。寇婁敦は、弟の阿羅槃を遣わして朝貢する。明帝は、寇婁敦の配下の主だった有力者三十人を王に封じ、輿や馬などをそれぞれの位に応じて下賜した。（二三）こうして烏桓も、完全に曹魏の支配下に置かれた。

公孫氏を孫呉が見捨てることを見透かしたかのように、景初二（二三八）年正月、明帝の命を受けた司馬懿は、四万の兵を率いて洛陽を出発し、六月に遼東に到着、八月には公孫淵の都襄平城を陥し、公孫氏を滅ぼした。この間、明帝は劉昕を帯方太守、鮮于嗣を樂浪太守に任命して、海路二郡を攻略、朝鮮半島を曹魏の直接的な支配下に置いている（『三國志』巻三十 東夷傳 韓の條）。

さらに、曹魏は、正始五（二四四）年、幽州刺史の毌丘儉が中心となって、高句麗への遠征を開始した。高句麗王の位宮は、司馬懿が公孫氏を討伐したとき、主簿の大加を派遣して、軍を助けている（『三國志』巻三十 東夷傳 高句麗の條）。曹魏に恭順の姿勢を示しているのである。それにも拘らず、討伐の対象とされた理由は、高句麗王の位宮が、孫吳に朝貢して「單于」の称号を賜与されていたためである。（一四）曹魏が海を介した孫吳の影響力の拡大に神経を尖らせていることを理解できよう。倭國を優遇し続ける背景である。

正始中、（毌丘）儉 高句驪 數〻侵叛するを以て、諸軍步騎萬人を督し玄菟を出で、諸道より之を討たんとす。句驪王の宮 步騎二萬人を將ゐ、軍を沸流水の上《ほとり》に進め、大いに①梁口に戰ふ。宮 連りに破れ走る。儉 遂に馬を束ね車を縣けて、以て丸都に登り、句驪の都する所を屠り、首虜を斬獲すること千を以て數ふ。……宮 單《ひと》り妻子を將ゐて逃竄す。儉 軍を引きて還る。六年、復た之を征す。宮 遂に買溝に奔る。儉 玄菟太守の王頎を遣はして之を追はしめ、②沃沮を過ぐること千有餘里、肅愼氏の南界に至る。③石を刻み功を紀し、丸都の山に刊し、不耐の城に銘す。（一五）

「正始中」は、『三國志』巻三十 東夷傳 高句麗の条によれば、正始五（二四二）年、幽州刺史の毌丘儉は、①「梁口の戰」いで、高句麗王の位宮が率いる二万の軍を破ると、そのまま王都の丸都を陥落させた。しかし、王を捕らえることはできず、翌正始六（二四三）年に遠征を再開したが、王が買溝まで逃れたため、後に倭國とも関わりを持つ玄菟太守の王頎を派遣した。王頎は王を捕らえられなかったが、②「沃沮を過ぎ」「肅愼氏の南界」まで至ったという。

なお、このとき王頎は、夫餘に至っているが、その遠征路については満州を縦断したとする池内宏〈一九二九〉と、それを批判する和田清〈一九五〇〉との間に論争がある。また、③に記される「毌丘儉紀功碑」については、池内・和田論争を和田説に依りながら解決する田中俊明〈二〇〇八〉によって、詳細な分析が行われている。

このように、諸葛亮陣没後、曹魏は積極的に異民族の支配を進めていく。孫呉に味方をした高句麗について、遼東遠征の際に曹魏に付いたにも拘らず、遠征軍を送り、さらに軍を進めて沃沮・粛愼氏を通って東方の海岸まで到達しているように、孫呉による海路を通じた影響力の拡大を阻止する政策を展開している。

もちろん、その一方で、匈奴など北方民族への支配策も強化していく。鄧艾の匈奴分割策は、こうした政策の一環である。もちろん異民族の分割政策は、曹魏においても以前より採用されている。すでに掲げた田豫のほか、かつて幷州刺史を領した梁習は、單于が不在となっていた幷州の南匈奴に対して、「豪右」(指導者)を引き離し、「諸丁」を徴用して、家族を移住させ、従わない者を武力討伐する、という徙民政策により、辺境を制圧していた[二六]。鄧艾の匈奴分割策は、こうした政策の流れを汲むものと考えてよい。ただし、鄧艾の異民族政策は、その規模もさることながら、根底に置かれた思想に特徴がある。

是の時、幷州の右賢王の劉豹、幷はせて一部と爲る。艾 上言して曰く、「①戎狄は獸心にして、義を以て親しまず。彊ければ則ち侵暴し、弱ければ則ち内附す。故に周宣に玁狁の寇有り、漢祖に平城の圍有り。匈奴 一たび盛なる毎に、前代の重患と爲る。②單于 外に在りてより、能く牽制すること莫し。去卑 誘ひて之を致し、來りて入侍せしむ。是に由りて③羌夷 統を失ひ、合散するに主無し。單于 内に在るを以て、萬里 軌に順ふ。今 單于の尊は日〻に疏く、外土の威は寖〻重く、さすれば則ち胡虜に深く備へざる可からず。聞くならく④劉豹の部に叛胡有りと。叛に因り割きて二國と爲して、以て其の勢を分かつ可し。去卑 功は前朝に顯らかなるに、而るに子は業を継がず。宜しく其の子に顯號を加へ、鴈門に居らしむべし。⑤離國して寇を弱め、舊勳を追録するは、此れ邊を御するの長計なり」と。又 陳べて、「⑥羌胡 民と同じく処る者は、宜しく漸を以て之を出し、民の表《そと》に居らしめ、廉恥の教を崇め、姦宄の路を塞ぐべし」と。大將軍の司馬景王、新たに輔政し、多く焉を納用す[二七]。

鄧艾は、本格的な異民族の分割政策を開始した。②單于の抑留策により、③統一性を失いつつある異民族の中で、具体的には④劉豹の部に叛胡があることに乗じて、これを分割しようとしたのである。町田隆吉〈一九七九〉は、單于抑留策から⑤離國策（分割支配の方式）への展開とこれを位置づける。西晉に完成する匈奴の五部分割は、ここから始まる。また、⑥羌胡と漢族とを別居させるため、羌胡を次第に外に徙すべきという、江統の「徙戎論」の先駆となる主張もここには見られるのである。

鄧艾の異民族政策を規定する華夷思想は、①「戎狄は獸心」とあるように『春秋左氏傳』のそれであった。『春秋左氏傳』襄公 傳四年に、「戎は禽獸なり（戎禽獸也）」とあり、閔公 傳元年に、「戎狄は豺狼にして厭かしむ可からず（戎狄豺狼、不可厭也）」とあるように、『春秋左氏傳』は、夷狄を生まれにより差別する。後漢末に見られた『春秋公羊傳』に基づき夷狄との融和を目指す思想は、ここにはない[二八]。『春秋左氏傳』を官學としていた曹魏では、夷狄との雑居の進展もあって、夷狄を排除する思想が広がっていた。さらに、三國鼎立という国際関係が他国に利用される可能性を持つ異民族の自立を許容しない思想を醸成したのである。鄧艾の異民族政策は、諸葛亮の陣没後における、曹魏の異民族政策の転換と異民族観の変容を象徴するものと言えよう。

おわりに

曹操は、橋玄を理想とし、征西將軍を志したように、異民族を討伐していく政策を「西北列將」より継承した。ただし、同じく「西北列將」ながら、異民族の殲滅を目指す段熲のそれではなく、異民族との融合を目指す張奐の政策に曹操は近かった。このため、自ら烏桓を制圧した際には「三郡烏桓」を中国に徙民させ自己の軍事的基盤とした。また、南匈奴には、南單于の呼廚泉を抑留する政策に止めており、『晉書』北狄傳に記されるように、匈奴を五部に分割することはなかった。ただし、夏侯淵に委ねた涼州での羌族・氐族との戦いでは、馬超・韓遂とその勢力下にあった羌族・氐族を壊滅させている。

これに対して、曹魏を建国した文帝は、異民族の朝貢を天子の徳を証明する重要な手段とした。このため、南單于の呼廚泉は、文帝の即位の勸進文に名を連ね、即位時には「王の青蓋車」を賜与され、即位儀礼に参加したことが「受禪表」碑に記されている。また、鮮卑にも王号が賜与された。ところが、明帝期になると、鮮卑は軻比能が諸葛亮の外交政策に呼応することで反乱を起こした。そして、諸葛亮の脅威から遼東の公孫氏にも十全な対決姿勢を取ることが難しかった。そうした中、諸葛亮が外交努力を重ねていた西域の背後から朝貢した大月氏國（クシャーナ朝）は歓迎され、明帝より「親魏大月氏王」の称号を賜与された。

諸葛亮が五丈原で陣没すると、曹魏の異民族政策は、統治・分割策へと変容していく。異民族は統治すべき対象として、その弱体化が目指されたのである。なかでも、鄧艾の匈奴分割策は、曹魏の官學である『春秋左氏傳』を思想的根拠にするものであり、諸葛亮没後の曹魏の異民族政策を代表する。

こうした曹魏の異民族政策の中に、卑彌呼は使者を派遣する。第六章に述べるように、曹魏は、司馬懿の遼東征討の功績を称える目的で、それを契機に朝貢した倭國に「親魏倭王」の称号を賜与する。そこには、明帝期に大月氏國を曹魏に朝貢させた曹眞の子である曹爽が司馬懿の政敵であったために、倭國を大月氏國より遠くて重要な大国とせざるを得ない、という正始の政変後の曹魏の国内事情が存在したのである。

《注》

（一）孤始擧孝廉、年少、自以本非巖穴知名之士、恐爲海內人之所見凡愚、欲爲一郡守、好作政教、以建立名譽、使世士明知之。故在濟南、始除殘去穢、平心選擧、違迕諸常侍。以爲彊豪所忿、恐致家禍、故以病還。去官之後、年紀尚少、顧視同歲中、年有五十未名爲老、內自圖之、從此却去二十年、待天下淸、乃與同歲中始擧者等耳。故以四時歸鄕里、於譙東五十里築精舍、欲秋夏讀書、冬春射獵。求底下之地、欲以泥水自蔽、絕賓客往來之望。然不能得如意、後徵爲都尉、遷典軍校尉、意遂更、欲爲國家討賊立功、欲望封侯作征西將軍。然後題墓道言、漢故征西將軍曹侯之墓、此其志也（『三國志』卷一 武帝紀注引『魏武故事』）。

（二）後漢の儒教的統治方法である「寬」治が『尙書』堯典を典拠とし、「猛」政が『春秋左氏傳』を典拠としたこと、および曹操の「猛」政を荀彧ら「名士」が高く評価したことは、渡邉義浩〈二〇〇一b〉、〈二〇〇一c〉を参照。

（三）建安十一年、太祖自征蹋頓於柳城。潛軍詭道、未至百餘里、虜乃覺。尙與蹋頓將衆逆戰於凡城、兵馬甚盛。太祖登高望虜陳、抑軍未進。觀其小動、乃擊破其衆、臨陳斬蹋頓首、死者被野。速附丸・樓班・烏延等走遼東、遼東悉斬、傳送其首。其餘遺迸皆降。及幽州・幷州（閻）柔所統烏丸萬餘落、悉徙其族居中國、帥從其侯王・大人種衆與征伐。由是三郡烏丸爲天下名騎（『三國志』卷三十 烏丸傳）。

（四）太祖將征荊州、而（馬）騰等分據關中。太祖復遣（張）既喩騰等、令釋部曲求還。騰已許之而更猶豫。既恐爲變、乃移諸縣促儲偫、二千石郊迎。騰不得已發東。太祖表騰爲衞尉、子超爲將軍、統其衆（『三國志』卷十五 張既傳）。

（五）梁興を「安定の梁氏」と解することは、石井仁《二〇〇〇》による。

（六）（夏侯淵）使張部督步騎五千在前、從陳倉狹道入、淵自督糧在後。部至渭水上、①（馬）超將氏・羌數千逆部。未戰、超走、部進軍收超軍器械。淵到、諸縣皆已降。韓遂在顯親、淵欲襲取之、遂走。淵收遂軍糧、追至略陽城、去遂二十餘里、諸將欲攻之、或言、②當攻興國氏。淵以爲、遂兵精、興國城固、攻不可卒拔、不如擊長離諸羌。長離諸羌多在遂軍、必歸救其家。若捨羌獨守則孤、救長離則官兵得與野戰、可必虜也。淵乃留督將守輜重、輕兵歩騎到長離、攻燒羌屯、斬獲甚衆。諸羌在遂軍者、各還種落。遂果救長離、與淵軍對陳。諸將見遂衆、惡之、欲結營作塹乃與戰。淵曰、我轉鬬千里、今復作營塹、則士衆罷弊、不可久。賊雖衆、易與耳。乃鼓之、大破遂軍、得其旌麾、還略陽、進軍圍興國。③氐王千萬逃奔馬超、餘衆降。轉撃高平屠各、皆散走、收其糧穀牛馬。乃假淵節（『三國志』卷九　夏侯淵傳）。

（七）のちに、子孫が楊氏を名乗り、仇池國を建国するため、楊千萬とも言う。李祖桓《一九八六》を参照。

（八）こののちの氐族の徙民に関しては、馬長寿《一九八四》と黄烈《一九八七》・孫功述《二〇〇五》との間で議論がある。

（九）内田吟風《一九七五b》。白翠琴〈一九八九〉など同様の見解を取る研究は多い。これに対して、唐長孺《一九五五》は、曹操による匈奴の五部分割に懐疑的であった。

（一〇）曹操の対匈奴政策が單于抑留策に止まることを、曹操が匈奴から買い戻した蔡琰の文学作品から検討した渡邉義浩〈二〇一四b〉も参照。

（一一）黄初元年十一月癸酉……更授匈奴南單于呼廚泉魏璽綬、賜青蓋車・乘輿・寶劍・玉玦（『三國志』卷二　文帝紀）。

（一二）曹操は、建安年間、中国から離れて居住し、北辺に攻め込むことのなかった鮮卑の大人である素利・彌加・厥機らには、上奏して王号を漢より与えさせている（『三國志』卷三十　鮮卑傳）。直接的な対立関係がなければ、曹操も異民族を王に推挙することはあった。曹丕はこれを継承して、素利・彌加を歸義王としている。また、呉の内部に居住する山越に対して、曹魏が官職を附与したことについては、關尾史郎〈二〇〇〇〉がある。

（一三）文帝踐阼、田豫爲烏丸校尉、持節幷護鮮卑、屯昌平。步度根遣使獻馬、帝拜爲王（『三國志』卷三十　東夷　鮮卑傳）。

（一四）冊封體制については、西嶋定生《一九八三》を参照。

（一五）（田豫）爲校尉九年、其御夷狄、恒摧抑兼幷、乖散強猾。凡逋亡・姦宄、爲胡作計不利官者、豫皆構刺攪離、使凶邪之謀不遂、聚居之類不安（『三國志』卷二十六　田豫傳）。

（一六）『三國志』卷三十　鮮卑傳。軻比能の暗殺については、李大龍〈二〇一〇〉を参照。

(一七) 公孫氏については、西嶋定生〈一九七八〉、仁藤敦史〈二〇〇九〉、邸富生〈一九七九〉、張雲樵・張莉〈二〇〇〇〉、孫志敏〈二〇〇六〉などを参照。

(一八) 杉本直治郎〈一九五六〉によれば、孫權は扶南に使節を派遣し、扶南に派遣されていた大月氏國の使者とも会っているという。

(一九) 張昭と孫権の対立など孫呉の国内情勢については、渡邉義浩〈二〇〇〇〉を参照。

(二〇) 諸葛亮の陣没を機に、明帝の政治が「公」を重視する姿勢から「私」的なそれへと展開することについては、渡邉義浩〈二〇〇三ａ〉を参照。

(二一) 大庭脩《一九七一》・《一九九六》は、公孫度が遼東太守になってから実質的に独立国となり、景初二（二三八）年に燕という国号を立て、紹漢という元号を用いて名実ともに独立国になった。したがって、名目上は二年、実質上は五十年間、中国は魏・蜀・呉・燕の「四国対立」の時代であった、とする。これに対して、松田徹〈一九九四〉は、大庭説を過大評価であるとしながら、公孫氏政権の攻防を詳細に検討している。なお、松田徹〈二〇〇一〉も参照。

(二二) 『三國志』巻三十 烏丸傳注引『魏略』。こうした公孫氏のもとに居住した異民族については、三崎良章〈二〇一〇〉を参照。

(二三) 『三國志』巻八 公孫淵傳注引『漢晉春秋』。渡邉義浩〈二〇〇〇〉も参照。

(二四) 本書第五章。また、余昊奎、井上直樹〈二〇一三〉を参照。

(二五) 正始中、(毌丘)儉以高句驪數侵叛、督諸軍步騎萬人出玄菟、從諸道討之。句驪王宮將步騎二萬人、進軍沸流水上、大①戰梁口。宮連破走。儉遂束馬縣車、以登丸都、屠句驪所都、斬獲首虜以千數。……宮單將妻子逃竄。儉引軍還。六年、復征之。宮遂奔買溝。儉遣玄菟太守王頎追之、②過沃沮千有餘里、至肅愼氏南界。③刻石紀功、刊丸都之山、銘不耐之城（『三國志』巻二十八 毌丘儉傳）。

(二六) 『三國志』巻十五 梁習傳に、「習 官に到るや、誘諭招納し、皆①其の豪右を禮召し、稍稍に擧に薦し、幕府に詣らしむ。

豪右 已に盡くれば、乃ち次もて②諸丁を發し、強をば以て義從と爲す。又 大軍の出征するに因りて、分ちて請て以て勇力と爲す。吏兵 已に去りしの後、稍ゝ③其の家を移し、前後して鄴に送ること、凡そ數萬口。④其の命に從はざる者は、兵を興こし討を致し、斬首すること千もて數へ、降附する者 萬もて計ふ。（習到官、誘諭招納、皆①禮召其豪右、稍稍薦擧、使詣幕府。豪右已盡、乃次②發諸丁、強以爲義從。又因大軍出征、分請以爲勇力。吏兵已去之後、稍③移其家、前後送鄴、凡數萬口。④其不從命者、興兵致討、斬首千數、降附者萬計）」とあるように、梁習は、單于不在の南匈奴に対して、①「豪右」（指導者）を引き離し、②「諸丁」を徴用し、③家族を移住させ、④従わない者を武力討伐する、という徙民政策により、辺境を制圧していた。

（二七）是時、幷州右賢王劉豹、幷爲一部。艾上言曰、①戎狄獸心、不以義親。彊則侵暴、弱則內附。故周宣有玁狁之寇、漢祖有平城之圍。每匈奴一盛、爲前代重患。②自單于在外、莫能牽制。（長）〔去〕卑誘而致之、使來入侍。由是③羌夷失統、合散無主。以單于在內、萬里順軌。今單于之尊日疏、外土之威寖重、則胡虜不可不深備也。聞④劉豹部有叛胡、可因叛割爲二國、以分其勢。去卑功顯前朝、而子不繼業、宜加其子顯號、使居鴈門。⑤離國弱寇、追錄舊勳、此御邊長計也。又陳、⑥羌胡与民同處者、宜以漸出之、使居民表、崇廉恥之敎、塞姦宄之路。大將軍司馬景王、新輔政、多納用焉（『三國志』卷二十八鄧艾傳）。なお、盧弼『三國志集解』に引く沈家本の見解により、「長」の字を「去」に改めた。

（二八）『春秋左氏傳』・『春秋公羊傳』の夷狄思想の相違、ならびに兩漢における兩傳に基づく華夷思想の展開、および江統の「徙戎論」については、渡邉義浩〈二〇〇八b〉〈二〇〇九a〉を參照。

第四章　諸葛亮の外交政策

はじめに

三國時代は、秦の始皇帝が中国を統一して以来、はじめて迎える本格的な分裂割拠の時代である。季漢（以下、通称である蜀漢で呼ぶ）に対して叛乱を起こした雍闓が、「蓋し聞くならく、天に二日無く、土に二王無しと。今 天下鼎立し、正朔 三有り。是を以て遠人 惶惑し、帰する所を知らざるなり」と嘯いたように（一）、本来一人であるべき皇帝＝天子が三人も並び立ったことは、それぞれの国家において、その正統性を主張する必要を生むと同時に、他の皇帝に対して、いかなる対応を取るのか、という問題を惹き起こした（二）。また、天子の徳を慕って朝貢すべきとされる周辺の異民族とも、複雑な外交関係を結ばざるを得なくなる（三）。

劉備が建国した蜀漢は、後漢を簒奪した曹魏との対抗上、皇帝を称した孫呉とその正統性を競い合わなかった。それを定めた者は、丞相として全権を掌握していた諸葛亮である。諸葛亮は、かつて劉備の諮問に応えて「草廬對」と呼ばれる基本方針を開陳している。本章は、草廬對が、諸葛亮の外交政策をどのように規定したのか。さらには、その政策に現れる思想史的な背景とは何か、という問題を追究するものである。

一、草廬對の思想的位置

建安十二（二〇七）年、諸葛亮は劉備より三顧の禮を尽くされて出仕すると、（四）その諮問に応じて劉備集団が取るべき基本方針を示した。それが、「草廬對（隆中對ともいう）」である。「對」とは、後漢の官僚登用制度である郷擧里選で行われていた諮問への解答のことで、（五）諸葛亮の草廬對も劉備の三つの問いかけに応える形で述べられる。

是れに由りて先主　遂に亮に詣り、凡そ三たび往きて、乃ち見る。因りて人を屏けて曰く、「①漢室　傾頽し、姦臣　命を竊み、主上　蒙塵す。②孤　徳を度り力を量らず、大義を天下に信《の》べんと欲すれども、智術　淺短にして、遂に用て猖蹶し、今日に至る。③然れども志　猶ほ未だ已まず、君　謂ふに計　將に安くに出でんとするか」と。（六）

劉備の諮問は、①漢室が傾き崩れた理由、②自らが志を遂げられない理由、③志を実現するための具体的方策、の三点にわたる。諸葛亮は、これに次のように答える。

亮　答へて曰く、「①董卓より已來、豪傑　並び起こり、州に跨《またが》り郡を連ぬる者、勝《あ》げて數ふ可からず。②曹操は袁紹に比ぶれば、則ち名は微にして衆は寡し。然るに操　遂に能く紹に克ち、弱を以て強と爲る者は、惟だ天の時のみに非ず、抑〻亦た人の謀なり。③今　操　已に百萬の衆を擁し、天子を挾《たばさ》みて諸侯に令す。此れ誠に與に鋒を争ふ可からず。孫權は江東を據有すること、已に三世を歷、國は險にして民は附き、賢能　之が用を爲す、此れ以て援と爲す可きも圖る可からず。荊州は、北のかた漢・沔に據り、利は南海に盡く、東のかた吳・會に連なり、西のかた巴・蜀に通ず、此れ用武の國なるも、而れども其の主　守る能はず。此れ殆ど天の將軍を資《たす》くる所以なり、將軍　豈に意有るか。益州は險塞にして、沃野千里、天府の土なり、高祖　之に因りて以て帝業を成せり。劉璋闇弱にして、張魯北に在り、民は殷んに國は富めども存恤を知らず、智能の士、明君を得んと思ふ。將軍既に帝室の冑にして、信義は四海に著る。英雄を總攬し、賢を思ふこと渴くが如し。若し荊・益を跨有し、其の巖阻を保ち、西のかた諸戎と和し、南のかた夷越を撫し、外は好を孫權に結び、內は政理を脩め、天下に變有らば、則ち一上將に命じて、荊州の軍を將ゐて以て宛・洛に向かはしめ、將軍身ら益州の衆を率ゐて秦川に出づれば、百姓孰か敢へて簞食壺漿して、以て將軍を迎へざる者あらんや。誠に是の如くんば、則ち霸業成る可く、漢室興る可し」と。先主曰く、「善し」と。(七)

諸葛亮は、①については、董卓をはじめ群雄が割拠したことを後漢の衰退理由とし、②については、劉備が敗れた直接の理由ではなく、曹操の勝利を「人の謀」に依るものと答え、劉備の敗因を暗示する。そして、③劉備の外交方針として、曹操はすでに、「百萬の衆を擁」し、「天子を挾《たばさ》みて諸侯に令」しているため、すぐには「鋒を爭」そわず、「江東を據有」している孫權は、「援と爲す可きも圖る可」きではないことを述べる。そして、「荊・益」を跨有して「西のかた諸戎と和し、南のかた夷越を撫し」、天下の変を待って、上將に「荊州の軍」を率いて「宛・洛」に向かわせ、劉備「身ら益州の衆を率ゐて秦川に出」ることを指し示したのである。

草廬對は、よく「天下三分の計」と言われるが、三分は手段であって目的ではない。曹操は強く単独ではあたれないので孫權と結び、とりあえず天下三分の形はつくる。しかし、荊州と益州からそれぞれ洛陽と長安を取り曹操を滅ぼした後には、孫權をも滅ぼすことで漢による天下統一を復興する。諸葛亮の草廬對は、あくまでも天下統一策なのである。

これは当時において、常識的な戦略であった。後漢の光武帝は、漢の復興を唱えて黄河の北に拠点をつくり、洛陽と長安を取り、蜀の公孫述を滅ぼして天下を統一した。これとは逆の進路になるが、華北を曹操が掌握し、長江下流

域に孫権がいる以上、残った荊州と益州を拠点として、洛陽と長安を取ろうとするのは、常識に沿った王道である。(八)

それ以上に、漢の儒教が最も尊重することは、「聖漢による大一統」であった。「大一統（一統を大ぶ）」は、『春秋公羊傳』の隠公元年に記された「春秋の義」である。しかも、統一は孔子が尊重した「聖漢」により実現すべきとするものが、後漢「儒教國家」の中心經典である『春秋公羊傳』に注を付けた何休の思想であった。(九) 諸葛亮の草廬對は、その戦略だけではなく、それを支える根本的な哲学そのものが、漢代的な儒教の精神をそのまま受け継ぐ王道なのである。

ただし、かかる理解には問題も残る。諸葛亮が「漢室 興る可し」と述べた際の漢室とは、劉備を皇帝とする漢室なのであろうか。それとも、曹操が「挾」む天子（獻帝）を奪回した上で、それを輔佐して天下を統一するという漢室の復興なのであろうか。諸葛亮の外交政策の根底に置かれるべき、曹操が擁立する獻帝への視座を確認する必要が残るのである。

それを考える手掛かりとして、手段か目的かは異なるものの、諸葛亮に似て非なる「天下三分」を主張する魯肅の「對」を分析しよう。諸葛亮の草廬對より遡ること七年の建安五（二〇〇）年、魯肅は孫權に次のような諮問を受ける。

（孫權）因りて密議して曰く、「①今 漢室 傾危し、四方 雲擾す。②孤 父兄の餘業を承け、桓・文の功有らんことを思ふ。③君 既に惠顧せらる、何を以て之を佐くるか」と。(一〇)

孫權は、劉備と同様、①漢室が傾き崩れた理由を問うた後、②桓公・文公のような覇者になりたいという志を述べ、③魯肅がそれをどう輔佐してくれるのかを尋ねる。

肅 對へて曰く、「①昔 高帝 區區として義帝に尊事せんと欲するも獲られざる者は、項羽 害を爲すを以てなり。今の曹操は、猶ほ昔の項羽のごとし。②將軍 何ぞ由りて桓・文爲るを得んや。③肅 竊かに之を料るに、漢室は復興す可からず、曹操は卒に除く可からず。將軍の計爲るや、惟だ江東に鼎足して、以て天下の釁を観ること有るのみ。規模 此の如くんば、亦た 自《おのづか》ら嫌《うたが》はるること無し。何者《なんとなれば》、北方 誠に多務なればなり。其の多務に因り、黄祖を剿除し、劉表を進伐し、竟に長江の極むる所、據りて之を有《たも》ち、然る後に帝王を建號して以て天下を圖らば、此れ高帝の業なり」(一二)と。

魯肅は、①諸葛亮が董卓以降の群雄すべてを漢室衰退の原因とすることに対し、項羽に準えるべき曹操のみを原因とする。かつて項羽が義帝への忠義を抑制したように、曹操が獻帝への忠義を妨げている以上、②孫權が桓公や文公のように覇者となって、獻帝を輔佐することはできない、と孫權に方針の転換を勧める。そこには、③曹操は除くことはできず、それが掌握する漢室は復興できない、という現状への厳しい認識がある。したがって、孫權は江東に鼎足したのち帝王を称して、漢の高帝劉邦のように新しい国家を建設すべしとするのである。

このとき孫權は、張紘がまとめた「漢室匡輔」を方針として掲げていた(一三)。このため、孫權は、「今 力を一方に盡くして、以て漢を輔くるを冀はんのみ。此の言 及ぶ所に非ざるなり」(一四)と答えざるを得なかった。保守的な「名士」の張昭は魯肅を用いないよう孫權に勧めている。

魯肅の「對」は、孫權集団の掲げる基本方針と異なるだけではない。「聖漢による大一統」を否定する点で、後漢「儒教國家」の中心に置かれた春秋公羊學の經義を逸脱する革新的な主張であった。このため、魯肅の戦略は、諸葛亮の草廬對よりも現実的となった。曹操に擁立される獻帝を奪回して、漢を復興することは常識的に考えて不可能である。

黄巾の乱を見て、漢の復興が難しいと考えた「名士」は多かった(一五)。「名士」の存立基盤となる人物評価を広めた郭泰は、かつて後漢の官僚となることを勧められた際に、「天の廢する所、支ふ可からざるなり(一六)」と断っている。自らを見い出してくれた李膺が第二次黨錮の禁で殺害されると、「人の云《ここ》に亡ぶ、邦國は殄瘁す(一七)」と荒野で慟哭する。それでも郭泰は、こののち天下を周遊して、人物評価を行い、儒教を価値基準の根底に置きながら「名士」の発掘に尽力する。

魯粛は、こうした儒教の軛を脱して、儒教が正統化する「聖漢による大一統」に拘らず、天下三分を実現し、その一角で孫権を即位させることに成功するのである(一八)。

それでは、諸葛亮の草廬對は、魯粛ほどの斬新さを持って獻帝に見切りをつけたものなのであろうか。諸葛亮が輔佐した劉備も、やがて皇帝に即位する。

(建安)二十五年、魏の文帝 尊號を稱し、年を改め黄初と曰ふ。或もの「漢帝 害せれる」と傳聞す。先主 乃ち喪を發し服を制し、追諡して孝愍皇帝と曰ふ(一九)。

なぜ、獻帝(蜀漢の諡號では愍帝)が崩御したと誤って伝えられたのか。その理由を史書は記さない。しかし、それは必要な誤伝であった。獻帝が崩御しない限り、劉備が即位できないという認識は、諸葛亮が群臣とともに劉備の即位を勧進した上言より確認できる。

曹丕 簒弑し、漢室を湮滅す。……今 上に天子無く、海内 惶惶として、式仰する所靡し。……宜しく帝位に卽きて、以て二祖を纂ぎ、昭穆を紹嗣せば、天下 幸甚なり(二〇)。

劉備の即位条件として諸葛亮は、漢室が滅亡して、天子が居なくなったことを上言している。ここでは、即位の前提として、獻帝の崩御が必要とされる。これより考えると、諸葛亮の草廬對は、当初より劉備を皇帝とする漢室再興を目指すものではなく、曹操が「挾」む獻帝を輔佐する復興を希求するものであったことが分かる。獻帝の崩御が誤伝されることにより、後者を断念することで、始めて劉備の即位は実現した。

　このように、諸葛亮の基本方針である草廬對は、「聖漢による大一統」を目指すものであった。しかも、その漢はあくまでも後漢である。新たなる国家の建設は、後漢の滅亡後のみに想定される。こうした諸葛亮の思想は、後漢末では保守的な立場に属する。後漢を代表する經學者である鄭玄は、董卓に蔡邕が殺されると、「漢の世は誰と共に正さん」と嘆き、漢に代わる新たな国家の秩序を形成するため、六天説により革命の理論化を行った。(一一)『周禮』を中心とする鄭玄に反発して、『春秋左氏傳』を中心とする実践的な儒學である荊州學の系譜からは、やがて王粛や杜預が出現する。(一二)王粛は、鄭玄に反発するなかで、後漢を正統化するため儒教が纏っていた神秘性を断ち切り、「理」に基づく經典解釈を行い、(一三)杜預は『春秋左氏傳』に基づいて、「君無道」な場合には君主を弑殺できると説いて司馬氏の革命を正統化していく。(一四)諸葛亮が三顧の礼を受ける前、司馬徽より学んでいた儒教は、革新的な荊州學なのである。それにも拘らず、諸葛亮は、後漢「儒教國家」の中心經義である「聖漢による大一統」を目指し続けた。ただし、諸葛亮は一時、これを放棄したかにも見える。それが、孫權の即位に伴う天下を分割する盟約である。

二、天下分割と荊州の帰属

　諸葛亮の草廬對に基づき荊州と益州を保有した劉備であったが、荊州の守備を委ねた關羽は曹操と孫權との挟撃により戦死する。皇帝に即位していた劉備は、關羽殺害の報復と荊州奪還を目指して孫呉に攻め込む。(一五)しかし、夷陵の戰いで敗退し、白帝城に崩御した。劉禪を即位させた諸葛亮は、鄧芝を派遣して孫呉との国交を修復する。(一六)鄧芝は、孫權との対話のなかで、諸葛亮の草廬對に基づく孫呉との同盟は、あくまで曹魏を倒すための手段であり、そののちは「聖漢による大一統」のため孫呉を滅ぼす旨を次のように語ったという。

(孫)權　(鄧)芝に謂ひて曰く、「若し天下　太平にして、二主　分治せば、亦た樂しからずや」と。芝　對へて曰く、「夫れ天に二日無く、土に二王無しと。如し魏を幷はすの後は、大王　未だ深く天命を識らざる者なれば、君は各〻其の徳を茂んにし、臣は各〻其の忠を盡くし、將は枹鼓を提げて、則ち戰爭　方に始まらんとするのみ」と。權　大いに笑ひて曰く、「君の誠款、乃ち當に爾るべきか」と。權　亮に書を與へて曰く、「丁厷は掞張、陰化は不盡なり。二國を和合せしむものは、唯だ鄧芝有るのみ」[二七]と。

鄧芝は、明確に天下二分を否定する。孫權がその「誠款」を称えるほど、鄧芝の主張は、蜀漢の、すなわち諸葛亮の外交政策を明言している。その典拠とする「天無二日、土無二王」は、今文經典の『禮記』に求められる。[二八]後漢「儒教國家」の官学である今文學によって、「聖漢の大一統」は、正統化されていたのである。

孫呉との同盟を修復した諸葛亮は、南征の後、曹魏への北伐を開始する。荊州から攻めあがる役割を元蜀漢臣下の孟達に期待し、その失敗後は、孫呉に攻撃を要請するなど、諸葛亮はあくまで草廬對で定めた曹魏への二方面攻撃を貫こうとした。

しかし、草廬對そのものを危機に陥れる事態が勃発する。孫權の即位である。曹魏より武都と陰平の二郡を奪い、街亭での敗戦の痛手を回復しつつあった建興七（二二九）年のことであった。諸葛亮は、周囲の反対を押し切って、孫權の即位を認め、[二九]使者の陳震を派遣し、天下の分割を定める。

黄龍元年春、公卿・百司、皆　權に尊號を正さんことを勸む。……六月、蜀　衞尉の陳震を遣はして、權の踐位を慶す。權　乃ち天下を參分し、豫・靑・徐・幽は呉に屬し、兗・冀・幷・涼は蜀に屬せしむ。其の司州の土は、函谷關を以て界と爲す。盟を造爲《つく》りて曰く、「……夫れ惡を討ち暴を翦《のぞ》くには、必ず其の罪を聲《ふ》れ、宜しく先に製を分ち、其の土地を奪ひ、士民の心をして、各〻歸する所を知らしむべし。是を以て春秋、晉侯 衞を伐つに、先に其の田を分ちて以て宋人に畀《あた》ふ、斯れ其の義なり。……」と。[三〇]

孫權は盟文で、「豫州・青州・徐州・幽州は吳に屬し、兗州・冀州・幷州・涼州は蜀に屬」するという形で天下を「參分」する。その典拠は、『春秋左氏傳』僖公傳二十八年である。[三一] これに対して、司隸を分割する「函谷關を以て界と爲す」という境界線は、『春秋公羊傳』隱公傳五年を典拠とする「分陝」の思想に基づく。趙立新《二〇〇九》によれば、「分陝」が東西地域を分割する地理的概念となるのは何休注からであり、何休は「陝」を「陝山」（弘農郡陝県）と解釈して、函谷關から崤山を東西を分けるラインと考えたという。それにも拘らず、周公と邵公による天下二分を正統化する「分陝」の典拠を盟文に記さないのは、蜀漢と孫吳の天下分割が東西には二分されていないためである。海に勢力を拡大したい孫吳は、冀州の領有権を蜀漢に讓ってまで、強い関心を抱く幽州の領有を認めさせた。[三二] その結果、両国による天下の分割は、「分陝」の思想のような東西二分とはならなかったのである。

それでは、蜀漢と孫吳がすでに領有していた益州と揚州・荊州・交州は、その領有が相互に承認されたのであろうか。蜀漢は、盟約を結んだ建興七（二二九）年、李恢に遥領させていた交州刺史を解いており、交州が孫吳の領有下にあることを認めている。[三三] しかし、荊州に関しては、その領有を認めていたとは考え難い二つの史料が残存する。

第一は、建興九（二三一）年、諸葛亮が李嚴（李平）の罷免を要求した上奏文に列記された人名の中に、「左將軍・領荊州刺史・高陽鄕侯臣吳壹」という字句が存在することである（『三國志』卷三十九 李嚴傳注）。石井仁〈一九九〇〉が蜀漢の官制復元に用いたように、この上奏文は、『三國志』では省略されることも多い官職の全表記がなされている。そこに「領荊州刺史」が記載されている以上、蜀漢は孫吳の荊州領有を承認していないと考えられる。

第二は、諸葛亮の没後、蔣琬が荊州の攻略を目指したことである。

> (蔣)琬 以爲へらく、昔 諸葛亮 數〻秦川を闚ふも、道は險しく運は艱く、竟に克つ能はざれば、水に乘りて東下するに若かずと。乃ち多く舟船を作り、漢・沔より魏興・上庸を襲はんと欲す。[三四]

蔣琬が攻略を目指した魏興郡・上庸郡は、荊州に屬する。蜀漢が孫吳の荊州領有を承認したのであれば、領荊州刺史を置いたり、荊州に侵攻することは、盟約違反となろう。

荊州の領有権が複雑となった理由は、劉備の侵攻に際して、孫權が曹魏に称臣したことにある。黄初二(二二一)年十一月、曹魏の文帝は、孫權を吳王に封建するとともに、大將軍・使持節督交州・領荊州牧事としたのである。[三五]文帝が荊州牧に任命したのは、このとき孫權が荊州の武昌郡に根拠地を置いていたためである。[三六]むろん、赤壁の戦い以前に曹魏が領土に組み込んでいた長江以北の荊州に対する支配権を孫權に認めたわけではない。黄初三(二二二)年五月、文帝は孫權の支配下に置かれるべき荊州とそれ以外の荊州とを弁別する。

> (黄初三年)五月、荊・揚の江表八郡を以て荊州と爲すは、孫權 牧を領せしの故なり。荊州の江北諸郡は郢州と爲す。[三七]

文帝は、黄初三(二二二)年五月、「荊州」をもとの荊州南部の長沙・武陵・零陵・桂陽+揚州の丹陽・吳・會稽・豫章とし、もとの荊州北部の南陽・南鄕・章陵・江夏・魏興・新城(上庸)を「郢州」としたのである。しかし、黄初三(二二二)年九月、劉備を撃退して孫吳が称臣を拒否すると、曹魏は「郢州」を『荊州』(江北の南陽・南鄕・章陵・江夏・魏興・新城(上庸))と改名する。[三八]

それでは曹魏に定められていた孫吳の「荊州」(荊州の長沙・武陵・零陵・桂陽+揚州の丹陽・吳・會稽・豫章)は、どのように処理されたのであろうか。南下した文帝の軍を撃退したのち、孫權は呂範を揚州牧に任命している。[三九]「荊州」のうち、揚州部分は切り離されて揚州牧となった呂範の支配下に置かれた。また、劉備を撃退した陸遜を領荊州牧に任命しているので、[四〇]「荊州」（荊州の長沙・武陵・零陵・桂陽＋揚州の丹陽・呉・會稽・豫章）のうち、「荊州」（長沙・武陵・零陵・桂陽）は、領荊州牧となった陸遜の支配下に置かれたと考えてよい。天下分割の際、蜀漢が孫呉の荊州領有を承認したとすれば、この「荊州」であろう。言い換えれば、曹魏の支配下に置かれていた『荊州』（かつての郢州）の領有権は、承認しなかったと考えられる。

さらに、蜀漢が「領荊州刺史」を置き、『荊州』に属する魏興郡・上庸郡の攻略を目指したことは、蜀漢が『荊州』の領有権を孫呉に承認させた蓋然性を示すものである。[四一]

以上のように、曹魏が孫權のために設定した「荊州」は、蜀漢と孫呉が盟約を結んだ時点では揚州と「荊州」に分割されていた。荊州は、曹魏支配下の『荊州』と孫呉支配下の「荊州」とに分かれていたのである。呉壹が「左將軍・領『荊州』刺史・高陽郷侯」となっても、蔣琬が『荊州』攻略を目指しても、孫呉との同盟が破綻しなかったのは、蜀漢の『荊州』支配を孫呉が了承していたことを裏付ける。

こうして、諸葛亮は草廬對で掲げた益州と荊州からの二方面作戦の荊州部分について、同盟国の孫呉に曹魏を攻撃させるほかに、自らが侵攻するという選択肢を残すことにより、草廬對の方針を貫いたのである。

三、異民族の懐柔と公羊學

諸葛亮は、草廬對において、「西のかた諸戎と和し、南のかた夷越を撫」す異民族政策を掲げていた。これは、後漢末の何休が、『春秋公羊傳解詁』隱公元年に、「夷狄 進みて爵に至」る「大平」の実現を説いて正統化する、後漢「儒教國家」の異民族政策の継承である。[四二]

劉備がこの方針に基づき、異民族政策を進めたことは、孫呉を攻撃した際の馬良の行動より理解できる。馬良は、諸葛亮とともに荊州學を修め、亮に兄事していた人物である（渡邉義浩〈一九八八〉を参照）。

（先主）呉に東征するに及び、（馬）良を遣はして武陵に入り五溪の蠻夷を招納せしむ。蠻夷の渠帥 皆 印號を受くること、咸 意指の如し。先主 夷陵に敗績するに會し、良も亦た害に遇ふ。[四三]

馬良は、武陵蠻に蜀漢の官印と称号を与え、蜀漢の味方に付けるという「夷越を撫」す政策を展開している。かかる兄の影響であろうか。弟の馬謖は、南征へ向かう諸葛亮に対して、「心を攻める」ことを献策したという。

（馬）謖 對へて曰く、「南中 其の險遠なるを恃み、服せざること久し。今日 之を破ると雖も、明日 復た反するのみ。……遺類を殄盡して以て後患を除くが若きは、既に仁者の情に非ずして、且つ又 倉卒にす可からざるなり。夫れ用兵の道は、心を攻むるを上と爲し、城を攻むるを下と爲す。心もて戰ふを上と爲し、兵もて戰ふを下と爲す。願はくは公 其の心を服せられんのみ」と。亮 其の策を納れ、孟獲を赦して以て南方を服せしむ。故に亮の世を終ふるまで、南方 敢て復た反《そむ》かず。[四四]

「亮の世を終ふるまで、南方 敢て復た反かず」という結論が史実に反するため、史料的価値に疑問は残るが、[四五]諸葛亮の南征は「遺類を殄盡」するものでなかった。[四六]

南土 平定せられ、（李）恢 軍功 多きに居《よ》り、漢興亭侯に封じ、安漢將軍を加ふ。後に軍 還るや、南夷 復た叛き、守將を殺害す。恢 身ら往きて撲討し、惡類を鉏盡し、其の豪帥を成都に徙し、賦をば叟・濮の耕牛・戰馬・金銀・犀革より出し、軍資を充繼せしめば、時に于て費用 乏しからず。[四七]

諸葛亮の南征後も、「軍 還るや、南夷 復た叛」く夷狄の叛乱は続いた。『襄陽記』の「南方 敢て復た反かず」が修辞であることを理解できよう。それでも、南中統治を担当した李恢や張嶷たちは、叛乱の首謀者のみに処罰を止めるなど、可能な限り寛容な統治を行うことで、「耕牛・戰馬・金銀・犀革」といった北伐のための軍資を南中より供出させ続けた。（四八）

蜀漢が武力により南蠻を制圧し尽くさなかった理由の一つは、当初、南中で叛乱が起きた際に、孫呉が交州道を経由して南蠻の叛乱を支持したことにある。したがって、叛乱の平定後も、蜀漢はなかなか南中を直接統治できなかった。

> 初め越嶲郡、丞相の亮 高定を討つよりの後、叟夷 數〻反き、太守の龔祿・焦璜を殺す。是の後 太守、敢て郡に之かず、只だ安上縣に住む。郡を去ること八百餘里、其の郡 徒だ名有るのみ。（四九）

諸葛亮の南征後も越嶲太守は、郡治を「八百餘里」も遠くに置かざるを得なかったというのである。注（四六）に掲げた『漢晉春秋』に記される、諸葛亮が漢人を官僚として南中に残さなかったという伝説は、あながち嘘ではない。南中統治のために派遣していた庲降都督が、夷狄の地にその治所を移したのは、諸葛亮の晩年であった。

> （建興）十一年、南夷の豪帥たる劉冑 反き、諸郡を擾亂す。庲降都督の張翼を徴し還して、忠を以て翼に代ふ。忠 遂に冑を斬り、南土を平ぐ。忠に監軍・奮威將軍を加へ、博陽亭侯に封ず。初め建寧郡、太守の正昂を殺し、太守の張裔を縛りて呉に於《ゆ》かしむ。故に都督は常に平夷縣に駐す。忠に至りて、乃ち治を味縣に移し、民夷の間に処る。（五〇）

建興十一（二三三）年、馬忠が劉冑の叛乱を平定したことを機に、ようやく庲降都督の治所は「味縣」に移り、南中への直接統治が進展する。それでも、蜀漢の南中統治は、孫呉の山越政策のように、武力により強制的に異民族を軍隊に組み込もうとするものではなく、（五一）塩・鉄などの軍資を獲得し、「西南シルクロード」と呼ばれる交易路を確保することに主眼が置かれた。（五二）こうした蜀漢の南中統治は、草廬對で示された「南のかた夷越を撫」す諸葛亮の異民族

政策を基本に置くものと言えよう。（五三）

それでは、諸葛亮の外交努力が集約された北伐において、「西のかた諸戎と和」す草廬對の基本方針は貫かれたのであろうか。諸葛亮が二方面作戦のために、孟達に期待し、孫呉との天下分割において『荊州』を留保したことはすでに述べた。

「出師の表」を捧げて北伐に向かう諸葛亮に対して、後主劉禪は詔を下して、（五四）北伐の正統性を天下に示す。

> 朕 聞くならく、天地の道は、仁に福ひして淫に禍すと。善積の者は昌んに、惡積の者は喪ぶは、古今の常數なり。……曹操 禍を階《かさ》ね、竊《ぬす》みて天衡を執り、海内を殘剝し、君を無《なみ》するの心を懷く。子の丕は孤豎なるに、敢て亂階を尋《かさ》ね、盜みて神器に據り、姓を更め物を改め、世 其の凶を濟《いれ》る。此の時に當たりて、皇極 幽昧、①天下に主無く、則ち我が帝の命 下に隕越す。昭烈皇帝は、明叡の德を體し、文武を光演し、乾坤の運に應じ、身を出して難を平げ、四方を經營せば、人鬼 謀を同《とも》にし、百姓 能に與《くみ》し、兆民 欣戴す。……諸葛丞相は、弘毅忠壯にして、身を忘れて國を憂ふれば、先帝 託すに天下を以てし、以て朕の躬を勖《はげま》す。今 之に授くるに旄鉞の重きを以てし、之に付するに專命の權を以てし、歩騎二十萬衆を統領せしむ。元戎を董督し、龔《つつし》みて天罰を行ひ、患を除き亂を寧ぜよ。②克ちて舊都を復するは、此の行に在るなり。……③吳王の孫權は、同に災患を恤ひ、軍を潛め謀を合はせて、其の後に掎角す。④涼州の諸國王は、各〻月支・康居の胡侯たる支富・康植ら二十餘人を遣はし、詣りて節度を受け、大軍 北出すれば、便ち兵馬を率將し、戈を奮ひて先驅たらしめんと欲す。……能く邪を棄て正に從ひ、⑤簞食壺漿して、以て王師を迎ふる者有らば、國に常典有り、封寵の大小、各〻品限有り。魏の宗族・支葉・中外に及び、能く利害を規り、逆順の數を審らかにし、來りて降に詣る者有らば、皆原《ゆる》して之を除さん。……。（五五）

北伐詔の中で劉禪は、劉備の即位理由について、①「天下に主無」きことを挙げている。すでに述べたように、草廬對は後漢の復興を目的とするものであり、後漢の滅亡無くして劉備は即位できない。北伐詔は、獻帝が山陽公として存命中であるにもかかわらず、その存在を無視することで、蜀漢存立の正統性を主張している。北伐の目的である②「克ちて舊都を復する」ことは、諸葛亮の「出師の表」に、「漢室を興復し、舊都に還らん（興復漢室、還于舊都）」とある目的を典拠とする。その戦略として、③孫權と「掎角」の勢を取ることは、草廬對の基本方針であり、④「涼州の諸國王」と結ぶことも、草廬對の「西のかた諸戎と和」すに基づいている。そして、北伐に際して、⑤「簞食壺漿して、以て王師を迎ふる者」は曹魏の関係者でも恩賞を惜しまないことも、草廬對の「百姓 孰か敢へて簞食壺漿して、以て將軍を迎へざる者あらんや」に呼応しているのである。

このように、劉禪が北伐に際して発した詔は、草廬對をはじめとする諸葛亮の外交方針に忠実であり、そこでは「西のかた諸戎と和」す方針が明記されている。ただし、④「涼州の諸國王」と結ぶことは、曹魏に入貢した大月氏王に明帝が「親魏大月氏王」の称号を授与する背景とはなったものの（五六）、北伐の現実に寄与するものではなかった。また、曹魏と対立していた鮮卑の軻比能との同盟も（五七）、大局に影響を及ぼすものではなかった。涼州を経由する諸葛亮の北伐に大きな影響を持った異民族は、「西のかた」の「諸戎」羌族や氐族であった。

劉備の成都攻略に先立って帰属した馬超は、特筆すべき功績が無いにも拘らず、劉備の漢中王即位とともに左將軍・假節を拝命している。前將軍の關羽・後將軍の張飛に匹敵する待遇である。馬超は、劉備に仕える以前に、独立した軍閥の首領であったが故の厚遇であることは間違いない。加えて祖母が羌族の出身であり、「甚だ羌・胡の心を得」、「諸戎を率ゐて」戦い、敗れた際には「武都の氐中に逃」げたという（『三國志』卷三十六 馬超傳）、馬超と羌族・氐族との繫がりを看過することはできない。馬超は、劉備が即位すると驃騎將軍・領涼州牧となる。その策文は、次のように馬超に期待する。

策して曰く、「……海内 怨憤し、正に歸り本に反らんとし、氐・羌 率服し、獯鬻 義を慕ふに暨ぶ。君が信 北土に著はれ、威武 並びに昭らかなるを以て、是を以て任を委ね君に授く。……」と。[五八]

馬超は領涼州牧として、「君が信 北土に著は」るとされる影響力を「氐・羌」や「獯鬻」（匈奴）に発揮することを求められているのである。しかし、馬超は、諸葛亮の北伐前に病死する。

涼州を経由して行われた諸葛亮の北伐は、羌族や氐族との連携が重要であった。しかし、羌族や氐族の協力を常に得られる保証は無い。曹魏からも働きかけが行われていたからである。諸葛亮の陣没の翌年、武都郡の氐族は分裂する。

（建興）十四年、武都氐の王たる苻健 降らんことを請ふ。將軍の張尉を遣はして往きて迎へしむるも、期過ぐるも到らず。大將軍の蔣琬 深く以て念と爲す。（張）嶷 之を平らかにして曰く、「苻健の求附は款 至れり。必ず他に變無し。素より聞くに健の弟 狡黠たりて、又 夷狄は功を同にする能はざれば、將に乖離有らんとす。是を以て稽留するのみ」と。數日、問《おとづ》れ至る。健の弟 果たして四百戸を將ゐて魏に就き、獨り健のみ來從す。[五九]

武都郡の氐族は、諸葛亮の陣没を機に、曹魏に降服するものと蜀漢に帰順するものとに分裂した。蜀漢の国力が減退することを感じたのであろうか。

曹魏の涼州支配に対抗して北伐を行う以上、その遂行者には羌族や氐族と強い結び付きが求められる。羌族や氐族と連携して涼州経由で北伐を行うという諸葛亮の基本戦略の継承者となったものが姜維である。

（姜）維 自ら西方の風俗に練《な》れるを以て、兼ねて其の才武を負ひ、諸〻の羌・胡を誘ひて、以て羽翼と爲さんと欲す。謂へらく隴より以西は斷ちて有つ可きなりと。[六〇]

姜維は、羌族などの異民族と連携することで、隴西を曹魏から切り取ることを当面の目的とした。姜維の北伐は、蜀漢の国力を消耗させ、その滅亡を早めたものと評価されることも多いが、柴田聡子〈二〇〇九〉によれば、段谷の敗戦までは隴西において優勢にあった。それは、羌族を主とする雍州の諸異民族を味方につけていたことを理由とする。姜維は、諸葛亮の草廬對に示された「西のかた諸戎と和」すに基づき、段谷の敗戦までは優位に北伐を続けていたのである。

草廬對の「西のかた諸戎と和し、南のかた夷越を撫」す夷狄策は、後漢の異民族統治政策を踏襲するものである。[六一]思想史的に言えば、公羊學のなかでも、「夷狄 進みて爵に至」るという夷狄との混在を容認する何休の思想に基づく。諸葛亮は、反鄭玄學の嚆矢となる荊州學を修めており、何休の公羊學を学んだという直接的な記録はない。しかし、鄭玄は『發墨守』を著して何休の『公羊墨守』を厳しく批判しており、鄭玄學の超克を目指した荊州學が、何休の学問を知らなかったとは考え難い。「聖漢による大一統」と異民族との宥和を根幹に置く草廬對とその堅持は、諸葛亮が何休の公羊學をも身につけていたことを帰納論的に明らかにするのである。

おわりに

諸葛亮は、草廬對で定めた基本方針を生涯貫いた。第一に、孫權と結び曹魏を討つことは、外交努力の結果、危機を乗り越えて継続し得た。第二に、「南のかた夷越を撫」すは、南征および南中統治の基本方針となった。第三に「西のかた諸戎と和」すは、涼州経由の北伐を支える戦略となり、姜維にも継承された。かかる諸葛亮の外交政策を根底で支えた思想は、春秋公羊學、とりわけ何休の思想であった。諸葛亮は荊州學を修めながらも、自らが輔佐して建国した蜀漢を守るため、後漢を正統化するために特化した何休の公羊學に基づく草廬對の外交政策を貫いたのである。そこには、諸葛亮の蜀漢への思いだけではなく、「漢」という国家が持つ影響力の大きさを見ることもできる。

諸葛亮の外交政策により、劉禪は漢の天子として「四夷」を備えることができた。「天下二分」を約した同盟国の孫呉に接する東夷は存在しないものの、北狄として鮮卑、南蠻として南中、西戎として西域諸国と結ぶことで、蜀漢を天子と戴く国際秩序を成立させたのである。

《注》

（一）蓋聞、天無二日、土無二王。今天下鼎立、正朔有三。是以遠人惶惑、不知所歸也（『三國志』卷四十三 呂凱傳）。

（二）孫呉の皇帝が、曹魏とは異なる国際秩序を形成したことについては、本書第五章を参照。

（三）たとえば、曹魏と倭國とが結んだ国際関係については、本書第六章を参照。

（四）三顧の禮をめぐる劉備と諸葛亮とのせめぎ合いについては、渡邉義浩〈一九八八〉を参照。

（五）漢代の官僚登用制度である鄉擧里選における「對」の意味については、福井重雅《一九八八》《二〇〇五》を参照。

（六）由是先主遂詣亮、凡三往、乃見。因屏人曰、①漢室傾頽、姦臣竊命、主上蒙塵。②孤不度德量力、欲信大義於天下、而智術淺短、遂用猖蹶、至于今日。③然志猶未已、君謂計將安出（『三國志』卷三十五 諸葛亮傳）。丸付き数字は渡邉の補（以下同）。

（七）亮答曰、①自董卓已來、豪傑並起、跨州連郡者、不可勝數。②曹操比於袁紹、則名微而衆寡、然操遂能克紹、以弱爲強者、非惟天時、抑亦人謀也。③今操已擁百萬之衆、挾天子而令諸侯、此誠不可與爭鋒。孫權據有江東、已歷三世、國險而民附、賢能爲之用、此可以爲援而不可圖也。荊州北據漢・沔、利盡南海、東連吳會、西通巴・蜀、此用武之國、而其主不能守、此殆天所以資將軍、將軍豈有意乎。益州險塞、沃野千里、天府之土、高祖因之以成帝業。劉璋闇弱、張魯在北、民殷國富而不知存恤、智能之士、思得明君。將軍既帝室之冑、信義著於四海、總攬英雄、思賢如渴、若跨有荊・益、保其巖阻、西和諸戎、南撫夷越、外結好孫權、內脩政理、天下有變、則命一上將、將荊州之軍以向宛・洛、將軍身率益州之衆出於秦川、百姓孰敢不簞食壺漿、以迎將軍者乎。誠如是、則霸業可成、漢室可興矣。先主曰、善（『三國志』卷三十五 諸葛亮傳）。

（八）田余慶〈一九八九〉は、公孫述が益州を拠点に荊州に出た故事を《隆中對》の来源と考える。しかし、後漢末において、群雄がその戦略を仰いだ者は光武帝であり、漢の復興を主張する戦略で、それを妨げた公孫述に範を求めるとは考え難い。

（九）漢代における春秋三傳のそれぞれの特徴については、渡邉義浩〈二〇〇七b〉を参照。

（一〇）（孫權）因密議曰、①今漢室傾危、四方雲擾。②孤承父兄餘業、思有桓・文之功。③君既惠顧、何以佐之（『三國志』卷五十四 魯肅傳）。

（一一）『資治通鑑』卷六十三 漢紀五十五 獻帝建安五年の条が、「鼎足」を「保守」に改め、『三國志集解』が何焯の後世の付会とする見解を掲げるように、劉備が領土を所有していない段階での魯肅の「鼎足」の主張には疑問が持たれていた。田余慶〈一九八九〉は、荊州の劉表を「鼎足」の対象と考えていると述べ、従来の疑問を一蹴する。首肯すべき見解である。

（一二）肅對曰、①昔高帝區區欲尊事義帝而不獲者、以項羽爲害也。今之曹操、猶昔項羽。②將軍何由得爲桓・文乎。③肅竊料之、漢室不可復興、曹操不可卒除。爲將軍計、惟有鼎足江東、以觀天下之釁。規模如此、亦自無嫌。何者、北方誠多務也。因其多務、剿除黃祖、進伐劉表、竟長江所極、據而有之、然後建號帝王以圖天下、此高帝之業也（『三國志』卷五十四 魯肅傳）。

（一三）漢が滅亡するまでの孫呉が、「漢室匡輔」を集団の基本方針としたことについては、渡邉義浩〈一九九九〉を参照。

（一四）今盡力一方、冀以輔漢耳。此言非所及也（『三國志』卷五十四 魯肅傳）。

（一五）後漢末から三國時代の知識人を「名士」と捉えることについては、渡邉義浩〈二〇〇三c〉を参照。

（一六）天之所廢、不可支也（『後漢書』列傳五十八 郭太傳）。

（一七）人之云亡、邦國殄瘁（『後漢書』列傳五十八 郭太傳）。なお、この字句は、『詩經』大雅 蕩之什 瞻卬を典拠とする。また、黨錮の禁については、渡邉義浩〈一九九一〉を参照。

（一八）孫權が即位の際、それを最初に言い出した魯肅を追憶し、感謝したことについては、渡邉義浩〈二〇〇〇〉を参照。

（一九）（建安）二十五年、魏文帝稱尊號、改年曰黃初。或傳聞漢帝見害。先主乃發喪制服、追謚曰孝愍皇帝（『三國志』卷三十二 先主傳）。

（二〇）曹丕篡弑、湮滅漢室。……今上無天子、海内惶惶、靡所式仰。……宜卽帝位、以纂二祖、紹嗣昭穆、天下幸甚（『三國志』卷三十二 先主傳）。

（二一）鄭玄の六天説については、渡邉義浩〈二〇〇七a〉を参照。

（二二）荊州學が反鄭玄學の嚆矢であり、『春秋左氏傳』を中心的な經典とすることについては、加賀栄治《一九六四》を参照。

（二三）王肅の「理」に基づく經典解釈については、渡邉義浩〈二〇〇八d〉を参照。

（二四）杜預が「君無道」という凡例により君主の弑殺を正統化したことは、渡邉義浩〈二〇〇五a〉を参照。

（二五）朱大渭〈一九六二〉は、劉備は怒りにまかせて關羽の報復をしたのではなく、隆中對の戰略方針を堅持するため荊州を攻めた、としている。

（二六）万繩楠〈一九八三〉は、諸葛亮は最終的には孫吳を打倒すべきであるが、曹魏が存在する時点で孫吳と争うことには反対であったと理解している。

（二七）（孫）權謂（鄧）芝曰、若天下太平、二主分治、不亦樂乎。芝對曰、夫天無二日、土無二王。如幷魏之後、大王未深識天命者也、君各茂其德、臣各盡其忠、將提枹鼓、則戰爭方始耳。權大笑曰、君之誠款、乃當爾邪。權與亮書曰、丁厷掞張、陰化不盡。和合二國、唯有鄧芝（『三國志』卷四十五 鄧芝傳）。

（二八）『禮記』曾子問に、「孔子曰、天無二日、土無二王」とある。『孟子』萬章上に、「孔子曰、天無二日、民無二王」とあり、『禮記』はこれに依拠したのであろう。

（二九）諸葛亮がやむなく孫權の即位を認めたことを『三國志』卷三十五 諸葛亮傳注に引く『漢晉春秋』は、諸葛亮の言葉として「權に應じ變に通ず（應權通變）」、すなわち公羊學派の「權」と「經」の使い分けにより説明する。

（三〇）黃龍元年春、公卿・百司、皆勸權正尊號。……六月、蜀遣衞尉陳震、慶權踐位。權乃參分天下、豫・靑・徐・幽屬吳、兗・冀・幷・涼屬蜀。其司州之土、以函谷關爲界。造爲盟曰、……夫討惡翦暴、必聲其罪、宜先分製、奪其土地、使士民之心、各知所歸。是以春秋、晉侯伐衞、先分其田以畀宋人、斯其義也。……（『三國志』卷四十七 吳主傳）。

（三一）『春秋左氏傳』僖公傳二十八年に、「曹伯を執へ、曹衞の田を分ちて、以て宋人に畀ふ（執曹伯、分曹衞之田、以畀宋人）」とある。

（三二）孫吳と遼東との關係については、重松俊章〈一九三七〉、西嶋定生〈一九七八〉を參照。

（三三）『三國志』卷四十三 李恢傳に、「建興七年、交州 吳に屬するを以て、恢の刺史を解く（建興七年、以交州屬吳、解恢刺史）」とある。また、孫吳は、朱然の兗州牧と步騭の冀州牧を解いている。陳建梅《二〇〇八》も參照。

（三四）（蔣）琬以爲、昔諸葛亮數闚秦川、道險運艱、竟不能克、不若乘水東下。乃多作舟船、欲由漢・沔襲魏興・上庸（『三國志』卷四十四 蔣琬傳）。蔣琬の荊州攻擊については、滿田剛〈二〇〇六〉を參照。

（三五）『三國志』卷四十七 吳主傳に、「大將軍を以て使持節督交州・領荊州牧事とす（以大將軍使持節督交州・領荊州牧事）」とある。

（三六）『三國志』卷四十七 吳主傳に、「〈孫〉權 公安より鄂に都し、名を武昌と改め、武昌・下雉・尋陽・陽新・柴桑・沙羨の六縣を以て武昌郡と爲す（〈孫〉權自公安都鄂、改名武昌、以武昌・下雉・尋陽・陽新・柴桑・沙羨六縣爲武昌郡）」とある。

（三七）（黃初三年）五月、以荊・揚江表八郡爲荊州、孫權領牧故也。荊州江北諸郡爲郢州（『三國志』卷二 文帝紀）。

（三八）『三國志』卷二 文帝紀に、「是の月〈黃初三年九月〉、孫權 復た叛す。郢州を復して荊州と爲す。帝 許昌より南征し、諸の軍兵 並進するも、權 江に臨みて拒守す（是月〈黃初三年九月〉、孫權復叛。復郢州爲荊州。帝自許昌南征、諸軍兵並進、權臨江拒守)」とある。

(三九)『三國志』巻五十六 呂範傳に、「曹休・張遼・臧霸ら來伐す。〈呂〉範 徐盛・全琮・孫韶らを督し、舟師を以て休らを洞口に拒む。前將軍・假節に遷り、改めて南昌侯に封ぜらる。時に大風に遭ひ、船人 覆溺し、死する者數千なれば、軍を還す。揚州牧を拜す(曹休・張遼・臧霸等來伐。〈呂〉範督徐盛・全琮・孫韶等、以舟師拒休等於洞口。遷前將軍・假節、改封南昌侯。時遭大風、船人覆溺、死者數千、還軍。拜揚州牧)」とある。

(四〇)『三國志』巻五十八 陸遜傳に、「黄武元年、劉備 大衆を率ゐ、來たりて西界に向かふ。權 遜に命じて大都督・假節と爲し、朱然・潘璋・宋謙・韓當・徐盛・鮮于丹・孫桓ら五萬人を督して之を拒がしむ。……權 大いに笑ひて善しと稱し、加へて遜を輔國將軍・領荊州牧に拜し、卽ち改めて江陵侯に封ず(黄武元年、劉備率大衆、來向西界。權命遜爲大都督・假節、督朱然・潘璋・宋謙・韓當・徐盛・鮮于丹・孫桓等五萬人拒之。……權大笑稱善、加拜遜輔國將軍・領荊州牧、卽改封江陵侯)」とある。なお、『建康實錄』巻二 太祖下には、「黄武初め、大いに劉備を馬鞍山に破り、尋いで曹休を夾石に敗る。休 背に發して死す。〈陸〉遜 軍を還し、振旅し凱歌して武昌に入る。帝 遜に輔國將軍・郢州牧を授け、改めて江陵侯に封ず(黄武初、大破劉備於馬鞍山、尋敗曹休於夾石。休發背死。〈陸〉遜還軍、振旅凱歌入武昌。帝授遜輔國將軍・郢州牧、改封江陵侯)」とあり、興味深い。このとき孫權は、すでに曹魏と断交しており、曹魏が与えた呉王・大將軍・使持節督交州・領荊州牧事を無視してよいので、陸遜の荊州牧就任は不自然ではない。ただ、孫權自らが曹魏より荊州牧とされたこととの重複を考えて、郢州という名称を使用したと推測することも可能だからである。なお、『文選補遺』巻三十九 陸雲 呉故丞相陸公誄にも、「惟れ赤烏八年二月乙卯、呉の故の使持節・郢州牧・左都護・丞相・江陵邵侯たる陸公 薨ず(惟赤烏八年二月乙卯、呉故使持節・郢州牧・左都護・丞相・江陵邵侯陸公薨)」とある。劉運好《二〇一〇》は、『三國志』の記述を論拠に、「郢州牧」は「荊州牧」の誤りであるとする。

(四一)すでに掲げた孫權の盟文に、「權 乃ち天下を參分し」とある「參」の字には、分けるという意味もあるが、ここでは三という意味である可能性を持つ。すなわち、孫呉に属する州と蜀漢に属する州と孫呉と蜀漢で二分する州の三つに分けた可能性である。その際、司隷（孫呉〈東〉、蜀漢〈西〉）のように、荊州（孫呉〈南〉、蜀漢〈北〉）と明記しなかったのは、すでに荊州南部を支配をしている孫呉と荊州を領有していない蜀漢との差を考慮したものであろう。

（四二）何休をはじめとする漢代の華夷思想については、渡邉義浩〈二〇〇八ｂ〉を参照。

（四三）（先主）及東征呉、遣（馬）良入武陵招納五溪蠻夷、蠻夷渠帥皆受印號、咸如意指。會先主敗績於夷陵、良亦遇害（『三國志』巻三十九 馬良傳）。

（四四）（馬）謖對曰、南中恃其險遠、不服久矣。雖今日破之、明日復反耳。……若殄盡遺類以除後患、既非仁者之情、且又不可倉卒也。夫用兵之道、攻心爲上、攻城爲下。心戰爲上、兵戰爲下。願公服其心而已。亮納其策、赦孟獲以服南方。故終亮之世、南方不敢復反（『三國志』巻三十九 馬良傳注引『襄陽記』）。

（四五）次の注に掲げる『漢晉春秋』とともに、『襄陽記』の記述に信頼が置けないことについては、黎虎〈一九八四〉を参照。

（四六）『三國志』巻三十五 諸葛亮傳注引『漢晉春秋』に、「亮 笑ひて、縦ちて更に戰はしめ、七縦七禽して、而るに亮 猶ほ獲を遣つ。獲 止りて去らずして曰く、「公は天威なり。南人 復た反かず」と。遂に滇池に至る。南中 平ぐや、皆 其の渠率に卽きて之を用ふ（亮笑、縦使更戰、七縱七禽、而亮猶遣獲。獲止不去曰、公天威也。南人不復反矣。遂至滇池。南中平、皆卽其渠率而用之）」とあり、平定後の南中の官僚に異民族出身者を用い、漢人を残さなかったというが、孟獲を「七縦七禽」したとするなど、これも史料的な価値に疑問が残る。

（四七）南土平定、（李）恢軍功居多、封漢興亭侯、加安漢將軍。後軍還、南夷復叛、殺害守將。恢身往撲討、鉏盡惡類、徙其豪帥于成都、賦出叟・濮耕牛・戰馬・金銀・犀革、充繼軍資、于時費用不乏（『三國志』巻四十三 李恢傳）。

（四八）南征後の諸葛亮の南中支配、および北伐の戦略については、渡邉義浩〈一九八九〉を参照。

（四九）初越嶲郡、自丞相亮討高定之後、叟夷數反、殺太守龔祿・焦璜。是後太守、不敢之郡、只住安上縣。去郡八百餘里、其郡徒有名而已（『三國志』巻四十三 張嶷傳）。

（五〇）（建興）十一年、南夷豪帥劉胄反、擾亂諸郡。徵庲降都督張翼還、以忠代翼。忠遂斬胄、平南土。加忠監軍・奮威將軍、封博陽亭侯。初建寧郡、殺太守正昂、縛太守張裔於吳。故都督常駐平夷縣。至忠、乃移治味縣、處民夷之間（『三國志』巻四十三　馬忠傳）。

（五一）山越に関する研究は多いが、川本芳昭〈一九八六〉を参照。

（五二）蜀漢の「西南シルクロード」支配については、松尾亜季子〈二〇一一〉を参照。

（五三）周一良「論諸葛亮」〈一九五四〉は、諸葛亮が南征の後、「南中の勁卒・青羌萬餘家」を五部に編成して「所當無前」の軍隊をつくり、北伐の際に王平に率いさせると共に、それ以外の者を大姓の焦・雍・婁・爨・孟・量・毛・李などの部曲とし、南中の漢族・非漢族の地主たちの要求に答えたことが、南中から軍資を得られる理由となった、と述べている。

（五四）張澍《一九六〇》は、「爲後帝伐魏詔」と題して、この詔を諸葛亮が著したものと理解する。裴注が『諸葛氏集』を典拠とするように、陳壽が編纂した『諸葛氏集』にこの詔が掲載されていたことも明らかである。それでも、詔として発布されている以上、これは諸葛亮個人の見解ではなく、蜀漢そのものの外交方針と考えることができる。

（五五）朕聞、天地之道、福仁而禍淫。善積者昌、惡積者喪、古今常數也。……曹操階禍、竊執天衡、殘剝海内、懷無君之心。子丕孤豎、敢尋亂階、盜據神器、更姓改物、世濟其凶。當此之時、皇極幽昧、①天下無主、則我帝命隕越于下。昭烈皇帝、體明叡之德、光演文武、應乾坤之運、出身平難、經營四方、人鬼同謀、百姓與能、兆民欣戴。……諸葛丞相、弘毅忠壯、忘身憂國、先帝託以天下、以勖朕躬。今授之以旄鉞之重、付之以專命之權、統領步騎二十萬衆。董督元戎、龔行天罰、除患寧亂。②克復舊都、在此行也。……③吳王孫權、同恤災患、潛軍合謀、掎角其後。④涼州諸國王、各遣月支・康居胡侯支富・康植等二十餘人、詣受節度、大軍北出、便欲率將兵馬、奮戈先驅。……有能棄邪從正、⑤簞食壺漿、以迎王師者、國有常典、封寵大小、各有品限。及魏之宗族・支葉・中外、有能規利害、審逆順之數、來詣降者、皆原除之。……（『三國志』巻三十三　後主傳注引『諸葛亮集』）。

（五六）大月氏の入貢が曹眞の功績に結びつくため、陳壽が劉禪の北伐詔を『三國志』に収録せず、また西域傳を立てなかったことについては、本書第六章、および渡邉義浩《二〇一二b》を参照。

(五七)『三國志』巻三十五 諸葛亮傳注引『漢晉春秋』に、「亮 祁山を圍むや、鮮卑の軻比能を招く。比能ら故の北地石城に至りて以て亮に應ず（亮圍祁山、招鮮卑軻比能。比能等至故北地石城以應亮）」とある。内田吟風〈一九七五〉、船木勝馬〈一九七六〉も参照。

(五八) 策曰、……海内怨憤、歸正反本、曁于氐・羌率服、獯鬻慕義。以君信著北土、威武並昭、是以委任授君。……（『三國志』巻三十六 馬超傳）。

(五九)（建興）十四年、武都氐王苻健請降。遣將軍張尉往迎、過期不到。大將軍蔣琬深以爲念。（張）嶷平之曰、苻健求附款至。必無他變。素聞健弟狡黠、又夷狄不能同功、將有乖離。是以稽留耳。數日、問至。健弟果將四百戸就魏、獨健來從（『三國志』巻四十三 張嶷傳）。

(六〇)（姜）維自以練西方風俗、兼負其才武、欲誘諸羌・胡、以爲羽翼。謂自隴以西可斷而有也（『三國志』巻四十四 姜維傳）。

(六一) 張大可〈一九八八〉は、草廬對の「西のかた諸戎と和し、南のかた夷越を撫」す夷狄策は、蜀漢の地理環境と民族地域の経済・文化条件により提出されたとするが、すでに後漢より展開されている政策である。また、谷口房男〈一九九七〉は、蜀漢の民族政策が領域内の異民族に大きな影響を及ぼし、異民族社会を大きく変化させることを指摘している。

第五章　孫呉の国際秩序と亶州

はじめに

陳壽の『三國志』は、魏書にのみ本紀を設けることで、三國時代の天下が曹魏の天子によって専有されるべきものであったことを示す(一)。このため、中華の天子が華夷思想に基づき構築する国際秩序もまた、曹魏の天子によってのみ維持されるべきものとして描いた。しかし、現実に存在する孫呉ならびに蜀漢の国際秩序に妨げられ、曹魏の国際秩序が南蠻に及ぶことはなかった。また、司馬懿の政敵である曹爽の父曹眞のもと行われた大月氏國の朝貢によって構築された西戎との国際秩序を高く評価することもできなかった(二)。したがって、夷狄傳は魏書の巻末にあたる『三國志』巻三十に烏丸・鮮卑・東夷傳のみが設けられ、北狄と東夷への国際秩序が明記されるに止まったのである(三)。

陳壽には承認されなかったものの、蜀漢・孫呉も皇帝が中華の天子として即位している以上、華夷思想に基づくそれぞれの国際秩序を有していた。黄龍元（二二九）年四月、武昌で即位した孫權は、同年六月に来朝した蜀漢の使者陳震と豫・青・徐・幽の四州と司隷東部を孫呉領とする盟約を結び、天下を分割する(四)。孫權は、「天下二分」の天下観を背景に、すでに黄龍元（二二九）年五月、校尉の張剛・管篤を遼東に派遣するばかりでなく、黄龍元（二二九）年秋には、交州刺史の呂岱に命じて使者を扶南に派遣し、扶南・林邑・堂明を来貢させた。そして、黄龍二（二三〇）

年春には、將軍の衞溫・諸葛直に亶州を探索させていくのである。

本章は、こうした孫權の異民族政策の分析により、陳壽に隱蔽された孫吳の国際秩序を明らかにするとともに、亶州を邪馬臺國とは異なる倭に比定するものである。

一、山越と武陵蠻

孫吳に関する民族の問題では、山越についての研究が最も蓄積されている。(五) 大まかに言えば、中国では、呂思勉〈一九八二〉の見解を継承して、山越を漢族と捉える研究が多い。たとえば唐長孺〈一九五五〉は、山越は山間部に居住していた越族の後裔だけではなく、賦役を忌避して逃亡した漢族をも含んでおり、前者にしてもすでに民族としての個性を喪失していて、漢族との区別がつかなくなっていた、と山越と漢族の同化を主張する。(六) これに対して、川勝義雄〈一九七〇〉は、山越を「インディアン」や「蝦夷」に匹敵する程度に未開な少数民族の越族であるとし、孫吳を「フロンティア」に成立した開発領主体制に基づく政權とする自らの論拠の一つにしている。

川本芳昭〈一九八六〉は、漢族か越族かという二元論的理解の非生産性を指摘したうえで、山越を山間部に居住していたにせよ、「一般平民」と誤られる程度まで漢族と区別がつかなくなっていた「相当漢化」が進んだ蛮族であるとした。(七) その論拠の一つが諸葛恪の山越討伐の記録である。

(諸葛)恪 以へらく、「丹陽 山は險しく、民は果勁なるもの多し。前に兵を發すと雖も、徒らに外縣の平民を得るのみ。其の餘は深遠にして、能く禽盡すること莫し。屢〻自ら官の爲に之を出さんと求め乞ふ。三年にして甲士四萬を得可し」と。衆議 咸 以へらく、「丹陽の地勢 險阻にして、吳郡・會稽・新都・鄱陽の四郡と鄰接し、周旋數千里なり。山谷萬重にして、其の幽邃の民人、未だ嘗て城邑に入らず。……山銅鐵を出し、自ら甲兵を鑄る。俗武を好み戰を習ひ、氣力を高尚す。其の山に升り險に赴き、叢棘に抵突するに、魚の淵を走り、猨狖の木に騰るが若きなり。……」と。(孫)權恪を撫越將軍・領丹陽太守に拜す。……是に於て老幼相攜へて出づ。歲期にして、人數皆本規の如し。恪自ら萬人を領し、餘は諸將に分給す。權其の功を嘉し、尚書僕射の薛綜を遣はし、軍を勞はしむ。綜先に恪らに移して曰く、「山越阻を恃み、賓はざること世を歷《へ》たり。……旣に兇慝を埽ひ、又軍用に充つ。藜蓧稂莠は、化して善草と爲り、魑魅魍魎は、更めて虎士と成れり。……」と。[八]

山越は「自ら甲兵」を制作するほどの文化を持ち、降服後は「虎士」となるほど、漢化していたという。その兵力は、「江東六郡・山越の人を用ひ、以て中國百萬の衆に當たる」と称されるほどであった。[九] 山越は、いまだ人口の少なかった長江流域に政権を樹立した孫呉にとって、同化・吸収すべき有力な対象であった。

また、三國の対立・抗争の接点というべき荊州には、武陵蠻が居住していた。谷口房男《一九九六》によれば、蜀漢と曹魏が武陵蠻に懐柔策を取ったことに対して、孫呉は時に懐柔策をとって内服させ、一方では武力による討伐策を用いて対処したという。

山越と武陵蠻は、いずれも孫呉にとっては国内問題であり、本章の関心である国際秩序との関わりのなかで、考えるべき問題ではない。ただし、服従しない民族に対して、後漢の異民族政策を継承して懐柔策を取る蜀漢と異なり、積極的な討伐を行い、自らの支配に組み込む政策を取っていることは、孫呉の民族政策の特徴として指摘すべきことである。[一〇]

二、士燮と扶南

孫呉が勢力基盤を持つ揚州と荊州の南にある交州では、後漢末以来、士燮が覇権を樹立していた。士燮は、王莽のときに交州に移住した先祖を持ち、父の士賜は桓帝期に日南（ユエ）太守となった。劉陶より『春秋左氏傳』を受けた士燮は、やがて交阯（ハノイ）太守となる。建安元（一九六）年、異民族の反乱により交州刺史の朱符が殺害されると、弟の士壱を合浦太守・士䵋を九眞太守・士武を南海太守とすることを上奏し、交州を事実上、支配した。後漢が選任した後任の交州刺史である張津が部下に殺されると、劉表は交州刺史として頼恭を、蒼梧太守として呉巨を派遣して交州に影響力を行使しようとした。(一一)これに対して、曹操が掌握する後漢は、劉表の交州支配を妨げるため、士燮を優遇する。

漢　張津　死せりと聞き、燮に璽書を賜はりて曰く、「交州　絶域たりて、南のかた江海に帯し、上は恩　宣《ゆきわた》らず、下は義　壅隔す。逆賊の劉表　又　頼恭を遣はし南土を闚看するを知る。今　燮を以て綏南中郎將と爲し、七郡を董督せしめ、交阯太守を領すること故の如くす」と。(一二)

こうして士燮は、綏南中郎將・領交阯太守として、交州の「七郡を董督」する権限を後漢に認められた。こののち士燮は、京師に貢納を欠かさず、安遠將軍を拝命して、その交州支配を安定させたのである。(一三)

建安十五（二一〇）年、孫權は歩騭を交州刺史として派遣すると、交州の支配を目指し、反抗する蒼梧太守の呉巨を斬った。士燮は、兄弟ともども臣従し、建安末年には子息の士廞を質に差し出し、廞は武昌太守に任命される。劉備と孫權との関係が悪化すると、交州道を経由して雍闓らを蜀漢に背かせ、士燮自らは衞將軍に栄転、そののちも孫

権に貢納を続けた。（一四）

士燮は、孫権より衛将軍に任命されてはいるが、後漢が存続している限り、安遠将軍・領交阯太守に加え「董督七郡」という権限を持つ。士燮の実効支配を打倒しない限り、孫権が直接交州を統治することは不可能であった。黄武五（二二六）年、交州刺史の呂岱は、士燮の死去に乗じて、海南の三郡を分割して交州刺史に戴良を据え、自らは海東四郡に新たに設置した廣州の刺史となって、直接的な郡縣支配を目指した。士燮の子である士徽は、自ら交阯太守となり、これに抵抗する。

或ひと（呂）岱に謂ひて曰く、「（士）徽 累世の恩に藉《よ》り、一州の附する所爲りて、未だ易《あなど》り輕ぜざるなり」と。岱曰く、「今 徽 逆計を懷くと雖も、未だ吾の卒《には》かに至るに虞《そな》へず。若し我 軍を潛め輕擧して、其の備へ無きを掩《おそ》はば、之を破るは必せり。稽留して速からざれば、生心を得しめ、城を嬰《めぐ》りて固守し、七郡の百蠻、雲合響應し、智有る者と雖も、誰か能く之を圖らん」と。遂に行き、合浦を過り、（戴）良と與に俱に進む。徽 岱の至るを聞き、果たして大いに震怖し、出づる所を知らず、卽ち兄弟六人を率ゐ、肉袒して岱を迎ふ。岱 皆 斬りて其の首を送る。（一五）

呂岱も「七郡の百蠻、雲合響應」することを畏れたように、士氏の交州への影響力は絶大なものであった。そのため、呂岱は士徽以下、兄弟六人を皆殺しにして、「七郡の百蠻」にその威を示す。こうして孫呉は、廣州を交州に再編し、交州全域の支配を確立したのである。

呂岱は、こののち使者を南方の諸国に派遣して朝貢を求める。

（呂）岱 既に交州を定め、復た進みて九眞を討ち、斬獲するもの萬を以て數ふ。又 從事を遣はして、南に國化するを宣し、徼外に曁ばしむ。扶南・林邑・堂明の諸王、各〻使を遣はして奉貢す。権 其の功を嘉し、進みて鎮南將軍を拜す[一六]。

呂岱が使者を派遣したのは、孫權が皇帝に即位した黃龍元（二二九）年の秋であった。皇帝が天下の支配者として天子である以上、天子の徳を慕って朝貢する夷狄が存在しなければならない。扶南（カンボジア）・林邑（南ヴェトナム）・堂明（ラオ人の国家）の諸国は、孫呉の国際秩序の中で、朝貢を行う南蠻諸国に位置づけられたのである。

このとき、孫呉が派遣した使者である朱應と康泰は、それぞれ『扶南異物志』『扶南土俗』を著している[一七]。それらの史料を分析した杉本直治郎〈一九五六〉によれば、大月氏國のヴァースデーヴァ王（波調王、カニシカ王の孫）の使者に、朱應と康泰らは接触しているという。大月氏國のヴァースデーヴァ王は、明帝により太和三（二二九）年十二月、「親魏大月氏王」に封建されている。扶南と曹魏にほぼ同時に大月氏國が使者を派遣した理由は、ササン朝（二二六年～）の勃興を背景とする。孫呉は、交州道経由で蜀漢背後の南蠻と連携するだけではなく、海の道経由で西戎にもアプローチしていたのである。

『三國志』では、ほぼ言及しないが[一八]、孫呉は孫權のときより佛教が盛んであった[一九]。

支謙、字は恭明、一名は越、大月支の人なり。祖父の法度、漢の靈帝の世を以て、國人 數百を率ゐ歸化し、率善中郎將を拜す。……後 吳主の孫權、其の博學にして才慧有るを聞き、卽ち之を召見し、因りて經中の深隱の義を問ふ。機に應じ難を釋き、疑 析せざるは無し。權 大いに悅び、拜して博士と爲し、東宮を輔導せしめ、甚だ寵秩を加ふ[二〇]。

孫呉佛教の創設者の一人である支謙は、「大月支の人」（大月氏國出身者）であった。朱應と康泰が使者と接觸した大月氏國の存在を孫權は知っていたと考えてよい。ただし、「天下二分」の国際秩序において、蜀漢を飛び越えて大月氏國に朝貢を求めることは、盟約に反する行為となる。

支謙の後、建初寺を建立して孫呉佛教の基本を定めた康僧會が、交阯郡から呉に入っているように[二一]、南方への支配は佛教文化の流入と結びつく[二二]。孫呉は、扶南・林邑・堂明を朝貢を行う南蠻に位置づけることで、独自の国際秩序を樹立すると共に、佛教文化を受容していくのである。

三、公孫氏と高句麗

孫權は、交州の支配を確立し、即位とともに扶南・林邑・堂明を朝貢させるなど、南蠻を孫呉の国際秩序に組み込む一方で、遼東・朝鮮半島へも海上を経由して勢力を拡大しようとした。そこに係わりを持ったものが、遼東半島を支配しながら、曹魏と対峙していた公孫氏政権である。孫呉は、公孫氏と海上を通じて連絡を取ることにより、曹魏を背後から牽制するとともに、自らの国際秩序の拡大を目指していく。

公孫氏の遼東半島の支配、ならびに朝鮮半島への進出は、後漢末の公孫康より始まる。

> 桓・靈の末、韓・濊 彊盛にして、郡縣 制する能はず。民 多く韓國に流入す。建安中、公孫康 屯有縣以南の荒地を分かちて帶方郡と爲し、公孫模・張敞らを遣はして、遺民を收集せしめ、兵を興して韓・濊を伐つ。舊民稍く出で、是の後、倭・韓 遂に帶方に屬す[二三]。

公孫康は、朝鮮半島の樂浪郡の南に帶方郡を置くと、韓・濊の地域を平定する。その結果、「倭・韓 遂に帶方に屬す」と、韓だけではなく「倭」もまた帶方郡に属することになった。瀬戸内海東部から畿内にかけて、漢鏡七期第二段階（二世紀後半から三世紀初に製作）の畫文帶神獸鏡が出土しているが、岡村秀典《一九九九》は、これらを公孫氏より賜与された鏡とする。倭も公孫氏の統属下に置かれ、その国際秩序に位置づけられていたのである。

このほか公孫康は、遼東・玄菟・樂浪・帯方の四郡の支配に加え、山東半島の東萊にも營州刺史を置き、北方では高句麗・夫餘にも勢力を及ぼし、西方では烏桓にも影響を与えるなど、大きな力を振るった（二四）。こうして、公孫氏は、東夷として韓・倭、北狄として高句麗・夫餘、西戎として烏桓を位置づけることが可能なほど、その国際秩序を拡大していくのである。やがて公孫康が没すると、太和二（二二八）年、次子である公孫淵が、叔父の恭を排除して政権を確立する。

黄龍元（二二九）年五月、孫權は皇帝位に即くと、校尉の張剛・管篤を遼東に派遣して公孫淵に即位を告げた（『三國志』巻四十七 吳主傳）。このとき公孫淵が何らかの対応を示したとは史書に記されていない。それでも、孫權は、嘉禾元（二三二）年三月、馬の購入を名目に、將軍の周賀・校尉の裴潛を公孫氏と連携するため遼東に派遣した。後述するように、孫權は、亶洲の探索に失敗した衞溫・諸葛直を黄龍三（二三一）年に処刑しており、倭を統属下に置くなど東方海域の情報を持つ公孫氏との連携を必要としていた。公孫淵は、校尉の宿舒・閬中令の孫綜を周賀・裴潛の帰国に従わせ、孫吳の臣下となることを申し入れた。曹魏は、將軍の田豫に山東半島突端の成山で待ち伏せさせ、周賀を殺害する。しかし、宿舒・孫綜は攻撃を逃れ、公孫淵の上奏文を孫權に奉じ、毛皮・馬を謙譲して藩國となることを告げた。

孫權は喜び、嘉禾二（二三三）年、公孫淵を燕王に封建するため、張昭らの反対を押し切って、張彌・許晏を派遣する。かれらが持参した詔は、次のように述べている。

故の魏の使持節・車騎將軍・遼東太守・平樂侯よ。……昔 竇融 隴右に背棄し、卒に河西を占むると雖も、以て光武を定《な》らしむ。休名美實、豈に復た是に過るか。雅尚を欽嘉し、朕 實に之を欣ぶ。……今 幽・青二州十七郡百七十縣を以て、君を封じて燕王と爲す。……方に戎事有りて、兵馬を典統せば、大將軍の曲蓋麾幢を以てせ

よ。督幽州・青州牧、遼東太守なるは故の如くせよ。今君に九錫を加へん。其れ敬みて後命を聴け。……。(二五)

孫権は、公孫淵を後漢の功臣である竇融に準え、燕王に封建して九錫を加えた。これは、孫権が曹魏の文帝に臣従した際に与えられた呉王・九錫と同様、内臣として最高の待遇である。「幽・青二州十七郡百七十縣」は、蜀漢との天下分割で孫呉領とされた地域に含まれるので、「天下二分」の国際秩序に基づき、内臣として公孫淵を臣従させる詔と言えよう。

しかし、曹魏に圧力をかけられていた公孫淵は裏切り、孫呉の使者を殺害して、その首を曹魏に送った。曹魏が諸葛亮の北伐と対峙中であり、遼東へ兵力を回すことができないと判断したため、曹魏の懐柔策を期待したのである。予想通り、曹魏の明帝は、公孫淵を大司馬・樂浪公に封建して招撫し、諸葛亮との対決に全力を注ぐ。

ところが、建興十二（二三四）年八月、諸葛亮は五丈原に陣没する。主力軍を率いて、蜀漢を防いでいた司馬懿は、洛陽に帰還した。こうして諸葛亮の脅威から解放された曹魏は、遼東の問題に向き合う余裕を得た。景初元（二三七）年七月、明帝はついに、幽州刺史の毌丘倹に公孫淵を攻撃させる。これを撃退した公孫淵は、自立して燕王となり、紹漢と元号を立てた。皇帝即位まであと一歩の地位である。それとともに、周辺の異民族に印號を与えて味方に付け、孫呉に使者を派遣して援軍を要請する。しかし、国内の反対を押し切ってまで派遣した使者を殺されていた孫権は、公孫淵を支援しなかった。ひとまず派遣された使者を厚遇したうえで、ひそかに大軍を北方に送り、形勢を観望すればよい、という羊衜の献策に従ったのである（『三國志』巻八 公孫淵傳注引『漢晉春秋』）。

こうした孫呉の態度を見透かしたかのように、景初二（二三八）年正月、明帝の命を受けた司馬懿は、四万の兵を率いて公孫淵の討伐に洛陽を出発した。六月、遼東に到着すると、八月には公孫淵の首都襄平城を陥し、公孫氏を滅ぼした（『三國志』巻三 明帝紀）。

一方、孫權は、羊衜の策に基づき、遼東半島での介入継続を模索する。

(赤烏)二年春三月、使者の羊衜・鄭胄、將軍の孫怡を遣はして遼東に之き、魏の守將たる張持・高慮らを擊たしめ、虜《いけど》りて男女を得たり。(二六)

赤烏二(二三九)年、羊衜は、曹魏が公孫淵を滅ぼした後に置いた遼東の守將である張持と高慮を討ち、男女を略奪する。幽州は蜀漢との盟約では孫吳領に含まれる。その民を帰属させることにより、孫吳の国際秩序を示したのである。しかし、民を連れ帰り、結果として派遣していた軍を退いたことは、孫吳が北方への国際秩序を事実上断念したことを示す。北狄として封建していた高句麗も、この時点では孫吳との関係を断ち切っていた。

高句麗の臣属は、公孫氏への遣使を契機とする。嘉禾二(二三三)年、公孫淵に斬殺された張彌・許晏と共に公孫氏を訪れていた中使の秦旦・黃彊・張羣・杜德は、玄菟郡に幽閉される。しかし、四名は脱出に成功し、傷ついた張羣と杜德を途中に残しながらも、秦旦・黃彊が高句麗王の位宮のもとに到達、孫權の詔を伝えた。

(秦)旦・(黃)彊、別れること數日、句驪に達するを得たり。因りて詔を句驪王の宮及び其の主簿に宣べ、詔言して、賜有るも遼東の攻奪する所と爲るとす。宮ら大いに喜び、即ち詔を受け、使人に命じて、旦に隨ひ還りて(張)羣・(杜)德を迎へしむ。其の年、宮 皂衣二十五人を遣はして、旦らを送りて還し、表を奉じ臣と稱して、貂の皮千枚、鶡雞の皮十具を貢す。旦ら權に見へ、悲喜して自ら勝《た》ふる能はず。權 之を義とし、皆 校尉に拜す。閒《へだ》つること一年、使者の謝宏・中書の陳恂を遣はして、宮を拜して單于と爲し、加へて衣服・珍寶を賜ふ。(二七)

公孫氏と対立していた高句麗王の位宮は、かれらの帰国を見送りながら使者を派遣し、貢ぎ物を捧げて臣従する。孫權は、使者の労苦を義としたうえで、一年後に高句麗に謝宏を派遣して、位宮に「單于」の称号を賜与した。單于という称号を選んだ理由は、高句麗を「北狄」と位置づけることにより、孫呉の国際秩序を北方に及ぼすためである。(二八)南方に対しては、士燮を内臣として扶南・林邑・堂明を外臣の南蠻として朝貢させたように、公孫淵を内臣とし、朝貢してきた高句麗を外臣の北狄と位置づけたのである。

しかし、内臣となるべき公孫淵は裏切り、外臣の高句麗は曹魏の圧力に屈する。青龍四（二三六）年七月、曹魏は、高句麗王に孫呉からの使者を斬首させた（『三國志』巻三 明帝紀）。景初二（二三八）年、公孫氏を滅した曹魏は、翌景初三（二三九）年、朝貢した卑彌呼を親魏倭王に封建する。(二九)そして、正始五～六（二四四～二四五）年には、高句麗征討を行って曹魏の東アジアの国際秩序を確立するのである。(三〇)

孫呉の北方における国際秩序は、曹魏が公孫氏を滅ぼし、高句麗を征討することで打破された。曹魏が東アジアの国際秩序を形成する過程において、「親魏倭王」の称号を与えるほど卑彌呼を重用した背景には、孫呉の東方への国際秩序に対抗する目的もあった。

四、亶州を求めて

天子となった孫權は、北方の遼東、南方の交州に続いて、黄龍二（二三〇）年、東方の珠崖・夷州・亶州に軍を派遣している。

珠崖郡は、儋耳郡とともに海南島にあり（『後漢書』列傳七十六 南蠻傳）、前漢の武帝期には郡縣が設置されていた（『漢書』巻九十五 南粤傳）。このため、東夷に位置づけることはできず、山越と同様、国内問題と考えてよい。しかし、山越を討って軍に編入することに積極的な陸遜は、珠崖郡の民を不要であるという。

（孫）權 偏師を遣はして夷州及び珠崖を取らんと欲し、皆 以て遜に諮る。遜 上疏して曰く、「臣愚 以爲へらく、四海 未だ定まらざれば、當に民力を須《やす》ませて、以て時務を濟ふべし。今 兵 興こること歷年、見衆 損減せり。陛下 聖慮を憂勞して、寢と食とを忘れ、將に遠く夷州を規りて、以て大事を定めんとす。……又 珠崖は絕險にして、民は猶ほ禽獸のごとし。其の民を得るも、事を濟すに足らず。其の兵 足らず 衆 虧くること無くんば、今 江東の見衆 自づから事を圖るに足れり（三一）。

孫權から「夷州及び珠崖」を取ることについて諮問を受けた陸遜は、珠崖郡の民を「禽獸」のようであるとし、かれらによって兵の不足を補うことはできないとする。珠崖郡の民は、山越に比べ、漢化が進んでいなかったと考えてよい。

また、夷州は、漢代の郡縣には含まれないが、『後漢書』列傳七十五 東夷傳の李賢注、および『太平御覽』卷七百八十 東夷一に引く『臨海水土志』の詳細な記述が残る。市村瓚次郎〈一九一八〉は、『臨海水土志』の分析に基づき、夷州を臺灣に比定し、それがほぼ定説となっている（三二）。次に掲げるように、「甲士萬人を將ゐて海に浮かび」、「夷洲の數千人」を連れ戻っただけの衞溫・諸葛直は、翌年罪を問われて獄死している。「禽獸」のような民しかいない珠崖郡より遠方の夷州の民を連行したところで、軍事的な意味は無かったのであろう。だが、孫權は、陸遜の上奏により夷州や珠崖の民を軍隊に編入できないことを承知していたはずである。それにも拘らず、なぜ衞溫・諸葛直は誅殺されたのであろうか。

（黃龍）二年、春正月、……將軍の衞溫・諸葛直を遣はして、甲士萬人を將ゐて海に浮かび、夷洲及び亶洲を求めしむ。亶洲は海中に在り。長老 傳へて言ふに、「秦の始皇帝、方士の徐福を遣はして、童男・童女數千人を將ゐて海に入り、蓬萊の神山及び仙藥を求めしむるも、此の洲に止まりて還らず。世〻相 承くること數萬家有り。其の上の人民、時に會稽に至り布を貨すこと有り。會稽東縣の人、海行して亦た風に遭ひ、流移して亶洲に至る者有り」と。所在 絶遠にして、卒に至るを得可らかず。但だ夷洲の數千人を得て還るのみ。……衛溫・諸葛直、皆 詔の功無きを以て、獄に下りて死す[三三]。

二人の処刑理由にある「詔」の内容は伝わらない。注目すべきことは、遠征の前に陸遜、そして全琮に孫權が諮問した際には[三四]、遠征の目的地は珠崖と夷州であった。これに対して、衛溫・諸葛直の探索は、「夷洲」のほか「亶洲」に及ぶ。夷州には到達したのであるから、亶州に辿り着けなかったことを処刑の一因と考えてよい[三五]。

亶州は、前掲した吳主傳に、徐福の移住した場所と明記されているため、古来、日本を指すと言われてきた[三六]。その際、注目すべきは、『後漢書』列傳七十五 東夷傳が、『三國志』卷三十 東夷傳 倭國の条を踏まえた倭に関する記事の後に、①『漢書』卷二十八下 地理志下の東鯷人と②『三國志』卷四十七 吳主傳の夷洲・澶洲とを結合した記事を掲げていることである。

①會稽の海外に東鯷人有り。分かれて二十餘國と爲る。②又 夷洲及び澶洲有り。傳へて言ふに、「秦の始皇、方士の徐福を遣はして、童なる男女數千人を將ゐて海に入り、蓬萊の神仙を求めしむるも得ず。徐福 誅を畏れ、敢へて還らず。遂に此の洲に止まる。世世相 承くること、數萬家有り。人民、時に會稽の市に至る。會稽東冶縣の人、海に入り行きて風に遭ひ、流移して澶洲に至る者有り」と。所在絶遠にして、往來す可からず[三七]。

『三國志』卷四十七 吳主傳では、「海行して亦た風に遭ひ、流移して亶洲に至る者」を「會稽東縣の人」としているが、『後漢書』列傳七十五 東夷傳は、「會稽東冶縣の人」とする。『三國志集解』に引く錢大昭が、吳主傳の「會稽東縣」を「會稽東冶縣」につくるべきと述べる正しさが、『後漢書』東夷傳の記述より実証されるのである。

「會稽東冶縣」と言えば、『三國志』卷三十 東夷傳 倭人の条に、「其の道里を計るに、當に會稽の東冶の東に在るべし（計其道里、當在會稽東治之東）」と記される邪馬臺國がその東方海上にあるとされる場所になる。すなわち、范曄は、「會稽東治縣」から「風に遭ひ流移」すると到達する「澶洲」を邪馬臺國の近辺に存在する倭國の一部と判断していた。しかも、その起源を前漢のころ、「分かれて二十餘國」となっていた東鯷人と考えたために、①『漢書』巻二十八下　地理志下の東鯷人と②吳主傳の夷洲・澶洲を結合した記事を『三國志』巻三十　東夷傳　倭國の条を踏まえた倭に関する記事の後に附したのである。

したがって、范曄は、倭國の場所を「其の地は大較　會稽の東冶の東に在り、朱崖・儋耳と相　近し（其地大較在會稽東冶之東、與朱崖・儋耳相近）」（『後漢書』列傳七十五　東夷傳）と記述した。それは、吳主傳に「亶洲に至る者」を「會稽東縣の人（本来は東冶縣）」と記す陳壽の考えでもある。となれば、西晉から劉宋にかけて、亶洲は倭國の一部と考えられていたことになる。

以上のように、孫權が探索させた亶州は、その実在の有無は別としても、[三八] 光武帝期に「漢委奴國王」の金印を賜与された倭國を求めたものと考えられるのである。[三九]

外臣として、すでに後漢から王として金印を受けている倭國を朝貢させれば、孫吳の国際秩序において、倭國を「東夷」と位置づけることができる。となれば、孫權が、衞溫・諸葛直に「甲士萬人を將ゐて海に浮か」べた第一の目的は、人狩りではない。孫權が送った「甲士萬人」は、孫吳の中華としての武威を示すためのものであった。衞溫・諸葛直は、倭國を朝貢させるという第一の目的を果たせなかったが故に、罪を問われて獄死したと考えてよい。二人の処刑理由に引用される詔を陳壽が記録できなかった理由は、ここにある。曹魏以外の国際秩序を『三國志』に明記することはできないからである。

兵庫県宝塚市安倉古墳からは、赤烏七（二四四）年銘鏡が出土している。王仲殊は、これを亶州の「人民」が、「時に會稽の市に至」った際に交易したものと理解する。[四〇] 三世紀における日本と中国との関係を邪馬臺國のみに限定して捉える必要はない。孫呉と国際関係を持っていた倭國の存在の可能性が、卑彌呼の死後、曹魏が使者を邪馬臺國に派遣して黄幢をもたらした理由である（本書第六章）。敵国の背後にある異民族と結ぶことを原則とする三國時代の国際関係の中で、とりわけ東夷としての亶州を東の海に求める孫呉への対抗の必要性により、曹魏は邪馬臺國を重視した。孫呉の国際秩序確立への努力は、卑彌呼に親魏倭王が假授された国際的要因ともなったのである。

おわりに

曹魏の国際秩序を表現すべき『三國志』は、南蠻傳を設けていない。それは、南方に対する孫呉の国際秩序を曹魏が最後まで打倒できなかったことを示す。かつて士燮が統治した交州を直接統治し、扶南・林邑・堂明を来貢させる孫呉の南方への国際秩序は、東晉以降の佛教受容を準備した。ただし、孫呉の国際秩序を記し得ない『三國志』に、佛教関係の記述は少ない。

こうして孫呉は独自の国際秩序を形成していた。しかし、公孫淵を内臣に高句麗を北狄として朝貢させる孫呉の北方への国際秩序は、曹魏に打倒され、東夷とすべき亶州の探索も成果を挙げることはできなかった。孫呉の国際秩序は、天下を二分する蜀漢との盟約、ならびに扶南・林邑・堂明を来貢させる南方にのみ実現したのである。

《注》

（一）陳壽の『三國志』については、渡邉義浩〈二〇〇八e〉を参照。

（二）『三國志』巻二十七 徐邈傳に、「西域 流通し、荒戎 入貢するは、皆 〈徐〉邈の勳なり（西域流通、荒戎入貢、皆〈徐〉邈勳也）」とあるように、「荒戎」の「入貢」は、涼州刺史であった徐邈の勳功とされている。

（三）東夷傳、ことに倭人の条に見られる『三國志』の偏向と曹魏の国際秩序については、本書第六章、ならびに渡邉義浩《二〇一二b》を参照。

（四）『三國志』巻四十七 吳主傳。このほか荊州南部が孫吳領と定められた可能性については、本書第四章を参照。

（五）山越に関しては、劉之祥〈一九二四〉、葉国慶〈一九三四〉、井上晃〈一九三八〉、傅楽成〈一九五一〉、楊国宜〈一九六〇〉など多くの研究がある。

（六）唐長孺〈一九五五〉以降の代表的な研究に、陳可畏〈一九六四〉、胡守為〈一九八〇〉などがある。

（七）川本芳昭〈一九八六〉に対する關尾史郎〈一九八九〉の批判に対しては、川本芳昭〈一九九一〉がある。なお、関尾には、關尾史郎〈二〇〇〇〉もある。

（八）（諸葛）恪以、丹陽山險、民多果勁。雖前發兵、徒得外縣平民而已。其餘深遠、莫能禽盡。屢自求乞爲官出之。三年可得甲士四萬。衆議咸以、丹陽地勢險阻、與吳郡・會稽・新都・鄱陽四郡鄰接、周旋數千里。山谷萬重、其幽邃民人、未嘗入城邑。……山出銅鐵、自鑄甲兵。俗好武習戰、高尚氣力。其升山赴險、抵突叢棘、若魚之走淵、猨狖之騰木也。……（孫）權拜恪撫越將軍・領丹陽太守。……於是老幼相攜而出。歲期、人數皆如本規。恪自領萬人、餘分給諸將。權嘉其功、遣尚書僕射薛綜、勞軍。綜先移恪等曰、山越恃阻、不賓歷世。……既埽兇慝、又充軍用。藜蓧稂莠、化爲善草、魑魅魍魎、更成虎士（『三國志』巻六十四 諸葛恪傳）。

（九）用江東六郡・山越之人、以當中國百萬之衆（『三國志』巻五十四 周瑜傳注引『江表傳』）。山越と孫吳の軍事力との関係

については、村田哲也〈一九九六〉を参照。

(一〇) 三国それぞれの異民族政策については、朱紹侯〈一九八一〉、堀敏一〈二〇〇六〉を参照。

(一一) 劉表の交州への関与については、満田剛〈二〇〇八〉を参照。

(一二) 漢聞張津死、賜燮璽書曰、交州絶域、南帶江海、上恩不宣、下義壅隔。知逆賊劉表又遣頼恭闚看南土。今以燮爲綏南中郎將、董督七郡、領交阯太守如故（『三國志』巻四十九 士燮傳）。

(一三) 『三國志』巻四十九 士燮傳。後藤均平〈一九七二〉は、士燮の勢力拡大の理由をその土着性を求める。これに対して、川手翔生〈二〇一二a〉は、士燮が土着性の故に台頭したのではなく、嶺南地域をめぐる情勢不安の間隙を衝き、また後漢の地方官吏制度を利用していたことを主張する。

(一四) 『三国志』巻四十九 士燮伝。川手翔生〈二〇一二b〉は、士燮が朝貢した物産のほとんどは嶺南地域で採取可能なものであり、従来言われていたように、南海貿易を掌握していたという、決定的な証拠は見つからないとしている。

(一五) 或謂（呂）岱曰、（士）徽藉累世之恩、爲一州所附、未易輕也。岱曰、今徽雖懷逆計、未虞吾之卒至。若我潛軍輕擧、掩其無備、破之必也。稽留不速、使得生心、嬰城固守、七郡百蠻、雲合響應、雖有智者、誰能圖之。遂行、過合浦、與（戴）良俱進。徽聞岱至、果大震怖、不知所出、即率兄弟六人、肉袒迎岱。岱皆斬送其首（『三國志』巻六十 呂岱傳）。

(一六) （呂）岱既定交州、復進討九眞、斬獲以萬數。又遣從事、南宣國化、曁徼外。扶南・林邑・堂明諸王、各遣使奉貢。權嘉其功、進拜鎭南將軍（『三國志』巻六十 呂岱傳）。

(一七) 『梁書』巻五十四 諸夷 海南諸國傳に、「呉の孫權の時、宣化從事の朱應・中郎の康泰を遣はして焉に通ず。其の經し所及《と》傳聞せしところ、則ち百數十國有り、因りて記傳を立つ（呉孫權時、遣宣化從事朱應・中郎康泰通焉。其所經及傳聞、則有百數十國、因立記傳）」とあり、『太平御覽』巻七百八十七 四夷狄部八 蒲羅中國に、「呉の時、康泰 中郎と爲り、扶南土俗を表上す（呉時、康泰爲中郎、表上扶南土俗）」とある。松田寿男〈一九四一〉、和田圭子〈一九八三〉、陳顕泗〈一九八八〉を参照。

（一八）『三國志』巻六十四　孫綝傳に、「〈孫〉綝 意 彌〻溢《おご》り、民神を侮慢し、遂に大橋頭の伍子胥の廟を焼き、又 浮屠の祠を壊し、道人を斬る（〈孫〉綝意彌溢、侮慢民神、遂焼大橋頭伍子胥廟、又壞浮屠祠、斬道人）」とあるように、孫綝が「浮屠の祠」すなわち仏教の寺院を破壊したことだけが述べられる。

（一九）鎌田茂雄《一九八二》第二章第二節「呉の仏教」を参照。

（二〇）支謙、字恭明、一名越、大月支人也。祖父法度、以漢靈帝世、率國人數百歸化、拜率善中郎將。……後呉主孫權、聞其博學有才慧、卽召見之、因問經中深隱之義。應機釋難、無疑不析。權大悅、拜爲博士、使輔導東宮、甚加寵秩（『出三藏記集』第十三　支謙傳）。僧侶の伝記資料の中で僧祐の『出三藏記集』の価値が比較的高いことは、牧田諦亮〈一九七一、七五〉を参照。

（二一）『出三藏記集』第十三　康僧會傳に、「康僧會、其の先は康居の人なるも、世〻天竺に居る。其の父 商賈に因り交阯に移る。……時に孫權 江左に稱制するも、而も未だ佛教有らず。會 大法を運流せんと欲し、乃ち振錫して東遊し、赤烏十年を以て建業に至り、茅茨を營立し、像を設け道を行ふ（康僧會、其先康居人、世居天竺。其父因商賈移于交阯。……時孫權稱制江左、而未有佛教。會欲運流大法、乃振錫東遊、以赤烏十年至建業、營立茅茨、設像行道）」とある。

（二二）孫呉の塼室墓より、仏像模様を持つ青瓷鉄絵帯蓋盤口壺が発見されていることについては、小林仁〈二〇〇九〉を参照。また、呉永章〈一九八八〉は、孫呉が廣州に七郡、交州に八郡の新しい郡を置いたことを嶺南地方発展の契機と位置づけている。陳建梅《二〇〇八》も参照。

（二三）桓・靈之末、韓・濊彊盛、郡縣不能制。民多流入韓國。建安中、公孫康分屯有縣以南荒地爲帶方郡、遣公孫模・張敞等、收集遺民、興兵伐韓・濊。舊民稍出、是後、倭・韓遂屬帶方（『三國志』巻三十　東夷傳）。

（二四）公孫氏の遼東支配については、西嶋定生〈一九七八〉を参照。なお、黎虎〈一九九九〉もある。

（二五）故魏使持節・車騎將軍・遼東太守・平樂侯。……雖昔竇融背棄隴右、卒占河西、以定光武。休名美實、豈復是過。欽嘉雅尚、朕實欣之。……今以幽・靑二州十七郡百七十縣、封君爲燕王。……方有戎事、典統兵馬、以大將軍曲蓋麾幢。督幽州・

青州牧、遼東太守如故。今加君九錫、其敬聽後命。……（『三國志』巻四十七 呉主傳注引『江表傳』）。

（二六）（赤烏）二年春三月、遣使者羊衜・鄭胄、將軍孫怡之遼東、擊魏守將張持・高慮等、虜得男女（『三國志』巻四十七 呉主傳）。なお「使者羊衜」を『資治通鑑』巻七十四 魏紀六は「督軍使者羊衜」につくる。『資治通鑑』の表記が正確である。

（二七）（秦）旦・（黄）疆、別數日、得達句驪。因宣詔於句驪王宮及其主簿、詔言、有賜爲遼東所攻奪。宮等大喜、卽受詔、命使人、隨旦還迎（張）羣・（杜）德。其年、宮遣皂衣二十五人、送旦等還、奉表稱臣、貢貂皮千枚、鶡雞皮十具。旦等見權、悲喜不能自勝。權義之、皆拜校尉。閒一年、遣使者謝宏・中書陳恂、拜宮爲單于、加賜衣物珍寶（『三國志』巻四十七 呉主傳注引『呉書』）。

（二八）菊地大〈二〇〇二〉は、「呉が高句麗に「單于」号を用意した意図として、何よりも「燕王」号を与えた公孫氏よりも上に位置づけること、遊牧号をイメージさせる「單于」を通じて馬の確保を容易にしたいこと、などが推定できる」とするが、国際秩序を理解していない見解である。

（二九）『三國志』巻三十 東夷傳には、「景初二年」につくるが、「景初三年」の誤りであることは、渡邉義浩《二〇一二b》を参照。

（三〇）高句麗征討については、和田清〈一九五〇〉、池内宏〈一九二九〉を参照。

（三一）（孫）權欲遣偏師取夷州及朱崖、皆以諮遜。遜上疏曰、臣愚以爲、四海未定、當須民力、以濟時務。今兵興歷年、見衆損減。陛下憂勞聖慮、忘寢與食、將遠規夷州、以定大事。……又珠崖絕險、民猶禽獸。得其民不足濟事。無其兵不足虧衆。今江東見衆、自足圖事（『三國志』巻五十八 陸遜傳）。

（三二）原田淑人〈一九五八〉、王仲犖《一九七一》、葉哲明〈一九八一〉、張崇根〈一九八一〉など多くの研究が夷州を臺灣としている。ただし、梁嘉彬〈一九七三〉が夷州を琉球とするなど異説はある。

（三三）（黄龍）二年、春正月、……遣將軍衞溫・諸葛直、將甲士萬人浮海、求夷洲及亶洲。亶洲在海中。長老傳言、秦始皇帝、遣方士徐福、將童男・童女數千人入海、求蓬萊神山及仙藥、止此洲不還。世相承有數萬家。其上人民、時有至會稽貨布。會稽東縣人、海行亦有遭風、流移至亶洲者。所在絶遠、卒不可得至。但得夷洲數千人還。……衞溫・諸葛直、皆以詔無功、下獄死（『三國志』卷四十七　吳主傳）。

（三四）『三國志』卷六十　全琮傳に、「初め〈孫〉權、將に珠崖及び夷州を圍まんとして、皆 先に〈全〉琮に問ふ（初〈孫〉權、將圍珠崖及夷州、皆先問〈全〉琮）」とある。

（三五）もちろん、『三國志』卷六十　全琮傳に、「軍 行くこと歲を經、士衆 疾疫して、死する者 十に八九有り、權 深く之を悔む（軍行經歲、士衆疾疫、死者十有八九、權深悔之）」とあるように、遠征により多くの将士を失ったことが、処刑の大きな原因である。

（三六）市村瓚次郎〈一九一八〉によれば、吳の孫權の征した夷州を日本とすることは、明の太祖の御製文集に始まり、夷州・亶州を日本とすることは、陳仁錫の皇明世錄に定まったという。徐德麟《一九五五》も、亶州を日本としている。もちろん、異説はあり、汪向栄・夏応元《一九八四》などは済州島、内田吟風〈一九七七〉などはルソン島、許永璋〈一九九七〉などはインドネシア群島を亶州としている。

（三七）①會稽海外有東鯷人。分爲二十餘國。②又有夷洲及澶洲。傳言、秦始皇、遣方士徐福、將童男女數千人入海、求蓬萊神仙不得。徐福畏誅、不敢還。遂止此洲。世世相承、有數萬家。人民、時至會稽市。會稽東冶縣人、有入海行遭風、流移至澶洲者。所在絶遠、不可往來（『後漢書』列傳七十五　東夷傳）。①の典拠となった『漢書』卷二十八下　地理志下には、「會稽の海外に東鯷人有り。分かれて二十餘國と爲る。歲時を以て來り獻見すとしか云ふ（會稽海外有東鯷人、分爲二十餘國。以歲時來獻見云）」とある。

（三八）白鳥庫吉〈一九二五〉は、方角と音の類似により「亶洲」を種子島とし、菊地大〈二〇〇二〉も同様の見解を取る。

（三九）手塚隆義〈一九六九〉は、「亶洲」を漢代より王に奉ぜられていた倭と考え、孫權は倭と結んで、魏を牽制しようとした、としている。首肯し得る見解である。

（四〇）王仲殊〈一九八一〉。なお、王仲殊〈一九八四〉・〈二〇〇〇〉、上野祥史〈二〇〇七〉も参照。

第六章　国際関係よりみた倭人傳

はじめに

『三國志』巻三十 鮮卑・烏丸・東夷傳の倭人の条（日本では「魏志倭人傳」と呼ぶ。以下、倭人傳と略称）は、『三國志』唯一の夷狄傳である巻三十 烏丸・鮮卑・東夷傳のなかで、最多の一九八六字より成る。巻三十に収められるその他の民族は、同じく東夷傳の夫餘が七一五字、高句麗が一三五三字、東沃沮が六七〇字、挹婁が二七六字、濊が四七五字、韓が一五三六字、そして烏丸傳が四五八字、鮮卑傳が一一二一字である[一]。中国の正史は、『史記』から始まり『明史』まで二四を数えるが、日本に関する列傳を含むものは一四、異民族のなかで日本に関する記録の字数が最も多いものは、倭人傳だけである[二]。それほどまでに力を込めて、陳壽が倭人傳を描いたのは、なぜであろうか。

また、倭人傳は、倭國と曹魏との朝貢・回賜関係、倭の諸国と道程、倭國の地誌と政治体制を記すが、序章の研究史で整理したように、日本では倭の諸国と道程の解釈を中心に邪馬臺國論争が行われている。その際、根本的な問題となっているのは、倭人傳の記述が、日本の地理や歴史に対する現代的な常識に反して、孫呉の背後に存在する「大国」と記されていることである。

本章は、三國時代の国際関係と曹魏国内の政治状況、そして陳壽の置かれた政治的立場により、異民族に関する記録の中で倭人傳が最も多くの字数を割かれ、しかも孫呉の背後にある「大国」と描かれた理由を検討するものである。

一、東夷傳注の西戎傳

儒教の対外思想の中核をなす中華思想は、中華を支配する天子が徳を修めることにより、「東夷・西戎・北狄・南蠻」という「四夷（四方の夷狄）」が、中華の徳を慕って朝貢する、という自国の優越性を主張する。類似の思想は、古代のギリシア・エジプト・インドなどにも見られるが、それらと中華思想との違いは、「徳」の介在にある。中華思想は、天子の徳が四方に波及すればするほど、より遠くの夷狄が中国に帰服すると説くのである。(三)

こうした儒教の中華思想を表現するため、正史は北狄・南蠻・西戎・東夷の四夷傳を備える必要性を持つ。それが整備されたのは、劉宋の范曄が著した『後漢書』からである。

『史記』は、匈奴列傳（北狄）、南越列傳・東越列傳・西南夷列傳（南蠻）、朝鮮列傳（東夷）、大宛列傳（西戎）と豊富な異民族伝を持つものの、それを四夷に整理するという思想がない。いまだ、儒教が国教化されていない前漢武帝期の著作だからである。(四)『漢書』は、匈奴傳（北狄）、西域傳（西戎）はともに上・下巻から成り充実しているが、西南夷・兩粤・朝鮮傳（南蠻・東夷）はあわせて一巻とバランスに欠ける。匈奴の脅威と西方での戦いがあまりに大きかったためである。

これに対して、『三國志』は、巻三十　烏丸・鮮卑・東夷傳が、唯一の夷狄傳である。烏丸・鮮卑が、北狄にあたるため、四夷のうち、南蠻・西戎を欠くことになる。南には孫呉と蜀漢が存在するため、南蠻傳を欠くことはやむを得ない。問題は、西戎傳（あるいは西域傳、以下、西戎傳と呼称）が無いことにある。その理由について、陳壽は、東夷傳の序文で次のように説明している。

魏興るや、西域盡くは至る能はざると雖も、其の大國たる龜茲・于窴・康居・烏孫・疎勒・月氏・鄯善・車師の屬、歳ごとに朝貢を奉ぜざるは無く、略ぼ漢氏の故事の如きなり。（五）

陳壽は、西戎傳を立てない理由を西域の諸国が「歳ごとに朝貢を奉ぜざるは無く、略ぼ漢氏の故事の如き」のようであったため、とする。これは曲筆である。三國時代に西域の状況は大きく変容し、漢代には朝貢した故事のない大月氏國も入朝している。

（太和三年十二月）癸卯、大月氏の王たる波調、使を遣はして奉獻す。調を以て親魏大月氏王と爲す。（六）

太和三（二二九）年十二月、曹魏の明帝は、朝貢してきた大月氏（クシャーナ朝）の波調王（ヴァースデーヴァ王）を「親魏大月氏王」に封建している。（七）明帝が与えた「親魏大月氏王」という王號は厚遇である。たとえば、遼東半島を支配していた公孫淵に、懐柔のため明帝が与えた称号は「樂浪公」に止まる（本書第三章）。より高位の王號賜与の背景には、蜀漢との緊迫した国際情勢があった。（八）

王號賜与の二年前、蜀漢の建興五（二二七）年、諸葛亮は第一次北伐により、涼州を経由して長安を目指した。「出師表」（九）に応えて出された後主劉禪の詔は、次のように述べている。

涼州の諸國王、各〻月支・康居の胡侯たる支富・康植ら二十餘人を遣はし、詣りて節度を受け、大軍北出すれば、便ち兵馬を率將し、戈を奮ひて先驅たらしめんと欲す。（一〇）

劉禪の詔には、涼州の諸国王が、「月支」（月氏）や康居の将兵を派遣し、蜀漢の北伐に呼応する、という箇所がある。蜀漢では、西域諸国は、諸葛亮の北伐に呼応して出兵する、と認識していたのである。曹魏の明帝が西域の背後にある大月氏國を厚遇し、「親魏大月氏王」を賜与した理由である。陳壽は旧蜀臣である。こうした事情を知らないはずはない。そもそも、劉禪の詔を載せる『諸葛氏集（諸葛亮集）』は、陳壽の編纂である。陳壽は、この詔を『諸葛氏集』に掲載しながら、『三國志』には記録せず、西域の諸国が曹魏に、「歳ごとに朝貢を奉」じることは、「略ぼ漢氏の故事」のようであったと述べている。陳壽は曲筆して西戎傳を立てなかったのである。

陳壽のこの偏向に最初に気づいた者は、裴松之であった(一一)。裴松之は、東夷傳の最後に『魏略』の西戎傳を長々と引用することで、陳壽の偏向を明らかにした(一二)。陳壽は、なぜ西戎傳を記さなかったのであろうか。

『三國志』は、西晉が禪讓を受けた曹魏を正統とする史書であるが、禪讓の形を取っているとはいえ、西晉は武力により曹魏を奪った国家である。その際、曹魏を守るため司馬氏に抵抗した「忠臣」をどのように扱うべきなのか。正統の曹魏を守るため司馬氏と戦った「忠臣」は、西晉の敵となった「逆臣」でもある。陳壽だけではなく、唐代以降、後の国家が前国家の正史を編纂するたびに、直面した難問である。

たとえば、諸葛誕は曹魏に仕え、孫吳に備えて壽春に駐屯していた。司馬昭が曹魏を簒奪する動きを見せると、諸葛誕は司馬昭に対して兵を挙げる。曹魏の忠臣と言えよう。諸葛誕は敗退したが、数百人の部下は最後まで降服を拒絶して、一人ずつ斬刑に処された。諸葛誕の忠誠心は、部下が命を棄てて従うほどに支持されていたのである（『三國志』卷二十八 諸葛誕傳）。

それでも陳壽は、何の躊躇もなく、諸葛誕を「逆臣」と位置づける。司馬懿に殺された王淩、司馬師に討たれた毌丘儉と同じように、志の曲がった者である、と諸葛誕傳の最後に評を付けている。正史としての曹魏の正統性よりも、自分が生きる西晉の正統化を優先しているのである。このように、陳壽の『三國志』には、曹魏にもまして、西晉の皇室司馬氏を賛美するという、政治的立場に基づく曲筆がある。倭國の表現に、強い関心を抱いた理由も、司馬懿の賛美のためである。

武帝の祖父司馬懿は、曹魏の基盤をつくった曹操には警戒され、その存命中に重用されることはなかった。曹魏を建国した文帝曹丕の「四友」として勢力を伸長し、撫軍大將軍となって初めて兵を率いた。だが、その兵力はわずか五千に過ぎなかった。太和元（二二七）年、明帝から都督荊豫二州諸軍事を加えられ、方面軍司令官としての資格を得たが、それは荊州と豫州を管轄するものであった。司馬懿が曹魏で第一人者となるのは、蜀漢の侵攻に対処していた曹眞の死後なのであった[一三]。

曹眞は、曹操の族子である。太和二（二二八）年、諸葛亮の第一次北伐により、涼州の南安・天水・安定の三郡が奪われると、大將軍として郿縣に陣を布いた。張郃が街亭で馬謖を破ると、三郡を奪回する。翌太和三（二二九）年の春、曹眞の予想どおり、諸葛亮が陳倉に攻めよせたが（第二次北伐）、あらかじめ備えを固めていた守将の郝昭の奮戦により、これを撃退する。太和四（二三〇）年、洛陽に参内して大司馬に昇進する。

以上『三國志』巻九 曹眞傳に従って、官歴を追っていくと、太和四年の昇進理由が不自然であることに気づく。曹眞傳では、第二次北伐を撃退した功績による出世と読めるように、故意に省略されているが、太和三（二二九）年十二月には、亮の第三次北伐により武都・陰平の二郡を奪われている。諸葛亮は、この功績により丞相に復帰した。ところが、敗戦の責任を負うべき曹眞が、翌年、大司馬に昇進している。その間、第三次北伐への敗戦をも超える功績を挙げていたと考えざるを得まい。

それが、大月氏國を朝貢させた功績である。明帝が、カニシカ王の孫にあたる大月氏國の波調王を「親魏大月氏王」に封建したのは、太和三（二二九）年十二月のことである。この功績により、曹眞は、太和四（二三〇）年、洛陽に戻って大司馬に昇進した。陳壽は、これを隠蔽しているのである。

大月氏國の入朝が諸葛亮と対峙している曹眞の昇進理由となっているように、曹魏は、蜀漢の涼州進出を抑止するため、西域の背後にある大月氏國に「親魏大月氏王」という称号を与えたのである。事実、裴注が引用する『魏略』西戎傳は、西方諸州の街道が安定しないことを説いたうえで、西域南道の罽賓國・大夏國・高附國・天竺國（インド）が、みな大月氏の支配下に入っていることを述べる。

さらに、天竺の東南数千里にある盤越國は、益州に近く、蜀の商人たちが出かけているとの記述もある。いわゆる「西南シルクロード」である。諸葛亮は、この道を使って、益州の特産物である蜀錦を輸出していた（本書第四章）。それを抑えるためにも、天竺を支配する大月氏國と結ぶことは、曹魏にとって重要な外交戦略であった。

諸葛亮の第一次北伐により、一時的にせよ涼州支配を途絶された明帝が、大月氏國の波調王の朝貢を歓待し、それを導いた曹眞を大司馬に昇進させたことは、諸葛亮の外交政策への対抗であった。それでも、諸葛亮の異民族との連携は止まず、建興十一（二三三）年には、鮮卑の軻比能が曹魏に背き、諸葛亮に従っている（本書第二章）。曹魏にとっての大月氏國の重要性は、さらに高まったと言えよう。

このほか、『魏略』西戎傳には、大秦國（ローマ）の詳細な情報も含まれ、列傳を立てるに十分な分量があった。それにも拘らず、陳壽が西戎傳を立てなかった理由は、波調王を「親魏大月氏王」に封建した功績が司馬氏の政敵である曹眞—曹爽と結びつくためである[一四]。

それでも陳壽は、西戎傳を省いたことを気にしていたようで、東夷傳の序のほかにも、言い訳を用意している。

評に曰く、「史・漢は朝鮮・兩越を著はし、東京は西羌を撰録す。魏の世、匈奴は遂に衰れ、更めて烏丸・鮮卑有り。爰に東夷に及び、使譯 時に通ず。記述は事に随ひ、豈に常ならんや」と[一五]。

陳壽は匈奴傳ではなく烏丸・鮮卑傳、そして東夷傳を著した理由を「記述が事に随」うこと、すなわち重要な事件が烏丸・鮮卑と東夷に起こったことに求めている。しかし、陳壽の『三國志』の種本となった『魏略』には、烏桓・貲虜・夫餘・沃沮・高句麗・濊・辰韓・倭人・挹婁・南蠻・西戎の記録があり、王沈の『魏書』にも、北狄傳と西戎傳があった（田村専之助〈一九四〇〉）。これに比べると、陳壽の『三國志』が異民族の立伝について、大きな偏向を持つことを理解できよう。

陳壽は、『三國志』魏書の種本とした『魏略』の中に、西戎傳があるにも拘らず、烏丸・鮮卑・東夷傳のみを立て、しかも倭人傳を最多の文字数とした。それは、景初年間（二三七～二三九年）に、司馬懿が公孫淵を滅ぼすことにより、東夷の民、中でも始めて倭國が曹魏の命令に従ったことを強調するためである。先掲した東夷傳序の続きを掲げよう。

而るに公孫淵は父祖三世を仍《かさ》ねて遼東を有《たも》ち、天子 其れを絶域と爲し、委ぬるに海外の事を以てす。遂に東夷と隔斷して、諸夏に通ずるを得ず。景初中、大いに師旅を興し、淵を誅し、又 軍を潛めて海に浮かばせ、樂浪・帶方の郡を收む。而る後に海表 謐然として、東夷 屈服す。[16]

陳壽が、東夷傳最大の字数を費やして倭國の条を執筆した理由は、景初年間に公孫淵を「誅」滅し、その結果として「東夷」を「屈伏」させた司馬懿の功績を称揚するためなのである。司馬懿の功績の結果、遠方より朝貢に至った倭國は、当然重要な扱いを受ける。

二、二人の「親魏」王

つとに手塚隆義〈一九六三〉が着目したように、[17] 曹魏が夷狄に与えた称号の中で「親魏〇〇王」と『三國志』が表記するものは、「親魏大月氏王」と「親魏倭王」しかない。大庭脩《一九七一》は、東夷傳の注に引く『魏略』に、車師後部王の壹多雜に「魏の王の印」を与えた、とあることに注目し、その印が「親魏車師後部王」であった可能性を指摘する。（一八）しかし、よしんばそうであったとしても、陳壽の『三國志』は、これを記載せず、「親魏〇〇王」という称号の形を「親魏大月氏王」と「親魏倭王」のみに限定していることは事実である。称号の形が同一であることは、二つの国家の重要性や力量を同等と位置づける表現と考えてよい。

「親魏大月氏王」は、蜀漢の北伐に対して、涼州の背後を固めるために賜与されたものであった。それでは、同じ形を持つ「親魏倭王」は、いかなる国際情勢の中で与えられたものであろうか。倭人傳の中で最も史料的価値の高い「制詔」は、卑彌呼を親魏倭王に封建する理由を次のように述べている

> 親魏倭王の卑彌呼に制詔す。帶方太守の劉夏、使を遣はして汝の大夫たる難升米・次使たる都市の牛利を送り、汝の獻ずる所の男の生口四人・女の生口六人・班布二匹二丈を奉りて、以て到る。汝の在る所は踰かに遠きも、乃ち使を遣はして貢獻す。是れ汝の忠孝たれば、我　甚だ汝を哀《いつく》しむ。今　汝を以て親魏倭王と爲し、金印紫綬を假し、裝封して帶方太守に付し、汝に假授せしむ。其れ種人を綏撫し、勉めて孝順を爲せ。汝の來使たる難升米・牛利は遠きを涉り、道路に勤勞せり。今　難升米を以て率善中郎將と爲し、牛利を率善校尉と爲し、銀印青綬を假し、引見して勞ひ賜ひて遣還せしむ。今　①絳地交龍錦五匹、絳地縐粟罽十張、蒨絳五十匹、紺青五十匹を以て、②汝の獻ずる所の貢直に答ふ。③又　特に汝に紺地句文錦三匹、細班華罽五張、白絹五十匹、金八兩、五尺の刀二口、銅鏡百枚、眞珠・鉛丹各〻五十斤を賜ひ、皆　裝封して難升米・牛利に付す。還り到らば錄受し、悉く以て汝が國中の人に示し、國家の汝を哀しむを知らしむ可し。故に鄭重に④汝に好物を賜ふなり。（一九）

制詔は、倭國の女王卑彌呼が、帶方太守の劉夏を通じて朝貢したことを慈しみ、卑彌呼を親魏倭王とし、金印紫綬

を与え、①「絳地交龍錦」から「紺青五十匹」までを回賜することを述べる。ここまでであれば、他の夷狄の朝貢記事と大きな差異はない。注目すべきは、②「貢直に答ふ」として回賜の品目を掲げた後に、さらに③「特に」以下の多くの④「好物」を選んで賜与するという、特別な恩恵を与えていることである（二〇）。こうした曹魏による倭國厚遇の背後には、第一に遼東の公孫氏をめぐる曹魏と孫呉との対立があった。

景初二（二三八）年正月、明帝の命を受けた司馬懿は、四万の兵を率いて洛陽を出発し、六月、遼東に到着、八月に公孫淵の首都襄平城を陥し、公孫氏を滅ぼした。大軍を派遣して、状況を観望していた孫呉に介入の機会を与えない速戦即決であった。この間、曹魏は劉昕を帯方太守、鮮于嗣を楽浪太守に任命して、海路二郡を攻略、朝鮮半島を曹魏の直接的な支配下に置いたのである（『三國志』巻三 明帝紀）。さらに、正始五（二四四）年より、孫呉に朝貢していた高句麗王の位宮の征伐を開始し、沃沮・粛愼まで遠征を行っていく（二一）。孫呉が海を通じて国際秩序を広げていくことを阻止しようとしているのである。こうした中で曹魏は、公孫氏滅亡後の東アジアの国際秩序を早急に整える必要があった。それまで公孫氏の国際秩序に属していた倭國の女王卑彌呼の朝貢を優遇した理由は、第一には、東アジアの国際秩序の確立にあった。

しかし、それだけで倭國厚遇の理由を説明し尽くすことはできない。倭國厚遇の第二の、そして根源的な理由は、大月氏國と対等に与えられた「親魏倭王」という称号に表現されている。曹魏が卑彌呼を「親魏倭王」に封建し、規定の回賜に加えて恩寵を示したのは、倭國に大月氏國に匹敵する重要性を認めたからに他ならない。石母田正《一九七一》が強調するように、曹魏が卑彌呼に「親魏倭王」の称号を賜与したのは、孫呉の海上支配に対抗するためであった（二二）。

倭國が、孫呉の背後にあたる中国の東南にあるべきである、と陳壽に考えられていたことは、倭人傳に、「當に會稽の東冶(二三)の東に在るべし（當在會稽東冶之東）」とある書き方に明らかである。ここでは、理念として在るべしということで、在るとは言っていない。『漢書』巻二十八上 地理志上 會稽郡の条には、「冶縣」があり、「もと閩越（東冶を都とする国名）の地」であると顔師古は注をつけている。『後漢書集解』志二十二 郡國志四に引く錢大昕の説は、『後漢書』列傳二十三 鄭弘傳を論拠(二四)に後漢の章帝期には、「東冶」という地名があり、海に面していたとする。となれば、東冶は、現在の福建省福州市にあたる。その東方海上に倭國はあるべき、とされているのである。東冶縣（福建省福州市）は、北緯二十六度、沖縄本島あたりとなる。その戦略的価値はきわめて高い。

また、陳壽が、倭人傳を書く際に種本とした魚豢の『魏略』は、倭人を呉との関わりで描いていた。『通典』巻一百八十五 邊防一 東夷上 倭の条の注には、「魏略に云ふ、「倭人 自ら謂へらく太伯の後ならんと」と」とある(二五)。『魏略』は、呉の祖先である「太伯」の後裔と倭人が自ら考えていたと伝えるのである。喜田貞吉〈一九一七〉は、『三國志』がこの文を引かなかったことについて、陳壽が倭人の黥（入れ墨）の風俗によって、越との関係を認めたためである、としているが、そうではあるまい。

この記事を採用すると、『三國志』では書いてはならない倭人と孫呉との近接性を述べることになるからである。倭國の一部勢力と接触していたであろう呉の祖先が、倭人の祖先でもあれば、倭國が孫呉の領土であると認めることになる。師の譙周の学問を受けて、陳壽は、『史記』を修めることで古史の研究をしていた(二六)。このため呉の祖先である「太伯」を引用する危険性を察知したのであろう。さらに、倭人の祖先が呉と共通するのであれば、孫呉の背後にある脅威としての倭國の像が崩れてしまう。このため、陳壽は、倭と呉との近接性を説く『魏略』のこの記事を削除したのである。孫呉との関係に留意する必要がなくなってから著された『梁書』巻五十四 諸夷傳 倭の条は、ほぼ倭人傳に従いながらも、「倭なる者は、自ら太伯の後と云ふ（倭者、自云太伯之後）」と、倭人が太伯の後裔と称していたことを伝えている。

倭國は中国の東南、孫呉の背後にある。しかも、大国である、と認識されていた。『後漢書』列傳七十八 西域傳大月氏國の条によれば、洛陽から大月氏國までは、一万六千三百七十里であり、戸十万、口四十万、勝兵十余万の大国とされている。一方、倭人傳によれば、倭國もまた、邪馬臺國が七万戸、投馬國が五万戸、奴國が二万余戸とされ、その他とあわせると十五万戸の大国となる。遼東半島を支配していた公孫氏が滅亡した際、接収された戸が約四万であったことを考えると（『晉書』巻一 宣帝紀）、いかに大国に描かれているのかを理解できよう(一七)。さらに、『翰苑』に引かれた『魏略』の逸文は、『三國志』が千余戸とする伊都國を「戸萬餘」につくる。帯方郡からの使者が往来する時には常に駐まるとされた伊都國であれば、他国とのバランスから言って、一万余戸の方が相応しい。王沈の『魏書』と共に、陳壽が『三國志』の「魏書」を著す際の種本(一八)とされる魚豢の『魏略』を見ると、曹魏において倭國はすでに大月氏國に匹敵するような大国に想定されていたことが分かる。

陳壽は、こうした曹魏の認識を継承し、太伯の記述を削除するなど原史料に改変を加え、倭國が中国の東南にある大月氏國に匹敵する大国で、孫呉の背後にある、という倭國の像を形成し、夷狄傳の中で最多の字数を費やして記録したのである。

三、陳壽の執筆意図と景初三年

陳壽は、大月氏國の入朝に最も功績のあった曹眞の列傳に、大月氏國の入貢を記載しないばかりか、西戎傳を立伝しない。これに対して、倭國の入朝と司馬懿の遼東遠征の関係をどのように描いているのであろうか。従来の研究では、『晉書』より晉代の認識を検証することなく、卑彌呼の朝貢は、司馬氏の始祖である司馬懿の功績として大書されるべき事柄であった、と考えられてきた。(二九) しかし、卑彌呼の朝貢を司馬懿と結びつけることは、現行の『三國志』だけでは定まらない。卑彌呼の最初の朝貢については、南宋版以来の『三國志』東夷傳に記される景初二(二三八)年説と、『日本書紀』に引用される倭人傳の景初三(二三九)年説とが並立しており、しかも、両説共に直接的には、司馬懿と卑彌呼との関係を実証しないためである。

卑彌呼の遣使を景初二(二三八)年六月とすると、遼東・朝鮮半島は、いまだ戦争中である。そのことは、すでに『三國志集解』に引く沈家本が、「二年」を「三年」の誤りとする記述の中で、次のように述べている。

御覽、景初三年に、公孫淵 死するや、倭の女王 大夫の難升米らを遣はして帯方郡に詣らしむに作る。案ずるに、公孫淵 景初二年八月に死し、淵 死して倭の使 始めて通ずるを得たれば、自ら當に三年に在るべし。若し二年六月に在らば、其の時、遼東 方に魏と相 拒み、魏に尙ほ帯方太守無く、倭の使も亦た通ずるを得ざるなり。此の文 恐らくは當に御覽を以て長と爲すべし。蓋し倭使の通ずるを得たるを明らんにせんと欲せしの故に、而して之を追敍するのみ。(三〇)

景初二年六月に使者が来れば、遼東はちょうど曹魏と公孫淵との戦争中であり、曹魏にはまだ帯方太守がいないため、倭の使者も通じることはできなかったのは、沈家本の述べる通りである。戦争中の遣使は、軍を率いる太尉の司馬懿の徳を言祝ぐものにはならない。もとより、明帝の徳を慕って倭人が入貢したのであれば、景初二年でも景初三年でも問題はないが、『三國志』明帝紀には、倭人の朝貢の記事はなく、陳壽は倭人を明帝の徳を慕って入貢したものとは表現していない。大月氏國の朝貢を明帝紀に掲載し、曹眞傳に記載しないことで、曹眞の功績とはしなかった筆法とは、逆の筆法が用いられているのである。

　したがって、司馬懿との関わりの中で考えれば、倭人の入貢が景初三（二三九）年六月であれば、卑彌呼は司馬懿が公孫氏を滅ぼしたことを契機に、司馬懿の功績を言祝ぎ、その徳を慕って使者を派遣したことにもなろう。ただし、厳密に言えば、景初三年二月に、司馬懿は太尉より太傅に昇進するとともに、政治の実務からは離れていた。実権を握っていた者は、大將軍の曹爽なのである。理屈で言えば、卑彌呼の使者は、政権を掌握していた曹爽の徳を言祝ぐものとなる。

　しかし、陳壽の生きた西晉では、これを司馬懿の功績と認識していた。現行の『晉書』は、編纂こそ唐代であるが、「十八家晉書」と呼ばれるその原史料には、多くの同時代史料が含まれる。『晉書』では、司馬懿こそが、卑彌呼の朝貢をもたらした者である、と明記されている。

> 正始元年春正月、東倭 譯を重ねて貢を納む。焉耆・危須の諸國、弱水より以南、鮮卑の名王も、皆 使を遣はして來獻す。天子 美を宰輔に歸し、又 帝の封邑を増す。（三二）

　正始元（二四〇）年春正月は、使者に制詔が下された景初三（二三九）年十二月の二ヵ月後となる。明帝崩御の後、曹魏は明帝が改めた建丑の月（十二月）を正月とする暦から、建寅の月（一月）を正月とする景初暦へと変更することに伴い、十二月のあとに閏月として後十二月を置き、その翌月を正始元年正月としていたからである。（三三）

　卑彌呼の使者は、景初三（二三九）年十二月に「制詔」を受けていたが、改元した正月に再び天子の曹芳に謁見したと考えてよい。したがって、この記録は、第一に、卑彌呼の使者が景初二年ではなく、三年六月に帯方郡、十二月には洛陽に着いていたことを示す。また、第二に、倭國以外の夷狄の朝貢とともに、曹魏の天子である曹芳が異民族の来貢の「美（徳）を宰輔に歸」した、と西晉が認識していたことを表現している。

　景初三年二月から、司馬懿は太傅となり、政治の実務からは離れていたが、軍権は掌握したままであった。司馬懿が曹爽の打倒のため、政権から離脱するのは、正始八（二四七）年五月であり、この時点で病と称して政治に関与しなくなった、との記事が『晉書』宣帝紀に見える。

陳壽が『三國志』を著した西晉では、卑彌呼の朝貢は、明帝でも曹爽でもなく、司馬懿の功績に基づき行われたと認識されていたのである。こうした晉代の認識は、宣帝紀以外にも見られる。

> 宣帝の公孫氏を平ぐるや、其の女王 使を遣はして帶方に至りて朝見し、其の後 貢聘して絶えず。文帝 相と作るに及び、又 數〻至る。泰始の初、使を遣はし譯を重ねて入貢す。（三三）

『晉書』の、他ならぬ倭人の条において、卑彌呼が使者を派遣した原因は、宣帝司馬懿が公孫氏を平定したことに求められている。

こうした西晉の共通認識のもと、西晉で『三國志』を著した陳壽の執筆意図は、卑彌呼の遣使が景初三（二三九）年でなければ達成されない。景初二（二三八）年八月に完了した遼東の公孫氏征討の結果、司馬懿の德を慕って、卑彌呼が使者を派遣してきた。こうした陳壽の執筆意図に従えば、『日本書紀』に引かれた倭人傳の景初三年が正しいと考えるべきなのである。

この後も倭國と曹魏との外交関係は密接であった。倭國は、曹魏からの使者に返書を託した正始元（二四〇）年のほか、正始四（二四三）年にも使者を送り、曹魏もまた正始六（二四五）年に黃幢を賜与しようとしている。両者の密接な関係の背景には、朝鮮半島情勢の流動化がある。

『三國志』巻二十八 毌丘儉傳、および巻三十 東夷傳 夫餘・韓の条によれば、帶方太守の弓遵は、中国の支配に抵抗する韓人との戦いで命を落としている。正始八（二四七）年に帶方太守に就任する王頎は、玄菟太守として高句麗王を討つことに功績があった。曹魏の朝鮮半島における武力行使は、背後にある倭國との関係を一層緊密にする必要性を生み出していた。その倭國から、窮状を訴える知らせが届く。

> 其の八年、太守の王頎 官に到る。倭の女王たる卑彌呼、狗奴國の男王たる卑彌弓呼と素より和せず。倭の載斯・烏越らを遣はして郡に詣り、相 攻撃する狀を説かしむ。塞曹掾史の張政らを遣はして、因りて①詔書・黄幢を齎し、難升米に拜假し、檄を爲り之に告喩す。卑彌呼 死するを以て、大いに冢を作る。徑は百餘歩、徇葬する者 奴婢百餘人なり。更めて男王を立つるも、國中 服せず。更〻相 誅殺し、時に當たりて千餘人を殺す。復た卑彌呼の宗女たる壱與、年十三なるを立てて王と爲し、國中 遂に定まる。政ら檄を以て壱與を告喩す。②壱與倭の大夫の率善中郎將たる掖邪狗ら二十人を遣はして政らの還るを送らしむ。因りて臺に詣り、男女の生口三十人を獻上し、白珠五千孔・青大句珠二枚・異文雜錦二十匹を貢す[三四]。

卑彌呼と狗奴國との戦いを聞いた帯方太守の王頎は、①「詔書と黄幢」をもたらし、檄文をつくって塞曹掾史の張政たちを派遣して、卑彌呼の背後に曹魏がいることを狗奴國に示した。狗奴國は、黄幢を見てそれを理解できたのであろうか。

黄幢とは、軍事権を象徴し、曹魏の土徳を示す黄色の旗である[三五]。それを戦いの場に立てても、具体的に人を殺めることはできず、それが分かる者だけに曹魏の支持を示すに過ぎない。武田幸男〈一九九七〉が、本来は中国文化を熟知する高句麗・諸韓國との戦いに、倭國を組み込むために贈られた、とするのはそのためである。王頎が、黄幢を詔と共に卑彌呼に届けた理由は、狗奴國がそれを見て曹魏と判断できる知識、具体的には孫呉との関わりを持っている、と考えたために他ならない。

そうであれば、張政は、卑彌呼の死後、即座に帰国することは許されない。張政が、卑彌呼の死後に起こった倭國の混乱回復を見届け、新女王の壱與の使者である②「率善中郎將の掖邪狗」を連れ帰ったのは、孫呉の背後にある東方の大国が安定し、曹魏に臣従していることを示すためであった。狗奴國の背後に、本当に孫呉が存在したのか否かを『三國志』は語らない。しかし、孫呉の元號を刻んだ呉鏡は、日本で発見されている。(三六) 孫呉の存在を知っている者が、日本に居たことは確かなのである。

壱与が掖邪狗を派遣した時期について、倭人傳は明言しない。これについて、『册府元龜』は、掖邪狗を正始八(二四七)年に派遣されたとする。

(正始)八年、倭國の女王たる一與、大夫の掖邪狗らを遣はして臺に詣らしめ、一の男女の生口を獻ずること三十人、白珠五千枚・青大句珠二枚・異文雜錦二十匹を貢ぐ。(三七)

卑彌呼の死去から始まった倭國の混乱は、比較的早く収束したと考えてよい。

その後の邪馬臺國の状況については、『晉書』に記録が残る。

(泰始二年)十一月己卯、倭人 來りて方物を獻ず。圜丘・方丘を南・北郊に幷はせ、二至の祀を二郊に合す。(三八)

倭國は、こののち泰始二(二六六)年十一月に朝貢している。そのときの倭國が、壱与を女王としていたのか否かは記録されない。それでも、倭國は、泰始元(二六五)年に、曹魏を滅ぼして建国した西晉が、天子にとって最も重要な祭祀である南北郊祀の場所を、曹魏が採用していた鄭玄の学説から、武帝司馬炎の外祖父にあたる王肅の学説に従って改める(三九)という、祝賀すべき重要な時期に、それを言祝ぐ使者を送っているのである。

儒教では、遠方から夷狄が朝貢することは、整った政治が行われている証となる。儒教の経義に基づき、天子が天の祭祀を改めたことを記す部分に、倭國の朝貢が記載されることは、朝貢を祭祀の改革が正しかったことの証と捉えるためである。

こうした意味において、倭人の朝貢は、絶妙な時期に行われている。あるいは記録されている、と考えてもよい。

陳壽の執筆意図が卑弥呼の朝貢を司馬懿の徳を言祝ぐものとすることにある以上、その初めての朝貢は「景初三年」と記録されなければならないのである。

おわりに

倭國が孫呉の背後に存在する「大国」と記録されたのは、第一に曹魏と孫呉・蜀漢との対立が異民族を包含して行われたこと、第二に、その中で蜀漢の背後にある大月氏國に匹敵する大国を孫呉の背後に必要としたこと、第三に曹魏における曹眞─曹爽と司馬懿の対立、第四に司馬懿の功績を宣揚しなければならない西晉の史家陳壽の政治的立場を理由とする。蜀漢の背後にある大月氏國を朝貢させた曹眞の功績を上廻るように、倭國を孫呉の背後にある大国と認識することは、陳壽に止まらず、曹魏、そして司馬懿より権力を掌握した西晉でも共有されていた。陳壽はさらに、西戎傳を立伝せず、曹眞傳には大月氏國の入貢を記さず、太伯と倭との関係を示す記述を削って、倭國が孫呉の背後にある大国であることを明確にした。『三國志』の抄写の中で「景初二年」とされてきた卑弥呼の最初の朝貢は、陳壽の執筆意図に基づけば、『日本書紀』に引用される倭人傳のとおり「景初三年」とすべきなのである。

陳壽は、倭國を中国の東南にある大国として描くため、さまざまな經書や史籍を用いて、その虚像を形成していく。これについては、第七章で論ずることにしたい。

《注》

（一）百納本『三國志』を底本とし、盧弼『三國志集解』および中華書局標点本『三國志』により校勘を加えた。

（二）そのうち、『後漢書』『三國志』『宋書』『隋書』『舊唐書』『新唐書』『宋史』『元史』『明史』の「倭国伝」を翻訳したものに、藤堂明保・竹田晃・影山輝国《二〇一〇》がある。

（三）華夷思想については、小倉芳彦〈一九六六〉、日原利国〈一九八四〉などを参照。なお、東夷傳については、豊田有恒〈二〇〇一〉もある。

（四）前漢武帝期に儒教の国教化を求めないことについては、渡邉義浩《二〇〇九》を参照。

（五）魏興、西域雖不能盡至、其大國龜茲・于寘・康居・烏孫・疎勒・月氏・鄯善・車師之屬、無歳不奉朝貢、略如漢氏故事（『三國志』巻三十　東夷傳序）。

（六）（太和三年十二月）癸卯、大月氏王波調、遣使奉獻。以調爲親魏大月氏王（『三國志』巻三　明帝紀）。

（七）このときの大月氏國がクシャーナ朝を指すことについては、小谷仲男《二〇一〇》を参照。

（八）ただし、明帝が王號を授与しなかったわけではない。正始八（二四七）年のことであるが、高句麗遠征に際して、いち早く帰順して朝貢した濊の不耐には、濊王の称号を授与している（『三國志』巻三十　東夷傳　濊の条）。

（九）出師表の思想内容については、渡邉義浩〈二〇〇二b〉を参照。

（一〇）涼州諸國王、各遣月支・康居胡侯支富・康植等二十餘人、詣受節度、大軍北出、便欲率將兵馬、奮戈先驅（『三國志』巻三十三　後主傳注引『諸葛亮集』）。

（一一）裴松之が、史料批判など史学の方法論を確立し、史学を儒教から独立させたことについては、渡邉義浩〈二〇〇三b〉を参照。

（一二）『三國志』が持つさまざまな偏向については、渡邉義浩〈二〇〇八e〉を参照。

(一三) 司馬懿の台頭については、渡邉義浩〈二〇〇七c〉を参照。

(一四) 曹爽と司馬懿の関係については、渡邉義浩〈二〇〇一a〉を参照。

(一五) 評曰、史・漢著朝鮮・兩越、東京撰錄西羌。魏世、匈奴遂衰、更有烏丸・鮮卑。爰及東夷、使譯時通。記述隨事、豈常也哉（『三國志』卷三十 烏丸・鮮卑・東夷傳）。

(一六) 而公孫淵仍父祖三世有遼東、天子爲其絶域、委以海外之事。遂隔斷東夷、不得通於諸夏。景初中、大興師旅、誅淵、又潛軍浮海、收樂浪・帶方之郡、而後海表謐然、東夷屈服（『三國志』卷三十 東夷傳序）。

(一七) 岡田英弘《一九七六》は、手塚隆義〈一九六三〉の親魏大月氏王への着目を継承し、曹爽と司馬懿の抗争の中に、親魏倭王の賜与の原因を求めている。

(一八)『三國志』卷三十 東夷傳 注引『魏略』に、「(車師後部) 王 頼城を治とす。魏 其の王たる壹多雜に守魏侍中・號大都尉を賜ひ、魏の王の印を受けしむ（〈車師後部〉王治于賴城。魏賜其王壹多雜守魏侍中・號大都尉、受魏王印）」とある。大庭脩《一九七一》は、これを論拠に親魏倭王という称号に特別な意味を持たせることはできず、中国の王朝と親善関係にある蠻夷の王に与える称号の一つであって、それ以上のなにものでもない、と主張している。大庭説はのちに、大庭脩《一九九六》の中に研究論文として収録されている。

(一九) 制詔親魏倭王卑彌呼。帶方太守劉夏、遣使送汝大夫難升米・次使都市牛利、奉汝所獻男生口四人・女生口六人・班布二匹二丈、以到。汝所在踰遠、乃遣使貢獻。是汝之忠孝、我甚哀汝。今以汝爲親魏倭王、假金印紫綬、裝封付帶方太守、假授汝。其綏撫種人、勉爲孝順。汝來使難升米・牛利涉遠、道路勤勞。今以難升米爲率善中郎將、牛利爲率善校尉、假銀印青綬、引見勞賜遣還。今以①絳地交龍錦五匹、絳地縐粟罽十張、蒨絳五十匹、紺青五十匹、②答汝所獻貢直。③又特賜汝紺地句文錦三匹、細班華罽五張、白絹五十匹、金八兩、五尺刀二口、銅鏡百枚、眞珠・鉛丹各五十斤、皆裝封付難升米・牛利。還到錄受、悉可以示汝國中人、使知國家哀汝。故鄭重④賜汝好物也（『三國志』卷三十 東夷傳）。

(二〇) 岡村秀典《一九九九》によれば、「銅鏡百枚」は、倭のために特別に製作した三角縁神獣鏡であるという。なお、朝日新聞二〇一五年三月二日付の記事によれば、中国で始めて三角縁神獣鏡が河南省洛陽市で発見された、という。同じく、朝日新聞二〇一五年一二月二六日付の記事によれば、大阪府教育委員会文化財保護課の西川寿勝により、鋳造後に不要な部分を削った痕跡や鋳造したままの粗い面が残った部分、大きく反った鏡面などが日本出土の三角縁神獣鏡と共通し、「同じ工人集団が作ったとみていい」、と指摘されている。

(二一) 本書第三章、池内宏〈一九二九〉、和田清〈一九五〇〉、田中俊明〈二〇〇八〉などを参照。

(二二) 石母田正よりも先に、魏が倭国を呉の背後を脅かすものと認識していたことを指摘したものは、白鳥庫吉〈一九四八〉であり、大森志郎《一九五五》などにも指摘されている。

(二三) 南宋本以来、『三國志』は、すべて「東治」につくるが、「東治」の誤りである。なお、南宋本の「邪馬壹國」を金科玉条として、「邪馬臺國」を否定する古田武彦〈一九六九〉に対する批判には、尾崎雄二郎〈一九七〇〉がある。

(二四) 『後漢書』列傳二十三　鄭宏傳に、「舊《もと》交阯の七郡は貢獻轉運すること、皆　東冶より海に汎《うか》びて至るも、風波　艱阻にして、沈溺　相　係《つ》ぐ。(鄭)弘　奏して零陵・桂陽の嶠道を開き、是に於て夷《たひら》ぎ通じ、今に至るまで遂に常路と爲る（舊交阯七郡貢獻轉運、皆從東冶汎海而至、風波艱阻、沈溺相係。(鄭)弘奏開零陵・桂陽嶠道、於是夷通、至今遂爲常路）」とある。

(二五) 魏略云、倭人自謂太伯之後（『通典』巻一百八十五　邊防一　東夷上　倭の条注）。なお、同条が、『翰苑』には『魏略』として、『太平御覽』では『魏志』として引かれることについては、末松保和〈一九三〇〉を参照。

(二六) 譙周の学問については、中林史朗〈一九八一〉、吉川忠夫〈一九八四〉、楊代欣〈一九九三〉、呉佑和〈一九九四〉、曾聖益〈一九九八〉、王定璋〈二〇〇六〉などを参照。

(二七) 詳細については、橋本増吉《一九三二》を参照。

(二八) 鈴木俊〈一九四八〉は、倭人傳の記事は、内藤虎次郎〈一九一〇〉が述べるほど大部分が『魏略』の記事とは考え難く、また橋本増吉《一九三二》が述べるほど『魏略』以外の大量の材料を取り入れているとも言えないが、倭人傳の大半が『魏略』に拠ったものであることは疑いのない事実である、としている。これに対して、山尾幸久〈一九六七〉は、『魏略』と『三國志』がともに王沈の『魏書』に拠ったため、類似を示しているとする。

(二九) 岡田英弘《一九七六》は、「過大な里数や戸数は、二三九年に倭の女王卑彌呼に「親魏倭王」の称号を贈ったときのいわば建て前である。これは司馬懿の面子を立てるためにおこなわれたことであった。司馬懿の孫の晋の武帝の修史官である陳壽としては、いかにそれが事実でないと知ってはいても、正史である『三國志』に本音を書くわけにはいかなかった。現帝室の名誉にかかわる問題だったからである」と述べている。

(三〇) 御覽、作景初三年、公孫淵死、倭女王遣大夫難升米等詣帶方郡。案、公孫淵死於景初二年八月、淵死而倭使始得通、自當在三年。若在二年六月、其時、遼東方與魏相拒、魏尙無帶方太守、倭使亦不得通也。此文恐當以御覽爲長。蓋欲明倭使得通之故、而追敍之耳（『三國志集解』巻三十 東夷傳）。たしかに、慶元版『太平御覽』巻七百八十二 四夷部三 倭の条には、「魏志曰、……景初三年、公孫淵死。倭女王遣大夫難升米等詣帶方郡、求詣天子朝獻」とあり（現行本との異同には傍点を附した）、現行の『三國志』にはない「公孫淵死」という字句が含まれている。ただし、公孫淵の死は、景初二年である。

(三一) 正始元年春正月、東倭重譯納貢。焉耆・危須諸國、弱水以南、鮮卑名王、皆遣使來獻。天子歸美宰輔、又增帝封邑（『晉書』巻一 宣帝紀）。

(三二) 景初暦については、長谷部英一〈一九九一〉、平勢隆郎〈二〇〇二〉などを参照。

(三三) 宣帝之平公孫氏也、其女王遣使至帶方朝見、其後貢聘不絶。及文帝作相、又數至。泰始初、遣使重譯入貢（『晉書』巻九十七 四夷傳 倭人の条）。

(三四) 其八年、太守王頎到官。倭女王卑彌呼、與狗奴國男王卑彌弓呼素不和。遣倭載斯・烏越等詣郡、説相攻撃狀。遣塞曹掾史張政等、因齎①詔書・黄幢、拜假難升米、爲檄告喩之。卑彌呼以死、大作冢。徑百餘歩、徇葬者奴婢百餘人。更立男王、國中不服。更相誅殺、當時殺千餘人。復立卑彌呼宗女壹與、年十三爲王、國中遂定。政等以檄告喩壹與。②壹與遣倭大夫率善中郎將掖邪狗等二十人送政等還。因詣臺、獻上男女生口三十人、貢白珠五千孔・青大句珠二枚・異文雜錦二十匹（『三國志』巻三十　東夷傳　倭人の条）。

（三五）卑彌呼の墓と称される箸墓古墳と相似形で、非在地系の合掌型竪穴式石室を持つ黒塚古墳から、「黄幢」に比定される「U字形鉄製品」が出土している。東潮〈二〇〇九〉を参照。

（三六）公孫氏との関わりで説明が可能な赤烏元（二三八）年銘畫文帯神獸鏡は、山梨県鳥居原古墳で、赤烏七（二四四）年銘鏡は、兵庫県宝塚市安倉古墳で発見されている。樋口隆康〈一九六〇〉、岡村秀典《一九九九》などを参照。なお菊地大〈二〇〇二〉もある。

（三七）（正始）八年、倭國女王一與、遣大夫掖邪狗等詣臺、獻一男女生口三十人、貢白珠五千枚・青大句珠二枚・異文雜錦二十匹（『冊府元龜』巻九百六十八　外臣部　朝貢一）。

（三八）（泰始二年）十一月己卯、倭人來獻方物。幷圜丘・方丘於南・北郊、二至之祀合於二郊（『晉書』巻三　武帝紀）。

（三九）二つの天説については、渡邉義浩〈二〇〇八d〉を参照。

第二篇　魏志倭人傳の世界観と三國・西晉時代の文化

第七章 三國時代の文化と倭人傳の世界観

はじめに

『三國志』巻三十 鮮卑・烏丸・東夷傳の倭人の条（日本では「魏志倭人傳」と呼ぶ。以下、倭人傳と略称）は、二十四史で唯一、異民族の中で日本の記述が最多の字数を占める。それは、曹魏・蜀漢・孫呉の三國が、異民族を包含して抗争を続ける中、蜀漢の背後の大国である大月氏國と同等に、孫呉の背後にある大国と倭國が認識されたことによる。しかも、大月氏國を入貢させた曹眞の子曹爽を打倒して権力を掌握した司馬懿の孫司馬炎の建国した西晉の史家として、『三國志』を著した陳壽は、大月氏國と関わる記述を控え、司馬懿の遼東遠征の成果としての倭國の朝貢を宣揚すべき政治的立場にあった。その結果、倭國は、會稽郡東冶縣の東方海上という中国の東南に位置づけられ、曹魏・西晉に朝貢する東南の大国として好意的に描かれた（本書第六章）。

本章はそれを承けて、陳壽に代表される史家の世界観の前提となった三國時代の文化のあり方を踏まえた上で、倭人傳に表現された世界観を明らかにするものである。それにより、倭人傳の倭國に関する記述のうち、理念による創作と考え得るものを指摘する。したがって、それを除いた部分が、使者の報告書などに基づく倭國の実像と考え得るが、両者の弁別ならびに事実の記述より復原し得る倭國の実態については、終章で検討することにしたい。

一、「東南」の表現

倭人傳は、『漢書』地理志を踏まえた記述より始まる。

倭人は帶方の東南たる大海の中に在り、山島に依りて國邑を爲す。舊《もと》百餘國にして、漢の時に朝見する者有り。今 使譯 通ずる所三十國なり（一）。

このように始まる倭人傳の冒頭であるが、『漢書』のまま記述されているわけではない。倭人を「帶方の東南たる大海の中」にある、とする世界観は、『漢書』のそれとは大きくことなる。

燕地……樂浪の海中に倭人有り。分かれて百餘國と爲る。歳時を以て來たりて獻見すとしか云ふ（二）。

『漢書』地理志では、倭人は「樂浪の海中」にあった。樂浪郡を帶方郡に書き換えたのは、司馬懿が滅ぼした遼東の公孫淵の父康が、樂浪郡の南を征服して、帶方郡を置いたことによる。樂浪・帶方の二郡は、司馬懿が公孫淵を滅ぼした際に、曹魏の支配下に入る。その結果、卑彌呼の使者が曹魏に至ったことを記すのが、倭人傳の眼目であるため、帶方郡の記述から倭人傳は始まるのである。ここで注目すべきは、倭の場所を帶方郡の「東南」にあたる海の中と「東南」を附加していることである。そもそも『漢書』では、樂浪郡の記述は、「燕地」に繋がれており、中国の東北という認識であった。倭人傳は、帶方郡を「燕地」と結びつけずに東北の要素を棄て、さらに帶方郡の「東南」の海の中に、牽いては中国の東南に倭國がある、とするのである。

倭人傳は、帶方郡の「東南」の場所を具体的には會稽郡東冶縣の東方海上としている。

男子は大小と無く、①皆 黥面文身す。古より以來、其の使ひの中國に詣るや、皆 自ら大夫と稱す。②夏后の少康の子、會稽に封ぜられ、斷髪文身して、以て蛟龍の害を避く。今 倭の水人、沈沒して魚蛤を捕らふるを好む。文身するも亦た以て大魚水禽を厭《おさ》へんとすればなり。後に稍く以て飾りと爲す。諸國の文身は各々異なり、或ひは左に或ひは右に、或ひは大に或ひは小に、尊卑 差有り。其の道里を計るに、③當に會稽の東治の東に在るべし[三]。

第六章で述べた国際・国内関係を理由として、陳壽は邪馬臺國を孫吳の背後にある「東南」の大国、と描く必要があった。したがって、その位置を③「當に會稽の東治の東に在るべし」、すなわち、會稽郡東治縣の東方海上にあるべきとしたのである。會稽郡は、夏王朝の創始者である禹王の崩御の地として知られる。したがって、會稽郡は、禹王との係わりが深い。

（粤地）其の君は禹の後にして、帝少康の庶子としか云ふ。會稽に封ぜられ、文身斷髪して、以て蛟龍の害を避く[四]。

會稽に封建された禹王の後裔は、身体に入れ墨して髪を切って龍の子に似せ、それにより蛟龍の害をさけた、と『漢書』地理志は伝える。倭人傳の②「夏后の少康の子、會稽に封ぜられ、斷髪文身して、以て蛟龍の害を避く」という文章が、『漢書』地理志の會稽郡に関わる部分をほぼ引き写しにしていることを理解できよう。倭人傳は、皇帝の制書や使者の報告書に基づく史料的な価値の高い部分だけではなく、陳壽および、『三國志』の種本となった『魏略』を著した魚豢の学問、具体的には『漢書』の研究に基づき創作された部分も多いのである[五]。

そもそも、樂浪・帶方の両郡とも朝鮮半島の西岸にあり、東南に進むと陸であって、會稽郡には辿りつかない。陳壽にとって、そうした事実は関係なかったのであろう。倭國は中国の東南にある。これは陳壽の、かくあらねばならぬ、という理念なのである。かかる理念は、倭國の習俗を記す①「黥面文身」という部分により理解できる。

倭人傳が倭人の男子の習俗とする「黥面」（顔面への入れ墨）と「文身」（身体への入れ墨）には、典拠がある。

> 中國・戎夷、五方の民、皆 性有り。推し移す可からず。①東方を夷と曰ふ、髪を被り身に文《いれずみ》す。火食せざる者有り。②南方を蠻と曰ふ、題《ひたひ》に雕《きざ》み趾を交ふ。火食せざる者有り（六）。

『禮記』では、①東方の「夷」は「身に文」し、②南方の「蠻」は「題に雕」んでいたとする。倭人の習俗とされる「黥面文身（顔面と身体の入れ墨）」が、東方の夷と南方の蠻の性を兼ね備える記述であることが分かる。もちろん、これにより倭人が入れ墨していた可能性を排除するわけではない（七）。ただし、報告書を書いた使者であれ、『魏略』・『魏書』の著者である魚豢・王沈であれ、陳壽であれ、夷狄の入れ墨と聞けば、『禮記』王制篇を想起できる教養は備えており、東方と南方では入れ墨の場所が違うべきとする理念は有していた。それが当時の文化に基づく世界観なのである。

『翰苑』の倭國の条には、『魏略』の逸文が引用されており、倭人傳のこの部分が、もともとは『魏略』の文章であったことが分かる。

> 魏略に曰く、「……其の俗、男子は大小と無く、皆 黥面文身す。其の舊語を聞くに、自ら太伯の後と謂ふ。昔 夏后の少康の子、會稽に封ぜられ、斷髪文身して、以て蛟龍の害を避く。今 倭人も亦た文身するは、以て水の害を厭《おさ》へるなり」と（八）。

陳壽は、『魏略』のこの文章を見て、あるいは倭への使者が提出した報告書を見て、すべての男子が「黥面文身」していることに疑問を感じなかったため、倭人傳に採用したのである。第六章で述べたように、これに続く、「自ら太伯の後と謂ふ」という文章は、孫呉と倭人との近接性を示し、倭國を孫呉の背後にある脅威と認識できなくなるため採用していない。陳壽が、自らの世界観と置かれた政治的状況によって、元となった史料を取捨選択して倭人傳を著していることを理解できよう。

陳壽にとって、東方の「夷」は、「身に文」し、南方の「蠻」は「題に雕」んでいたとする『禮記』王制篇の記述は、疑いようのない真実であった。事実、『三國志』巻三十 東夷傳 馬韓の条には、「其の男子、時時に、身に文すること有り（其男子、時時、有文身）」と記載され、馬韓では、東方の要素である身体の入れ墨だけが記録されている。韓族は東夷である。したがって、入れ墨は身体だけにあるべきなのである。倭人は、中国の東南にいる。したがって、顔面と身体の双方に入れ墨しているべきである。これが『三國志』の著された時代の世界観であった。

また、倭人傳は続けて倭國の習俗について次のように述べている。

> 其の風俗は淫れず、男子は皆 露紒し、木緜を以て頭に招《しば》る。其の衣は横幅、但だ結束して相 連ね、略ぼ縫うこと無し。婦人は被髪屈紒し、衣を作ること單被の如く、其の中央を穿ち、頭を貫ぬきて之を衣る。禾稻・紵麻を種ゑ、蠶桑 緝績し、細紵・縑緜を出だす。其の地には牛・馬・虎・豹・羊・鵲無し。兵には矛・楯・木弓を用ふ。木弓は下を短く上を長くし、竹箭には鐵鏃或《あ》り骨鏃或《あ》り。有無する所 儋耳・朱崖に同じ。(九)

倭國と「有無する所」が同じであるという儋耳郡・朱厓郡は、ともに現在の海南島に置かれた郡である。『漢書』巻二十八下 地理志下 粤地の条には、「武帝の元封元年、略して以て儋耳・珠厓郡と爲す。民は皆 布を服すること單被の如く、中央を穿ちて貫頭と爲す。男子は耕農して、禾稻・紵麻を種え、女子は桑蠶して織績す。馬と虎亡く、民に五畜有り、山に麈・麖多し。兵は則ち矛・盾・刀・木弓弩・竹矢、骨を鏃と爲す或《あ》り。（武帝元封元年、略以爲儋耳・珠厓郡。民皆服布如單被、穿中央爲貫頭。男子耕農、種禾稻・紵麻、女子桑蠶織績。亡馬與虎、民有五畜、山多麈・麖。兵則矛・盾・刀・木弓弩・竹矢、或骨爲鏃）」とある。單被・貫頭衣という衣服、禾稻や紵麻を植え、養蚕して織物をつくり、馬と虎がおらず、矛・刀・木弓を用い、竹の矢に骨の鏃を使うことが、倭人傳と共通していることが分かる。むろん、これらの習俗がすべて倭國に存在した可能性は否定しない[一〇]。しかし、陳壽あるいはその原史料作成者たちが、倭國が東南にあるとの認識の中で、当該時代の中国西南の世界観を形成していた『漢書』地理志の記述を節略しながら、倭人の習俗を南方系につくりあげた蓋然性は高い。

倭人傳は、倭國の位置を「會稽郡の東治縣の東」とする。會稽郡東治縣（北緯二十六度、沖縄本島あたり）の東方海上に倭國を置いたことにより、必然的に、倭國の南方系の要素は強まる。『魏略』にも触れられていた儋耳郡と朱厓郡との関係性の深さを強調する必要は、こうして生まれた。そこで、陳壽は、『魏略』には欠けている記述を『漢書』の地理志の儋耳郡や朱崖郡の部分から引写しにしたのである。ただし、儋耳郡と朱崖郡が置かれた海南島は、北緯二十度でヴェトナムのハノイの南となる。倭國の習俗としては、南に過ぎた。後述する裸國が倭に含まれることも、こうして準備された。

このように、倭人傳の習俗は、陳壽が、かくあるべしと考える理念、具体的には、孫呉の背後の地である會稽郡東治縣の東に倭國はあるべきである、という理念に基づいて、主として『漢書』地理志から創作した部分が多かった。しかも、こうした理念に基づく記述は、倭人傳の随所に見られる。

倭國に女性が多いとする記述は、その典型である。

> 其の俗、國の大人は皆 四・五婦、下戸も二・三婦或り。[あ] 婦人 淫れず、妒忌せず。盗竊せず、諍訟少なし。其の法を犯すや、輕き者は其の妻子を沒し、重き者は其の門戸及び宗族を滅す。尊卑は各〻差序有り、相 臣服するに足る[一一]。

倭國に女性が多いことも、使者の往来に伴う実際の伝聞に基づく可能性も高い。ただし、倭國で見た者だけでなく、聞いた者、書き留めた者、あるいは創作した者にも、倭國には女性が多いべきである、という先入観があった。

『周禮』夏官 職方氏に、「東南は揚州と曰ふ。其の山鎭は會稽と曰ふ。……其の利は金・錫・竹箭。其の民二男五女（東南曰揚州。其山鎭曰會稽。……其利金・錫・竹箭。其民二男五女）」とあるように、中国の東南にあたる揚州は、その民の男女比率が二対五であると『周禮』に記されている。「其の利」として「竹箭」が挙げられていることにも注目してよい。倭國の特産とされるものだからである。『周禮』における男女比は、中国の中心から離れるほど女性率が高まり、揚州と同じく辺境で、東北にあたる幽州の男女比率が一対三と最も高い。

中国に属さない夷狄に女性が多いのは、儒教の理念からすれば当然のことで、倭國でたくさんの女性を見れば、その先入観に従って、身分を問わず多くの妻を娶るという記事が書かれることになる。そうした意味では、この記事も理念の産物と考えてよい。

同じく、東夷傳のなかでも、東沃沮の条に記される「女人國」は、東方の夷狄に女性が多いという先入観を生んだ理念だけから空想された物語である。

（耆老）又言ふ、「一國有り、亦た海中に在り、純女にして男無し」と。又 說くに、「一の布衣を得たるに、海中より浮き出づ。其の身は中人の衣の如きも、其の兩袖は長三丈《たけ》なりき。又 一の破船を得たるに、波に隨ひて出で、海岸の邊に在り。一人有りて項の中に復た面有り、生きながらに之を得、與に語るも相 通ぜず、食はずして死せり」と。其の域 皆 沃沮の東の大海の中に在り。（二二）

東沃沮は高句麗の東、大海の岸辺に住居を定める。中国で最も女性の比率が高い幽州の東北に居る夷狄である。女性が多い地に選ばれるには相応しい。女性ばかりで男性がいない国は、東沃沮のさらに東にある大海のなかにある、とされている。陳壽の生きた西晉では、こうした東方の夷狄観が共有されていた。それは、この部分が、張華の『博物志』（『太平廣記』巻四百八十 蠻夷一 沃沮の條）をそのまま引用しているものであることから理解できる。（二三）

陳壽の庇護者であった張華の著した『博物志』は、すでに散逸したが、その制作年代は咸寧三（二七七）年とされる。陳壽が『三國志』を著したのは、西晉が孫呉を滅ぼした咸寧六（二八〇）年以降である[一四]。したがって、『博物志』と『三國志』東夷傳 東沃沮の条とが同文であれば、陳壽が張華の『博物志』から引用したと考えてよく、陳壽の世界観が張華の影響下にあることが分かる。

倭國には、小人の国も裸の国も含まれる。

女王國の東、海を渡ること千餘里、復た國有り。皆 倭の種なり。又 ①侏儒國有りて、其の南に在り。人の長《たけ》三、四尺、女王を去ること四千餘里なり。又 ②裸國・黑齒國有り、復た其の東南に在り。船行すること一年にして至る可し。倭の地を參問するに、絶えて海中の洲島の上に在り、或ひは絶え或ひは連なり、③周旋 五千餘里可《ばか》りなり[一五]。

①「侏儒國」という言葉自体は典籍にはないが、小人の国という理念はある。『史記』巻四十七 孔子世家に、孔子が最も背の低いものを「僬僥氏は三尺、短きの至りなり（僬僥氏三尺、短之至也）」と述べる言葉が記される[一六]。倭人傳の「侏儒國」の人々の身長は、孔子の言葉にほぼ等しい。②「黑齒國」はある。『山海經』海外東經に、「黑齒國 其の北に在り（黑齒國在其北）」とあり、東晉の郭璞がつけた注には、倭人傳が引用されている。②「裸國」もある。『史記』巻一百十三 南越列傳にも見えるが、古くは『呂氏春秋』愼大覽に、「禹 裸國に之《ゆ》きて、裸して入り、衣して出でしは、因れるなり（禹之裸國、裸入、衣出、因也）」とある。禹は會稽で崩御したとされている。孫呉はやがて、禹に基づき自らの正統性を白徳に定める（本書第九章）。倭國は、會稽郡東冶縣の東方海上にあるとされる。禹が行った裸國が、その中にあると観念されるのは自然なことである。それは、倭國が海上を通じて孫呉と結びつく可能性をも示す。曹魏は、諸葛亮の陣没後、海路を通じた孫呉の影響力の拡大を脅威としていた（本書第三章）。孫呉の背後に

ある倭國が、孫呉の脅威たるべく大国に描かれる理由である。

倭國は、③「周旋五千餘里可り」とあるように、周囲五千里ほどの広さを持つ。二で述べるように、中国が支配する天下が、方一万里と観念されているので、方五千里は大きく、東夷の中では最大である。(一七) 倭國は、孫呉の背後にある東方の大国である、という理念を倭國の大きさからも確認することができる。

これらの記述は、『禮記』・『周禮』や『漢書』といった、この時代の知識人であれば、誰もが読んでいた書籍から、東南の大国の習俗を理念的に創りあげた蓋然性が高い。事実そのままの記録と考えることはできないであろう。

二、里程を規定する世界観

『禮記』・『周禮』や『漢書』以上に、統一的な世界観として、後漢末から三國時代の知識人に受容されていたものは、『尚書』禹貢篇の世界観である。それは倭人傳を含む東夷傳が、『尚書』禹貢篇を引用する序から始まることにも明らかである。

書 稱すらく、「東は海に漸《すす》み、西は流沙に被《およ》ぶ」と。其の①九服の制は、得て言ふ可きなり。然れども②荒域の外は、譯を重ねて至る。足跡・車軌の及ぶ所に非ず、未だ其の國俗・殊方を知る者有らざるなり。虞より周に暨ぶに、西戎は白環の獻有り、東夷は肅愼の貢有るも、皆③曠世にして至り、其の遐遠なるや此の如し。(一八)

『尚書』禹貢篇は、方一万里の天下概念を持つ。中国が自らの天下（世界）をどのくらいの大きさと認識するのかは、儒教經典の解釈により定められている。前漢の初めに成立した『禮記』王制篇では、「九州」（中国）を方三千里としていた。すなわち、一辺が三千里の正方形が中国と考えられていたのである。前漢の武帝期に中国の支配が、朝鮮やヴェトナムといった夷狄の地に及ぶにつれて、中国の天下概念は拡大した。前漢を滅ぼした王莽は、『尚書』禹貢篇に基づき天下を方一万里としたうえで、『周禮』の天下＝「九州」（中国）＋「蕃國」（四海）説を加えることにより、異民族をも含めた中国の支配領域を方一万里、すなわち一辺が一万里の正方形と定めた。[一九]

これによれば、中国の中心である洛陽から西の端である敦煌までは、五千里となる。梁代の認識ではあるが、『後漢書』志二十三　郡國志五の注には、洛陽から敦煌までの距離は、「五千里」と記されている。朝鮮半島の樂浪郡は、洛陽から東北の隅にあたるので、三角関数の知識があれば、五千里×ルート2であるが、『後漢書』郡國志五の注には、洛陽から五千里と記される。帯方郡は、樂浪郡のやや南であるが、同じく端なので、「五千里」と考えてよい。ここまでが東夷傳の言う①「九服」の範囲である。

ただし、東夷傳序の「九服」は、『尚書』だけを典拠としない。『尚書』禹貢篇は、中国の中心である王畿の外側に⑴甸服・⑵侯服・⑶綏服・⑷要服・⑸荒服の五服という、異民族の居住する地域が次第に広がるという世界観を持つ。九服は、本来、方五千里説を取っていた今文『尚書』から、方一万里説を取る古文『尚書』へと尚書学派の学説を移行させることに大きな影響を与えた『周禮』の世界観である。[二〇]『周禮』夏官司馬　職方氏は、王畿と❶侯服・❷甸服・❸男服・❹采服・❺衞服を中国、❻蠻服・❼夷服・❽鎭服・❾藩服を夷狄の居住地域とする九服説を取る。東夷傳序は、九服の最も外側として『尚書』の⑸荒服を②「荒域」と表記し、九服という『周禮』の世界観を援用しながら、『尚書』禹貢篇の世界観を表現しているのである。

そして、東夷傳序によれば、「九服」の外は、舜や周といった聖王の御世でも、③「曠世にして至」る、すなわち世代をあけて稀に使者が来るほどの遠い地域であったという。九服の外の夷狄が貢献に来るのは、中華の徳を慕ってのことであるから、なるべく遠くから多くの民族が頻繁に来ることが理想である。東夷傳、延いては倭人傳執筆の最大の目的が、この理念の証明にあることは、邪馬臺國の位置を考えるときに重要な認識となる。

邪馬臺國論争における最大の争点とされる里程と距離は、こうした理念と世界観を元に記されているのである。

> 郡より倭に至るに、海岸に循ひて水行し、韓國を歴、乍《あるひ》は南し乍《あるひ》は東し、其の北岸の狗邪韓國に到る、①七千餘里なり。始めて一海を度ること②千餘里にして、對馬國に至る。……又 南に一海を渡ること③千餘里、名づけて瀚海と曰ひ、一支國に至る。……又 一海を渡ること④千餘里にして、末盧國に至る。……東南に陸行すること⑤五百里にして、伊都國に到る。官を爾支と曰ひ、副を泄謨觚・柄渠觚と曰ふ。千餘戸有り、世〻王有り、皆 女王國に統屬す。郡使 往來するに、常に駐まる所なり。東南して奴國に至るまで⑥百里なり。官を兕馬觚と曰ひ、副を卑奴母離と曰ふ。二萬餘戸有り。東に行きて不彌國に至るまで⑦百里なり。官を多模と曰ひ、副を卑奴母離と曰ふ。千餘家有り。南して投馬國に至るまで、⑧水行二十日なり。官を彌彌と曰ひ、副を彌彌那利と曰ふ。五萬餘戸可《ばか》りあり。南して邪馬臺國に至る。女王の都する所なり、⑨水行十日、陸行一月なり。官に伊支馬有り、次を彌馬升と曰ひ、次を彌馬獲支と曰ひ、次を奴佳鞮と曰ふ。七萬餘戸可りあり。……此れ女王の境界の盡くる所なり。其の南に狗奴國有り、男子を王と爲す。其の官に狗古智卑狗有り。女王に屬せず。郡より女王國に至るまで⑩萬二千餘里なり。（一一）

倭の諸国と道程の記事の終わりとして、陳壽は帯方郡から女王國までの距離を⑩「萬二千餘里」と総括する。畿内説・九州説を問わず、ともに理解に苦しむ点が、この一万二千余里である。帯方郡から狗邪韓国までは①「七千里」、狗邪韓國から不彌國までは三千七百里（②〜⑦の合計）であることは記されているので、不彌國から邪馬臺國は千三百里となる。（一二）これでは、すでに掲げた邪馬臺國の位置、すなわち會稽郡東冶縣の東方海上に届くことはない。

そうした疑念を持ちながら、もう一度諸国への道程記事を確認してみると、不彌國までは、国と国との距離が里数で表現されているにもかかわらず、不彌國から投馬國⑧「水行二十日」、投馬國から邪馬臺國⑨「水行十日・陸行一月」という最も重要な部分だけ、記述方法が異なることに気づく。この表記方法の違いについては、陳壽が基づいた原史料が異なるという考え方も成り立つ。しかし、引き算をすると不彌國から邪馬臺國までが千三百里になってしまう、という問題の解決のためには、基づいた史料が異なるのではなく、当時存在した記録に基づきながらも、距離の辻褄を合わせるために、最後の二国の距離をぼかして記述した、と考える方が真実に近かろう。陳壽には、帯方郡から女王國までの距離を「萬二千餘里」と定める必要性があったのである。

『翰苑』に引く『魏略』には、伊都國までの道程が残されている。

> 魏略に曰く、「帯方より倭に至るに、海岸に循ひて水行し、韓國を歴、狗耶韓國に到る、①七千餘里なり。始めて一海を度ること②千餘里にして、對馬國に至る。……南に海を度り一支國に至る。官を置くこと對馬と同じ。……又一海を度ること④千餘里にして、末盧國に至る。……東南すること⑤五百里にして、伊都國に到る。戸萬餘なり、官を置き爾支と曰ひ、副を洩溪觚・柄渠觚と曰ふ。其の國王皆女王に屬するなり。(一三)

類書という書物の性格上、節略されることが多く、しかも、太宰府天満宮に所蔵される抄本の『翰苑』という孤本に引用されている『魏略』という限定もあって、これがどこまで本来の『魏略』の姿を残しているか、確定することはできない。ただし、単なる倭人傳の節略ではないことは、波線部の「官を置くこと對馬に同じ」「戸萬餘」(倭人傳は「千餘戸有り」)といった部分が、倭人傳には見えないことから理解できる。

この『魏略』には、倭人傳には記される、奴國・不彌國・投馬國、そして邪馬臺國の記述がない。倭國を含む「蕃夷部」だけを書き写したという太宰府本『翰苑』の性格から考えても、太宰府本の元となった本来の『翰苑』に引かれていた『魏略』にも、邪馬臺國に至る道程は記されていなかった蓋然性は高い。

太宰府本『翰苑』に引かれた『魏略』には、邪馬臺國そのものを記した部分はある。

魏略に曰く、「女王の南、又 狗奴國有り、男子を以て王と爲す。其の官に狗古智卑狗有り。女王に屬せざるなり。帶方より女王國に至るまで萬二千餘里なり。……」と。(二四)

倭人傳では、女王國より北の国々を列挙する部分が、『翰苑』に引かれた『魏略』には、欠けている。『魏略』は、狗奴國が服属していないこと、および「帶方」(倭人傳では「郡」)より女王國まで「一萬二千餘里」であることを記したのち、「其の俗、男子は皆 黥面文身」との記述が続く。

これ以外の『魏略』が残存しないため、現在ではこれが陳壽の見た『魏略』に最も近いと考えられるものである。ここにはすでに、帶方郡から邪馬臺國までが、一万二千余里であること、帶方郡から狗邪韓国までは①「七千里」、狗邪韓國から伊都國までは「二千五百里(約一〇八五km)」(②+④+⑤)+對馬國から一支國まで(距離の記録なし)であることが記されている。陳壽が書き加えられる部分は、すでに「二千五百里－(對馬國～一支國)」しかない。

倭人傳を見ると、陳壽は、對馬國～一支國を②「千里(約四三四km)」とし、伊都國～奴國を⑥「百里」、奴國～不彌國を⑦「百里」、不彌國～投馬國⑧「水行二十日」、投馬國～邪馬臺國を⑨「水行十日、陸行一月」として、あわせて⑩「一萬二千餘里」としている。

不彌國までは、国と国との距離が里数で表現されているにもかかわらず、不彌國から投馬國(⑧「水行二十日」)、投馬國から邪馬臺國(⑨「水行十日・陸行一月」)という、邪馬臺國に至る最も重要な部分だけ、表記方法が異なることに気づく。この表記方法の違いは、基づいた原史料が異なるからではあるまい。『魏略』には、⑤までしか記述されておらず、陳壽が⑥・⑦と⑧・⑨を記録したと考えられるためである。ともに、陳壽の手によりながら、最後の部分だけ表記方法が異なる理由は、倭人傳が持っている世界観に求められる。

司馬懿が四千里（約一七三六㎞）の距離にある遼東の公孫氏の討伐に向かう際、明帝は平定に掛かる日数を尋ねている。司馬懿は、「往くに百日、攻むるに百日、還《かへ》るに百日、六十日を以て休息と爲す。此の如くんば、一年にして足りん（往百日、攻百日、還百日、以六十日爲休息。如此、一年足矣）」（『三國志』巻三 明帝紀注引干宝『晉紀』）と答えた。四千里を百日で陸行するのであるから、一日四十里（約一七㎞）となる。漢代では、徒歩で一日五十里（約二二㎞）を歩くとされており、司馬懿は軍隊を率いている分だけ、一日につき十里分、余計に時間が掛かると計算している。

不彌國から投馬國を経て邪馬臺國までは、すでに述べたように千三百里。それを不彌國～投馬國⑧「水行二十日」、投馬國～邪馬臺國⑨「水行十日、陸行一月」で行くのは、明らかに日数が掛かりすぎである。陸行一月は、司馬懿の軍旅としても、四十里×三十日で千二百里（約五二一㎞）は進める。それに、水行があわせて三十日分を陳壽はどう処理したのであろうか。

ここに、「水行」「陸行」と表現される理由がある。「水行」「陸行」という表現は、禹を記述する『史記』夏本紀にある。すでに述べたように、禹は會稽で崩御しており、會稽郡東冶縣の東方海上にある倭國と、深い関わりを持つとともに、『尚書』禹貢篇に代表される当時の世界観を創りあげた王であった。

（禹）外に居ること十三年、家門を過るも敢て入らず。……陸行するには車に乗り、水行するには船に乗り、泥行するには橇に乗り、山行するには樺に乗る。……以て九州を開き、九道を通じ、九澤を陂《せきと》め、九山を度る。（二五）

陳壽は、邪馬臺國に向かう使者の道程を「九州」を開いた禹の苦労に準えたのである。司馬懿が一日四十里進む場所は、中国（九服の内側）である。道も整備されていよう。これに対して、邪馬臺國は、九服の最も外側「荒服」のさらに先にある未開の国である。その道を行くのに、中国を進む以上の日程が必要となるのは当然である。「陸行」だけではなく、「水行」を加えたのは、邪馬臺國への使者の報告書に、「水行」したことが記されていたからであろう。ことに、不彌國から投馬國の間は、「水行二十日」と「水行」だけで進んでいる。邪馬臺國論争において、大和説論者がこれを瀬戸内海や日本海を進むことに比定していることは故無きことではない。

こうして陳壽は、禹の故事を援用することにより、最後の距離感を使者の日数で調整し、帯方郡から邪馬臺國までの距離を一万二千里に合わせたのであった。

邪馬臺國と同等の称号を持つ大月氏國は、洛陽から一万六千三百七十里の彼方にある。朝貢する夷狄が遠方であればあるほど、それを招いた執政者の徳は高い。邪馬臺國を招いた執政者の徳を大月氏國のそれと同等以上にするためには、邪馬臺國は洛陽から一万七千里の彼方にある必要が生まれる。洛陽から帯方郡までが五千里であるから、邪馬臺國は帯方郡から一万二千余里となる。これが、帯方郡から邪馬臺國までの距離を一万二千余里とする理由である。

ただし、問題は残る。朝貢する夷狄が遠方であればあるほど徳が高いのであれば、狗邪韓國から女王國までの距離を五千里に止めた理由は何か、という問題である。室賀信夫〈一九五六〉、〈一九五七〉によれば、現存する「石刻華夷圖」・「石刻禹跡圖」は、唐の賈耽の「海内華夷圖」を縮小して石刻したものであり、「海内華夷圖」は西晉の裴秀が著した「禹貢地域圖」に依拠する。「石刻禹跡圖」は、朝鮮半島の南揚子江江口付近から海南島のあたりまでを約五千里としている、という。これに従えば、陳壽が見た地図に最も近いと考えられる、裴秀の「禹貢地域圖」では、朝鮮半島から會稽郡の背後までを約五千里としていたことになる。これが、會稽郡の東方海上にあるべき女王國の帯方郡からの距離を五千里に止めた拠り所であろう。

三、倭國への好意

このように、倭人傳の距離と方位は、陳壽の理念に基づいて定められている。距離は大月氏國より少し遠く、方位は呉の背後となるように設定されているのである。それは、『三國志』の中で、ともに「親魏○王」となる「親魏大月氏王」と「親魏倭王」とをそれぞれ蜀漢と孫呉の背後の大国として対照的に表現するためであった。倭國は、大月氏國と並立すべき東の大国でなければならないのである。

したがって、倭人傳は、倭國に好意的である。東夷傳の序は、『春秋左氏傳』を典拠とする次のような記述で終わる。

> 夷狄の邦と雖も、而るに①俎豆の象 存す。②中國 禮を失なはば、之を四夷に求むと、猶ほ信なり。故に其の國を撰次し、其の同異を列して、以て前史の未だ備へざる所を接がん。(二六)

夷狄の国であっても、禮の象徴である「俎豆の象」は存在する。したがって、②「中國」が「禮を失」えば、これを「四夷」に求めるべきなのである。ただし、『春秋左氏傳』によれば、孔子は「禮」を夷狄に求めることが、③「猶ほ信」であるとは言っていない。『春秋左氏傳』昭公 傳十七年に、「吾 之を聞く、「天子 官を失へば、學 四夷に在り」とは、猶ほ信なり（吾聞之、天子失官、學在四夷、猶信）」とあるように、失われたものは、「官」であり、「四夷」にあるものは、「學」である。禮については、『漢書』巻三十六 楚元王 劉歆傳に、「夫れ禮 失はるれば之を野に求む（夫禮失求之於野）」とあり、これも踏まえているのであろう。また、『禮記』雑記には、「四夷」の中でも、「東夷」に限定して、禮が伝承されていることを孔子が称える文章がある。「孔子曰く、「少連・大連は善く喪に居り。三日怠《おこた》らず、三月解《おこた》らず、期にして悲哀し、三年にして憂ふ。東夷の子なり（孔子曰、少連・大連善居喪。三日不怠、三月不解、期悲哀、三年憂。東夷之子也）」（『禮記』雑記篇下）とあるように、孔子は、少連と大連という「東夷」の二人が、よく喪に服したことを称えている。

倭人傳にも、中国の葬禮に準えて、倭人の葬禮を記述している。倭人に中国の禮が伝承されていることを示すためである。

倭の地は溫暖、冬夏 生菜を食し、皆 徒跣なり。①屋室有り、父母兄弟、臥息するに處を異にす。朱丹を以て其の身體に塗るは、中國の粉を用ひるが如きなり。②食飲には籩豆を用ひ手もて食す。其の 死《しかばね》には、③棺有りて槨無く、土を封じて冢を作る。④始めて死するや停喪すること十餘日、時に當りて肉を食はず、喪主は哭泣し、他人は就きて歌舞飲酒す。已に葬れば、家を擧げて水中に詣りて澡浴すること、以て練沐の如くす。（二七）

倭人傳は、④倭人が埋葬し終わり、一家をあげて水中に入り澡浴するさまは中国の「練沐」のようである、と述べている。練沐とは、練のときに行う沐浴である。『儀禮』喪服篇によれば、「斬衰・齊衰・大功・小功・緦麻」の五服に分類される喪禮は、たとえば斬衰の場合、死去より三年までの間で、段階的に軽くなる。死後、一周年で行う小祥の祭りは、大きな区切りで、練り絹の中衣を着て、練冠をかぶる（『禮記』檀弓篇）。このため、小祥の祭りを「練」という。練祭のときには、服喪中では例外的に沐浴することができた（『禮記』雑記篇下）。倭人の葬禮では、④遺体を家に停め喪する殯を十日間行い、そのあと埋葬して、沐浴しているので、本来、この沐浴は、虞祭や附祭に際して行われているもののはずである。それを「練」のときの沐浴のようであると表現したのは、それが「澡浴」であったためであろう。倭人傳のこの部分は、『晉書』巻九十七 四夷傳 倭人の条には、「已に葬むるや、家を擧げて水に入り、澡浴して自ら潔めて、以て不祥を除く（已葬、擧家入水、澡浴自潔、以除不祥）」と表現される。「澡浴」は、自らを潔めて不祥を除くための沐浴なのである。喪禮が段階的に軽くなるのは、悲しみに節度をつけるためである（『禮記』檀弓篇）。一周年の小祥（練）は、深い悲しみをはらって通常の生活に戻るための節目であった。そのための沐浴は、「不祥を除く」ために行われる。したがって、倭人傳は、倭人の葬禮後の沐浴を「練沐」と表現したのである。孝を尊重する儒教では、親族の喪に服することをきわめて重視する。[二八] 孔子が称えた東夷の少連と大連が、見事な服喪の禮を見せたように、中国の喪禮が倭人に伝わっている、とするのである。

ただし、こうした中国の禮の継承は、中国に近ければ近いほど進んでいたはずである。陳壽も韓族の記述のなかで、「其の北方の近郡の諸國は、差や禮俗に曉かなるも、其の遠き處は、直《た》だ囚徒・奴婢の相 聚まるが如し（其北方近郡諸國、差曉禮俗、其遠處、直如囚徒・奴婢相聚）」（『三國志』巻三十 東夷傳 韓の条）と述べ、韓國内においても、中国文化が直接及ぶ樂浪郡や帶方郡に近い北部から離れるほど、礼から遠ざかる、と認識している。倭國は、最果ての「荒服」からさらに離れた遠方の国家でありながら、中国の禮を継承している。しかも、継承するだけではなく、それは教化に繋がっている。

①倭には「屋室」があり、「父母兄弟、臥息するに處を異にす」る。禮に基づき教化された生活風習と言えよう。この記述を倭以外の東夷傳に掲げられた諸国と比較してみよう。『三國志』巻三十 東夷傳 高句麗の条には、「山谷に隨ひて、以て居と爲す（隨山谷、以爲居）」とあり、『三國志』巻三十 東夷傳挹婁の条には、「山林の間に處り、常に穴居す（處山林之間、常穴居）」とあり、『三國志』巻三十 東夷傳 韓の条には、「居處には、草屋・土室を作る。形は冢の如し、其の戸は上に在り、家を擧げて共に中に在りて、長幼・男女の別無し（居處、作草屋・土室、形如冢、其戸在上、擧家共在中、無長幼・男女之別）」とある。これらの国々は、倭國よりも中国との接触が古く、頻繁である。常識的に考えれば、倭國よりも中国の文化を受け入れているはずであるが、東夷傳は、それを認めない。中国との関係が急

速に悪化していた韓國を「長幼・男女の別はない」と蔑む一方で、倭國を中国同様「長幼・男女の別」のある禮による教化が行き届いた国と描いているのである。

②「籩豆」(高杯)を用いて食事をすることは、倭國だけではなく、東夷に広く普及していた。それでも、挹婁は、「俎豆」を食事に使わず、東夷のなかで最も無規律なものたちである、と陳壽に批判されている。挹婁は、夫餘の東北千余里に居るというが、古の肅愼國である。周の武王の時に矢を貢いだとされる(『史記』巻四十七 孔子世家)。ところが、『史記』以外の古典にも多く記される肅愼國の後裔よりも、倭國の方が中国の禮を継承している、と言うのである。挹婁を征服した者は毌丘儉である(本書第三章)。司馬氏への「逆臣」となった毌丘儉の功績を宣揚する必要はないため、陳寿は容赦なく挹婁を野卑に描く。

また、考古学的研究成果では「甕棺」の記述とされている③「棺有りて槨無」し、という墓葬の記録は、『論語』先進篇に、「鯉や死す。棺有りて槨無し(鯉也死、有棺而無槨)」とある、孔子が子の鯉を葬った話を典拠とする。槨が有ることは厚葬であった。曹操が死に臨み薄葬を命じるほど、三国時代は薄葬が尊重された時代であった(一九)。倭國の墓葬は、高く評価されているのである。逆に、『三國志』巻三十 東夷傳 夫餘の条に、「厚葬にして、槨有れども棺無し(厚葬、有槨無棺)」とある記述は、棺がないという文化の不十分さと共に、その厚葬を貶めているのである(二〇)。さらに、『三國志』巻三十 東夷傳 東沃沮の条には、「其の葬 大なる木槨を作る、長十餘丈《たけ》、一頭を開けて戸と作す。新たに死する者は皆 假りに之を埋め、才《わず》かに形を覆はしめ、皮肉 盡くれば、乃ち骨を取りて槨中に置く。家を擧げて皆 一槨を共にし、木を刻むこと生ける形の如くし、随ひて死する者 數を爲す(其葬作大木槨、長十餘丈、開一頭作戸。新死者皆假埋之、才使覆形、皮肉盡、乃取骨置槨中。擧家皆共一槨、刻木如生形、隨死者爲數)」と記されている。これは、東沃沮の墓制を称えているわけではない。陳壽は、東沃沮の「人の性は質直彊勇」と述べている。禮から遠いとするのである。東沃沮も、毌丘儉が征服した土地である。その土地の文化は低い。

もちろん、陳壽の倭人傳が拠った『魏略』にこれらの記述が含まれていた可能性はある。しかし、鈴木俊〈一九四八〉によれば、現存『魏略』と倭人傳の異なる箇所は、すでに掲げた「倭人 自ら謂へらく太伯の後なりと（倭人自謂太伯之後）」という部分と、裴松之注に引く、「其の俗、正歳四節を知らず、但だ春耕秋收を計りて年紀と爲す（其俗不知正歳四節、但計春耕秋收爲年紀）」の二ヵ所のみであるという。後者は、倭人の文化の低さを言うもので、陳壽がこの記事をあえて採用していないことが分かる。倭國の習俗は、貶める記述を排除して好意的に描くという陳壽の偏向に基づいて記載されているのである。その一方で、倭人の寿命について次のように述べている。

其の人は壽考にして、或ひは百年、或ひは八九十年なり。[三二]

『詩經』大雅 行葦に、「壽考は維《こ》れ祺《めでた》し、以て景福を介《おお》いにす」とある。仙人が住むと言われる蓬萊・方丈・瀛州の三神山は、中国の東方海上にあると考えられていた（『史記』巻一百十八 淮南衡山列傳）。のちに、瀛州は、日本の雅名ともなる。倭人の寿命の長さは、東方海上に居るとされた神仙のイメージに重なるものであろう。このほか倭人傳には、倭國の特産物の多さも、特筆されている。これに対して、東夷傳 韓の条には、「他に珍寶無し。禽獸・草木は略ぼ中國と同じ（無他珍寶。禽獸・草木略與中國同）」とあり、特産物の存在を否定している。倭國は物産の豊富な大国と描かれているのである。

このように、倭人傳は、東夷傳中の他の夷狄と比べて好意的に描かれている。本来的には高い文化を持っていたはずの朝鮮半島や中国の東北地方の諸民族の方が低い文化とされている原因は、東夷傳の執筆動機にある。

おわりに

倭人傳は、陳壽の『三國志』が全体として持つ偏向を共有していた。司馬懿の功業を宣揚する、という目的のために、陳壽は、司馬懿の遼東平定に伴い来貢した倭國を孫呉の脅威たるべき大国として好意的に描いたのである。ただし、倭國を孫呉の背後にある東方の大国と認識することは、陳壽に始まるわけではない。曹魏の外交方針そのものが、蜀漢に対抗する大月氏國と同等の存在に、孫呉の背後にある倭國を押し上げていた。陳壽の倭人傳は、こうした曹魏の認識を經典などの引用により、さらに強調したものである。

したがって、倭人傳は、理念と現実が入り混じる記録となった。邪馬臺國論争が繰り広げられた方角・距離の比定は、陳壽の理念に覆われている。倭人傳に記される邪馬臺國は、九州でも畿内でもなく、會稽郡東冶の東方海上に位置する。

その一方で、倭人傳をすべて理念の産物と片づけることも正しくない。

> 其の會同の坐起には、父子・男女の別無し。人の性 酒を嗜む。大人の敬はれる所を見るに、但だ手を搏《う》ちて以て跪拜に當つ。(三一)

この記述の中に、中国の禮に基づくものはない。倭人傳のなかに、実際に倭國を訪れた使者の著した報告書を起源とする記述が含まれていることは、間違いないのである。実際に倭國に赴いた使者の報告書に基づく事実の記載は、三世紀の倭國の国制や社会のあり方を今日に伝え、描かれた外交関係は、三國それぞれの異民族への政策を浮き彫りにする。漢という統一国家が存在する時、周辺の異民族は、服従か抵抗かという二者択一を迫られた。ところが、三國時代には、他の国と結んで対抗するという選択肢が生まれた。三國は、それぞれ敵対国の背後の異民族と手を組むことを目指したためである。

　邪馬臺國を曹魏が庇護したように、その南方にあって邪馬臺國と対立していた狗奴國に孫呉が関わりを持ったのか否かを伝える史料はない。しかし、その可能性は、邪馬臺國への破格な待遇と陳壽の曲筆の理由の一つであった。邪馬臺國は、會稽郡東冶縣の東方海上にあるとされ、孫呉の背後に存在することになったのである。実在の卑彌呼の国の位置とは関係なく、そこになければならない国際関係があった。また、倭國を表現する際には、詔や使者の報告書という一次史料がありながらも、三國時代の世界観が擦り込まれた。こうして倭人傳は、理念と現実が混淆する記録となったのである。

≪ 注 ≫

（一）倭人在帶方東南大海之中、依山島爲國邑。舊百餘國、漢時有朝見者、今使譯所通三十國（『三國志』卷三十 東夷傳 倭人の条）。

（二）燕地……樂浪海中有倭人、分爲百餘國、以歳時來獻見云（『漢書』卷二十八下 地理志）。

（三）男子無大小、①皆黥面文身。自古以來、其使詣中國、皆自稱大夫。②夏后少康之子、封於會稽、斷髮文身、以避蛟龍之害。今倭水人、好沈沒捕魚蛤。文身亦以厭大魚水禽。後稍以爲飾。諸國文身各異、或左或右、或大或小、尊卑有差。計其道里、③當在會稽東冶之東（『三國志』卷三十 東夷傳 倭人の条）。

（四）（粵地）其君禹後、帝少康之庶子云。封於會稽、文身斷髮、以避蛟龍之害（『漢書』卷二十八下 地理志下 粵地の条）。

（五）陳寿の学問については、渡邉義浩〈二〇〇八e〉を参照。魚豢については、李培棟〈一九九三〉を参照。

（六）中國・戎夷、五方之民、皆有性也。不可推移。①東方曰夷、被髪文身。有不火食者矣。②南方曰蠻、雕題交趾。有不火食者矣（『禮記』王制）。

（七）日本の土器に描かれたイレズミ絵画については、設楽博己《二〇〇一》にまとめられている。

（八）魏略曰、……其俗、男子無大小、皆（黠而）〔黥面〕文〔身〕。其聞舊語、自謂太伯之後。昔夏后少康之子、封於會稽、斷髪文身、以避蛟龍之（吾）〔害〕。今倭人亦文身、以厭水害也。なお、『翰苑』は、張楚金、竹内理三《一九七七》に依り、竹内の校訂を〔 〕で示し、それに従った。

（九）其風俗不淫。男子皆露紒、以木緜招頭。其衣橫幅、但結束相連、略無縫。婦人被髪屈紒、作衣如單被、穿其中央、貫頭衣之。種禾稻・紵麻、蠶桑・緝績、出細紵・縑緜。其地無牛・馬・虎・豹・羊・鵲。兵用矛・楯・木弓。木弓短下長上、竹箭或鐵鏃或骨鏃。所有無與儋耳・朱崖同（『三國志』卷三十 東夷傳 倭人の条）。

（一〇）橋本増吉《一九三二》は、これらの記述は、倭の実態に基づいているとして、これを『漢書』地理志の節略とする菅政友《一九〇七》・那珂通世《一九一五》を批判している。

（一一）其俗、國大人皆四・五婦、下戸或二・三婦。婦人不淫、不妒忌。不盗竊、少諍訟。其犯法、輕者沒其妻子、重者滅其門戸及宗族。尊卑各有差序、足相臣服（『三國志』卷三十 東夷傳 倭人の条）。

（一二）（耆老）又言、有一國、亦在海中、純女無男。又説、得一布衣、從海中浮出。其身如中（國）人衣、其兩袖長三丈。又得一破船、隨波出、在海岸邊。有一人項中復有面、生得之、與語不相通、不食而死。其域皆在沃沮東大海中（『三國志』卷三十 東夷傳 東沃沮の条）。なお、『後漢書』列傳七十五 東夷傳に従って、「國」の一字を省いた。

（一三）張華の『博物志』の『三國志』への影響については、本書第十章を参照。

（一四）『三國志』の成立年代について、江畑武〈二〇〇〇〉、〈二〇〇一〉は、太康五（二八四）年説を主張する。さらに、陳壽の生涯については、藤井重雄〈一九七六〉、津田資久〈二〇〇一〉がある。

（一五）女王國東、渡海千餘里、復有國、皆倭種。又有①侏儒國、在其南。人長三、四尺、去女王四千餘里。又有②裸國・黑齒國、復在其東南。船行一年可至。參問倭地、絶在海中洲島之上、或絶或連、③周旋可五千餘里（『三國志』卷三十 東夷傳 倭人の条）。

（一六）『山海經』大荒南經にも、「小人有り、名づけて焦僥の國と曰ふ（有小人、名曰焦僥之國）」とあり、その注に、「皆 長《たけ》三尺なり（皆長三尺）」とある。

（一七）『三國志』卷三十 東夷傳の夫餘の条によれば、夫餘は「方可二千里」、高句麗の条によれば、高句麗は「方可二千里」、東沃沮の条によれば、東沃沮は「可千里」、韓の条によれば、韓は「方可四千里」である。倭國は東夷中、最大の国家と認識されている。

（一八）書稱、東漸于海、西被于流沙。其①九服之制、可得而言也。然②荒域之外、重譯而至。非足跡・車軌所及、未有知其國俗・殊方者也。自虞曁周、西戎有白環之獻、東夷有肅愼之貢、皆③曠世而至、其遐遠也如此（『三國志』卷三十 東夷傳 序）。また、後述する裴秀の地図も「禹貢地域圖」と名付けられていた。

（一九）王莽の世界観については、渡邉義浩〈二〇一一〉を参照。

（二〇）經書ごとに世界観が異なることについては、渡辺信一郎〈一九九九〉を参照。

（二一）從郡至倭、循海岸水行、歴韓國、乍南乍東、到其北岸狗邪韓國、①七千餘里。始度一海、②千餘里、至對馬國。……又南渡一海③千餘里、名曰瀚海、至一大〔支〕國。……又渡一海、④千餘里至末盧國。……東南陸行⑤五百里、到伊都國。官曰爾支、副曰泄謨觚・柄渠觚。有千餘戸、世有王、皆統屬女王國。郡使往來、常所駐。東南至奴國⑥百里。官曰兕馬觚、副曰卑奴母離。有二萬餘戸。東行至不彌國⑦百里。官曰多模、副曰卑奴母離。有千餘家。南至投馬國、⑧水行二十日。官曰彌彌、副曰彌彌那利。可五萬餘戸。南至邪馬壹〔臺〕國。女王之所都、⑨水行十日、陸行一月。官有伊支馬、次曰彌馬升、次曰彌馬獲支、次曰奴佳鞮。可七萬餘戸。……此女王境界所盡。其南有狗奴國、男子爲王。其官有狗古智卑狗。不屬女王。自郡至女王國⑩萬二千餘里（『三國志』卷三十 東夷傳 倭人の条）。なお、「一大國」は、『梁書』『北史』により、「一支國」に改め

る。「邪馬壹國」は、『後漢書』により、「邪馬臺國」に改める。

（二二）榎一雄〈一九四七〉の「放射説」でも、狗邪韓國から伊都國までは三千五百里（②〜⑤）、伊都國から邪馬臺國までは千五百里となり、會稽郡に到達しないことは同じである。なお、東潮〈二〇〇九〉は、帶方郡から弁韓の狗耶韓國までの「七千里」は六服の方七千里、倭の邪馬臺國までの「万二千里」は、七千里に禹貢九州の方五千里、「周旋五千里」をあわせた数とかんがえられる、としている。

（二三）魏略曰、從帶方至倭、循海岸水行、（曆）〔歷〕韓國、到狗耶韓國、①七（十）〔千〕餘里。始度一海②千餘里、至對馬國。……南度海至一支國。置官（至）〔同〕對（同）〔馬〕。……又度一海④千餘里、至末盧國。……東南⑤五（東）〔百〕里、到伊都國。戸萬餘、置〔官〕曰爾支、副曰洩溪觚・柄渠觚。其國王皆屬（王女）〔女王〕也。

（二四）魏略曰、女王之南、又有狗奴國、（女）〔以〕男子爲王。其官有狗（右）〔古〕智卑狗。不屬女王也。自帶方至女〔王〕國萬二千餘里。……。

（二五）（禹）居外十三年、過家門不敢入。……陸行乘車、水行乘船、泥行乘橇、山行乘檋。……以開九州、通九道、陂九澤、度九山（『史記』卷二 夏本紀）。

（二六）雖夷狄之邦、而①俎豆之象存。②中國失禮、求之四夷、猶信。故撰次其國、列其同異、以接前史之所未備焉（『三國志』卷三十 東夷傳序）。

（二七）倭地溫暖、冬夏食生菜、皆徒跣。①有屋室、父母兄弟、臥息異處。以朱丹塗其身體、如中國用粉也。②食飲用籩豆手食。其死、③有棺無槨、封土作冢。④始死停喪十餘日、當時不食肉、喪主哭泣、他人就歌舞飲酒。已葬、擧家詣水中澡浴、以如練沐（『三國志』卷三十 東夷傳 倭人の条）。

（二八）魏晉南北朝における官僚登用制度である九品中正制度が、孝を価値基準の根底に置くことは、渡邉義浩〈二〇〇二c〉を參照。

（二九）曹操の薄葬令については、渡邉義浩〈二〇一〇〉。また、「薄葬」という理念については、河南省文物考古研究所（編）、

渡邉義浩（監訳）・谷口建速（訳）《二〇一一》の「解説」を参照。

（三〇）『三國志』巻三十 東夷傳の高句麗の条には、高句麗が「厚葬」であったこと、東夷傳の韓の条には、「其の葬」が「槨有れども棺無し」であったことが記されている。

（三一）其人壽考、或百年、或八九十年（『三國志』巻三十 東夷傳 倭人の条）。

（三二）其會同坐起、父子男女無別。人性嗜酒。見大人所敬、但搏手以當跪拜（『三國志』巻三十 東夷傳 倭人の条）。

第八章　鄭玄の經學と西高穴一号墓

はじめに

河南省安陽市の西北約一五㎞の安陽県安豊郷西高穴村で発掘された西高穴二号墓は、曹操高陵ではないか、とされている。（一）発掘当初は、西高穴二号墓を曹操高陵に比定する河南省文物考古研究所の見解に対して疑義も提出されていたが、（二）発掘調査が進展すると共に、曹操高陵である可能性は高まってきた。（三）佐々木正治〈二〇一二〉は、注目すべき三つの新知見を報告している。第一に、西高穴二号墓の北側に位置する一号墓は、墓坑以外何も残っていない。すなわち、造営途中で放棄されていること。第二に、陵園は平面長方形で、南北幅六八ｍ、南壁残長一一〇ｍ、北壁残長一〇〇ｍという規模であること。また、陵園全体は東向きで、曹操宗族墓と同じであり、一号墓・二号墓ともに、墓室から東へ墓道が延び、その延長上の土壁部分は途切れていて門址がある。そして、墓葬西側に陪葬墓が少なくとも一基はあること。第三は、二号墓において二つの埋葬時期が確認できることである。すなわち、曹操薨去当時の地面に墓坑と墓道と磬形柱穴が掘られ、墓坑内には磚で墓室が構築されたのち、版築により墓坑・墓道が埋められ、その上に版築により基壇が築かれる。これが第一次埋葬である。その後に、基壇面に階段状の側壁をもつ幅広の墓道と長方形柱穴が、墓門位置まで掘られ、最終的に版築により墓道が埋められているというのである。佐々木は、二回目の墓道が、后妃である卞氏を埋葬した際に造られたものであるとする。首肯し得る見解と言えよう。
こうした考古学的な西高穴二号墓の調査を踏まえたうえで生ずる疑問は、二号墓と並列に造られた一号墓が、途中で放棄されているのはなぜか、という問題である。この問題は、合葬とはどのように行うものであるのか、という問題へと繋がっていく。本章は、西高穴一号墓が、誰のために造られ、なぜ放棄されたのか、という問題を鄭玄の經學との関わりから論ずることにより、西高穴一号墓が造成途中で放棄された理由を明らかにすると共に、二号墓が曹操高陵である可能性について言及するものである。

一、合葬の諸類型

西高穴一号墓が放棄された理由を考えるため、漢代における皇后陵・王后墓のあり方を皇帝陵・王墓との合葬という視座より検討することから始めよう。
長安の近郊に広がる前漢時代の皇后陵は、皇帝陵を守る陵邑と共に、皇帝陵の傍らに造営したことが解明されており、実際に複数の皇后陵が現存している。(四) 皇帝と皇后がそれぞれ陵を持ちながらも、それを「合葬」と呼ぶことについて、『史記集解』に引用される『關中記』は、次のように述べている。

(崔) 駰 案ずるに、「關中記に云ふ、「高祖の陵は西に在り、呂后の陵は東に在り。漢の帝・后 塋を同にすれば則ち合葬と爲すも、陵を合はせざるなり。諸陵も皆 此の如し」と」。(五)

「陵を合は」せないにも拘らず、合葬と称するのは、「塋」を共にするためである。塋とは、「冢域」のことで(『漢書』巻十一 哀帝紀引顏師古注)、前漢の皇帝と皇后は、「冢域」(兆域) を共にする空間に異墳異穴の「合葬」をされたのである。

続いて、前漢時代の王后墓を検討しよう。一九六八年、河北省満城県陵山で発見された満城漢墓一号墓は、三國蜀漢の建国者劉備が自らの祖先と唱えた中山靖王劉勝の墓である。武帝の元鼎四（前一一三）年に没した劉勝は、金鏤玉衣に身を包まれて発見された。二号墓が、妻の竇綰の墓であり、二基の横穴式の崖墓が約一〇〇mの間隔を置いて並列する異穴の合葬墓となっている（六）。また、一九七四～七五年、河北省北京豊台区大葆台で発見された大葆台漢墓一号墓は、黄腸題湊で有名であるが、昭帝の元鳳元（前八〇）年に没した燕王劉旦の墓である。二号墓が、妻の華容夫人の墓であり、二基の横穴式の木室墓が二六・五mの間隔を置いて東西に並列する異穴の合葬墓である（七）。皇后陵のように明確に墳丘を異にすることはないが、前漢時代の王后は、異穴の「合葬」をされていたと言えよう。

前漢時代の合葬が異穴であるのは、墓の構造に起因するところが大きい。一九七二年、湖南省長沙市で発見された馬王堆漢墓は、三号墓から出土した帛書で有名であるが、王墓ではなく、呂后二（前一八六）年に没した長沙國丞相の利蒼とその妻子の墓である。一号墓より出土した妻の辛追の遺体は、発見時になお生けるが如きであった。それは、七～八mほど垂直に掘り下げられた竪穴に棺を置き、その上に五tにも及ぶ木炭を積み上げて外気との接触を遮断していたためである（八）。こうした竪穴墓は、構造上、遺体を追葬することは難しく、同時に死去しない限り同穴の合葬を行うことは不可能であった。大葆台漢墓に見られる、約九〇㎝角の柏《このてがしわ》の木口を内に向けて一万本以上も積み重ねて造る黄腸題湊も、墓室の上を白膏泥と木炭により密閉している（九）。遺体を追葬することは難しい。

これに対して、前漢後期より、黄腸題湊の代わりに、羅振玉が「黄腸石」と名付けた方形の石が用いられるようになり（一〇）、石や磚により横穴の墓室が造られるようになった。これにより、一度埋葬した後でも、遺体を追葬することが可能となり、後漢時代には同穴合葬が普及していく（一一）。

『後漢書』本紀十　皇后紀によれば、後漢の皇后は皇帝と合葬されている。(一二)洛陽の郊外には、後漢の皇帝陵が現存する。ただし、清の乾隆年間に龔崧林が比定した十一陵には根拠がない。現在、北（邙山）に五基、南（万安山麓）に六基ある皇帝陵が調査されているが、(一三)その際、皇后陵の存在は棚上げにされているという。(一四)

かつて太田侑子〈一九九一〉は、後漢は皇帝の陵墓内に皇后を合葬したと推定され、また、諸侯王の陵墓においても皇帝陵と同様の展開がみられる、とした。(一五)その論拠は、民間における同穴合葬墓の広がりに置かれたが、調査の進展した後漢の諸侯王墓を見る限り、その推定は正確ではない。

近年における後漢の諸侯王墓の調査をまとめた劉尊志《二〇一二》によれば、(一六)現在発掘されている後漢の諸侯王の合葬は、異墳異穴の下邳王とその王后墓（以下、王后墓を略）、同墳異穴の彭城王墓・陳傾王劉崇墓、同穴異室の中山穆王劉暢墓・琅邪王墓・廣陵思王劉荊墓、同穴同室の中山簡王劉焉墓の四種七基がある。その合葬方法は、異穴（三基）と同穴（四基）とが拮抗しており、そこには時期的・地域的な偏差も認められない。後漢の王墓の合葬様式は、多様であったと言えよう。

曹操高陵に比定されている西高穴二号墓からは、陶鼎が十二件発見されており、『後漢書』禮儀志に、「瓦鼎十二」と記される天子の明器に等しい。また、石璧の直径・石圭の長さはともに二八㎝であり、『周禮』考工記　玉人に、「玉人の事。鎭圭　尺有二寸、天子　之を守る」とある天子の禮制に同じである（渡邉義浩・谷口建速《二〇一一》）。曹操は武王として埋葬されたとはいえ、実権は天子を凌いでおり、その陵墓は王墓よりも皇帝陵と比べるべきなのかも知れない。しかし、後漢の皇帝陵の調査が公表されていない現時点では、比較は不可能である。そこで、文献資料により、後漢の皇帝と皇后の合葬について探っていこう。

二、後漢における合葬の記録

後漢の年間定例祭祀と葬儀規定を記した『後漢書』禮儀志は、合葬について次のように述べている。

合葬するに、羨道 開通し、皇帝は便房に謁す。太常は導きて羨道に至り、杖を去り、中常侍は受く。柩の前に至り、謁し、伏し哭き止むこと儀の如くす。辭するに、太常は 道《みちび》き出し、中常侍は杖を授け、車輿に升りて宮に歸る。已に下り、反りて虞するに主を立つること禮の如くす。諸〻の郊廟の祭服は皆 便房に下す。五時の朝服 各〻一襲は陵寢に在り、其の餘及び宴服は皆 封ずるに篋笥を以てし、宮殿の後ろの閤室に藏す。(一七)

禮儀志によれば、後漢の皇帝は、先帝に皇太后を合葬するときに、羨道を開き、先帝の柩の前に至って、謁して哭泣をする。その際、皇太后の棺をそのまま先帝の石室に埋葬すれば同穴合葬である。しかし、皇太后を異穴に合葬することを先帝に報告し、皇太后の崩御を傷んでいるのであれば、異穴合葬となる。禮儀志の記述だけでは、これが同穴・異穴のいずれの合葬であるかを定めることができない。(一八)

後漢時代における皇帝と皇后の同穴合葬を主張する太田侑子〈一九九一〉が論拠とするのは、後漢末、董卓が靈帝の文陵を略奪したことを伝える次の資料である。

是の時 洛中の貴戚、室第 相 望み、金帛財產、家家に殷んに積む。(董)卓 縦に兵士を放ちて、其の廬舍を突き、婦女を淫略し、資物を剽虜し、之を捜牢と謂ふ。人の情 崩れ恐れ、朝夕を保せず。何后の葬に、文陵を開くに及び、卓 悉く藏中の珍物を取る。又 公主を姦亂し、宮人を妻略し、虐刑濫罰もて、睚眦だに必ず死《ころ》す。羣僚內外、能く自ら固すること莫し。(一九)

この資料も、皇太后を合葬するときに、先帝の陵（靈帝の文陵）を開いたことは記されるが、禮儀志と同様、先帝の墓室に皇后を埋葬したのか否かは記されない。すなわち、文陵に何皇后を同穴合葬した際に、文陵を略奪したのか、異穴合葬した際に、報告のために開けた文陵を略奪したのかを定めることはできないのである。

『後漢書』本紀十下 何皇后紀によれば、何皇后は文昭陵に合葬されており、靈帝の埋葬されている文陵とは名称が異なる。しかも、獻帝の生母である王皇后が、のちに文昭陵に改葬されており、靈帝と何皇后が同穴合葬されていれば、何皇后を退かせなければならないが、何皇后を他に葬り直した記録はない（一〇）。しかも、王皇后の文昭陵に関しては、靈帝の文陵の園北に造営したことが、『太平御覽』に引かれる『續漢書』の佚文に明記されている。

續漢書に曰く、「孝靈靈懷王皇后は、孝獻帝の母、王璋の女なり。……陵は文昭陵と曰ひ、墳を文陵の園北に起つ」（一一）と。

王皇后の文昭陵は、靈帝の文陵の陵園の北方に立てられており、靈帝と王皇后は異穴合葬されたことが分かる。途中で放棄された西高穴一号墓も二号墓の北方に造成されていた。皇后を北にすることが通例であったのであろうか。

また、桓帝の梁皇后は、桓帝よりも先に崩御し、懿陵に葬られていたが、桓帝は、梁冀を誅殺すると、懿陵を廃止して、貴人の塚とした（『後漢書』本紀十下 梁皇后紀）。梁皇后が埋葬されていた懿陵内の墳墓が、桓帝自らも葬られる予定の同穴墓であれば、大規模な修復工事を必要とする。後述するように、漢では漢律の墳丘條により身分の差に応じて墳丘の高さが異なっていたためである。しかし、ここには、修復工事の記事はなく、桓帝がすでに宣陵に埋葬されていた靈帝期にも、梁皇后は懿陵の中に葬られて続けていると認識されている（『後漢書』列傳四十六 陳球傳）。したがって、桓帝は、懿陵の梁皇后を埋葬していた穴に入る予定は当初からなく、梁皇后の墳墓は、皇帝とは異なる大きさの墳丘を持つもので、記録に残らない程度の小規模な修復により、貴人の塚に改変できたと考えられる（一二）。

後漢末の桓帝・靈帝の事例より考えると、後漢の皇帝陵と皇后陵とは、異穴合葬であったと言えよう。それは、次の資料によって傍証される。

（樊宏）二十七年、卒す。遺勅して薄葬し、一として用ふる所無からしむ。以爲《い》へらく、「棺柩一たび臧《をさむ》れば、宜しく復た見るべからず。如し腐敗すること有らば、孝子の心を傷ましめん」と。夫人と墳を同じくして臧を異にせしむ。帝 其の令を善とし、書を以て百官に示し、因りて曰く、「今 壽張侯の意に順はざれば、以て其の徳を彰《あらは》すこと無し。且《まさ》に吾が萬歳の後、以て式と爲さんと欲す」と。錢千萬、布萬匹を賻《おく》り、謚して恭侯と爲し、贈るに印綬を以てし、車駕 親ら送葬す。[二三]

光武帝の舅である樊宏は、卒する際に「夫人と墳を同じくして臧を異に」する合葬を遺言した。あるいは、王莽が暴いた傅皇太后の腐臭を知っていたのかもしれない。これを聞いた光武帝は、「同墳異臧（同墳異穴）」を「式」としたという。

光武帝の原陵を造成した明帝は、孝のために儒教の古礼とは異なり、陵の上で祭祀を行う上陵の礼を創設している。[二四] 光武帝の命に従い、「同墳異穴」の合葬とした可能性は高い。となれば、後漢の皇帝陵の格式を持つ曹操高陵は、終令により墳丘を伴わないとしても、[二五] 当初は西高穴二号墓・一号墓のように、異穴の合葬であったのではないか。それでは、西高穴二号墓が曹操高陵であったとすれば、一号墓が放棄されたのはなぜであろうか。その理由は、後漢における經學の展開から明らかにすることができる。

三、經學における合葬の解釈

後漢「儒教國家」の經義を定め、「古典中国」を確立した章帝期の白虎観會議（二六）の内容をまとめた班固の『白虎通』崩薨篇は、合葬について次のように述べている。

> 合葬なる者は何ぞ。夫婦の道を固むる所以なり。故に詩に曰く、「穀《い》きては則ち室を異にするも、死しては則ち穴を同《とも》にせん」と。又 禮の檀弓に曰く、「合葬は、古に非ざるなり。周公より已來、未だ之を改むること有らざるなり」と（二七）。

『白虎通』は、合葬を「夫婦の道」を固めるものと位置づけ、『詩經』王風 大車と『禮記』檀弓上の文章を引用する。その際に、合葬の具体的な方法に触れることはない。『白虎通』が、『詩經』と『禮記』を引用したのは、合葬に関する哀帝の詔を踏まえているためである。

> （建平二年）六月庚申、帝太后の丁氏 崩ず。上曰く、「朕 聞くならく、夫婦は一體なりと。詩に云ふ、「穀きては則ち室を異にするも、死しては則ち穴を同にせん」と。昔 季武子 寝を成す。杜氏の殯、西階の下に在り。合葬を請ひて之を許さると。附葬の禮は、周より興る。郁郁乎として文なるかな、吾 周に從はんと。孝子は亡に事ふること存《いま》すに事ふるが如くす。帝太后は宜しく陵を恭皇の園に起すべし」と。遂に定陶に葬る。陳留・濟陰の近き郡國より五萬人を發して穿ちて土を復さしむ（二八）。

哀帝は、定陶恭王劉康と帝太后丁氏の子として生まれ、傍系より成帝を嗣いだ。帝太后丁氏が崩御すると、哀帝は父の劉康と丁后を合葬するため詔を発したが、そこには『詩經』王風 大車と『禮記』檀弓上が引用されている。『白虎通』とは引用箇所が異なるかにも見える『禮記』檀弓上であるが、「合葬を請ひて之を許さる」の続きの部分に、「武子曰く」として「合葬は、古に非ざるなり。周公より以來、未だ之を改むること有らざるなり」と語られる。『白虎通』と同じ箇所の引用と考えてよい。

合葬の際に、墳丘が「穿」たれて「土を復」しているように、哀帝の父母は、前漢の皇帝・皇后陵のようには墳丘を異にせず、同墳異穴墓に合葬されている。前漢の王墓に相応しい格式である。『白虎通』の合葬が先例とする哀帝の父母の合葬が同墳異穴であることは、哀帝の詔を典拠とする『白虎通』の合葬が、同墳異穴を前提に定義されたと考え得る証拠となろう。

また、哀帝の詔も、それに基づく『白虎通』も、『詩經』王風 大車を引用しているが、これは劉向の『列女傳』貞順 息君夫人傳に基づく。楚王が自殺した息君夫妻を哀れんで行った合葬は、春秋時代であるため異穴合葬となる。『列女傳』を編纂した劉向の生きた前漢もまた、異穴合葬が原則であった。したがって、これも異穴であることを前提とした引用となっている。

このように、『白虎通』の典拠とされている經典の合葬は、みな異穴合葬であり、後漢の經義に則れば、合葬は穴を異にすべきであった。西高穴二号墓が曹操高陵であるならば、卞后の合葬のために一号墓を造成することは、經義に合致することとなる。一号墓が放棄される理由があるとすれば、それは卞太皇太后が崩御した明帝期に、鄭玄の經學が採用されたことに求められる。

後漢末を生きた鄭玄の經學は、「三禮體系」により諸經を体系化するもので、(二九) 緯書に基づく宗教的な經典解釈を特徴とする。(三〇) 『白虎通』の合葬の典拠であった『詩經』王風 大車の「穀きては則ち室を異にするも、死しては則ち穴を同にせん」について、鄭玄は毛傳を踏まえて次のように注をつけている。

［毛傳］生きては室に在るも、則ち外内を異にし、死すれば則ち神 合し、同に一と爲るなり。［鄭箋］穴とは、塚壙の中を謂ふなり。此の章、古の大夫 聽訟の政を言ふなり。……(三一)

毛傳では、合するとされているものは「神」であり、合葬の具体像に触れることはない。これに対して、鄭箋は、穴とは、塚壙（墓）の中のこととする。ただし、この表現だけでは、鄭玄の合葬が、同墳同穴か同墳異穴かを明確に判断することはできない。それを明らかにするものは、『禮記』の鄭玄注である。鄭玄の經典解釈は、「三禮體系」を持ったため、經禮である『周禮』を頂点とする三禮の解釈に、他の經典解釈は従属する。(三二)『禮記』檀弓下の注で鄭玄は、次のように合葬を二種に分け、その優劣を定めている。

孔子曰く、「衞人の祔するや之を離す。［祔とは、合葬を謂ふなり。之を離して、以て其の椁中に間《へだ》つ有り。］魯人の祔するや之を合す。善きかな。［善きかなとは、魯人を善《よみ》するなり。祔葬は當に合はすべきなり。］」と。(三三)

鄭玄は、祔葬（合葬）は、衛のような「同墳異穴」ではなく、魯のような「同墳同穴」をよしとすべし、と孔子が述べたと主張する。すなわち、鄭玄の經學では、合葬は同墳同穴とすべきなのである。

以上のように、後漢「儒教國家」における「合葬」は、「同墳異穴」であったが、これを鄭玄は「同墳同穴」に改めている。曹魏の明帝は、こうした「合葬」規定を持つ鄭玄の經學を曹魏の正統な学問と定めていく。

四、明帝による鄭玄説の採用

曹操の孫にあたる明帝曹叡が、鄭玄説を採用した背景には、司馬懿の台頭と高堂隆の危機感がある。(三四)明帝は、青龍五（二三七）年一月、黄龍の出現が報告されると、曹魏を地統、建丑の月を正月とする正朔の改制を行い（『三國志』

巻三 明帝紀）、景初と改元して三月より楊偉の景初暦を施行する（『晉書』巻十七 律暦志中）。六月には七廟制に基づき三祖を定め、洛陽の南の委粟山に圜丘を造営し、十二月の冬至に始めて圜丘で昊天上帝を祭祀するのである（『三國志』巻三 明帝紀）。したがって、感生帝説・六天説を特徴とする鄭玄説に基づく祭天儀礼が完成したのは(三五)、景初元（二三七）年のことであった。

すでに述べたように、西高穴二号墓の墓道は、二度造られている。曹操が薨去したのは、建安二十五（二二〇）年のことであり(三六)、高陵では後漢の葬礼を継承して上陵の礼を行うため、陵屋が建てられていた。曹操の子である文帝曹丕が、關羽に降伏した于禁を辱めたのは、曹操高陵の陵屋に描かせた絵による。

> 遣はして呉に使ひせしめんと欲し、先づ北のかた鄴に詣り高陵に謁せしむ。（文）帝 豫め陵屋に、關羽 戰ひ克ち、龐悳は憤怒し、（于）禁は降服せしの狀を畫かしむ(三七)。

西高穴一号墓・二号墓の北側に発見された建築遺跡は、陵屋の跡と考えることができる。文帝曹丕はやがて、曹操の薄葬令を理由に、高陵の上殿を毀廢する。

> 古は墓祭の禮無し。漢 秦を承け、皆 園寢有り。正月上丁、南郊に祠る。禮畢はるや、北郊・明堂・高廟・世祖廟に次づ、之を五供と謂ふ。魏武 高陵に葬むらる。有司 漢に依り陵上に祭殿を立つ。文帝の黄初三年に至り、乃ち詔して曰く、「先帝 躬ら節儉を履み、省約を遺詔す。子は父に述《したが》ふを以て孝と爲し、臣は事を繫《つ》ぐを以て忠と爲す。古は墓祭せず、皆 廟に設く。高陵の上殿は皆 毀壞し、車馬は廄に還し、衣服は府に藏して、以て先帝が儉德の志に從はん」と。文帝 自ら終制を作り、又曰く、「壽陵に寢殿を立て、園邑を造ること無かれ」と。自後、園邑・寢殿 遂に絕ゆ(三八)。

西高穴二号墓の二つの柱洞のうち、新しい長方形の柱洞には、長期間柱が建っていた形跡が認められない。後漢以来の上陵の礼が廃棄された曹操高陵の遺跡として相応しい。

上陵の礼に用いてきた器物は、鄴城に移されたようである。兄の陸機が著そうとした『呉書』のために、実地調査を報告していた陸雲の書簡には、曹操の器物が次のように記されている。

　一日　案行し、曹公の器物を幷せ視る。牀・薦席は具はり、寒夏の被は七枚なり。介幘は呉幘の如く、平天冠・遠遊冠　具に在り。……器物は皆　素なり。今　鄴宮に送らる。大尺の間、數〻前に已に其の繐帳、及び墓田を望む處を白す。……(三九)

このほか、「與平原書　其二」には、曹操の石墨、「其三十」には、曹操の器物の報告がある。西高穴二号墓から出土した器物に書かれた文字の書体は、大別して三種あり(四〇)、複数の人間が文字を書いていることが分かる。陸雲の見た器物は、二度目の埋葬時に納められたものの残りの可能性を持つのである。

二度目の埋葬の契機となった卞太皇太后の崩御は、太和四（二三〇）年のことであった。

　（太和四年）六月戊子、太皇太后　崩ず。……秋七月、武宣卞后を高陵に祔葬す。大司馬の曹眞・大將軍の司馬宣王に詔して蜀を伐たしむ(四一)。

卞太皇太后を「高陵に祔葬（合葬）」した秋七月、曹眞と司馬懿が蜀漢を征討しているように、当時の曹魏の国力は充実しており、負担を軽減するため一号墓の工事を途中で止める必要はない。止める理由があるとすれば、後漢の禮制に基づき異穴としていた高陵を鄭玄の經學に従って同穴に改めたことに求められるが、前述したように、鄭玄説に基づく祭天儀礼が完成したのは、景初元（二三七）年のことである。それ以前において、明帝が鄭玄説に従う可能性はあったのであろうか。

『周禮』の鄭玄注には、漢律の墳丘條が次のように引用されている。

凡そ功有る者は前に居り［王墓の前に居り、昭穆の中央に處す］、爵等を以て丘封の度と其の樹數とを爲す［尊卑を別つなり。王公を丘と曰ひ、諸臣を封と曰ふ。漢律に曰く、「列侯の墳は高さ四丈。關內侯より以下、庶人に至るまで各〻差有り」］と。(四二)

鄭玄が、『周禮』の解釈に漢律を引用するのは、鄭玄が漢律に注をつけているためである。『晉書』刑法志は、その間の経緯について、次のように説明する。

漢 秦の制を承け、蕭何 律を定め、參夷・連坐の罪を除き、部主・見知の條を増し、事律の興・廐・戶の三篇を益し、合はせて九篇と爲す。叔孫通 律の及ばざる所の傍章十八篇を益し、張湯の越宮律二十七篇、趙禹の朝律六篇と、合はせて六十篇なり。……此の比《たぐひ》の若く、錯糅すること常無し。後人 意を生《お》こし、各〻章句を爲る。叔孫宣・郭令卿・馬融・鄭玄の諸儒の章句十有餘家あり、家ごとに數十萬言なり。(四三)

鄭玄は自らの經學に基づき、漢律を解釈していた。後漢「儒教國家」においては、律の法源には儒教の禮學が置かれていたのである。したがって、鄭玄以外の儒者も、それぞれ漢律に注をつけたので、その解釈は複雑多岐にわたっていた。曹魏は、建国の当初、漢律を継承したが、その解釈の多様性に苦しみ、明帝の時に曹魏独自の律として新律十八篇を制定する。(四四)それ以前に明帝は、漢律の解釈を統一するため、鄭玄の解釈のみを用いることを詔で命じている。

凡そ罪を斷ずるに當に由りて用ふべき所の者は、合はせて二萬六千二百七十二條、七百七十三萬二千二百餘言なり。言數 益〻繁く、覽者 益〻難し。天子 是に於て詔を下し、但だ鄭氏の章句のみを用ひ、餘家を雜用するを得ずと。(四五)

漢律は、墳丘條を含むように、埋葬方法も規定する。鄭玄の解釈する律では、合葬の方法は、鄭玄の經典解釈に基づく同穴合葬となる。したがって、この詔が卞太皇太后が崩御する景初二（二三七）年以前に出されていれば、卞太皇太后は同穴合葬されることになる。むろん、新律十八篇が制定された後でも、新律十八篇は、鄭玄の解釈する漢律をもとに制作したものであるため、合葬の解釈は継承されたと考えてよい。

しかし、鄭玄の解釈に従うことを定めた詔だけではなく、新律十八篇もその成立年代を『三國志』・『晉書』が記すことはない。ただ、『晉書』刑法志の伝える新律十八篇の成立過程より、その成立年代を推測することはできる。先に掲げた鄭玄の解釈だけを用いる詔を掲げた後、『晉書』刑法志は、太傅の鍾繇（～二三〇年）が肉刑を復活することを求め、司徒の王朗（～二二八年）に反対されて沙汰止みにした案件を記す。そののち、新律十八篇が編纂されたことを次のように述べるのである。

　其の後、天子〔明帝〕又 詔を下し刑制を改定せんとし、司空の陳羣、散騎常侍の劉卲、給事黄門侍郎の韓遜、議郎の庾嶷、中郎の黄休・荀詵らに命じ、舊科を删約し、漢律を傍采し、定めて魏の法と爲す。新律十八篇・州郡令四十五篇・尚書官令・軍中令、合はせて百八十餘篇を制す。(四六)

鍾繇と王朗の肉刑の議論は、王朗の死去年より、二二八年以前と定まる。それ以前に記されている鄭玄の解釈のみに従う詔は、それより前のことである。正確な年代は不明であるが、(四七)少なくとも太和四（二三〇）年の卞后の崩御までには、鄭玄の律の解釈が曹魏で唯一のものと認められている。したがって、『禮記』の解釈に基づく、鄭玄の合葬の理解は、明帝による卞后の合葬に影響を与えたと考えられるのである。(四八)

おわりに

以上、論証したように、西高穴二号墓の北側に造成され、使うことなく放棄された一号墓は、後漢の禮制に基づいて卞后のために造られた異穴合葬のための墓が、曹魏の明帝による鄭玄説の採用によって、放棄されたものと考えられる。

西高穴二号墓を曹操高陵と確定するためには、さらなる周辺調査を待たねばならないが、一号墓の放棄の理由が論証されたことにより、西高穴二号墓が曹操高陵である可能性は大きく進展したと言えよう。

《注》

（一）西高穴二号墓が発見された経緯、発掘簡報などに記された墓の大きさや出土文物の詳細については、河南省文物考古研究所《二〇一〇》や発掘簡報などを翻訳した、河南省文物考古研究所（編）、渡邉義浩（監訳）・谷口建速（訳）《二〇一一》を参照。

（二）渡邉義浩「「曹操墓の真相」の行方」（河南省文物考古研究所（編）、渡邉義浩（監訳）・谷口建速（訳）《二〇一一》の解説）を参照。

（三）西高穴二号墓についての新知見は、河南省文物考古研究所《二〇一〇》、愛媛大学東アジア古代鉄文化研究センター《二〇一一》などにまとめられている。

（四）黄暁芬《二〇〇〇》。黄は、前漢期には、宗廟を墓地の側に移し、廟と墓を融合する陵寝制度が完成されていたとする。

これに対して、楊寛《一九八一》は、陵園には寝殿ないしは石殿、および鍾虡が置かれており、上陵の礼と飲酎の礼の需要に応えていた。そうした朝拝の儀と各種祭祀の挙行を主な使命とする陵寝制度は、後漢の時代に完全に確立したとしている。

（五）（崔）駰案、關中記云、高祖陵在西、呂后陵在東。漢帝・后同塋則爲合葬、不合陵也。諸陵皆如此（『史記』巻四十九　外戚世家　集解）。

（六）満城漢墓については、中国科学院考古研究所満城発掘隊〈一九七二〉、中国社会科学院考古研究所・河北省文物管理処《一九八〇》を参照。

（七）大葆台漢墓については、北京市古墓発掘弁公室〈一九七七〉、大葆台漢墓発掘組・中国社会科学院考古研究所《一九八九》を参照。

（八）馬王堆漢墓一号墓については、湖南省博物館《一九七三》を参照。

（九）黄腸題湊については、北京市大葆台西漢博物館《二〇一三》を参照。

（一〇）黄腸石については、趙振華《二〇〇八》を参照。

（一一）後漢になると横穴の磚室墓での同穴合葬が普及することについては、蒲慕州《一九九三》を参照。

（一二）⑴光武帝と陰皇后は原陵に、⑵明帝と馬皇后は顯節陵に、⑶章帝と竇皇后は敬陵に合葬されている。⑷和帝は愼陵に葬られ、鄧皇后が順陵に合葬されたとあるが、李賢の注は「順」が誤り、劉攽の刊誤は「愼」が誤りとする。⑹安帝と閻皇后は恭陵に、⑺順帝と梁皇后は憲陵に、⑿獻帝と曹皇后は禪陵に合葬されている。⑽桓帝と⑾靈帝については、問題が残るため本文で扱う。なお、⑸殤帝（康陵）・⑻沖帝（懷陵）・⑼質帝（靜陵）に皇后は立てられていない。

（一三）洛陽の後漢皇帝陵については、厳輝〈二〇〇六〉、韓国河〈二〇〇七〉・〈二〇〇九〉、盧青峰〈二〇〇九〉を参照。また、茶谷満〈二〇一三〉もある。

（一四）塩沢裕仁《二〇一〇》による。その理由は、中国人研究者の間では、後漢の皇后は皇帝との同穴合葬であるという考え方が有力であることに求められよう。

（一五）このほか、太田侑子〈一九八〇〉も参照。

（一六）このほか、劉振東〈二〇〇九〉、張志清〈二〇一一〉も参照。

（一七）合葬、羨道開通、皇帝謁便房。太常導至羨道、去杖、中常侍受。至柩前、謁、伏哭止如儀。辭、太常道出、中常侍授杖、升車輿歸宮。已下、反虞立主如禮。諸郊廟祭服皆下便房。五時朝服各一襲在陵寢、其餘及宴服皆封以篋笥、藏宮殿後閤室（『後漢書』志六 禮儀志下）。

（一八）韓国河〈二〇〇七〉は、この資料により後漢の皇帝と皇后は「同穴合葬」したと解釈するが、武断に過ぎよう。

（一九）是時洛中貴戚、室第相望、金帛財產、家家殷積。（董）卓縱放兵士、突其廬舍、淫略婦女、剽虜資物、謂之搜牢。人情崩恐、不保朝夕。及何后葬、開文陵、卓悉取藏中珍物。又姦亂公主、妻略宮人、虐刑濫罰、睚眦必死。羣僚內外、莫能自固（『後漢書』列傳六十二 董卓傳）。

（二〇）王莽は、傅皇太后を定陶共王母に貶めて改葬したが、その際、傅皇太后の柩から腐臭が漂い、数里に及んだという（『漢書』卷九十七下 外戚下 定陶丁姬傳）。靈帝の何皇后については、そうした改葬を行った記録はない。

（二一）續漢書曰、孝靈靈懷王皇后、孝獻帝母、王璋女也。……陵曰文昭陵、起墳文陵園北（『太平御覽』卷一百三十七 皇親部三）。

（二二）楊哲峰〈二〇〇八〉は、後漢の皇帝陵が「同穴合葬」であることを前提にこの問題を論じているが、懿陵はもともと帝陵として造ったが、追廢が原因で後に宣陵も造ったと述べるに止まり、論理的に説明できてはいない。

（二三）（樊宏）二十七年、卒。遺敕薄葬、一無所用。以爲、棺柩一臧、不宜復見。如有腐敗、傷孝子之心、使與夫人同墳異臧。帝善其令、以書示百官、因曰、今不順壽張侯意、無以彰其德。且吾萬歲之後、欲以爲式。賻錢千萬、布萬匹、謚爲恭侯、贈以印綬、車駕親送葬（『後漢書』列傳二十二 樊宏傳）。

（二四）上陵の禮については、渡邉義浩〈二〇〇六b〉を参照。

(二五) 曹操の終令には、『三國志』巻一 武帝紀に、「(建安二十三〈二一八〉年)六月、令して曰く、「古の葬むる者は、必ず瘠薄の地に居る。其れ西門豹の祠の西原上を規り壽陵を爲り、高きに因りて基を爲し、封ぜず樹せず。周禮に、冢人 公墓の地を掌り、凡そ諸侯は左右の以前に居り、卿・大夫は後に居ると。漢制も亦た之を陪陵と謂ふ。其れ公卿・大臣・列將の功有る者は、宜しく壽陵に陪せしむべし。其れ廣く兆域を爲り、相 容るるに足らしむべし」と」と(六月、令曰、古之葬者、必居瘠薄之地。其規西門豹祠西原上爲壽陵、因高爲基、不封不樹。周禮、冢人掌公墓之地、凡諸侯居左右以前、卿・大夫居後。漢制亦謂之陪陵。其公卿・大臣・列將有功者、宜陪壽陵。其廣爲兆域、使足相容)」とあるように、「封ぜず樹せず」と規定されている。

(二六) 白虎觀會議については、渡邉義浩〈二〇〇五b〉を参照。

(二七) 合葬者何。所以固夫婦之道也。故詩曰、穀則異室、死則同穴。又禮檀弓曰、合葬、非古也。自周公已來、未之有改也(『白虎通』崩薨)。

(二八) (建平二年)六月庚申、帝太后丁氏崩。上曰、朕聞、夫婦一體。詩云、穀則異室、死則同穴。昔季武子成寢。杜氏之殯、在西階下。請合葬而許之。附葬之禮、自周興焉。郁郁乎文哉、吾從周。孝子事亡如事存。帝太后宜起陵恭皇之園。遂葬定陶。發陳留・濟陰近郡國五萬人穿復土(『漢書』巻十一 哀帝紀)。

(二九) 鄭玄の「三礼体系」については、加賀栄治《一九六四》を参照。間嶋潤一《二〇一〇》も参照。

(三〇) 鄭玄學における緯書については、池田秀三〈一九八三〉を参照。また、鄭玄學の総括に、堀池信夫〈二〇一二〉がある。

(三一) [毛傳]生在於室、則外內異、死則神合、同爲一也。[鄭箋]穴、謂塚壙中也。此章、言古之大夫聽訟之政。……(『毛詩注疏』巻四)。

(三二) たとえば、鄭玄の『論語』注が「三禮體系」の下に置かれていることは、渡邉義浩〈二〇一四a〉を参照。

(三三) 孔子曰、衞人之祔也離之。[祔、謂合葬也。離之、有以間其椁中。]魯人之祔也合之。善夫。[善夫、善魯人也。祔葬當合也](『禮記』檀弓下)。なお、鄭玄の注は[ ]で括って表記した。

(三四) 司馬懿の台頭と高堂隆の危機感については、渡邉義浩〈二〇〇八d〉を参照。

(三五) 明帝の祭天儀禮については、渡邉義浩〈二〇〇七a〉、〈二〇〇八a〉を参照。

(三六)『三國志』巻一 武帝紀に、「(建安二十五〈二二〇〉年正月) 庚子、王 洛陽に崩ず、年 六十六。遺令して曰く、「天下尚ほ未だ安定せざれば、未だ古に遵《したが》ふを得ざるなり。葬 畢《を》はらば、皆 服を除《ぬ》げ。其の將兵の屯戍する者は、皆 屯部を離るるを得ず。有司 各〻乃《なんぢ》の職に率《したが》へ。斂するには時服を以てし、金玉・珍寶を藏すること無かれ」と。謚して武王と曰ふ。二月丁卯、高陵に葬る〈建安二十五年正月〉庚子、王崩于洛陽、年六十六。遺令曰、天下尚未安定、未得遵古也。葬畢、皆除服。其將兵屯戍者、皆不得離屯部。有司各率乃職。斂以時服、無藏金玉・珍寶。謚曰武王。二月丁卯、葬高陵)」とある。

(三七) 欲遣使吳、先令北詣鄴謁高陵。(文) 帝使豫於陵屋畫關羽戰克、龐悳憤怒、(于) 禁降服之狀 (『三國志』巻十七 于禁傳)。

(三八) 古無墓祭之禮。漢承秦、皆有園寢。正月上丁、祠南郊。禮畢、次北郊・明堂・高廟・世祖廟、謂之五供。魏武葬高陵。有司依漢立陵上祭殿。至文帝黃初三年、乃詔曰、先帝躬履節儉、遺詔省約。子以述父爲孝、臣以繫事爲忠。古不墓祭、皆設於廟。高陵上殿皆毀壞、車馬還廐、衣服藏府、以從先帝儉德之志。文帝自作終制、又曰、壽陵無立寢殿、造園邑。自後、園邑・寢殿遂絶 (『晉書』巻二十 禮志中)。

(三九) 一日案行、幷視曹公器物。牀・薦席具、寒夏被七枚。介幘如吳幘、平天冠・遠遊冠具在。……器物皆素。今送鄴宮。大尺間、數前已白其繐帳、及望墓田處。……(『陸士龍集』巻八 書 與平原書 其一)。なお、陸機の曹操への弔文については、渡邉義浩〈二〇一〇〉を参照。

(四〇) 西高穴二号墓から出土した器物の文字については、殷憲〈二〇一二〉を参照。

(四一) (太和四年) 六月戊子、太皇太后崩。……秋七月、武宣卞后祔葬於高陵。詔大司馬曹眞・大將軍司馬宣王伐蜀 (『三國志』巻三 明帝紀)。

（四二）凡有功者居前［居王墓之前、處昭穆之中央］、以爵等爲丘封之度與其樹數。［別尊卑也。王公曰丘、諸臣曰封。漢律曰、列侯墳高四丈。關內侯以下、至庶人各有差。］（『周禮』春官　冢人）。なお、［　］で表記した鄭玄注に引用されている漢律の墳丘條が、『大唐改元禮』序禮下雜制や『唐律疏義』雜律舍宅車服器物の疏義などの起源となったことについては、鶴間和幸〈一九八〇〉を參照。

（四三）漢承秦制、蕭何定律、除參夷・連坐之罪、增部主・見知之條、益事律興・廐・戶三篇、合爲九篇。叔孫通益律所不及傍章十八篇、張湯越宮律二十七篇、趙禹朝律六篇、合六十篇。……若此之比、錯糅無常。後人生意、各爲章句。叔孫宣・郭令卿・馬融・鄭玄諸儒章句十有餘家、家數十萬言（『晉書』卷三十　刑法志）。

（四四）新律十八篇を制定するまでの曹魏の法刑重視については、渡邉義浩〈二〇〇一b〉を參照。

（四五）凡斷罪所當由用者、合二萬六千二百七十二條、七百七十三萬二千二百餘言。言數益繁、覽者益難。天子於是下詔、但用鄭氏章句、不得雜用餘家（『晉書』卷三十　刑法志）。

（四六）其後、天子（明帝）又下詔改定刑制、命司空陳羣、散騎常侍劉邵、給事黃門侍郎韓遜、議郎庾嶷、中郎黃休・荀詵等、刪約舊科、傍采漢律、定爲魏法。制新律十八篇・州郡令四十五篇・尙書官令・軍中令、合百八十餘篇（『晉書』卷三十　刑法志）。なお、（　）は渡邉の補である。

（四七）『資治通鑑』卷七十一は、新律十八篇の成立を明帝の太和三（二二九）年十月、明帝が「平望觀」を「聽訟觀」と改称した記事の後に繫けている。

（四八）明帝は、青龍三（二三五）年、文帝の郭皇后が崩御したので、文帝の首陽陵の西に埋葬している（『三國志』卷五　后妃文德郭皇后傳）。郭皇后を父の文帝と合葬しなかったのは、生母である甄皇后の誅殺が郭皇后への寵愛を原因とすると言われるような（『三國志』卷五　后妃文德郭皇后傳注引『漢晉春秋』）、両者の対立が背景にあると考えてよい。

第九章　孫呉の正統性と國山碑

はじめに

中国の三世紀に角逐を演じた曹魏・蜀漢・孫呉の三国の中で、孫呉はその存立の正統性が他の二国に比して希薄であった。曹魏は、堯舜革命に範をとった漢魏禪讓を行い、その正統性を『禮記』禮運篇に求め、〔一〕蜀漢は、漢、あるいは季漢と称して、漢室復興を唱えていた。

これに対して孫呉は、土德を主張するものの、それは曹魏と重複し、孫堅の祖父孫鍾を題材とした受命説話も形成されたが、〔二〕それが十全の正統性を孫呉に与えたとは言い難い。そうした中で、孫呉が新たなる正統性を主張する機会は、土德の正統性が重複していた曹魏滅亡後のことになろう。曹魏より禪讓を受けて金德を主張した西晉に対して、孫呉はいかなる正統性を掲げたのであろうか。

本章は、孫呉の天璽元（二七六）年の紀年を持つ國山碑の検討により、曹魏の滅亡以後の孫呉の正統性を解明するものである。それと同時に、陳壽の『三國志』が、西晉の正統性と抵触する場合、それを記録に残さなかったことを論証することにより、倭國と孫呉との関係が『三國志』に記されない理由の一端を明らかにするものである。

一、漢室匡輔の形成と限界

孫呉の基礎を築いた孫堅は、董卓を陽人の戦いに破り、洛陽の陵墓を修復するなど、漢室への忠義を尽くした。孫策により集団に迎えられた張紘は、孫堅の行動を「漢室匡輔」という正統性にまとめあげ、それは孫權へと継承された。[三] しかし、それは皇帝に即位し得る正統性ではなかった。

（張紘）乃ち答へて曰く、「昔 周道 陵遲するも、齊・晉 並び興り、王室 已に寧く、諸侯 貢職す。今 君 先侯の軌を紹《つ》ぎ、驍武の名有り。若し丹楊に投じ、兵を呉・會に収むれば、則ち荊・揚は一にす可く、讐敵に報ゆ可し。長江に據り、威徳を奮ひ、羣穢を誅除し、漢室を匡輔せば、功業は桓（公）・文（公）に侔《ひと》しく、豈に徒に外藩なるのみならんや。方今 世亂れ難多く、若し功をば成し事をば立てんとすれば、當に同好と與に倶に南に濟るべきなり」と。[四]

張紘が孫策を春秋時代の齊の桓公や晉の文公に準えるように、漢室匡輔は、覇者の正統性であった。したがって、漢を無みして皇帝を僭称した袁術より自立する正統性は保証し得たが、皇帝と成り得べき正統性が漢室匡輔に含まれる訳ではない。

したがって、華北を統一した曹操が南下して荊州を支配し、降伏を要求してくると、漢室匡輔を論拠とする孫權の江東割拠は揺らぎをみせる。張昭の降伏論のように、後漢の丞相である曹操に帰順することも、漢室匡輔の一つの方法だからである。これに対して、周瑜は、曹操は漢の丞相の名を楯にしているが、その実は漢に仇なす賊徒であるとして主戦論を説いたが（『三國志』巻五十四 周瑜傳）、曹操と獻帝を引き離せない限り、現実的な主張ではない。ゆえに魯肅は、「天下三分の計」を説き、漢の復興に拘らず、天下を三分して孫權が即位すべきことを主張したのである（『三國志』巻五十四 魯肅傳）。のちに、孫權が即位した際、魯肅を追憶したように(五)、漢室匡輔では孫吳を建国することはできず、後漢の滅亡が近づくにつれ、正統性を転換する必要性が高まっていた。

後漢が滅亡し、曹魏が成立すると、群臣は孫權に上將軍・九州伯を称することを勧めた(六)。しかし、孫權はこれを容れず、曹魏より吳王に封建され、九錫を授けられた。關羽の仇討ちを目指す蜀漢の劉備に攻め込まれていたのである。それでも、吳王封建の答礼の使者として曹魏に派遣された趙咨は、自立を勧め続ける。

趙咨 言ひて曰く、「北方を觀るに終には盟を守る能はず。今日の計は、朝廷 漢の四百の際を承《う》け、東南の運に應じ、宜しく年號を改め、服色を正して、以て天に應じ民に順ふべし」と。權 之を納る(七)。

趙咨は、東南の運に応じて元號を建て(八)、服色を正し、自立への動きを進めるべきであるとした。曹魏との盟約は一時的なものに過ぎなかったのである。建安二十七(九)（二二二）年、孫權は、六月に劉備を夷陵に撃退すると、九月には、曹魏からの人質要求を断ったことにより攻め寄せた曹魏軍を撃破して、黃武と改元する。そして、黃武二（二二三）年正月には、後漢四分暦に代わって乾象暦を採用し(一〇)、自らの國家が土德なことを鮮明にしたのである(一一)。

その一方で、孫策以来の正統性である漢室匡輔は、絶望的となっていた。

權云ふ、「近ごろ玄德の書を得るに、已に深く咎を引き、復た舊好を求む。前に西を名づけて蜀と爲す所以は、漢帝 尚ほ存すの故を以てのみ。今 漢 已に廢せらるれば、自づから名づけて漢中王と爲す可きなり」と(一二)。

孫權は、黃武元（二二二）十二月に劉備と友好関係を回復すると、漢帝が廢位された以上、劉備を漢中王と呼んでよいとし、後漢の「匡輔」に絶望している。それでも孫權は、自らの即位は否定する。

權 辭讓して曰く、「漢家 堙替するに、存救する能はず、亦た何をか心《おも》ひて競はんや」と。羣臣 天命・符瑞を

稱して、固く重ねて以て請ふも、權 未だ之をば許さず。(一三)
本来的に皇帝に即位する正統性を得られない漢室匡輔すら果たし得なかった孫權は、曹魏と蜀漢に対抗して即位するための正統性を持たなかったのである。
このように、孫策の時より掲げられた漢室匡輔は、後漢の滅亡までは孫氏の正統性を支えられたが、孫吳を建国すべき正統性とは成り得なかった。正統性の不在は、三國の中で孫權の即位を遅れさせたのである。

二、不安定な正統性と瑞祥

曹魏の建国から遅れること九年、黃龍元（二二九）年四月に、黃龍と鳳凰が現れたとの瑞祥に基づき、孫權は皇帝の位に即いた。孫權の皇帝即位を天に告げる告天文には、次のように自らの正統性が語られている。

孽臣の曹丕 遂に神器を奪ひ、丕の子たる叡 世を繼ぎ慝を作し、名を淫し制を亂す。（孫）權 東南に生まれ、期運に遭値す。乾を承け戎を秉り、志は世を平ぐるに在り。辭を奉じ罰を行ひ、擧げて民の爲に足らしむ。…

…咸 以爲へらく、天意は已に漢より去り、漢氏は已に祀を天より絶たると。皇帝の位は虛しく、郊祀に主無し。休徵・嘉瑞、前後に雜沓す。歷數 躬に在らば、受けざるを得ず。(一四)

告天文では、漢を滅ぼし漢室匡輔を無にした曹魏の帝位が、不当であると述べられる。それに加えて、孫權が即位すべき正統性として、東南の運氣が高まる時であること、休徵・嘉瑞が度重なっていることが挙げられる。
これを漢魏禪讓を堯舜革命に準えることを中心に、緯書・讖緯思想および天文・分野説に基づく瑞応を挙げる曹魏の正統性と、(一五)蜀學の特徴である讖緯思想により劉備に即した緯書を制作し、漢室復興を唱える蜀漢の正統性に比べてみると、孫呉の正統性の脆弱さは否めない。

それを補うためであろう。孫呉では、孫權の即位時に止まらず、頻繁に瑞祥の報告が繰り返されている。それをまとめた章末の「孫呉瑞祥年表」に現れる孫呉の瑞祥の特徴は、天册二（二七六）年までは、瑞祥に五行を特定できるような偏りがないことにある。土徳を掲げる国家なのであるから、黃龍など土徳と係わる瑞祥が多くあるべきだが、そのような偏りは指摘できない。それほどまでに多くの瑞祥の報告が繰り返されたのである。それが危機感の現れであることは、蜀漢の滅亡した永安六（二六三）年に、黃龍のほか青龍・白燕・赤雀と色とりどりの瑞祥が報告されていることに端的に現れる。これが天册二（二七六）年以降は、金德（白）に統一されていくのだが、その理由については後述したい。ここでは瑞祥の頻繁さが、孫呉の正統性の不安定を示していることを指摘しておきたい。

不安定な正統性を歷史書により補う試みも行われた。韋昭の『吳書』である[一七]。孫呉の「正史」として編纂された『吳書』は、開祖となる孫堅に即位の正統性を求めた。

（孫）堅 城南の甄官井の上《ほとり》に軍するに、旦《あした》に五色の氣有り。軍を擧げて驚怪し、敢へて汲むもの有る莫し。堅 人をして井に入らしめ、探りて漢の傳國璽を得たり。文に曰く、「命を天に受け、既に壽にして永昌たらん」と。方圜四寸、上の紐に五龍を交へ、上の一角をば缺く[一八]。

『吳書』に描かれる、漢の傳國の玉璽が孫堅に受け継がれたという記述は、不安定な正統性を史書で補う試みである。しかし、裴松之は孫堅が玉璽をねこばばしたことになるこの記事を憎み、呉の史官は呉の名誉のために事実を曲げて、かえって孫堅を傷つけている、と厳しく批判している（『三國志』卷四十六 孫破虜傳注）。しかも、肝心な玉璽は、曹魏から西晉へと伝わっており（『宋書』卷十八 禮志五）、歷史書によって孫呉の正統性を補い得てはいない。

このため孫權は、天子として天を祭る最重要儀礼である郊祀を行おうとはしなかった。

是の冬、羣臣 權の未だ郊祀せざるを以て、奏議して曰く、「頃者《このごろ》 嘉瑞は屢々臻り、遠國は義を慕ひ、天意・人事、前後に備集す。宜しく郊祀を脩めて、以て天意を承くべし」と。權曰く、「郊祀は當に土中に於てすべし。今 其の所に非ざるに、何に於て此を施さん」と[一九]。

孫權は郊祀を行う場所は、土中（洛陽）であるべきとし、臣下の郊祀実施の勧めを拒絶している。正統性の欠如を最も認識していた者は、孫權であったのかもしれない。しかし、崩御の前年の太元元（二五一）年、孫權は南郊で郊祀を行った[二〇]。それは、江東で郊祀を行い得るような、東南に土中を求める考え方が成立したことを想定させる。

孫權は東南の運氣と瑞祥を理由に即位したが、その正統性は他の二国に比べて弱く、頻繁な瑞祥の報告を重視せざるを得なかった。史書によってもそれを補うことは難しく、天子でありながら、天を祭る郊祀を行わない状況が長く続いた。郊祀が行われた孫權の崩御の前年には、瑞祥は見られない。東南の運氣の理念が進展したのであろうか。

三、東南の運氣と禹の結合

孫吳の正統性として告天文に記される東南の運氣は、曹魏との外交の場でも主張されていた。

（陳化）郎中令と爲り魏に使ひす。魏の文帝 酒の酣《たけなわ》なるに因り、嘲り問ひて曰く、「吳・魏 峙立す。誰ぞ將に海內を平一せんとする者か」と。化 對へて曰く、「易に稱すらく、「帝は震より出づ」と。加へて先哲の知命なるに聞くに、舊說に、「紫蓋黃旗、運は東南に在り」と[二一]。

まだ、孫呉が曹魏との同盟関係にあったころ、曹魏への使者となった陳化は、文帝曹丕に対して『周易』説卦傳を典拠に、東から帝が出ることを主張し、また旧説として東南の運氣を説いている。「帝は震より出づ」とは、ここで陳化が述べるような、皇帝が東方より出るという意味では本来なく、天帝（造物主）が震☳のときに万物を発動させるという意味である。(二二) 曹丕も何のためらいもなく、周の文王は西から出たぞ、と応えているように（『三國志』巻四十七 呉主傳注引『呉書』）、論としての説得力に欠ける断章引句と言ってよい。

また、先哲の知命が伝える旧説として引用される「紫蓋黄旗、運は東南に在り」という字句は、荊州學(二三)の中心人物である司馬徽の論を踏まえて偽作されたことが伝えられる。

　初め丹楊の刁玄 蜀に使ひし、司馬徽の劉廙と與に運命・暦數の事を論ずるを得たり。玄 詐りて其の文を増して以て國人を誑して曰く、「黄旗紫蓋、東南に見《あらは》る。終に天下を有する者は、荊・揚の君ならんか」と。(二四)

後漢末の刁玄が、使者として蜀を訪れたとき、司馬徽が劉廙と交わした論を入手し、文を加えて、「黄旗紫蓋、東南に見る。終に天下を有する者は、荊・揚の君ならんか」という文言を偽作した、というのである。これが陳化の言葉の淵源であろう。

のちになると、東南の運氣に関する事柄は、さらに整った形で記録されている。

　初め秦の始皇 東巡して、江を濟《わた》る。望氣者 云へらく、「五百年の後、江東に天子の氣有りて呉に出づ。而して金陵の地、王者の勢有り」と。是に於て秦の始皇 乃ち金陵を改めて秣陵と曰ひ、北山を鑿ちて以て其の勢を絶つ。呉に至りて、又 囚徒十餘萬人をして其の地を掘汗せしめ、表すに惡名を以てし、故に囚卷縣と曰ふ、今の嘉興縣なり。漢の世 術士 言へらく、「黄旗紫蓋、斗・牛の間(二五)に見《あらは》れ、江東に天子の氣有り」と。獻帝の興平中、呉中 謠言すらく、「黄金の車、斑闌たるのみ。昌門を開き、天子 出づ」と。魏の文帝の黄初三年、夏

口・武昌 並びに黃龍・鳳皇 見ると言ふ。其の年、(孫)權 尊號を稱す。年 七十一に至りて薨ず。(二六)

『宋書』符瑞志では、東南の運氣は、すでに始皇帝のときに五百年後に天子の氣があると指摘され、漢の世には「黃旗紫蓋」が吳・越の分野に現れると、「江東に天子の氣」が起こると「術士」が述べるに至っていたという。始皇帝の東巡は始皇三十七(前二一〇)年であり(『史記』卷六 始皇本紀)、そこに五百年を加えても孫吳の成立年(二二九年)とはならない。五百年という字句は、孫吳と同樣、江東の建康に首都を置いた東晉の正統性を主張するために付加されたのであろう。東晉との係わりは後述することにして、ここでは始皇帝と東南の運氣が結びついていたことを理解できればよい。

始皇帝との係わりであれば、東南の運氣を語っていた知命の先哲が孫權に仕えている。漢室匡輔の正統性を孫氏集団に掲げさせた張紘である。

(張)紘 (孫)權に謂ひて曰く、「秣陵は、楚の武王の置く所、名づけて金陵と爲す。地勢は岡阜にして石頭に連なる。訪問せし故老は云へらく、「昔 秦の始皇 會稽に東巡して此の縣を經るに、望氣者云へらく、「金陵の地形は王者の都邑の氣有り」と。故に連岡を掘斷し、名を秣陵と改む」と」と。(二七)

張紘は、秦の始皇帝が、會稽に東巡した際に、望氣者が金陵に王者の都邑の氣がある、としたことを嫌い、地形と地名を変えたとの「舊說」を孫權に伝えている。陳化の言は、直接的にはこれに基づくのであろう。ただし、東南の運氣単独では、曹魏・蜀漢に比べて、正統性として弱体なことは、すでに述べたとおりである。このため曹魏が滅亡したことを契機に、東南の運氣は金德の禹と結合されていく。

吳には古くから禹に関する伝説が残されてる。『史記』卷二 夏本紀に、「帝禹 東のかた巡狩し、會稽に至りて崩ず(帝禹東巡狩、至于會稽而崩)」とあり、『漢書』卷二十八上 地理志上に、「會稽山 南に在り、上に禹冢・禹井有り

〈會稽山在南、上有禹冢・禹井〉」とあるように、禹は會稽で崩御したとされ、會稽山には禹の塚もある。孫權が「孫會稽」と呼ばれていた時期があることを想起すると（『三國志』巻四十七 呉主傳）、禹と會稽との係わりは、孫呉の正統性にとって看過し得ない重要性を持つ。その禹が金德であることを踏まえながら、會稽山との繫がりを伝える説話が『呉越春秋』に残されている。

（禹）乃ち黃帝中經曆を案ずるに、蓋し聖人の記する所に曰く、「九山の東南に在りし天柱は、號して宛委と曰ふ。赤帝 闕に在り、其の巖の巓に、承《つた》ふるに文玉を以てし、覆《つ》ぐるに磐石を以てす。其の書 金簡に、青玉もて字を爲り、編むに白銀を以てし、皆 其の文を瑑《あげぼり》にす。禹 乃ち東巡して、衡嶽に登り、白馬を血ぬらせて以て祭るも、求むる所に幸《めぐま》れず。禹 乃ち山に登り、天を仰ぎて嘯く。因りて夢に赤繡衣の男子、自ら玄夷蒼水の使者と稱するを見る。「聞くならく、帝は命を斷に文せしむと。故に來りて之を候ふ。厥の歲月に非ざれば、將に告ぐるに期を以てせよ。無爲に戲吟し、故に覆釜の山に倚歌す」と。東顧して禹に謂ひて曰く、「我山の神書を得んと欲する者は、黃帝の巖嶽の下に齋せよ。三月庚子、山に登り石を發せば、金簡の書 存す」と。禹 退き、又 齋す。三月庚子、宛委山に登り、金簡の書を發し、金簡の玉字を案じ、通水の理を得たり」と。(二八)

宛委・衡嶽とは會稽山のことで、會稽山と禹との繫がりを伝える説話である。これによれば、禹は、赤帝が金簡に青玉で書き白銀で綴じた秘書を、黃帝のもとで齋したのち入手した、という。『呉越春秋』の著者である趙曄は、後漢章帝期の會稽郡山陰縣の人で、韓詩を学び、『詩細歴神淵』を著した。のちに蔡邕が會稽で『呉越春秋』を読み、『論衡』より優れていると中原に広めたとされる（『後漢書』列傳六十九下 儒林 趙曄傳）。これに対して、陳中凡〈一九五九〉は、実際には、趙曄の著書ではなく、漢から晉にかけての民間信仰と伝承を混ぜ合わせたものであるとする。いずれにせよ、金徳の白帝である禹が、火徳の赤帝（漢、そして堯を象徴する）の秘書を直接的には受け取ることができず、土徳の黄帝のもとに齎したのち、ようやく金簡に青玉で書かれ白銀で綴じた秘書を入手した、という物語は、金徳の禹のために用意されたものである。金徳の象徴は、白だけではなく石・玉も含むためである（二九）。ただし、この話は、あくまでも禹の金徳を説明するためのものであり、孫呉が土徳の国家である限りにおいて、孫呉の正統性と結びつくものではない。

二六五年に曹魏が滅亡することにより、孫呉は東南の運氣と金徳の禹を結合することが可能となった。すでに述べたように、孫呉は、建国の以前に曹魏より呉王に封建され、九錫を受けている。すなわち、後漢から曹魏への禪讓を承認する代わりに、王に封建され九錫の殊禮を受けることで、曹魏の禪讓を受ける資格を有したのである（三〇）。しかも、曹魏の末、孫呉は司馬氏に抵抗する毌丘儉・文欽・諸葛誕を支援し、司馬氏と戦っている。曹魏の正統性である土徳を受け継いで、司馬氏の西晉に対抗するため、孫呉が金徳を主張することは、それほど無理のある発想ではない。

ただし、その主張は、孫皓の即位直後ではなく、孫皓が様々な君主権強化政策を試みたあとで始められた（三一）。

天璽元年、呉郡 言へらく、「臨平湖 漢末より草穢もて壅塞するも、今 更めて開通す。長老 相 傳ふるに、「此の湖 塞がらば、天下 亂れ、此の湖 開けば、天下 平ぐ」と」と。又「湖邊に於て石函を得たるに、中に小石有り、青白色にして、長さ四寸、廣さ二寸餘り。上に刻みて皇帝の字を作る」と。是に於て年を改め大赦す（三二）。

天冊二（二七六）年、呉郡より石函の中から上に皇帝と書かれている青白色の小石が発見されたとの報告があり、孫皓はこれを天璽と見なして、七月に改元した。金徳を象徴する石の瑞祥である。翌八月には、歴陽山にも石の瑞祥が現れる。

（天璽元年秋八月）鄱陽 言へらく、「歷陽山に石の文理 字を成すこと、凡そ二十。「楚は九州の渚、呉は九州の都、揚州の士、天子と作り、四世にして治まり、太平 始まる」と云ふ」と。(三三)

孫權から孫皓までは四世であるから、孫皓の世に太平が始まるとの金德の瑞祥である。陳壽の『三國志』は、西晉の金德の正統性と抵觸するこの予言について、以上のように簡潔に記すだけである。裴注に引かれる西晉の虞溥の『江表傳』は、さらに詳しい記述を残しながらも、西晉の正統性と抵觸させないため、孫皓の正統性を述べる「二十字」は偽作であるとする。

歷陽縣に石山有りて水に臨み、高さ百丈、其の三十丈の所に、七穿駢羅する有り。穿中の色は黃赤、本體と相似ず、俗に相 傳へて之を石印と謂ふ。又 云ふ、「石印の封 發すれば、天下は當に太平たるべし」と。下に祠屋有り、巫祝 言ふに、「石印の神 三郎有り」と。時に歷陽長 表上して石印 發すると言ひ、（孫）皓 使を遣はして太牢を以て歷山を祭らしむ。巫言ふに、「石印の三郎は天下 方に太平たらんとすと說く」と。使者 高梯を作り、上りて印文を看、詐りて朱書を以て石に二十字を作り、還りて以て皓に啓す。皓 大いに喜びて曰く、「吳 當に九州の爲に都渚と作るべし。大皇帝より孤に及ぶまで四世なり。太平の主、孤に非ざらば復た誰ぞ」と。重ねて使を遣はし、印綬を以て三郎を拜して王と爲す。又 石に刻みて銘を立て、靈德を褒贊して以て休祥に答ふ。(三四)

孫皓は、石印の瑞祥に喜び、太牢で歷山を祭り、王の印綬を石印の神三郎に捧げ、この瑞兆を記念する碑を建立した。「天發神讖碑」である。天發神讖碑は、清の嘉慶十（一八〇五）年に焼失したが、拓本は現存している。宋拓・明拓・清拓を持っていた羅振玉に「天發神讖碑補考」があるが、(三五)残欠が多く、費宇が神讖の五十六字を讀み、曆數の永えに大呉に帰することを甄《あき》らかにし、上天は宣命して太平を昭告している、との大意を掴めるだけである。瑞祥は続く。石印の瑞祥を記した八月の条には、続けて次のように記述されている。

又 呉興の陽羨山に空石有り、長さ十餘丈、名づけて石室と曰ひ、在所 表して大瑞と爲す。乃ち兼司徒董朝・兼太常周處を遣はして陽羨縣に至り、國山に封禪せしむ。明年に元を改め、大赦して、以て石文に協ふ。(三六)

金徳を象徴する石の瑞祥は、陽羨山にも現れた。孫皓は、陽羨の國山を封禪し、翌年を天紀と改元することを定め、ここにも碑を建立した。「國山碑」である。國山碑は、江蘇省宜興縣張諸鎭の董山上に現存し、文もほぼ判読できるため、次節で詳細に検討したい。ここでは、その特異な形状だけを取りあげる。

天璽元（二七六）年の紀年を持つ國山碑は、篆書で記され、四十三行で行ごとに二十五字。東西二面が広く、南北二面が狭い楕円形の碑で、東西南北の四面に文字が刻まれる。俵を縦に立てたような形状は、同じく天璽元年の紀年を持つ天發神讖碑と似ていたとされ、紹興市の禹廟に残る「窆石」とも共通する。窆石とは、棺を墓穴におろすときに、支えとして用いる石柱のことであるが、この石は、禹の乗った石船と考えられてきた。(三七)『太平寰宇記』は、その間の事情を次のように記している。

禹廟の側に石船有り、長さ一丈、禹の乗る所と云ふなり。孫皓 其の背に刻みて以て功を述ぶ。後人 皓の勳に紀す可き無きを以て、乃ち船の刻字を覆ふ。其の船 中析す。(三八)

このように、孫皓は禹廟の石船とされていた窆石に自分の功績を刻んでいる。孫皓が禹と自分を関係づけようとしたことが分かる。しかも、金徳を記す國山碑と天發神讖碑とが、漢碑とは大きく異なる、窆石と似た形状で造られていることは、孫皓が禹と金徳とを結びつけ、それにより自分の正統化を図ろうとしていたことを示す。

孫呉の正統性の論拠であった東南の運氣は、始皇帝の東巡時の説話をもとに作成されたものであり、會稽山には禹に関する伝説が残存していた。ところが、禹は金徳であるため、土徳を主張していた孫呉は、これを利用できなかった。ところが、西晉により曹魏が滅ぼされたため、孫呉は金徳を称し得ることになった。かつて曹魏の皇帝より、呉王・九錫を賜与された孫呉は、司馬氏に滅ぼされた曹魏を承ける金徳の国家として正統性を主張するのである。こうした思想の表出のなかで、建てられたものが國山碑である。

四、國山碑に現れた孫呉の正統性

國山碑は、宋の趙彥衞が「封禪碑（囮碑）」として全文を著録し、清の王旭は「禪國山碑」として『集古録』以来の議論とともに全文を著録する。(三九) 清の呉騫は、過去の著録および拓本・原石を詳細に検討して、これを「國山碑」と称し、井波陵一《二〇〇五》は「禪國山碑」と呼んで、詳細な注を付けたうえで訓読している。(四〇) 國山については、『太平寰宇記』に次のような記載がある。

> 國山は、（宜興）縣の西南五十里に在り。輿地志に云ふ、「本の名は離里山、山は九岑有りて相 連なり、一に昇山と名づく」と。呉の五鳳二年、其の山 大石の自立するを墮《お》とし、高さ九尺三寸、大《ふと》さ十三圍三寸なり。歸命後に又 司空の董朝・太常の周處を遣はして陽羨に至り、封禪して中岳と爲し名を國山に改めしむ。(四一)

このように、國山は山の名であり、そこで封禪を行ったことを顕彰する碑であるため、「禪國山碑」ではなく、「國山碑」と呼ぶことが妥当である。また「歸命」侯の孫晧が離里山を國山に改名すると共に、これを「中岳」と称した、という記述にも注目したい。漢代では、中岳とは、武帝が東岳泰山で封禪をする前に、礼式どおりに登った太室山（嵩山）のことであり（『漢書』巻二十五上 郊祀志上）、國山をこれに準えることは、自らの地域を世界の中心と観念化する小中華の考え方である。(四二) これが、孫權の末年より、東南の地で郊祀を行い得た地政観の表現であろう。ちなみに、孫晧が「大皇帝」と尊ぶ孫權の起家官は陽羨長である。(四三)「陽羨の國山」を「中岳」と位置づけ、そこで封禪を行うに足る理由は存するのである。江南を中華と考える、南朝の世界観の起源はここにある。(四四)

呉騫の『國山碑考』を底本とする二十五文字×四十三行の原文は、行を示す算用数字と句読点を加えて、章末に掲げた。ここでは、全体を五段落に分け、数字と傍線を加え、人名の姓を（ ）で補った訓読を掲げよう。

□□之□□□子茲、上下に格り、八幽に光 被《おほ》ひ、蠼飛蠕動も、仁に歸せざるは無し。是の故に□□□□□□□□□□□□□□路□□□□□□□□上尊□□□□□□□□□□□□□□□□□□□□□遑假せざるは靡く、民用は犯されず。是に於て□□□□□□□□丞相の沆□□□□□□□□□禮に率ひ儀を備ふ。尊敬□□□□□□□□□□□□大□□□□□□□□宮□□□□□□□□□□□□□□□□□□□□□□□□□所臨□、此に徘徊す。遂に大宮を基き、玉燭□□、□澤□清、萬民 子のごとく來りて、不曰□□。□□□□、頸を延ばし足を跂《つまだ》て、率土は來庭す。百神を柔服し、庶務を經緯し、日 昃《かたむ》くも暇あらず。六經を□觀し、百家を旁貫す。思ひは道根を該《たづ》ぬるも、數世 陵遲にして、大繇 未だ光《かがや》かざれば、東觀を闢立し、實言を□紀し、墳典を建設し、微間に采詢す。神を窮め化を極め、幽の闡《あきら》かならざるは無く、逸を擧げ佞を遠ざけ、罪を寛くし刑を宥し、道を守り功を尙び、善を嘉みし弱を矜《あはれ》み、賤を哀しみ凶を愍れみ、□□朽枯、上天 感應し、□□。

□□□踐阼し初めて升るに、特に神夢を發し、籙圖・玉璽を膺受す。啓くに神匱よりし、神人の①金册青玉符を指授するもの四。日月 抱戴し、[2]老人星の見《あらは》るるもの弌《いち》十有弌。五帝の瑞氣、[3]黃旗紫蓋、宮闕を覆擁し、斗牛に顯著なるもの弍十有九。[4]麟鳳龜龍、圖を銜《くは》へ書を負ふもの卅有九。[5]靑猊・白虎・丹鸞・彩□鳳は廿有二。⑥白鹿・白麠・白麑・白兔は卅有二。⑦白雉・白鳥・白鵲・白鳩は弍十有九。[8]赤烏・赤雀は廿有四。⑨白雀・白燕は廿有柒《しち》。神魚の書を吐き、⑩白鯉の船に騰《をど》るもの二。[11]靈絜・神蠶、彌く原野を被《おほ》ふもの三。[12]嘉禾秀穎・甘露疑液は六十有五。[13]殊幹連理は六百八十有三。⑭明月火珠・璧流離は卅有六。[15]大貝・餘蚳・餘泉は柒十有五。⑯大寶神璧・水靑瑴璧は卅有八。⑰玉燕・玉羊・玉鳩は三。[18]寶鼎・神鐘・神璽・夔柷・神鬲は卅有六。⑲石室山の石 闓《ひら》き、石印の封 啓きて、九州の吉 發し、顯天の讖 彰《あら》はれ、石鏡の光くもの弍十有弍。[20]神□頌歌し、廟靈□示するもの三。畿民 惟《こ》れ紀《しる》し、[21]湖澤 闓通すること、讖に應じ謠に合《かな》ふもの五。[22]神翁・神僮・靈母・神女、徵を告げ祥を表はすもの卅有柒。[23]靈夢に讖を啓き、神人 書を授け、著驗□□するもの十。㉔祕記・讖文・玉版 德を紀すもの三。㉕玉人・玉印 文采にして明發なるもの八。㉖玉□・玉琯・玉璜・玉玦・玉鉤・玉稱、殊輝異色なるもの卅有三。㉗玉尊・玉盌・玉盤・玉罌、淸絜光腺なるもの九。（四五）[28]孔子・河伯・子胥、王□宣言し、天 平かにして地 成り、天子 東門鄂より出づるもの四。[29]大賢たる司馬徽・虞翻、圖緯を推步し、賈を甄《あき》らかに緘を啓き、事を發し運と與に會するもの二。其の餘の飛行の類、植生の倫、古より覿《み》る所希にして、命世 殊奇なるも、瑞命の篇に在らざるもの、稱《あ》げて數ふ可からざるなり。

是に於て旃蒙協洽の歲、月は陬訾の口に次り、日は惟れ光大の淵獻に重ね、行年 値たる所、實に惟れ茲の歲なり。⑴帝は震より出づること、周易 實に著す。⑵遂に上天より玉璽を受く。文に曰く、「吳眞皇帝」と。玉質は靑黃、鰓理は洞徹。拜受して祗筵し、夙夜 惟れ寅《つつし》む。夫れ大德 宜しく報ずべく、大命 宜しく彰らかにすべし。乃ち柔兆涒灘の歲を以て、欽みて上天に若《したが》ひ、月正に元を革め、天を郊し地を祭り、號を天璽と紀《ただ》して、用《もっ》て明命を彰らかにせん。

是に於て丞相の沇、太尉の（弘）璆、大司徒の燮、大司空の（董）朝、執金吾の（滕）脩、城門校尉の（孫）歆、屯騎校尉の（張）悌、尚書令の（丁）忠、尚書の（岑）昬・直・晃・（甘）昌、國史の（薛）瑩・（華）覈ら、僉 以爲へらく天道は元嘿なるも、瑞を以て眞を表し、今 衆瑞 畢く至り、四表は納貢し、幽荒・百蠻は、海に浮びて化を慕ひ、九垓・八埏、澤を被らざるは罔し。卒ね典繇を按ずるに、宜しく先づ禪禮を行ひ、天命を紀勒すべしと。遂に呉興の國山の陰に於て、告祭して石に刊して、以て乾命を對揚し、坤徳を廣報して、副へて天下喁喁の望を慰めん。

中書東觀令史・立信中郎將の臣 蘇建 書する所。刻工の殷政・何赦。

それでは國山碑の内容を検討しよう。第一段落は残欠が多く、明確に文意を把握することはできないが、大意としては孫呉の治世を顕彰し、それに天が感應したことを述べている。第二段落は、天の感應の具体的な事例が列挙され、孫皓の即位により生じた二十九種類の瑞祥とその発生件数が述べられる。それらのなかで金徳の象徴である白・玉・石と関係があるものは、①金冊青玉符、⑥白鹿・白麢・白麂・白兎、⑦白雉・白烏・白鵲・白鳩、⑨白雀・白燕、⑩白鯉、⑭明月火珠・璧流離、⑯大寶神璧・水青穀璧、⑰玉燕・玉羊・玉鳩、⑲石室山の石・石印・石鏡、㉔祕記・讖文・玉版、㉕玉人・玉印、㉖玉□・王琯・玉璜・玉玦・玉鉤・玉稱、㉗玉尊・玉盌・玉盤・玉罌の十三例である。章末に掲げた「孫呉瑞祥年表」に比べて、ここでは金徳の瑞祥に明らかな偏在が認められる。なかでも①金冊青玉符は、『呉越春秋』で禹が入手した白徳を象徴する秘書の形状と似ており、孫皓が禹の金徳を正統性として掲げていることを端的に示す。また、３には、建国当初より孫呉が掲げてきた東南の運氣を象徴する「黃旗紫蓋」が、呉・越の分野に現れたことを述べており、建国以来の孫呉の正統性である東南の運氣と禹の金徳とが結合されている。

第三段落は、孫晧が受けた玉璽と改元の理由を述べている。その際、⑴に陳化が曹魏の文帝に述べた『周易』説卦傳の「帝は震より出づ」という文言が掲げられていることに注目したい。第二段落の３「黄旗紫蓋」とともに東南の運氣の主張と考え得るためである。また、⑵には、上天より玉璽を受けたことが述べられ、金徳が主張される。これに、第二段落の①「金册青玉符」、さらには禹廟の窆石に似た碑の形状を考え合わせると、孫呉の正統性として、禹の金徳が主張されていることを理解できる。第二・第三段落より、國山碑に現れた孫呉の正統性は、東南の運氣と禹の金徳の結合と理解できるのである。

第四段落は、官僚が列挙される。判明する者の姓を（ ）で補うことが可能であり、「國山碑」が眞碑であることを保証する。なお、第五段落の蘇建、殷政・何赦については不明である。

こうして建国以来、正統性の不安定さに苦しんだ孫呉は、天璽元（二七六）年に東南の運氣と禹の金徳を結合させ、孫呉独自の正統性を創りあげたのである。しかし、時すでに遅く、天紀四（二八〇）年、孫呉は滅亡する。滅亡に際して、孫晧は、次のように述べている。

孤に至りて徳末《な》く、嗣守 成緒するも、黎元を懷集する能はず、多く咎闕を爲して、以て天度に違ふ。闇昧の變、反りて之を祥と謂ひ、南蠻をして逆亂せしむるに致し、征討して未だ克たず。……天の呉を亡ぼすに匪ず、孤の招く所なり。（四六）

孫晧は、このように舅の何植に書を与え、「闇昧の變」（四七）をかえって「祥」としたことを詫びている。孫晧はすでに正統性により国力の回復が計れない状態に、孫呉が追い詰められていたことを分かっていたのである。

孫呉の創造した正統性は、同じく金徳で建康に首都を置く東晉へと継承された。

孫晧の天璽元年、呉郡 上言すらく、「臨平湖 漢末より穢塞するに、今 更めて開通す。又 湖邊に石函を得、函中に小石有り、青白色、長さ四寸、廣さ二寸餘、刻みて皇帝の字を作る」と。是に于て天册を改め天璽元年と爲す。孫盛 以爲へらく、「元皇の中興の符徴、五湖の石瑞なり」(四八)と。

東晉の孫盛は、孫晧の天册二（二七六）年に出現した金德の石璽の瑞祥を東晉の元帝司馬睿が晉を中興する符瑞と認識している。こうして、孫吳の金德の正統性は東晉の正統性に吸収されていく。もちろん、それ以前の西晉においても、孫吳の金德を語ることはできなかった。陳壽の『三國志』は、國山碑の第三段落に述べ立てられる多くの瑞祥すべてを記載することはなかった。西晉末の王嘉が著した『拾遺記』には、興味深い記述がある。

孫堅の母 堅を妊《はら》むの時、夢に腸 出でて腰を繞《めぐ》り、一童女有り、之を負ひ吳の閶門の外を繞る。又 授くるに芳茅の一莖を以てす。童女 語りて曰く、「此れ善祥なり。必ず才雄の子を生まん。今 母に賜ふに土を以てするは、翼軫の地に王たりて、天下に鼎足すればなり。百年の中 應に異寶を以て人に授けらるべし」と。語 畢はりて覺め、日 起きて之を筮す。筮者曰く、「夢みる所の童女、母を負ひて閶門を繞るは、是れ太白の精、感化して夢に來たるなり」と。夫れ帝王の興るや、必ず神跡の自づから表はるる有り。白氣なる者は、金色なり。吳 滅ぶに及びて晉 踐阼するは、夢の徵なり。(四九)

明らかに最後の一文は付け足しである。吳が滅亡し晉が興るという認識は歴史事実と合致せず、晉の瑞祥を孫堅の母に表す必要性もない。孫吳の正統性が東晉に吸収されたのである。『三國志』には、本来の逸話が記録される。

母 堅を懷妊するに及び、夢に腸 出でて吳の昌門を繞り、寤《さ》めて之を懼れて、以て鄰母に告ぐ。鄰母曰く、「安んぞ吉徵に非ざるを知るや」(五〇)と。

『拾遺記』に記される説話は、本来、孫堅の誕生をめぐる奇譚瑞祥であり、そこには五行の思想が含まれていないことを理解できる。『三國志』の種本となった『呉書』をまとめた韋昭が獄死した段階では、孫呉を金徳とする説は、未だ成立していなかったのであろうか。また、次のような謠も流行していた。

初め興平中、呉中の童謠に曰く、「黄金の車、斑闌たるのみ。昌門を闓《ひら》き、天子出づ」(五一)と。

呉王の夫差が作ったとされる呉の西の郭門である昌門が（『三國志』巻四十七 呉主傳注）、孫堅の瑞祥に用いられるのは、かかる謠の流行と関係があろう。前掲した『宋書』巻二十七 符瑞志上では、この謠は、黄金の「黄」に着目され、「黄旗紫蓋」とともに、東南の運氣により、土徳の孫呉が成立する瑞祥の一つとされている。

『拾遺記』では、さらに筮者を加え金徳を説かせることにより、『呉越春秋』と同じ、赤徳からの二段変化が語られている。すなわち、童女が土をくれることにより土徳の国家として成立した孫呉は、本来は白氣を持つ金徳の国家なのであると。しかし、金徳を主張している西晉では、この説話はそのままの存続を許されず、本来孫堅のために用意された白氣は、西晉の出現の瑞祥とされた。こうして孫呉の正統性は隠蔽され、宋代の正閏論でも、孫呉の正統性が議論されることはなかったのである。

おわりに

孫呉では、孫堅の漢への忠義より帰納した「漢室匡輔」という正統性が、後漢の滅亡により効力を減退させていた。他の二国より遅れて即位した孫権は、そのため東南の運氣と瑞祥を正統性の拠り所に土徳を標榜するが、土徳は曹魏と重複し、その正統性は不安定であった。したがって、それを補うための瑞祥の報告は頻発し、郊祀も当初は行うことができなかった。

土徳を掲げる曹魏の滅亡を機に、孫皓は政権の新たなる正統性のため東南（揚州、會稽）で崩御した禹を顕彰した。これにより孫吳は、東南の運氣と禹の金徳を結合する独自の正統性を持ち得たが、まもなく孫吳は滅亡した。曹魏を継承して金徳を主張することは、西晉の正統性と重複するため、西晉の陳壽は『三國志』にこれを記さなかった。また、倭國がその背後の脅威として存在することになっていた孫吳において、孫皓のときに新たなる正統性のため、會稽で崩御した禹を顯彰したことは、倭人が禹の後裔である太伯の子孫と称している以上（本書第七章）、陳壽には記録できないことであった。

やがて、成立する東晉は、西晉の金徳を継承したまま孫吳の東南の運氣までをも踏襲したので、東晉期の資料も同じくそれを伝えない。こうした中、一次史料である國山碑だけが、孫吳が末期に東南の運氣と禹の金徳の結合により自らを正統化したことを今日に伝えているのである。

《注》

（一）曹魏の禪讓が堯舜革命に基づきながら、『禮記』禮運篇の「天下爲公」という理念により正統化されていたことについては、渡邉義浩〈二〇〇三a〉を參照。

（二）『異苑』などに残る孫鍾が瓜を与える代わりに天子を出すべき墓地を教えられたという受命説話が、風水思想の影響下にあることについては、柳瀬喜代志〈一九九四〉を參照。

（三）孫吳政権の形成における孫堅の位置、および漢室匡輔については、渡邉義浩〈一九九九〉を參照。また、漢室匡輔が孫策の戦略に有効であったことは、方詩銘《二〇〇〇》、王永平《二〇〇六》にも指摘されている。

（四）（張紘）乃答曰、昔周道陵遲、齊・晉並興、王室已寧、諸侯貢職。今君紹先侯之軌、有驍武之名。若投丹楊、收兵吳・會、則荊・揚可一、讐敵可報。據長江、奮威德、誅除羣穢、匡輔漢室、功業侔於桓（公）・文（公）、豈徒外藩而已哉。方今世亂多難、若功成事立、當與同好俱南濟也（『三國志』巻四十六 孫討逆傳注引『吳歷』）。

（五）『三國志』巻五十四 魯肅傳に、「（孫）權 尊號を稱し、壇に臨み、顧みて公卿に謂ひて曰く、「昔 魯子敬 嘗《つね》に此れを道《い》ふ。事勢に明らかと謂ふ可し」と（〈孫〉權稱尊號、臨壇、顧謂公卿曰、昔魯子敬嘗道此。可謂明於事勢矣）」とある。

（六）『三國志』巻四十七 吳主傳注引『江表傳』に、「權の羣臣 議するに、「以爲へらく、宜しく上將軍・九州伯と稱し、魏の封を應受せざるべしと」と。權曰く、「九州伯は、古に於て未だ聞かざるなり。昔 沛公も亦た項羽の拜を受け漢王と爲る。此れ蓋し時宜なるのみ、復た何をか損なはんや」と。遂に之を受く（權羣臣議、以爲、宜稱上將軍・九州伯、不應受魏封。權曰、九州伯、於古未聞也。昔沛公亦受項羽拜爲漢王。此蓋時宜耳、復何損邪。遂受之）」とある。

（七）趙咨言曰、觀北方終不能守盟。今日之計、朝廷承漢四百之際、應東南之運、宜改年號、正服色、以應天順民。權納之（『三國志』巻四十七 吳主傳注引『吳書』）。

（八）東南とは揚州のことである。『周禮』夏官司馬 職方氏に、「東南を揚州と曰ふ。其の山鎭を會稽と曰ひ、其の澤藪を具區と曰ふ。……其の利は金錫竹箭なり（東南曰揚州。其山鎭曰會稽、其澤藪曰具區。……其利金錫竹箭）」とある。

（九）王素・宋少華・羅新〈一九九九〉が、長沙走馬樓吳簡に、「建安廿七年、折咸米四斛」とあることを紹介するように、孫吳は曹魏に臣礼を取りながらも、曹魏の元號である黃初を用いず、後漢の元號である建安を用い続けていた。

（一〇）後漢四分曆に代わって劉洪が作成した乾象曆については、渡邉義浩・小林春樹《二〇〇四》を参照。

（一一）『三國志』巻四十七 吳主傳注引『江表傳』に、「（孫）權 五德の運を推し、以爲へらく土行は未を用て祖し辰もて臘すと（〈孫〉權推五德之運、以爲土行用未祖辰臘）」とある。

（一二）權云、近得玄德書、已深引咎、求復舊好。前所以名西爲蜀者、以漢帝尚存故耳。今漢已廢、自可名爲漢中王也（『三國志』巻四十七 吳主傳注引『江表傳』）。

（一三）權辭讓曰、漢家堙替、不能存救、亦何心而競乎。羣臣稱天命・符瑞、固重以請、權未之許（『三國志』卷四十七　吳主傳注引『江表傳』）。

（一四）孽臣曹丕遂奪神器、丕子叡繼世作慝、淫名亂制。（孫）權生於東南、遭値期運。承乾秉戎、志在平世。奉辭行罰、擧足爲民。……咸以爲、天意已去於漢、漢氏已絕祀於天。皇帝位虛、郊祀無主。休徵・嘉瑞、前後雜沓。歷數在躬、不得不受（『三國志』卷四十七　吳主傳注引『吳錄』）。

（一五）渡邉義浩〈二〇〇三ａ〉のほか、曹丕の即位に使われた讖緯思想については、平秀道〈一九七四〉、天文・分野說については、小林春樹〈二〇〇一〉を參照。

（一六）渡邉義浩〈二〇〇二ｂ〉のほか、劉備の即位に使われた讖緯思想については、平秀道〈一九七七〉、讖緯思想を特徴とする蜀學については、吉川忠夫〈一九八四〉を參照。

（一七）韋昭の『吳書』が孫吳の正統化を目的としたことについては、滿田剛〈二〇〇四〉、陳博〈一九九五〉を參照。また、韋昭の学問傾向については、池田秀三〈二〇〇一〉、高橋康浩《二〇一一》を參照。

（一八）（孫）堅軍城南甄官井上、旦有五色氣。擧軍驚怪、莫有敢汲。堅令人入井、探得漢傳國璽。文曰、受命于天、既壽永昌。方圜四寸、上紐交五龍、上一角缺（『三國志』卷四十六　孫破虜傳注引『吳書』）。

（一九）是冬、羣臣以權未郊祀、奏議曰、頃者嘉瑞屢臻、遠國慕義、天意・人事、前後備集。宜脩郊祀、以承天意。權曰、郊祀當於土中。今非其所、於何施此（『三國志』卷四十七　吳主傳注引『江表傳』）。

（二〇）『三國志』卷四十七　吳主傳に、「冬十一月、大赦す。（孫）權　南郊に祭りて還り、疾に寢ぬ（冬十一月、大赦。〈孫〉權祭南郊還、寢疾）」とある。

（二一）（陳化）爲郎中令使魏。魏文帝因酒酣、嘲問曰、吳・魏峙立。誰將平一海內者乎。化對曰、易稱、帝出乎震。加聞先哲知命、舊說、紫蓋黃旗、運在東南（『三國志』卷四十七　吳主傳注引『吳書』）。

（二二）たとえば王弼は、「帝とは、生物の主、興益の宗、震より出で巽に齊《ととの》ふなり（帝者、生物之主、興益之宗、出震而齊巽也）」（『周易正義』卷四　益卦）と述べ、帝を天帝と理解している。

（二三）司馬徽・宋忠を中心とする荊州學において、周易が左傳と並んで尊重されたことは、加賀栄治《一九六四》を参照。

（二四）初丹楊刁玄使蜀、得司馬徽與劉廙論運命・曆數事。玄詐增其文以誑國人曰、黃旗紫蓋、見於東南。終有天下者、荊・揚之君乎（『三國志』卷四十八　三嗣主　孫晧傳注引『江表傳』）。

（二五）斗の十一度より牛を経て須女の七度までは星紀の次といい、吳・越の分野である（『續漢書』志六　郡國志注）。

（二六）初秦始皇東巡、濟江。望氣者云、五百年後、江東有天子氣出於吳。而金陵之地、有王者之勢。於是秦始皇乃改金陵曰秣陵、鑿北山以絕其勢。至吳、又令囚徒十餘萬人掘汙其地、表以惡名、故曰囚卷縣、今嘉興縣也。漢世術士言、黃旗紫蓋、見於斗・牛之間、江東有天子氣。獻帝興平中、吳中謠言、黃金車、斑蘭耳。開昌門、出天子。魏文帝黃初三年、夏口・武昌並言黃龍・鳳皇見。其年、（孫）權稱尊號。年至七十一而薨（『宋書』卷二十七　符瑞志上）。

（二七）（張）紘謂（孫）權曰、秣陵、楚武王所置、名爲金陵。地勢岡阜連石頭。訪問故老云、昔秦始皇東巡會稽經此縣、望氣者云、金陵地形有王者都邑之氣。故掘斷連岡、改名秣陵（『三國志』卷四十七　吳主傳注引『江表傳』）。

（二八）（禹）乃案黃帝中經曆、蓋聖人所記曰、在于九山東南天柱、號曰宛委。赤帝在闕、其巖之巔、承以文玉、覆以磐石。其書金簡、靑玉爲字、編以白銀、皆瑑其文。禹乃東巡、登衡嶽、血白馬以祭、不幸所求。禹乃登山、仰天而嘯。因夢見赤繡衣男子、自稱玄夷蒼水使者。聞、帝使文命于斯。故來候之。非厥歲月、將告以期。無爲戲吟、故倚歌覆釜之山。東顧謂禹曰、欲得我山神書者、齋於黃帝巖嶽之下。三月庚子、登山發石、金簡之書存矣。禹退、又齋。三月庚子、登宛委山、發金簡之書、案金簡玉字、得通水之理（『吳越春秋』卷六　越王無餘外傳）。本章では、四部叢刊本を底本とし、周生春《一九九七》を参照した。なお、『吳越春秋』は、『四庫全書總目提要』が小說家の言に近いとしながら、漢・晉の間の稗官の雜記の類であるとして史部の載記に列するように、史書と歷史小說の中間と捉えられることが多い。中国では、陳橋駅のように編年体の史書と捉える立場・袁行霈のように歷史散文と捉える立場・陳中凡や黃仁生のように歷史小說と捉える立場があることについては、王鵬《二〇〇五》を参照。

(二九)『漢書』巻二十七上 五行志上に、「劉歆 以爲へらく、金石は同類なりと。……劉歆 以爲へらく、石は白色をば主と爲し、白祥に屬すと（劉歆以爲、金石同類。……劉歆以爲、石白色爲主、屬白祥）」とある。さらに、後述の國山碑では石を玉と表記している。

(三〇)王に封建され、九錫を受け、禪讓の資格を得ることを「魏武輔漢の故事」と称することは、石井仁《二〇〇〇》を参照。

(三一)孫晧の君主権力強化策については、渡邉義浩〈二〇〇〇〉を参照。

(三二)天璽元年、吳郡言、臨平湖自漢末草穢壅塞、今更開通。長老相傳、此湖塞、天下亂、此湖開、天下平。又於湖邊得石函、中有小石、青白色、長四寸、廣二寸餘。刻上作皇帝字。於是改年大赦（『三國志』巻四十八 孫晧傳）。

(三三)（天璽元年秋八月）鄱陽言、歷陽山石文理成字、凡二十。云、楚九州渚、吳九州都、揚州士、作天子、四世治、太平始（『三國志』巻四十八 孫晧傳）。

(三四)歷陽縣有石山臨水、高百丈、其三十丈所、有七穿駢羅。穿中色黃赤、不與本體相似、俗相傳謂之石印。又云、石印封發、天下當太平。下有祠屋、巫祝言、石印神有三郎。時歷陽長表上言石印發、（孫）晧遣使以太牢祭歷山。巫言、石印三郎說天下方太平。使者作高梯、上看印文、詐以朱書石作二十字、還以啓晧。晧大喜曰、吳當爲九州作都渚乎。從大皇帝及孤四世矣。太平之主、非孤復誰。重遣使、以印綬拜三郎爲王。又刻石立銘、褒贊靈德以答休祥（『三國志』巻四十八 孫晧傳注引『江表傳』）。

(三五)羅振玉〈一九七六〉。なお、周在浚〈一九七六〉・汪飯〈一九七六〉も参照。さらに、井波陵一《二〇〇五》も参照。

(三六)又吳興陽羨山有空石、長十餘丈、名曰石室、在所表爲大瑞。乃遣兼司徒董朝・兼太常周處至陽羨縣、封禪國山。改明年元、大赦、以協石文（『三國志』巻四十八 孫晧傳）。

(三七)魯迅〈一九八一〉は、自らの窆石調査の記録を著し、窆石が禹の石船と考えられていることを批判している。

(三八)禹廟側有石船、長一丈、云禹所乘也。孫晧刻其背以述功焉。後人以晧無勳可紀、乃覆船刻字。其船中析（『太平寰宇記』巻九十六 江南東道八）。

（三九）趙彦衛《一九九六》、王旭《一九八二》を参照。

（四〇）呉騫《一九三九》、井波陵一《二〇〇五》。また、宮宅潔〈二〇〇八〉は、窆石・天發神讖碑・禪國山碑の形態の相似は、江南独特の石刻文化の存在によるとし、符瑞の最初の項目と『呉越春秋』との共通性は、江南土着の神話的世界の取り込みである、としている。

（四一）國山、在（宜興）縣西南五十里。輿地志云、本名離里山、山有九岑相連、一名昇山。呉五鳳二年、其山墮大石自立、高九尺三寸、大十三圍三寸。歸命後又遣司空董朝・太常周處至陽羨、封禪爲中岳改名國山（『太平寰宇記』巻九十二 江南東道四）。

（四二）たとえば日本が、天皇を頂点に統治権の及ぶ範囲を化内、その外部を天皇の教化の及ばない化外と区別するとともに、夷狄である蝦夷・隼人とともに蕃国である朝鮮諸国をも化外と位置づけ、律令法体系の中に華夷思想を反映させ、中華である中国に対しては東夷でありながら、国内に対しては中華（小中華）となり、重層的な「中心と周縁」のシステムを敷いたことについては、渡邉義浩・吉井明〈一九九五〉を参照。

（四三）『三國志』巻四十七 呉主傳に、「孫權 字は仲謀、兄の策 諸郡を定め、時に權 年十五、以て陽羨長と爲る（孫權字仲謀、兄策定諸郡、時權年十五、以爲陽羨長）」とある。

（四四）劉宋の孝武帝が、建康を中心に王畿を設置したことは、戸川貴行〈二〇一一〉を参照。

（四五）司馬徽は、「紫蓋黄旗、運は東南に在り」という字句の形成の経緯から考えれば、司馬「徽」とあることが正しい。

（四六）至孤末德、嗣守成緒、不能懷集黎元、多爲咎闕、以違天度。闇昧之變、反謂之祥、致使南蠻逆亂、征討未克。……天匪亡呉、孤所招也（『三國志』巻四十八 孫晧傳注引『江表傳』）。

（四七）『晉書』巻十八 五行志中は、石印山での「楚九州渚、呉九州都、揚州士、作天子、四世治、太平始」の二十字を「詩妖」、臨平湖の草が除かれ湖が開通したことを「草妖」と位置づけている。ただし、臨平湖畔で発見された石函については、触れていない。

（四八）　孫晧天璽元年、吳郡上言、臨平湖自漢末穢塞、今更開通。又于湖邊得石函、函中有小石、青白色、長四寸、廣二寸餘、刻作皇帝字。于是改天冊爲天璽元年。孫盛以爲、元皇中興之符徵、五湖之石瑞也（『水經注』卷四十　漸江水）。

（四九）　孫堅母姙堅之時、夢腸出繞腰、有一童女、負之繞吳閶門外。又授以芳茅一莖。童女語曰、此善祥也。必生才雄之子。今賜母以土、王於翼軫之地、鼎足於天下。百年中應以異寶授於人也。語畢而覺、日起筮之。筮者曰、所夢童女、負母繞閶門、是太白之精、感化來夢。夫帝王之興、必有神跡自表。白氣者、金色。及吳滅而晉踐阼、夢之徵焉（『拾遺記』卷八）。

（五〇）　及母懷姙堅、夢腸出繞吳昌門、寤而懼之、以告鄰母。鄰母曰、安知非吉徵也（『三國志』卷四十六　孫破虜傳注引『吳書』）。

（五一）　初興平中、吳中童謠曰、黃金車、班蘭耳。闓昌門、出天子（『三國志』卷四十七　吳主傳）。

「孫呉瑞祥年表」

孫權期	建安二十五（二二〇）年	五月、建業に甘露。四月、劉備即位。八月、曹丕に臣礼をとる。
	建安二十七（二二二）年	三月、黄龍が鄱陽に出現。六月、陸遜が劉備を破る。九月、太子の人質を拒否、曹丕に攻撃されるが撃退。十月、黄武と改元。
	黄武二（二二三）年	四月、群臣が即位を勧進するも許さず。劉備崩御。五月、曲阿に甘露。
	黄武四（二二五）年	＊六月、皖口に連理。
	黄武五（二二六）年	＊七月、蒼梧に鳳凰。
	黄武八（二二九）年	公卿百官が勧進するも許さず。四月、夏口と武昌に黄龍と鳳凰が出現、即位。黄龍と改元。
	黄龍三（二三一）年	野蠶が繭。野稲が自生。會稽に嘉禾。翌年、嘉禾と改元。
	嘉禾五（二三六）年	＊武昌で甘露。
	嘉禾七（二三八）年	孫權が赤烏を見る、赤烏と改元。
	赤烏元（二三八）年	八月、武昌に麒麟。
	赤烏二（二三九）年	三月、零陵に甘露。
	赤烏五（二四二）年	三月、海鹽に黄龍。
	赤烏六（二四三）年	正月、新都に白虎。
	赤烏七（二四四）年	秋、宛陵で嘉禾。
	赤烏九（二四六）年	＊武昌で甘露。
	赤烏十一（二四八）年	四月、雲陽に黄龍。五月、鄱陽に白虎。
	赤烏十二（二四九）年	＊六月、臨平湖に寶鼎。八月、章安に白鳩。
	赤烏十三（二五〇）年	神人が改元して皇后を立てることを命令。

	赤烏十四（二五一）年	皇后を立て、太元と改元。
	太元元（二五一）年	十一月、南郊で郊祀。病気で寝つき、翌年崩御。
孫亮期	建興二（二五三）年	十一月、春申に大きな鳥が五羽。翌年、五鳳と改元。
	五鳳元（二五四）年	十一月、交阯で稗草が稲に変わる。
	五鳳二（二五五）年	七月、離里山（國山）で大きな岩が自立。
孫休期	永安三（二六〇）年	三月、西陵に赤烏。
	永安四（二六一）年	九月、布山に白龍。
	永安五（二六二）年	七月、始新に黄龍。
	永安六（二六三）年	四月、蜀漢滅亡。泉陵に黄龍、長沙に青龍、慈胡に白燕、豫章に赤雀。
孫皓期	元興二（二六五）年	四月、孫權の蔣山陵に甘露、甘露と改元。
	甘露元（二六五）年	十二月、曹魏滅亡。
	甘露二（二六六）年	八月、各地から大きな鼎、寶鼎と改元。
	建衡三（二七一）年	御苑に鳳凰。翌年、鳳凰と改元。
	天册元（二七五）年	呉郡で年月が刻まれた銀が見つかる、改元。
	天册二（二七六）年	呉郡の臨平湖が開通。湖畔の石函の中から、皇帝と刻まれた青白い石が見つかり天璽と改元。
	天璽元（二七六）年	八月、鄱陽の歴陽山で石印に瑞祥。呉興郡の陽羨の石室に瑞祥。＊臨海郡に石樹。

記事の冒頭に＊を附したものは、『宋書』巻二十八・二十九　符瑞志中・下を典拠とし、それ以外は『三國志』巻四十七　呉主傳・巻四十八　三嗣主傳を典拠とする。

「國山碑」

東面

1□□□□□□□□□□□□□□□□□□□□□□□□□

2□□□□□□□□□□□□□□□□□□□□□□□□□

3□□□□□□□□□□□□□□□□□□□□□□□□□

4□之□□□子茲、格于上下、光被八幽、蠉飛蠕動、無不歸仁。是故

5□□□□□□□□□□□□□□路□□□□□□□□上尊□

6□□□□□□□□□□□□□□□□□□□靡不遑假、民用

7不犯。於是□□□□□□□丞相沆□□□□□□□□率禮

8備儀。尊敬□□□□□□□□□□□大□□□□□□□宮□

9□□□□□□□□□□□□□□□□□□□□□□□□□

10所臨□、徘徊於此。遂基大宮、玉燭□□、□澤□淸、萬民子來、不曰

11□□。□□□□、延頸跂足、率土來庭。柔服百神、經緯庶務、日昃不

12暇。□觀六經、旁貫百家。思該道根、數世陵遲、大繇未光、闊立東觀、

13□紀實言、建設墳典、采詢微閒。窮神極化、無幽不闡、擧逸遠佞、寬

14罪宥刑、守道尙功、嘉善矜弱、哀賤愍凶、□□朽枯、上天感應、□□。

南面

15□□□踐阼初升、特發神夢、膺受籙圖・玉璽。啓自神匱、神人指授

16金册靑玉符者四。日月抱戴、老人星見者弌十有弌。五帝瑞氣、黃

17旗紫蓋、覆擁宮闕、顯著斗牛者弍十有九。麟鳳龜龍、銜圖負書卌
18有九。青猊・白虎・丹鸞・彩□鳳廿有二。白鹿・白麠・白麑・白兎卌有二。
19白雉・白烏・白鵲・白鳩弍十有九。赤烏・赤雀廿有四。白雀・白燕廿有
20桼。神魚吐書、白鯉騰船者二。靈絮・神蠶、彌被原野者三。嘉禾秀穎・
21甘露疑液六十有五。殊幹連理六百八十有三。明月火珠・璧流離
22卌有六。大貝・餘蚳・餘泉桼十有五。大寶神璧・水青轂璧卌有八。玉
23燕・玉羊・玉鳩者三。寶鼎・神鐘・神塋・夔柷・神鬲卌有六。石室山石闉、

西面

24石印封啓、九州吉發、顯天讖彰、石鏡光者弍十有弍。神□頌歌、廟
25靈□示者三。畿民惟紀、湖澤闓通、應讖合謠者五。神翁・神僮・靈母・
26神女、告徵表祥者卌有桼。靈夢啓讖、神人授書、著驗□□者十。祕
27記・讖文・玉版紀德者三。玉人・玉印、文采明發者八。玉□・玉琯・玉璜
28玉玦・玉鉤・玉稱、殊輝異色者卌有三。玉尊・玉盌・玉盤・玉罌、清絜光
29朖者九。孔子・河伯・子胥、王□宣言、天平地成、天子出東門鄂者四。
30大賢司馬徽・虞翻、推步圖緯、甄匱啓緘、發事與運會者二。其餘飛
31行之類、植生之倫、希古所覩、命世殊奇、不在瑞命之篇者、不可稱
32而數也。於是旃蒙協洽之歲、月次陬訾之口、日惟重光大淵獻、行
33年所値、實惟茲歲。帝出虖震、周易實著。遂受上天玉璽。文曰、吳眞
34[皇]帝。玉質青黄、觩理洞徹。拜受祇筵、夙夜惟寅。夫大德宜報、大命

35宜彰。乃以柔兆涒灘之歲、欽若上天、月正革元、郊天祭地、紀號天
36璽、用彰明命。於是丞相沇、太尉璆、大司徒燮、大司空朝、執金吾脩、
37城門校尉歆、屯騎校尉悌、尙書令忠、尙書昬・直・晃・昌、國史瑩・覈等、

北面

38僉以爲天道元嘿、以瑞表眞、今衆瑞畢至、四表納貢、幽荒・百蠻、浮
39海慕化、九垓・八埏、罔不被澤。率按典繇、宜先行禪禮、紀勒天命。遂
40於吳興國山之陰、告祭刊石、以對揚乾命、廣報坤德、副慰天下喁
41喁之望焉。
42中書東觀令史・立信中郎將臣蘇建所書。
43刻工殷政・何赦。

第十章　張華『博物志』の世界観

はじめに

『三國志』を著す陳壽を旧蜀漢系臣下から、「文賦」を著す陸機を旧孫呉系臣下から抜擢した張華は、その文化的価値の高さ故に「庶族」から台頭した、西晉を代表する貴族である。(一) 不慧な惠帝のもと、賈皇后の専横を抑えながら、八王の乱までの西晉を安定に導いた張華は、博学でも知られ、(二) その知識を生かして『博物志』を著した。

現行の『博物志』には、大別して二系統のテキストが残る。范寧（校證）《一九八〇》が底本とするものは、明刊を祖本とし、多くの叢書に収録される通行本であり、それらの中から范寧（校證）は康熙翻印本を用いている。(三) 一方、赤堀昭〈一九八七〉は、通行本に比べてより古いテキストである「葉氏本」（黄氏士禮居叢書本）を底本とする。「葉氏本」は、通行本が成立したとき、内容別にまとめ直した際の元本であるという。(四) ただし、現存の『博物志』は、いずれにせよ張華の原著ではない。『四庫全書總目提要』は、通行本について、原本が散佚したのち、好事家がいろいろな書物に引用される博物志の文を拾い集め、さらに他の小説からも無秩序に記事を取って分量を増やしたものである、とその信頼性を疑う（『四庫全書總目提要』巻一百四十二 博物志十巻）。しかし、『三國志』裴注や『太平御覽』などの類書と比較すると、「葉氏本」はもとより通行本も、提要が言うほど信頼性は低くない。(五) そこで、本章は、閲覧の便と校證を尊重して、范寧（校證）《一九八〇》に基づき、「葉氏本」を参照した。

張華は、宰相として政権を運営するだけでなく、五胡十六國時代の前夜、督幽州諸軍事として東夷の綏撫にも当たっている。張華は、辺境に出鎮した経験を踏まえて、いかなる世界観を有していたであろうか。また、陳壽の『三國志』は、東夷傳の中に倭人の条、いわゆる「魏志倭人傳」を含むが、そこでは『博物志』に記される黒齒國などが倭國に属するとされている。(六) 本章は、張華の『博物志』の世界観を明らかにし、(七) それが「魏志倭人傳」をはじめとする後世の書籍にいかなる影響を与えたのかを追究するものである。

一、阮籍の影響

『晉書』巻三十六 張華傳によれば、張華は、幼くして孤となり牧羊を業としたが、学業に優れ博識で、なかでも圖緯と方伎を好んだ、という。圖緯、すなわち河圖・洛書と緯書の持つ世界観に、張華が大きな影響を受けていることは後述しよう。

張華が世に出る契機は、「鷦鷯の賦」を読んだ阮籍に「王佐の才」と高く評価されたことにある。「鷦鷯の賦」の序文は、全長が約十一センチで全身茶褐色の鷦鷯《みそさざい》には、次のような価値があると論ずる。

> 鷦鷯は小鳥なり。蒿萊の間に生まれ、藩籬の下に長ず。尋常の内に翔集して、而《もっ》て生生の理 足れり。色は淺く體は陋《いや》しく、人の用を爲さず。形は微に處は卑しく、物 之を害すること莫し。族類を繁滋し、乘《なら》び居り匹《なら》び游び、翩翩然として以て自ら樂しむこと有るなり。(八)

張華は自序で、鷦鷯は人の役に立たないが故に、害を加えられることもなく、ひらひら飛んで生を楽しんでいる、とする。李善注が、「翩翩は自得の貌なり（翩翩自得之貌）」と記すためか、孔繁は、「鷦鷯の賦」を郭象『莊子注』の「自得」（九）と内容が一致する、と主張している。（一〇）しかし、唐修『晉書』の記すように、「鷦鷯の賦」が阮籍に評価された張華の出世作であったとすれば、（一一）郭象の『莊子注』の影響をそこに見ることは時代的に難しい。佐竹保子〈一九九七〉が述べるように、『老子』の影響も一部あるが、「鷦鷯の賦」は次のように、『莊子』を踏まえて「萬物齊同」を説いている。

何ぞ造化の多端なる、羣形を萬類に播く。惟れ鷦鷯の微禽なるも、亦た生を攝して氣を受く。（一二）

「鷦鷯の賦」は、以上の四句より始まる。四句目の「受氣」は、『莊子』秋水篇第一章に記された河伯と北海若の問答を典拠とする。秋水篇第一章は、『莊子』齊物論篇で展開される「天籟寓話」の解説部分であり、「萬物齊同」を解説する部分である。（一三）それを踏まえる「鷦鷯の賦」は、『老子』よりも『莊子』、就中その「萬物齊同」を思想の中心に置く。それは、賦が次のように結ばれることからも導き得る。

鷦冥は蚊睫に巣くひ、大鵬は天隅に彌《わた》る。將《は》た以て上に方ぶれば足らず、下に比ぶれば餘り有り。天壤を普《あまね》くして遐かに觀るに、吾 又 安んぞ大小の如《したが》ふ所を知らん。（一四）

張華は、賦の結びでも、『莊子』逍遙遊篇を典拠とする「大鵬」の事例を掲げたうえで、「安んぞ大小の如《したが》ふ所を知らん」と大小の相対化を述べて、「萬物齊同」を主張している。

このように、張華が「鷦鷯の賦」において、「萬物齊同」思想を中心に置くことは、（一五）『莊子』の中心思想を「萬物齊同」論に求める阮籍の『莊子』解釈を学んでいたことを示す。（一六）だからこそ、張華は阮籍に高く評価されたのである。

阮籍の『莊子』理解は、「達莊論」と「大人先生傳」に示される。阮籍は、「大人先生傳」の中で、大人先生の世界観を次のように表現している。

先生 變に應ずるを以て順和し、天地を家と爲す。……先生 以爲へらく、中區の天下に在るは、曾て蝿蚊の帷に着《つ》くに若かず。故に終に以て事と爲さず。而して意を異方・奇域に極む。[一七]

阮籍は、ここで「中區」（中国）を「天下」と比べ、「中區」は蝿や蚊が蚊帳に張りついている大きさにも及ばない、としている。これまでの儒教における「九州」の「天下」概念では、中国は天下の大部分を占めていた。『禮記』王制篇の「方三千里」、今文『尚書』の「方五千里」説はもとより、「方一萬里」の古文『尚書』説にしても、許愼によれば、その範囲は西の黑水から東の東海、南の衡山から北の朔方とされており、匈奴の居住地域が九州に含まれることはなかった。そうしたなか『周禮』だけが、九州＝中國＋夷狄の「天下」概念を持っていたが、蠻服以遠と位置づけられる夷狄の居住地域は、中國よりも小さい。[一八]

阮籍によって表現された「中國」という地域を遥かに超える世界観と「異方・奇域」への興味は、張華の『博物志』により展開される。張華の世界観と『博物志』執筆の動機には、阮籍の「大人先生傳」がある。

しかも、張華は、中國を超える世界や「異方・奇域」を表現し得る学識と経験を持っていた。張華は、諸官を歴任する中で、史局の書籍を閲覧できる佐著作郎に就いており、司空となった折にも著作を領している。また、その蔵書は、引っ越しの際には書籍を三十台の車に載せるほど大量なもので、祕書監の摯虞は、官書を撰定する際に、張華の蔵書によって校定を行ったという（『晉書』巻三十六 張華傳）。

また、武帝の意に逆らい、後継者として齊王攸を推したため、[一九]幽州へ出鎮させられたときには、広く異民族を朝貢させた。

乃ち（張）華を出して持節・都督幽州諸軍事・領護烏桓校尉・安北將軍と爲す。新舊を撫納し、戎夏 之に懷く。東夷の馬韓・新彌の諸國、山に依り海を帶び、州を去ること四千餘里、歷世 未だ附せざる者、二十餘國、

並びに使を遣はして朝獻す。是に於て遠夷 賓服し、四境 虞れ無し。頻歳 豐稔にして、士馬 強盛たり。(二〇)

張華は、持節・都督幽州諸軍事・領護烏桓校尉・安北將軍となり、主として東夷の経営につとめ、これまで中国に入貢していなかった「二十餘國」を朝献させた。この結果、遠方に関する新たな知識が、張華のもとに齎された。このように張華は、数多の文献と夷狄の使者より得た辺境の知識に基づき、阮籍の表現の影響を受けて『博物志』に中國を大きく超える世界観を著していくのである。

二、緯書に基づく世界観

張華の『博物志』には本来、「地理略」などの篇名があり、それぞれの「略」の始まりに「論」が附されていた。しかし、現存するものは、通行本・葉氏本とも巻頭に掲げる「地理略」の「論」だけである。そこには、『博物志』の執筆動機が次のように記されている。

余 山海經及び禹貢・爾雅・説文・地志を視るに、悉く備はると曰ふと雖も、各〻載せざる所の者有り。略説を作り、見えざる所を出し、粗《ほ》ぼ遠方のことを言ひ、山川の位象、吉凶の有徵を陳ぶ。諸國の境界、犬牙 相 入り、春秋の後、並びに相 侵伐すれば、其の土地 具詳す可からず。其の山川地澤、略して之を言はば、正國十二なり。博物の士、覽て焉を鑒みよ。(二一)

張華は、執筆の動機として『山海經』・『尙書』禹貢篇・『爾雅』・『説文解字』や「地志」に、記載されていない事柄があるため、これらに見えない遠方の地域を述べることを挙げている。阮籍が「大人先生傳」で述べる「異方・奇域」を明らかにする試みと言えよう。

張華は、先行する書籍のうち今文・古文の別などにより内容の異なる『尙書』に関わって、「堯は九州を別ち、舜は十二と爲す（堯別九州、舜爲十二）」（『博物志』巻二）という理解を示す。多くの場合『尙書』では、天下を九州に分けた者を禹と解釈するが、張華は鄭玄説に基づいて[二二]、堯が天下を九州に分けたと把握する。

また、「昔　夏の禹　河を觀、長人の魚身の出づるを見る。曰く、吾　河の精なりと。豈に河伯ならんか（昔夏禹觀河、見長人魚身出。曰、吾河精。豈河伯耶）」（『博物志』巻七）という『博物志』の記述は[二三]、『太平寰宇記』巻二十八　關西道四には、同文が『尙書中候』として引用されている。すなわち、この部分を『博物志』は、太平に至る方法が示されるとして鄭玄が重視した[二四]『尙書中候』に取材していることが分かるのである。

このように張華の『尙書』解釈は、曹魏が明帝以降、正統とした鄭玄學に基づいている。さらに言えば、堯が九州を分けたとする『博物志』の記述は、現存しない『尙書』鄭玄注に基づいている可能性が高い[二五]。主として禹貢篇に世界観を展開する『尙書』は、張華が見た『尙書』鄭玄注によれば、九州を分けた者として禹以上に堯を尊重していた可能性がある。いずれにせよ、堯が九州を分けたとすることは、張華の世界観の特徴の一つである。

また、中國を含む世界の構造に関して、張華は地の大きさを次のように記している。

河圖括地象に曰く、「地は南北二億三萬五千五百里なり」と。地坻の位、起形高大なる者は、崑崙山有り。廣さ萬里、高さ萬一千里、神物の生ずる所、聖人・仙人の集ふ所なり。五色の雲氣、五色の流水を出し、其の白水南して中國に流入す、名づけて河と曰ふなり。其の山の中　天に應じ、最も中に居り、八十城　之を布繞し、中國は東南の隅、其の一分に居る、是れ好域なり[二六]。

赤堀昭〈一九八七〉によれば、大地の南北の大きさを伝える資料には、次の三種がある。第一は、『呂氏春秋』有始覽篇の「五億九萬七千里」、第二は、『山海經』の「五億十萬九千八百餘步」など、第三が、『淮南子』墬形訓篇・『靈憲』・『河圖括地象』などの「二億三萬三千五百里」などとするものである。『博物志』は、第三の書籍群と同様の大きさである。

第三の書籍群のうち、『淮南子』墬形訓篇は、世界の構造を九州（中國）―八殥―八紘―八極の四段階としており、そこには鄒衍に始まる「大九州説」を見ることができる（二七）。そして、張華の依拠する『河圖括地象』もまた、「八十城 之を布繞し、中國は東南の隅、其の一分に居る」と、中國を世界の八十一分の一と考える「大九州説」を継承している。九州・十二州の理解を鄭玄學に依拠していた張華は、世界の大きさを説明する「大九州説」においても、鄭玄が尊重する緯書に依拠しているのである。

さらに張華は、『尚書考靈燿』という緯書を引用して、地は四方に遊動していると記す。

考靈燿に曰く、「地に四遊有り。冬至に地 北に上りて西すること三萬里、夏至に地 南に下りて東すること三萬里、春秋の二分に其の中たり。地 常に動きて止まらざるは、譬へば人の舟に在りて坐り、舟 行くも人 覺らざるが如し」と（二八）。

張華は、ここでも『尚書考靈燿』という緯書に、そのまま依拠して、「地四遊説」を主張する。赤堀昭〈一九八七〉によれば、「地四遊説」は、太陽高度や昼夜の長短の周年変化を説明するもので、鄭玄は渾天説に基づいて、恒星天の中央に厚さ三万里の大地があり、大地と星辰は相対的地位を変えないままに、不動の四表の中を四遊昇降する。太陽はかかる四遊の極たる四表（日天）上をめぐり、恒星天、ひいては大地との相対距離を変化させると理解する（二九）。ここでも、張華は、鄭玄注に基づき『尚書』に関わる緯書を理解し、自らの世界観の根底に据えているのである。

それでは、中國はどのくらいの大きさとされているのであろうか。

中國の域、左は海に濱し、右は流沙に通ず。方にして之を言はば、萬五千里なり。東は蓬萊に至り、西は隴右に

至り、後は京北に跨り、前は衡岳に及ぶ。堯・舜の土は萬里、時に七千里、亦た常無く、徳の優劣に随ふなり。(三〇)

張華は、これまで方三千里・方五千里・方一萬里とされてきた中國の大きさを西晉が支配する現在は「方一萬五千里」である、と理解する。(三一)しかも、中國の大きさは変化するものとされ、堯・舜のとき中國は「方一萬里」であったが、時によっては「方七千里」にもなるという。

中國の大きさが、徳によって変わる、という特殊な世界観は何に由来するのであろう。三國時代において、中國の別称でもある中原を支配した曹魏の大きさは、蜀漢と孫呉の存在により削られていた。一方、張華は、東夷を招撫することにより、中國がそれまで夷狄として自らの世界に組み込むことのなかった「二十餘國」を天下の一部とした。天下はこの結果、拡大する。これが徳の有無により中國の大きさが変わる、という主張の背景であろう。張華は、三國を統一して、新たな夷狄を朝貢させた西晉が、その徳により「中國」を「方一萬五千里」の大きさにまで広げたことを高らかに宣言したのである。

このように張華は、鄭玄學に基づきながら、緯書によって自らの世界観を構築した。『山海經』以下の多くの書籍を一つの世界観でまとめ上げる際に用いたものは、鄭玄學と同様、『尙書中候』や『河圖括地象』といった緯書であった。これまでの儒教が、方三千里から方一萬里の間で天下の大きさを論じてきたことに対して、張華は、天下の大きさを方一萬五千里としたうえで、さらに周辺に広く異民族が存在する世界観を示した。しかも、異民族は周辺に附屬しているわけではなく、中國の周囲に広がる中國の八十倍にもなる「大九州」に居住している、と把握された。ここに、異民族の力を無視できなくなった西晉時代の漢民族の恐怖がある。その恐怖は、異民族に対する蔑視へと展開していく。

三、異民族への蔑視

中國の八十倍もの広さを持つ「大九州」に居住する異民族は、張華の『博物志』では、どのように記載されているのであろうか。

張華は、夷狄の居住する地域を次のように記している。

天地四方は、皆 海水もて相 通じ、地は其の中に在りて、蓋し幾も無きなり。七戎・六蠻・九夷・八狄は、形類同じからざるも、總べて之を言はば、之を四海と謂ふ。皆 海に近きを言ひ、海の言は晦、冥《くら》く覩る所無きなり。(三二)

「七戎・六蠻・九夷・八狄」という四夷は、「四海」と呼ばれる地域に居住する。(三三) それは、その居住地が海に近いという地理的な特徴だけではなく、「海」が「晦」、すなわち暗いという意味とされるように、文化の光の届かない最果ての地に居住するという文化的差別意識に基づく呼称である。(三四)

したがって、異民族が住む水に近い地域では、男女の出生に差が生まれる。

山有る者は採り、水有る者は漁す。山の氣 男多く、澤の氣 女多し。平衍の氣は仁、高陵の氣は犯、叢林の氣は臞、故に其の居る所を擇ぶ。居りて高中の平、下中の高に在らば、則ち好人を產む。(三五)

生まれる場所により職業・男女・性質などが異なるという認識は、すでに『淮南子』墬形訓篇に見られる。「二億三萬五千五百里」とする大地の南北と同様、ここの記述も『淮南子』墬形訓篇を典拠としよう。ただし、それが単独ではなく、四夷が「四海」と呼ばれることと併せ述べられると、「澤」すなわち水の氣から女性が生まれるとの記述は、異民族には女性の出生が多いという認識に繫がる。「魏志倭人傳」において、倭國は女性が多いとされ、『三國志』東夷傳の東沃沮の条には、後述するように女人國の存在が記されている。こうした陳壽の異民族認識は、經學的には『周禮』夏官 職方氏を淵源とするものの（本書第七章参照）、直接的には張華の『博物志』を起源としよう。

また、張華の『博物志』には、異民族を鳥獣と見なす記述が多い。後漢「儒教國家」では、『春秋公羊傳』を中心としながら、夷狄との融和拒否から容認へと展開した華夷思想は、曹操の夷狄強攻策を継承する曹魏では、『春秋左氏傳』を論拠に再び夷狄との融和拒否へと戻された。「儒教國家」の再編を目指す西晉の武帝は、本来的には夷狄を禽獣や豺狼と見なす『春秋左氏傳』を典拠としながらも、「遠きを懷くるに德を以てす」を論拠に夷狄との共存を目指す阮种の對策を第一とした。ところが、惠帝の即位後、八王の乱が始まり、氏族・羌族が擁立した皇帝を打倒し得た後に著された江統の徙戎論は、強硬で排他的な華夷思想を主張している(二六)。夷狄の脅威を目の当たりにした西晉では、『春秋左氏傳』を論拠に、夷狄を禽獣や豺狼と捉える見方が復活していたのである。張華が夷狄を鳥獣との関わりで描くことは、こうした西晉における華夷思想の反映である。

『博物志』には、西方に関して、「楊」という姓の人を猿との間の子とする記述がある。

蜀の山の南の高山上に、物有り獮猴の如し。長さ七尺、能く人行し、健走す。名づけて猴玃と曰ひ、一に馬化と名づく、或いは猳玃と曰ふ。行道の婦女の好み有る者を伺ひ、輒ち之を盜みて以て去り、人 知るを得ず。……子有る者は、輒ち俱に其の家に送還す。子を產まば皆 人の如し。食養せざる者有らば、其の母 輒ち死す。故に敢て養はざるは無きなり。長ずるに及びて、人と異ならず。皆 楊を以て姓と爲す。故に今 蜀中の西界に楊と謂ふもの多し。率ね皆 猳玃・馬化の子孫なり、時時に玃爪有る者を相《み》るなり(二七)。

蜀の西にいる猿との間の子である「楊」氏とは、氏族の楊茂搜を意識している可能性がある。張華の執政期（二九一～二九九年）の二九六年、氐族の齊萬年が乱を起こすと、略陽の氐族の楊茂搜は仇池に移り、自ら輔國將軍と称し、氐族部衆に擁立されて王位に就いた。これを前仇地國という。武都・陰平の二郡を統治する楊茂搜に対して、西晉は、驃騎將軍・左賢王に追認せざるを得なかった（三崎良章《二〇一二》を参照）。この時期の西晉にとり、最も脅威となっていた異民族は、蜀の西に住む氐族であった。したがって、江統が「徙戎論」を二九九年に著したように、漢民族と雑住しつつあった異民族、中でも氐族への排斥運動が盛んであった（渡邉義浩《二〇〇九ａ》）。張華は、自身も対処する氐族への脅威を背景に、猿に氐族を象徴させ、猿が強制的に子供を産ませて繁殖を図っていることを批判する記事を『博物志』に入れたのである。

西南に関しては、「獠子」という異民族を蔑視している。

荊州の極西南の界より蜀に至るに、諸民を獠子と曰ふ。婦人は妊娠すること七月にして產むに水に臨む。兒を生まば便ち水中に置き、浮かべば則ち取りて之を養ひ、沈まば便ち之を棄つ。既に長ずれば、皆 上齒の牙 各〻一を拔去して、以て身飾と爲す[三八]。

荊州の西部から蜀にかけて居住した西南夷の「獠子」[三九]は、異民族を「四海」近くに居住すると記す『博物志』では、「水」に臨んで出產し、子を浮かべて浮かんだ子だけを育てる、とされた。子を棄てることは、「儒教国家」が異民族教化の際に、禁止する風習の代表的事例の一つである[四〇]。その教化すら及ばない野蛮さが、ここでは表現されている。

南方に関しては、越人の祖先を鳥とする記述がある。

越地の深山に鳥有り、鳩の如く、青色なり、名づけて治鳥と曰ふ。……形は長さ三尺、澗中に石蟹を取り、人の火の間に就きて之を炙るも、犯す可からざるなり。越人 此の鳥を謂ひて、越祝の祖と爲す[四一]。

越の地に居住する、石蟹を人の火であぶり焼きする「冶鳥」を、『博物志』は越の「祝」（祈祷師）の祖先である、という。越族は、氏族や西南夷に比べれば、漢化が進んでいるためか、鳥とされているものは、あくまでも「祖」である。それでも、異民族と鳥獣とを結びつける記述は、氏を猿とする発想と同じである。

また、南方の呉には、虫の頭により飛ぶ人の記述がある。

　南方に落頭蟲有り。其の頭　能く飛ぶ。其の種人　常に祭祀する所有り、號して蟲落と曰ふ、故に因りて名を取る。其の飛ぶや晩に因りて便ち去り、耳を以て翼と爲し、將に曉ならんとして還り復た體に著《つ》く。呉の時　往往にして此の人を得るなり。[四二]

干寶の『捜神記』巻十二は、この話を展開する。[四三] 孫呉の將軍である朱桓は、「落頭民」の婢を用いていたが、毎夜、頭だけとなって出かけていく婢を嫌って家より出す。そののち、朱桓が調べたところ、頭だけで飛ぶことができるのは、その「天性」によるものであった、とするのである。東晉の『捜神記』では、すでに「落頭蟲」の記述はなく、「落頭民」という夷狄が「天性」として頭だけで飛べた、と記述される。東晉に入ってからも、漢民族と異民族とは「氣」が異なる、とするような、異民族蔑視が継続していることが分かる。[四四]

東方に関しては、すでに『山海經』の海外東經に見え、『博物志』独自の記事とは言えないが、蛇を耳から出している人が描かれる。

　箕子　朝鮮に居り、其の後　燕を伐ち、復た朝鮮に之き、亡れて海に入り鮮國を爲る。雨師妾は黑色にして、珥の兩に青蛇あり、蓋し勾芒ならん。[四五]

伝説の国である雨師妾の人々は、二つの耳から青い蛇を出しており、それが勾芒、すなわち東方の木神である、とされる。

さらに、前述したが、東方には女人國が存在するとされる。

一國有りて亦た海中に在り。純女にして男無し。又 説《い》ふ、一布衣を得たり、海中より浮き出づ。其の身は中國人の衣の如く、兩袖の長さ三丈。又 一破船を得たり、波に隨ひ出でて海岸の邊《ほと》りに在り。一人有りて項中に復た面有り。之を生得するも、與に語るに相 通ぜず。食らはずして死す。其の地は、皆 沃沮の東の大海の中に在り(四六)。

東沃沮は高句麗の東、大海の岸辺に住居を定める。『周禮』において女性の比率が高いとされる幽州の東北に居る夷狄である。女性が多い地に選ばれるには相応しい。東沃沮の大海中には、さらに三丈もの長さがある両袖の服を着る人や、うなじにもう一つ顔のある人がいる、という。これらは、鳥獣ではない。それは、本来、東夷の「夷」の字に鳥獣の意が含まれないことによろう。それでも、異民族への蔑視は、ここにも見られる。

このように張華の『博物志』には、異民族を鳥獣と同様と蔑視する記述が見られる。氐族の台頭に怯えた江統は「徙戎論」を著し、張華は氐族の雑住を猿が子供を産ませる話として記録した。こうした異民族蔑視を含む張華の世界観は、後世にいかなる影響を与えたのであろうか。

四、世界観の影響力

『博物志』に表現された世界観の影響として、すでに指摘したものは、陳壽の『三國志』と干寶の『搜神記』への影響である。

陳壽の『三國志』は、東夷傳東沃沮の条に、三で掲げた東沃沮の女人國の記事を、それに続く手が長い人・顔が二つある人の記事と共に、字句もほぼそのままに踏襲している。また、東夷傳倭人の条にある「黑齒國」も、『博物志』巻二に見える国名である。張華に抜擢された陳壽が、『博物志』の記述を『三國志』に転載することは、自然なことと言えよう。そうしたなか、陳壽が倭國だけを好意的に記したのは、司馬懿の遼東制圧を機に曹魏に朝貢した倭國を東南の大国と描くことで、司馬懿を顕彰するためであった（本書第六章・第七章）。

また、『捜神記』にも、三で掲げた「楊」姓の人を猿との間の子とする記事、越人の祖先を鳥とする記事、虫の頭が飛ぶ記事が踏襲される。(四七)ただし、すでに述べたように、虫の頭に関しては、『捜神記』では、虫への言及が削除され、孫呉の朱桓という、それを見た具体的な人名が加えられるなどの創作が進められている。『博物志』は、『捜神記』より始まる「志怪」に、大きな影響を与えた。(四八)

一方、『博物志』が影響を受けたものに、『莊子』の世界観がある。

山に獸有り、其の形　鼓の如く、一足たること夔の如し。澤に委蛇有り、狀　轂の如く、長さ　轅の如し。之を見る者は覇たり。(四九)

張華は、山には夔のようなものが、沢には委蛇がおり、委蛇を見た者は覇者になる、と記す。これは、齊の桓公と皇子告敖の会話を中心に、病が気から起こることを説く『莊子』達生篇を踏まえている。阮籍の「大人先生傳」にも影響を与えている『莊子』の世界観を継承することで、『博物志』は、その「大九州説」と共に世界観を拡大し得たと言えよう。

また、『博物志』が襲った『莊子』の「委蛇」の記述は、『山海經』海內經に似た話が伝わる。ただし、『山海經』の話は神怪そのものであり、より古さを感じさせる。このような『博物志』による『山海經』の再発見は、郭璞の『山海經』注へと繋がっていく。(五〇)『山海經』の持っている儒教とは異なる世界観は、『博物志』が広げた世界観をさらに拡大していこう。

こうしたなか、東晉時代に佛教が受容される。『博物志』から始まる、中國以外に大きな世界が存在することの再発見は、中國以外から齎された高度な佛教文化を受容する背景となっていくのである。(五一)

おわりに

張華が『博物志』において、これまでと大きく異なる世界観を展開した理由は、自分を評価してくれた阮籍の「大人先生傳」の世界観から影響を受けたことによる。もちろん、張華にそれを可能にする学識と経験があったことは見逃せない。張華の世界観は、鄭玄學と同様、緯書を重視するもので、堯が天下を九州に分けたとしたうえで、大九州説を採用する。そして、西晉の中國統一を高く評価し、その徳により中國は方一萬五千里の大きさを持つに至った、としたのである。

しかし、中國の外に居住する異民族に向けられた視座その目は、華夷思想に基づき異民族への蔑視となった。そこには、五胡の侵入に代表される漢民族の危機への反応が見られる。張華は、氐族の雑住を猿が子供を産ませる話として記録するなど、異民族を鳥獣と同様であると蔑視する記述を残した。

こうして形成された異民族への差別的な世界観は、「魏志倭人傳」や『捜神記』などに継承され、後世に大きな影響を与えることになる。(五二)ただし、張華の『博物志』が残したものは、異民族への差別だけではない。「大九州説」に基づく、中國を大きく超えるその拡大された世界観は、文化の根底を異にする佛教を受容する思想的な準備となったのである。

《注》

（一）貴族が大土地所有ではなく、文化的価値を存立基盤とすることは、渡邉義浩〈二〇〇三c〉を、陳壽の『三國志』の特徴が、師の譙周の讖緯思想に基づく予言の証明にあることは、渡邉義浩〈二〇〇八e〉を、陸機の「文賦」の文学史上における意義は、渡邉義浩〈二〇一三〉を参照。

（二）後世、博学な張華が、怪異を知ることを超えて、術士としての傾向をも帯びたことについては、大平幸代〈二〇一三〉を参照。

（三）范寧（校證）《一九八〇》。また、『博物志校證』が集めた佚文を補正する松本幸男〈一九八九〉、祝鴻傑〈一九九四〉、王媛〈二〇〇九〉も参照。なお、范寧の輯本で軽視されている佛典に残る『博物志』については、佐藤礼子〈二〇一〇〉を参照。

（四）赤堀昭〈一九八七〉。王媛〈二〇〇六〉も参照。

（五）「四庫提要」の『博物志』評価が公正を欠くことについては、松本幸男〈一九八八〉を参照。

（六）「魏志倭人傳」については、本書第六章・第七章を参照。なお黑齒國は、『山海經』第九　海外東經・第十四　大荒東經にも記録されている。

（七）世界観以外から『博物志』を検討する研究も多い。陳冰〈二〇〇九〉は、『博物志』より漢人の民俗や一部の少数民俗の風俗を解明しようとしたものである。羅欣〈二〇〇六〉は、『博物志』の哲学が、漢の讖緯思想と魏晉の玄学の影響下に天人合一や神秘主義的な傾向を持っていると指摘する。

（八）鷦鷯小鳥也。生于蒿萊之間、長於藩籬之下。翔集尋常之内、而生生之理足矣。色淺體陋、不爲人用。形微處卑、物莫之害。繁滋族類、乘居匹游、翩翩然有以自樂也（『文選』卷十三　鷦鷯賦）。

（九）郭象『莊子注』の「自得」については、渡邉義浩〈二〇一二b〉を参照。

（一〇）孔繁《一九九一》。羅宗強《一九八七》も同様の見解を取る。なお、田中順子〈一九八六〉は、「鷦鷯の賦」を自推状と理解する。

（一一）李善注に引く臧榮緒『晉書』によれば、「鷦鷯の賦」を作った時期は、すでに張華は太常博士から転じて中書郎を兼ねている時期であったという。唐修『晉書』よりも、臧榮緒『晉書』が正しいとしても、行論のように、張華には阮籍の影響が大きく、その『莊子』理解は、阮籍に基づくものと考えられる。

（一二）何造化之多端、播羣形於萬類。惟鷦鷯之微禽、亦攝生而受氣（『文選』巻十三 鷦鷯賦）。

（一三）赤塚忠《一九七七》。池田知久《二〇一四》は、秋水篇第一章には、逍遙遊篇第一章・齊物論篇第一章などを踏まえて、萬物齊同の哲学を基礎に、萬物齊同的な「無」の相対化、知識論から実践論への展開、知識論的「萬物齊同」から存在論的「萬物齊同」への移行などが見られる、とする。

（一四）鷦冥巣於蚊睫、大鵬彌乎天隅。將以上方不足、而下比有餘。普天壤而遐觀、吾又安知大小之所如（『文選』巻十三 鷦鷯賦）。

（一五）林田愼之助〈一九六五〉は、「鷦鷯の賦」に止まらず、張華の文學全体を論じ、その文學は儒家的志向と老莊的希求との間をゆれ動き、児女の情愛をうたう情詩から、遊俠壮士の慷慨、有閑の貴公子達の享楽に共鳴する樂府詩まで大きな思想的振幅を展開してみせた、と位置づけている。

（一六）阮籍の『莊子』理解の特徴が、「自然」を根源とする宇宙生成論と、『莊子』の中心思想を萬物齊同論に求めることにあったことについては、渡邉義浩〈二〇一五〉を参照。

（一七）先生以應變順和、天地爲家。……先生以爲、中區之在天下、曾不若蠅蚊之着帷。故終不以爲事。而極意乎異方・奇域（『阮籍集』大人先生傳）。

（一八）中國の「天下」概念については、渡邉義浩〈二〇一一〉を参照。

（一九）齊王司馬攸を中心とする西晉武帝の後繼者争いについては、渡邉義浩〈二〇〇五c〉を參照。

（二〇）乃出（張）華爲持節・都督幽州諸軍事・領護烏桓校尉・安北將軍。撫納新舊、戎夏懷之。東夷馬韓・新彌諸國、依山帶海、去州四千餘里、歷世未附者、二十餘國、並遣使朝獻。於是遠夷賓服、四境無虞。頻歳豐稔、士馬強盛（『晉書』卷三十六 張華傳）。

（二一）余視山海經及禹貢・爾雅・說文・地志、雖曰悉備、各有所不載者。作略說、出所不見、粗言遠方、陳山川位象、吉凶有徵。諸國境界、犬牙相入、春秋之後、並相侵伐、其土地不可具詳。其山川地澤、略而言之、正國十二。博物之士、覽而鑒焉（『博物志』卷一）。

（二二）『尚書正義』卷五 益稷の疏に、「鄭玄云ふ、……堯 初め五服を制するや、服ごとに各〻五百里なり。要服の內、方四千里たりて、九州と曰ふ。其の外の荒服を四海と曰ふ。此れ禹の受くる所なり（鄭玄云、……堯初制五服、服各五百里。要服之內、方四千里、曰九州。其外荒服曰四海。此禹所受）」とある。

（二三）『太平御覽』卷八百八十六 妖異部二 精、および『法苑珠林』卷五十八 納諫篇に、「博物志曰」として、同文を引用する。また『太平御覽』卷八十二 皇王部七 夏禹には、『尚書中候』として、「伯禹曰く、「臣 河伯を觀るに、面 長く 人首にして魚身なるが出でて曰く、吾 河精なりと。臣に河圖を授け、足を帶《めぐ》らせ淵に入る」と。伯禹 拜して辭す（伯禹曰、臣觀河伯、面長人首魚身出曰、吾河精也。授臣河圖、帶足入淵。伯禹拜辭）」と引かれ、「河圖」に關わる部分だけ詳しい文章が掲げられている。

（二四）鄭玄の『尚書中候』注と太平の思想については、間嶋潤一《二〇一〇》を參照。

（二五）鄭玄の『尚書』注は、孔広林《一九七三》に輯本がある。注（二三）の文も輯集されている。また、間嶋潤一〈二〇〇二〉も參照。

（二六）河圖括地象曰、地南北三〔二〕億三萬五千五百里。地（部）〔柢〕之位、起形高大者、有崑崙山。廣萬里、高萬一千里、神物之所生、聖人・仙人之所集也。出五色雲氣、五色流水、其（泉）〔白水〕南流入中國、名曰河也。其山中應于天、最居

中、八十城布繞之、中國東南隅、居其一分、是（奸）〔好〕域也（『博物志』巻一）。范寧の校勘に基づいて、〔 〕を補い、（ ）を〔 〕に改めた。以下同。

（二七）鄒衍の大九州説については、御手洗勝〈一九五七〉・〈一九六一〉を参照。

（二八）考靈燿曰、地有四遊。冬至地上北而西三萬里、夏至地下南而東三萬里、春秋二分其中矣。地常動不止、譬如人在舟而坐、舟行而人不覺（『博物志』巻一）。

（二九）『爾雅注疏』巻五に引く、鄭玄の『尚書考靈曜』注に、「四遊なる者は、立春より、地と星辰 西遊し、春分に西遊の極なり。地は西極すと雖も、正中を升降す。此れより漸漸として東し、春季に至り正に復す。立夏の後より北遊し、夏至に北遊の極なり、地は則ち極下を升降し、夏季に至り正に復す。立秋の後に東遊し、秋分は東遊の極なり、地は則ち升降し正中し、秋季に至り正に復す。立冬の後に南遊し、冬至は南遊の極なり、地は則ち升降し極上し、冬季に至り正に復す。此れ是れ地及び星辰の四遊の義なり（四遊者、自立春、地與星辰西遊、春分西遊之極。地雖西極、升降正中。從此漸漸而東、至春季復正。自立夏之後北遊、夏至北遊之極、地則升降極下、至夏季復正。立秋之後東遊、秋分東遊之極、地則升降正中、至秋季復正。立冬之後南遊、冬至南遊之極、地則升降極上、至冬季復正。此是地及星辰四遊之義也）」とある。

（三〇）中國之域、左濱海、右通流沙。方而言之、萬五千里。東至蓬萊、西至隴右、後跨京北、前及衡岳。堯・舜土萬里、時七千里、亦無常、隨德優劣也（『博物志』巻一）。

（三一）『禮記』王制が方三千里、『尚書』禹貢の今文学説が方五千里、『周禮』が方一萬里（九州＋蕃國）、『尚書』禹貢の古文学説が方一萬里（九州＋四海）とすることについては、渡辺信一郎〈一九九九〉を参照。

（三二）〔天地四方、皆海水相通、地在其中、蓋無幾也〕。七戎・六蠻・九夷・八狄、形〔類不同〕、總而言之、謂之四海。言皆近海、海之言晦、（昏）〔冥〕無所覩也（『博物志』巻一）。

（三三）『爾雅』釋地に、「九夷・八狄・七戎・六蠻、之を四海と謂ふ（九夷・八狄・七戎・六蠻、謂之四海）」とある。張華は、『爾雅』の「四海」の解釈を踏まえて、自らの世界観を表出している。

（三四）中華と夷狄の別を文化的な概念によって規定する『春秋公羊傳』と、夷狄を禽獣や豺狼と見なす差別的な考え方を持つ『春秋左氏傳』が、漢代における夷狄観をどのように形成していたのかについては、渡邉義浩〈二〇〇八ｂ〉を参照。なお、海を晦とするのは、『釋名』釋水篇に基づく解釈である。

（三五）有山者採、有水者漁。山氣多男、澤氣多女。平衍氣仁、高（凌）〔陵〕氣犯、叢林氣躄、故擇其所居。居在高中之平、下中之高、則產好人（『博物志』卷一）。

（三六）曹魏から西晉における夷狄観の展開については、渡邉義浩〈二〇〇九ａ〉を参照。

（三七）蜀山南高山上、有物如獼猴。長七尺、能人行、健走。名曰猴玃、一名〔馬〕化、或曰猳玃。（同）〔伺〕行道婦女有好者、輒盜之以去、人不得知。……有子者、輒俱送還其家。產子皆如人。有不食養者、其母輒死。故無敢不養也。及長、與人不異。皆以楊爲姓。故今蜀中西界多謂楊。率皆猳玃・〔馬〕化之子孫、時時相有玃爪者也（『博物志』卷三）。

（三八）荊州極西南界至蜀、諸民曰獠子。婦人妊娠七月而產臨水。生兒便置水中、浮則取養之、沈便棄之。既長、皆拔去上齒牙各一、以爲身飾（『博物志』卷二）。

（三九）『集韻』上聲晧韻に、「西南夷、之を獠と謂ふ（西南夷、謂之獠）」とある。

（四〇）渡邉義浩《一九九五》第三章「支配」を参照。

（四一）越地深山有鳥、如鳩、青色、名曰冶鳥。……形長三尺、澗中取石蠏、就人火間炙之、不可犯也。越人謂此鳥、爲越祝之祖（『博物志』卷三）。

（四二）南方有落頭蟲。其頭能飛。其種人常有所祭祀、號曰蟲落、故因取（之）〔名〕焉。其飛因（服）〔晚〕便去、以耳爲翼、將曉還復著體。吳時往往得此人也（『博物志』卷三）。

（四三）『搜神記』の巻数と底本は、汪紹楹《一九七九》による。

（四四）『搜神記』では、西南夷の「槃瓠」伝説が「異氣」のために生み出された怪物へと変容することについては、三津間弘彦〈二〇一一〉を参照。

(四五) 箕子居朝鮮、其後伐燕、〔復〕之朝鮮、亡入海爲鮮國。(師兩妻墨)〔雨師妾黑〕色、珥兩青蛇、蓋勾芒也（『博物志』巻九)。

(四六) 有一國亦在海中。純女無男。又說、得一布衣、從海〔中〕浮出。其身如中國人衣、兩袖長（二）〔三〕丈。又得一破船、隨波出在海岸邊。有一人項中復有面。生得〔之〕、與語不相通。不食而死。其地、皆在沃沮東大海中（『博物志』巻二)。

(四七) このほか、前漢の宮人に関する記事、大腰に関する記事など、他にも重複する事例は多い。汪紹楹《一九七九》を参照。

(四八) たとえば『拾遺記』に与えた『博物志』の影響については、顧農〈二〇一二〉を参照。

(四九) (小) 山有獸、其形如鼓、一足如（蠡）〔夔〕。澤有委蛇、狀如轂、長如轅。見之者霸（『博物志』巻三)。

(五〇) 『山海經』の受容については、松田稔《一九九五》。『博物志』にも影響を与えている『尙書』・『淮南子』などと『山海經』との比較については、松田稔《二〇〇六》を参照。郭璞の注の意義については、桜井龍彦〈一九九四〉を参照。

(五一) 佛敎の世界観を代表する三千大千世界を説明する世親（著）『阿毗達磨倶舍論』が漢訳されるのは、眞諦（訳）二十二巻本が五六四年、玄奘（訳）三十巻本が六五一年であり、しばらく後のことである。

(五二) 「楊」という姓の人を猿との間の子とする『博物志』の記述が、「女をさらう猿」の展開の中で、『西遊記』へと繫がっていくことは、仙石知子〈二〇一五〉を参照。

終章　邪馬臺國の真実

はじめに

本書は、三國時代の国際関係と文化の追究により、日本に関する本格的な最古の記録である「魏志倭人傳」に記された邪馬臺國の真実に迫ることを試みた。具体的には、第一に、第一章から第五章において、曹魏と邪馬臺國の密接な関係の背景にある三國時代の国際関係を解明した。第二に、第六章・第七章において、三國時代の国際関係と文化のあり方からの内的史料批判に基づいて、倭人傳の偏向を検証した。第三に、第八章から第十章において、倭人傳の偏向の背景となっている經書の規定性の強さ、孫吳に関する記述を捨象する編纂態度、陳壽の世界観に影響を与えた張華の世界観を考察した。

終章では、第一章から第五章および第八章から第十章において解明した三國時代の国際関係と文化を整理し、第六章・第七章において偏向を明らかにした倭人傳の虚実を条ごとに弁別する。そのうえで、倭人傳に残された事実の記録によって、考察し得る邪馬臺國の実態を述べていくことにしたい。

一、三國時代の国際関係と文化

後漢に最も近しい夷狄であった匈奴は、後漢の祭祀体系にも組み込まれる体制内異民族であった。後漢は、南匈奴の單于を保護・統制し、匈奴もまた後漢を守るために戦った。もちろん、一時的には離反することもあったが、黃巾の乱を契機とする後漢の危機に際して、南單于は、漢の救援のために於扶羅を派遣した。しかし、混乱を極めていた後漢は、於扶羅に守ってもらうことも、於扶羅を守ることもできなかった。於扶羅は曹操に降服し、南匈奴は漢と命運を共にする。

こうした後漢の匈奴、さらには烏桓に対する体制内異民族政策を規定したものは『春秋公羊傳』であり、その注釋を集大成した何休は、陳蕃の故吏であった。政治的に陳蕃の後継者となる袁紹は、この異民族政策を継承する。このため、袁紹は、烏桓の協力を得て公孫瓚を打倒できたが、曹操には官渡の戦いで敗れる。それでも、烏桓は、袁紹の二子を助けて、曹操との戦いを続けていく。体制内異民族であった匈奴と烏桓は、最後まで自らの保護者であった後漢と袁紹を守ろうとしたのである（第一章）。

後漢の異民族政策のすべてが、異民族との融和を目指す儒教理念に基づいて行われたわけではない。「河西の外戚」である馬氏・竇氏・梁氏は、体制外異民族であった羌族に隷属を強い、自らの勢力拡大に利用した。これに反発する羌族との戦いの中から、成長したものが「西北列將」である。かれらは、歩兵と強弩の組み合わせによって、優勢な騎兵に対抗する戦術を生み出し、その軍事的優越性が曹操へと継承されていく。また、新たに台頭した鮮卑の侵攻に対して、後漢は、黃巾平定後の軍事力を総動員して対抗する。その一員として派遣された董卓は、羌族を自らの軍に組み込む古い権力構造を採用していた。やがて後漢の実権を掌握した董卓は、董太后が養育していた獻帝を擁立することで、自らの外戚化をも進めていく。こうした董卓の時代に逆行する政策が、羌族に歓迎された理由は、打ち続く戦争と鮮卑の台頭により、かつて天子を自称したほどの自立性を羌族が失っていたことによろう。羌族との戦いの中で、外戚は勢力を拡大し、最終的な後継者として董卓を生み出したのである（第二章）。

董卓個人は王允に打倒される。そして、董卓の流れを汲む涼州兵を打倒したものが、「西北列將」の流れを汲む曹操であった。曹操は、橋玄を理想としたように、異民族政策を「西北列將」より継承したが、中でも異民族との融合を目指した張奐の政策に近かった。このため、「三郡烏桓」を中国に徙民させて自己の軍事的基盤とする一方で、南匈奴には南單于の呼廚泉を抑留する政策に止めた。ただし、夏侯淵に委ねた涼州での羌族・氐族との戦いでは、馬超・韓遂とその勢力下にあった羌族・氐族を壊滅させている。

これに対して、曹魏を建国した文帝は、異民族の朝貢を天子の徳を証明する重要な手段とした。このため、南單于の呼廚泉は、文帝の即位儀礼に参加している。ところが、明帝期になると、鮮卑は軻比能が諸葛亮の外交政策に呼応して反乱を起こすなど、諸葛亮の脅威のため遼東の公孫氏にも十全な対決姿勢を取れなかった。そうした中、諸葛亮が外交努力を重ねていた西域の背後から朝貢した大月氏國（クシャーナ朝）は歓迎され、明帝より「親魏大月氏王」の称号を賜与された。

こうした国際関係の中に、卑彌呼は使者を派遣した。曹魏は、司馬懿の遼東征討の功績を称える目的で、それを契機に朝貢した倭國に「親魏倭王」の称号を賜与する。そこには、明帝期に大月氏國を曹魏に朝貢させた曹眞の子である曹爽が司馬懿の政敵であったために、倭國を大月氏國より遠くて重要な大国とせざるを得ない、という正始の政変後の曹魏の国内事情が存在した。加えて三國時代の国際関係は、蜀漢に対する大月氏國のように、孫呉に対して背後を衝き得る海上国家たることを倭國に期待したのである（第三章）。

曹魏が大月氏國に「親魏大月氏王」の称号を与える原因となった諸葛亮は、草廬對で定めた外交の基本方針を生涯貫いた。第一に、孫權と結び曹魏を討つことは、外交努力の結果、危機を乗り越えて継続し得た。第二に、「南のかた夷越を撫」すことは、南征および南中統治の基本方針となった。第三に「西のかた諸戎と和」すことは、涼州経由の北伐を支える戦略となり、姜維にも継承された。こうした諸葛亮の外交政策を根底で支えた思想は、春秋公羊學、とりわけ何休の思想であった。諸葛亮は荊州學を修めながらも、自らが輔佐して建国した蜀漢を守るため、後漢を正統化するために特化した何休の公羊學に基づいて、草廬對で定めた外交政策を貫いたのである。そこには、諸葛亮の蜀漢への思いだけではなく、「漢」という国家が持つ影響力の大きさを見ることもできる。

諸葛亮の外交政策により、劉禪は漢の天子として四夷を備えることができた。「天下二分」を約した同盟国の孫呉に接する東夷は存在しないものの、北狄として鮮卑、南蠻として南中、西戎として西域諸国と結ぶことで、蜀漢を天子と頂く国際秩序を成立させたのである（第四章）。

これに対して、曹魏の国際秩序を表現すべき『三國志』は、南蠻傳を設けていない。それは、南方に対する孫呉の国際秩序を曹魏が最後まで打倒できなかったことを示す。かつて士燮が統治した交州を直接統治し、扶南・林邑・堂明を朝貢させた孫呉の南方への国際秩序は、東晉以降の佛教受容を準備した。孫呉の国際秩序を明記し得ない『三國志』に、佛教関係の記述の少ない理由である。

しかし、公孫淵を內臣に、高句麗を北狄として朝貢させる孫呉の北方への国際秩序は、曹魏に打倒され、東夷とすべき「亶州」の探索も成果を挙げられなかった。孫呉の国際秩序は、天下を二分する蜀漢との盟約、ならびに扶南・林邑・堂明を朝貢させた南方でのみ実現したのである（第五章）。

倭國が孫呉の背後に存在する「大国」と記録されたのは、第一に、曹魏と孫呉・蜀漢との対立が異民族を包含して行われたこと、第二に、その中で蜀漢の背後にある大月氏國に匹敵する大国を孫呉の背後に必要としたこと、第三に、曹眞―曹爽と司馬懿の対立という曹魏の国内事情、第四に、司馬懿の功績を宣揚しなければならない西晉の史家陳壽の政治的立場を理由とする。蜀漢の背後にある大月氏國を朝貢させた曹眞の功績を上廻るように、倭國を孫呉の背後にある大国と認識することは、陳壽に止まらず、司馬懿が権力を掌握した曹魏、そして西晉にも共有されていた。陳壽はさらに、西戎傳を立伝せず、曹眞傳には大月氏國の入貢を記さず、太伯と倭との関係を示す記述を削って、倭國が孫呉の背後にある大国であることを明確にした。『三國志』の抄写の中で「景初二年」とされてきた卑彌呼の最初の朝貢は、陳壽の執筆意図に基づけば、『日本書紀』神功紀三十九年条や『翰苑』に引かれる倭人傳のとおり、「景初三年」とすべきなのである（第六章）。

陳壽は、倭國を中国の東南にある大国として描くため、さまざまな經書や史籍を用いて、その虚像を創作した。司馬懿の功業を宣揚する、という目的のために、陳壽は、司馬懿の遼東平定に伴い来貢した倭國を孫呉の脅威たるべき大国として好意的に描いたのである。ただし、倭國を孫呉の背後にある東方の大国と認識することは、陳壽に始まるわけではない。曹魏の外交方針そのものが、蜀漢に対抗する大月氏國と同等の存在に、孫呉の背後にあるべき倭國を押し上げていた。陳壽の倭人傳は、こうした曹魏以来の認識を經典などの引用により、さらに強調したものである。

したがって、倭人傳は、理念と現実が入り混じる記録となった。邪馬臺國論争が繰り広げられた方角・距離の比定には、陳壽の理念に覆われている。倭人傳に記される邪馬臺國は、九州でも大和でもなく、會稽郡東冶縣の東方海上に位置づけられているためである。

その一方で、倭人傳をすべて理念の産物と片づけることも正しくない。倭人傳の中に、実際に倭國を訪れた使者の著した報告書を起源とする記述が含まれていることは、間違いないのである。実際に倭國に赴いた使者の報告書に基づく事実の記載は、三世紀の倭國の国制や社会のあり方を今日に伝え、描かれた外交関係は、三國それぞれの異民族への政策を浮き彫りにする。漢という統一国家が存在する時、周辺の異民族は、服従か抵抗かという二者択一を迫られた。ところが、三國時代には、他の国と結んで対抗するという選択肢が生まれた。三國が、それぞれ敵対国の背後の異民族と手を組むことを目指したためである。

邪馬臺國を曹魏が庇護したように、邪馬臺國と対立した狗奴國に孫吳が関わりを持ったのか否かを伝える史料はない。しかし、その可能性が、邪馬臺國への破格な待遇と陳壽の曲筆の理由の一つであった。邪馬臺國は、実在の位置とは関係なく、孫吳の背後の會稽郡東冶縣の東方海上になければならない国際関係があった。また、倭國を表現する際には、詔や使者の報告書という一次史料がありながらも、三國時代の世界観が擦り込まれた。こうして倭人傳は、理念と現実が混淆する記録となったのである（第七章）。

このように、陳壽の『三國志』は、その記述に偏向を持つ。それは、倭人傳に止まらない。偏向の理由の一つには、儒教という理念の強さがあった。たとえば、曹操高陵に比定される西高穴二号墓の北側に造成され、使うことなく放棄された一号墓は、後漢の禮制に基づいて卞后のために造られた異穴合葬のための墓が、曹魏の明帝による鄭玄説の採用によって放棄されたものと考えられる。鄭玄の經學を採用することにより墓葬も変わるのである（第八章）。三國時代における儒教の規定性の強さが分かろう。『周禮』『禮記』『尙書』といった儒教經典により構築された世界観が、倭人傳の記述を偏向させている理由である。

また、『三國志』が西晉という三國時代の直後に編纂され、いわば「現代史」として記述し難い部分を持つことも、倭人傳の偏向に影響を与えている。倭國がその背後の脅威として存在することになっていた孫吳は、土德を掲げる曹魏の滅亡を機に、孫晧が新たなる正統性のため、東南（揚州、會稽）で崩御した禹を顕彰した。これにより孫呉は、東南の運氣と禹の金徳を結合する独自の正統性を持ち得たが、まもなく孫呉は滅亡する。曹魏を継承して金徳を主張することは、西晉の正統性と重複するため、陳壽は『三國志』にこれを記さなかった（第九章）。禹は倭國がその東方海上にあるとされる會稽で崩御している。倭人が禹の後裔である太伯の子孫と称していたことを『魏略』は掲載しながら、『三國志』が記述しない理由である。倭國と孫呉との関係の記録は『三國志』には記されない。倭國が孫呉の脅威であるとの理念が崩壊するためである。したがって、たとえ狗奴國が孫呉と関わりを持っていたとしても、それを『三國志』から知ることは不可能なのである。

倭人傳を不可解なものにしている黑齒國や小人國の記録は、陳壽を引き立てた西晉の張華の世界観を背景とする。張華が『博物志』において、これまでと大きく異なる世界観を展開した理由は、自分を評価してくれた阮籍の「大人先生傳」の世界観に影響を受けたことによる。もちろん、張華にそれを可能にする学識と経験があったことは見逃せない。張華の世界観は、鄭玄學と同様、緯書を重視するもので、堯が天下を九州に分けたとしたうえで、大九州説を採用する。そして、西晉の中國統一を高く評価し、その德により中國は方一萬五千里の大きさを持つに至った、としたのである。しかし、中國の外に居住する異民族に向けられた視座には、華夷思想に基づく異民族への蔑視が見られる。そこには、漢民族の危機をもたらす五胡の侵入に対する危機意識がある。張華は、氐族の雑住を猿が子供を産ませる話として記録するなど、異民族を鳥獣に等しいと蔑視する記述を残した。こうして形成された異民族への差別的な世界観は、「魏志倭人傳」にも継承され、後世に大きな影響を与えることになる（第十章）。

以上のような三國時代の国際関係と曹魏国内の政治状況、および陳壽に代表される史家の世界観に起因する偏向は、倭人傳のどの条に現れているのであろう。また、そうした偏向を免れた使者の報告書などに基づく事実の記述はどの条であろうか。倭人傳に即して逐一、その虚実を確認していこう。

二、倭人傳の虚実

邪馬臺國が、會稽郡東冶縣の東方海上に、孫呉の脅威として存在することは理念である。現実の邪馬臺國の位置とは関係なく、そこになければならない国際関係があった。また、倭國を表現する際には、詔や使者の報告書という一次史料がありながらも、三國時代の世界観が擦り込まれた。この結果、倭人傳は、理念と事実が混淆する記録となったのである。

しかし、実際に邪馬臺國まで往復した使者の報告書を陳壽、あるいは魚豢や王沈は見ているはずである。その記録の反映と考えられる、中国の經典や史書に典拠のない叙述が、倭人傳には存在する。その部分こそ、三世紀の倭國の事実を今日に伝える貴重な記録である。

本書で解明した理念と事実の区別を附篇の番号に従ってここで整理し、使者の報告などに基づく部分と、史家の持つ世界観や置かれた政治状況により著された観念的叙述の部分とを分けていこう。

1. 倭の諸国と道程

帯方郡から邪馬臺國に至る道程の方位と距離、国ごとの官名・戸数・概況が記載されたのち、卑彌呼の支配下にある国名が列記され、対立する南の狗奴國の記述もある1「倭の諸国と道程」には、理念と事実が混在している。

1―(1)「帯方郡の東南」は、『漢書』巻二十八下 地理志を踏まえながら、倭國は中国の東南にある、という理念に基づき、帯方郡の「東南」の海のなかに倭國がある、とする。現実の日本列島に対して、方位が東南にずれていることは、道程に関する倭人傳の理念の特徴である。

1―（2）「對馬國・壱岐國」は、使者や帯方郡の報告に基づく事実の記述が中心である。もちろん、現実に比べれば、距離は長すぎるが、『晉書』張華傳などの記述と比べても、倭人傳だけが長いわけではない。陳壽が生きた西晉時代の「事実」が記載されていると考えてよい。ただし、戸数は、大月氏國との関係上、誇張されている可能性がある。

1―（3）「末盧國・伊都國」も、使者や帯方郡の報告に基づく事実の記述が中心となっている。ここまでの記述は、『翰苑』に引かれた『魏略』に残っている。ただし、『魏略』には、伊都國が「郡使 往来するに、常に駐まる所なり（郡使往來、常所駐）」という記述はない。『翰苑』に引かれた『魏略』が節略されている可能性もあるが、そうでなければ、陳壽が『魏略』以外の「伊都國」の役割が書かれた記録、たとえば使者の報告書や朝廷での議（皇帝を前に議論をすること）の記録を見た可能性が高くなる。邪馬臺國が倭國の中心であった時代においても、伊都國が郡からの使者に尊重されている理由は、「おわりに」で考察する。

1―（4）「奴國・不彌國」から後は、榎一雄〈一九四七〉が指摘したように、それまで「①方位＋②距離＋③国名」であった記述方法が、「①方位＋③国名＋②距離」に変わる。これは、ここから基づく史料が『魏略』でなくなったためと考えてよく、榎のような特殊な読み方をする必要はない。陳壽が基づいた史料は、使者の報告書である可能性が高い。ただし、裴秀の地図などを見ながら、陳壽が想定した可能性も残る。

1―（5）「投馬國・邪馬臺國」は、それまでのように、国と国との距離を里数で表現しない。「水行二十日」（不彌國から投馬國）、「水行十日・陸行一月」（投馬國から邪馬臺國）という表現の背景には、帯方郡から邪馬臺國までの距離を一萬二千里に納めるため、不彌國から邪馬臺國までに残された距離が、千三百里しかなくなっていた、という困難があった。そこで、陳壽は、『史記』夏本紀に記される禹の「水行」「陸行」を典拠として、九服の最も外側である「荒服」のさらに先にある国を行くための労苦と、必要な日程の多さを「水行」「陸行」で表現したのである。

1―（6）「旁國」は、使者や帯方郡の報告に基づく事実の記述である。音だけを当ててある国名について、なんらかの操作を加える必要性は陳壽にはない。

1―（7）「郡より一萬二千里の彼方」は、『翰苑』に引く『魏略』がもとの史料である。一萬二千里は、大月氏國との関係から創作された数字であろう。ただし、それは『魏略』の著者である魚豢や陳壽が創作できるものではない。陳壽が見た裴秀の「禹貢地域圖」では、朝鮮半島の南部から會稽郡の背後までを約五千里としていたという。これが、陳壽、あるいは『魏略』の著者である魚豢が、會稽郡の東方海上にあるべき邪馬臺國の、狗邪韓國からの距離を五千里（帯方郡からの距離を一萬二千里）とした拠り所であろう。陳壽が継承した帯方郡から邪馬臺國までを一萬二千里とする『魏略』の記述は、西晉の公式見解であった可能性が高いのである。

2．倭國の地誌と政治体制

入墨（黥面・文身）から衣服・髪型・織物に始まり、鳥獣・武器・衣食・葬儀・持衰（航海の安全を祈る者）・占い・飲食・寿命・婚姻といった倭國の地誌と、統治機構・刑罰・身分秩序などの政治体制、および倭の地全体の地理が記載される2「倭國の地誌と政治体制」の部分にも、理念と事実が混在している。

2―（1）「東南の異民族」は、倭國が中国の東南にある、という倭人傳の理念を端的に示す部分である。倭人の男子の習俗として描く「黥面・文身（顔面と身体の入れ墨）」は、『禮記』王制篇を典拠とする。儒教の理念が色濃く反映されている部分と考えられる。

2―（2）「儋耳と朱崖」は、2―（1）により、中国の東南と位置づけられた倭國の地誌を表現するため、『漢書』巻二十八下 地理志下 粤地の条を参照しながら、倭人の習俗を南方系にまとめた部分である。儋耳郡と朱崖郡が置かれた海南島は、北緯二十度でヴェトナムのハノイの南になる。會稽郡東冶縣の東方海上にある倭國の習俗としても、やや南に過ぎた。裸國が倭に含まれる理由も、禹と倭との近接性のほか、ここにもあると考えてよい。

2―（3）「倭國への好意」は、東夷傳序に記された、東夷のなかに中華の禮を伝承している国がある、という理念の証明という性格が強い。倭國の喪禮には、中国の「練沐」の影響があり、「屋室有り、父母兄弟、臥息するに處を異にす（有屋室、父母兄弟、臥息異處）」という礼儀の備わった、かつ「棺有れども槨無し（有棺無槨）」という薄葬を行う、夷狄のなかでは中華に近い、好ましい存在として描かれている。

2―（4）「持衰」は、後述するように、漢籍にはない倭國独自の風習である。使者や帯方郡の報告に基づく事実の記述である。

2―（5）「特産物」も、使者や帯方郡の報告に基づく可能性は高い。ただし、倭國を朝貢に適した物産の豊富な国と位置づけようとする意識も見られるので、注意を要する。

2―（6）「占い」は、後述するように、卑彌呼の王権のあり方と関わる。牛を殺して、その蹄で吉凶を占っていたとされる夫餘に比べると（『三國志』巻三十 東夷傳 夫餘の条）、『春秋左氏傳』文公 傳十八年に典拠を持つ「令龜の法」のようであった、とする部分に倭國への好意を感じられるが、倭國が占いによって吉凶を定めていたことは、事実であろう。

2―（7）「習俗」は、倭國独自の風習であり、使者や帯方郡の報告に基づく事実の記述と考えられる。ただし、倭人の寿命が長いとされることについては、神仙思想との関わりを考慮すべきである。

2—(8)「女性の多さ」は、使者や倭人傳の作者たちの先入観に基づくところが多い。それは『周禮』夏官 職方氏に記される、中原より離れるにつれて女性の比率が高くなるという記述を典拠とする。また、倭國の「婦人 淫れず、妒忌せず（婦人不淫、不妒忌）」とすることには、倭國への好意がある。

2—(9)「国制」・(10)「身分」・(11)「卑彌呼の王権」は、後述するように、当該時期の倭國のあり方を知ることができる貴重な記録である。使者や帶方郡の報告に基づく事実の記述である。

2—(12)「他の倭種と倭國の大きさ」は、理念の産物と考えてよい。すでに散逸したが、陳壽を推挙した張華の『博物志』には、「○○国」に関する記述が存在していた（本書第十章）。陳壽は『博物志』を読んでおり、そうした国々のうち倭種と思われたものを記した部分であろう。

このように、2「倭國の地誌と政治体制」は、理念と事実が混在している。理念は、本書の項目分けでいう(1)・(2)・(3)・(8)・(12)に強く現れている。その一方で、報告書に基づく事実の記述も多い。(4)・(6)・(7)は、そうした部分を多く含み、(5)の特産物も、他の夷狄に比べて具体的である。なかでも、(9)・(10)・(11)は、三世紀当時の日本の社会・国制を記録した貴重な史料であると言えよう。

3．朝貢と回賜および制書

倭人傳の記述を大きく三つに分けた際に、最も信頼性の高い部分は、景初三（二三九）年に始まり正始八（二四七）年に至る、倭國からの四回の朝貢と曹魏の対応、および卑彌呼を親魏倭王に封建する制書を記録した3「朝貢と回賜および制書」である。

3―(1)「朝貢と回賜、制書」は、冒頭の「景初二年」が「景初三年」の誤りである以外は、事実の記載である。その中心を占める皇帝曹芳の制書が史官により変更される可能性は、ほとんどない。中国の史書は、皇帝の命令書を改竄しないことが原則だからである(大庭脩《一九八二》)。この制書で注目すべきは、回賜の品目を掲げた後に、多くの財物を選んで賜与するという特別な恩恵を加えていることである。倭國への好意は、『三國志』を起源とするのではなく、卑彌呼の使者が洛陽を訪れたときに出された制書にまで遡る。親魏倭王の卑彌呼は、鏡を特注して優遇すべきほど、そして、親魏大月氏王に匹敵する、曹魏にとって特別な存在なのであった。

3―(2)「往来する使者」も、事実の記載と考えてよい。卑彌呼が使者を派遣した3―(1)では劉夏であった帯方太守は、正始元年から弓遵に代わっている。ちなみに、明帝が公孫淵の討伐中に任命した帯方太守が劉昕、正始八年に帯方太守になった者が王頎である。倭人傳に記される帯方太守を年代順に並べると、劉昕(景初二〔二三八〕年〜)→劉夏(景初三〔二三九〕年〜)→弓遵(正始元〔二四〇〕年〜)→王頎(正始八〔二四七〕年〜)となる。かれらのなかでは、正始元年に、邪馬臺國からの最初の使者を帰国させるとともに、曹魏からの使者を送り出し、邪馬臺國からの正始四(二四三)年の使者を受け入れた弓遵が、最も倭國との関係が深い。

3―(3)「倭國の乱を見届ける」も、使者の報告などに基づく、事実の記載と考えられる。なお、倭人傳では明言されない、壱與が掖邪狗を派遣した時期について、『册府元龜』巻九百六十八 外臣部 朝貢第一は、(正始)八(二四七)年としている。

三、倭國の実像

このように、倭人傳の理念と事実を分けて考えたとき、邪馬臺國はどのような真実の姿を示すのであろうか。倭人傳のなかで、事実に基づく記述と考えられる部分だけを使用して、邪馬臺國の内政・外交について検討することにより、邪馬臺國の真実に迫っていこう。

1．呪術に基づく内政

すでに序章で触れた「共立」を含む部分から掲げていこう。

①其の國 本《もと》亦た男子を以て王と爲す。住《とど》まること七・八十年、倭國 亂れ、相 攻伐すること歴年、乃ち一女子を②共立して王と爲す。名を卑彌呼と曰ふ。③鬼道を事とし、能く衆を惑はす。年 已に長大なるも、夫婿無く、男弟有りて國を治むるを佐く。王と爲りてより以來、見ること有る者少なし。婢千人を以て自ら侍らし、唯だ男子一人有りて飲食を給し、辭を傳へて出入す。居處の宮室は、樓觀・城柵をば嚴しく設け、常に人有り兵を持ちて守衞す（一）。［2―（11）］

中国史において最も有名な②「共立」は、周の厲王が國人の暴動により出奔して、王不在の「共和」が十四年続いた後、それまで政治を行っていた周定公・召穆公が宣王を即位させた事例である（『史記』巻四 周本紀）。王が不在なため、諸侯の合議により国政が運用された「共和」年間の故事より、res publica の訳語として「共和制」が当てられた。宣王は、周定公・召穆公の輔佐を得て、周の中興を果たした名君であるが、それを「共立」したことを儒教が高く評価することはない。王は、自ら即位するものであり、宰相や諸国に「共立」されるものではないためである。

陳壽が、倭人傳を好意的に記したことは、すでに述べた。それでも、負の印象を持つ「共立」を卑彌呼の即位に用いているのは、それが使者の報告に基づく事実であったからに他ならない。東夷傳では、夫餘王の麻餘、高句麗王の位宮も「共立」されたことが記されており（『三國志』巻三十 東夷傳 夫餘の条・高句麗の条）、「共立」は、王位が特定の家の世襲に固定される以前の原始的国家における王位継承に多く見られる行為である。

また、共立した主体については、邪馬臺國内部の諸勢力説と倭國の諸小国勢力説とが対立しているが（本書序章）、『史記』周本紀が周公と召公という諸侯による王の「共立」であることから、倭國の諸国の「共立」であったと考えられる。文脈的にも、①「其の國」の「其の」は、「倭」を指す。それは、卑彌呼が邪馬臺國の女王であるだけでなく、倭國の王であったことを示している。

共立の主体は、邪馬臺國以外の諸国と「大人」と称される有力者である。伊都國は、「世〻王有り、皆 女王國に統屬す（世有王、皆統屬女王國）」とあるように、卑彌呼が「共立」された後にも、王が在位していたが、その特殊性については、後述しよう。諸国の有力者である「大人」と「下戸」との間には、厳格な身分差があった。

　下戸 大人と道路に相 逢へば、逡巡して草に入る。辭を傳へ事を説くに、或ひは蹲《うづくま》り或ひは跪《ひざまづ》き、両手は地に據り、之が恭敬を爲す。對應の聲を噫《あい》と曰ふ。比ぶるに然諾の如し。（二）［2―（10）］

現在でも中国人は、正座をしながら「はい」と大きな声で返事をして、日本人の真似だと言って、笑わせることがある。中国人から見た日本人の会話の大きな特徴であるらしい。倭人傳の「あい」という返事は、今とも通じるものがあるのだろう。まさしく日本の習俗の事実を記載したもの、と言えよう。

卑彌呼が用いた③「鬼道」とは、巫術・妖術という意味である。『三國志』巻八 張魯傳に、「（張魯）鬼道を以て民を教へ、自ら師君と號す（〈張魯〉以鬼道教民、自號師君）」と、同じく「鬼道」という字句を用いているため、卑彌呼の「鬼道」をその影響を受けた道教的宗教とする説もある（重松明久《一九六九》）。しかし、張魯が継承していた五斗米道という道教の起源は、静室で自らが冒した罪を懺悔させ、その代償として奉仕を行わせるような高度な教義を持ち、一般信者を鬼卒、それをまとめる者を祭酒と呼び、その上に治君、師君（張魯）を置くような階層的な組織を有し、漢中に宗教国家を建国した実績を持つ。(三) 卑彌呼が行っていた鬼道は、張魯のような高度なものではあるまい。たとえば、前漢の儒教官僚である谷永が成帝の好む「鬼神」を「姦人で衆を惑」わし、「邪道」を差し挟んで「詐欺」を行い「君主を欺く」連中である、と批判するような（『漢書』巻二十五下 郊祀志下）、「鬼神（鬼道）」であったと考えてよい。井上光貞《二〇〇五》のように、神の言葉を伝えるシャーマニズムの巫として諸国により共立されていた女王とすべきであろう。邪馬臺國に対して好意的な陳壽が、儒教の批判する「鬼道」を記述したのは、使者の報告に基づく事実であったためである。

　こうした卑彌呼の王権の特徴は、邪馬臺國全体の習俗にも影響を及ぼしている。

　其の俗、擧事・行來に、云爲する所有れば、輒ち骨を灼きて卜して、以て吉凶を占ふ。先づ卜ふ所を告げ、其の辭は令龜の法の如く、火坼を視て兆を占ふ。(四)［2―（6）］

　倭人の行っている占いを『春秋左氏傳』文公 傳十八年に典拠を持つ「令龜の法（亀卜）」のようであった、とする部分に倭國への好意を感じるが、倭國が占いによって吉凶を定めていたことは、事実であろう。さらに、邪馬臺國の呪術性を色濃く伝える部分が、持衰の記述である。中国の典籍に類例を見ない倭國独自の習俗である。

　其の行來、海を渡り中國に詣るには、恆に一人をして、頭を梳《くしけづ》らず、蟣蝨を去《のぞ》かず、衣服は垢づき汚れ、肉を食らはず、婦人を近づけず、喪人の如くせしむ。之を名づけて持衰と爲す。若し行く者 吉善なれば、共に其の生口・財物を顧《むく》ゆ。若し疾病有り、暴害に遭へば、便ち之を殺さんと欲す。其の持衰 謹まざると謂へばなり[五]。

［2―（4）］

持衰は、航海の安全を守るために厳しい禁忌（タブー）を負わされている。言葉の由来は、「五服」のなかの「斬衰」「齊衰」であろう。「衰」は「衰」と同じである。持衰を説明する文章のなかで、「服喪中のようにさせる」とあるのは、このためである。持衰を見た中国人の命名であろうか。中国の禮のなかでも、喪禮は最も複雑であり、持衰と命名するためには、かなり高度な中国文化の理解が必要となる。倭人の側から伝えられた名称であるとすれば、渡来人の存在を裏付ける。持衰の存在は、邪馬臺國の内政が、呪術に基づいて行われていたことの反映と考えてよい。

以上のように、倭人傳の中で事実と考え得る記述より倭國の内政を検討すると、一つの家が王権を世襲できず、共同で王権を所有し、その象徴として神格を掲げる、という最も初期の王権の姿が浮かび上がる。中国で言えば、十の部族が王と王妃を順番に出し、天を崇拝して、甲骨の占いにより天帝の意志を問うことで政治を行っていた殷[六]に似た王権の段階と言えよう。

そうした原初的な王権のあり方と、朝鮮・遼東半島の国際情勢を判断して、曹魏に使者を送る開明的な外交のあり方が乖離しているところに、石母田正《一九七一》は卑彌呼の二つの顔を見た。果たして、邪馬臺國は、呪術的な内政を抱えながら、対外的には開明的で鋭敏な国際感覚を持つという二重性を備えていたのであろうか。

2．邪馬臺國の二重性

倭國は、実に絶妙なタイミングで曹魏に使者を派遣している。

『晉書』に記載される泰始二（二六六）年十一月の朝貢が、前年に曹魏を滅ぼし、南北郊祀の場所を改めた重要な時期に、それを言祝ぐために行われていることは、すでに第六章で述べた。泰始元（二六五）年に、曹魏を滅ぼして建国した西晉が、天子にとって最も重要な祭祀である郊祀を、曹魏が採用していた鄭玄の学説から、武帝司馬炎の外祖父にあたる王肅の学説に改めるという、祝賀すべき時期に使者を送っているのである。

そうした遣使の始まりとなる卑彌呼の使者は、景初三（二三九）年十二月に到着し、明帝崩御の翌年、改元した正月に新皇帝曹芳に謁見している。時宜に即した使者の派遣は、石母田正《一九七一》が説くように、国内にはシャーマン的女王として君臨する卑彌呼が、対外的に持つ鋭敏な国際感覚の現れと考えることができるのであろうか。

> 正始元年春正月、東倭 譯を重ねて貢を納む。焉耆・危須の諸國、弱水より以南、鮮卑の名王も、皆 使を遣はして來獻す。天子 美を宰輔に歸し、又 帝の封邑を增す。[七]

ここに掲げた『晉書』宣帝紀は、倭國以外の夷狄の朝貢と共に、天子の曹芳が異民族の来貢の「美を宰輔（司馬懿）に帰」した、と西晉が認識していたことを表現する（本書第六章）。それでは、異民族は、自ら判断して、中国にとって最も良い時期に来貢しているのであろうか。

かつて前漢を簒奪した王莽は、宰衡の地位にあったとき、居攝するため夷狄の朝貢を利用している。

> （王）莽 既に太平を致し、北のかた匈奴を化し、東のかた海外を致し、南のかた黃支を懷くるも、唯だ西方のみ未だ加ふること有らず。乃ち中郎將の平憲らを遣はし、多く金幣を持し、塞外の羌を誘ひ、地を獻じ、內屬を願はしむ。[八]

王莽は、使者に金幣を持參させて羌族の内属を促し、宰衡であった王莽の徳が羌族に及んでいると示すことで、居攝の地位に就き、こののち前漢を簒奪して莽新を建国している。『漢書』を著した班固は、漢の正統性を示すため、王莽の欺瞞を記録した。その結果、本来的には史書に記録されることのない朝貢の「やらせ」が今日まで伝わった。

夷狄の時宜に応じた朝貢は、中国からの働きかけによって行われることもあったのである。

司馬懿が公孫氏を滅ぼすと共に置かれた帯方郡の太守としては、太傅として上公の地位にあった司馬懿の徳を夷狄の使者を時宜に即して派遣することにより、宣揚しなければならない。卑彌呼の国際感覚が、鋭敏なのではない。帯方郡の指示を正確に、さらにはその意味を明確に理解して、卑彌呼に伝える者がいたのである。あるいは、かれらは卑彌呼から外交に関する全権を委任されていた可能性もある。それは、第一回の貢物と、第二回・第三回の貢物の比較から明らかとなる。

第一回（景初三年）の使者である難升米と牛利が持参した朝貢は、「男の生口四人・女の生口六人・班布二匹二丈（男生口四人・女生口六人・班布二匹二丈）」［3―（1）］である。これに対して、第二回（正始四年）の使者である伊聲耆と掖邪狗たちが持参した朝貢は、「生口・倭錦・絳青縑・緜衣・帛布・丹木の弣の短弓・矢（生口・倭錦・絳青縑・緜衣・帛布・丹木弣短弓・矢）」［3―（2）］である。第三回（正始八年）壹與の使者である掖邪狗たちが持参した朝貢は、「男女の生口三十人を獻上し、白珠五千孔・青大句珠二枚・異文雜錦二十匹（獻上男女生口三十人、貢白珠五千孔・青大句珠二枚・異文雜錦二十匹）」［3―（3）］である。第一回の朝貢が少ないことは明らかである。金文京《二〇〇五》の推測するとおり、第一回は、本来、かつて従属していた帯方郡に来た使者であり、曹魏の朝廷、しかも新皇帝の即位式のために派遣された使者ではない。そのため、十分な朝貢品も用意していなかったのである。

それを洛陽まで送り届け、司馬懿の徳が東夷に及んだことを言祝いだものは、帯方郡である。難升米は、自らの判断により、それを好機とし、洛陽に赴いた。帯方郡の意図を的確に把握し、卑彌呼に相談することなく独断で行動している。石母田正《一九七一》が言う、卑彌呼の外に向いた開明的な顔は、何よりも帯方郡、そしてその意図を理解した渡来人が創りあげたものである。中国の辺境を支配する郡太守にとって、夷狄を時宜に応じて朝貢させることは、当然の責務だったのである。

３．中国に類似した官制

倭人傳には、１で述べた呪術的な卑彌呼の王権とは似つかない、先進的な徴税制度とそれを蓄える倉庫、市を監督する官僚や刺史に似た監察官が置かれていた、との記述がある。

> ①租賦を収むるに、邸閣有り。②國國に市有り、有無を交易し、大倭をして之を監せしむ。③女王國より以北には、特に一の大率を置き、諸國を検察せしむ。諸國 之を畏憚す。常に伊都國に治し、國中に於て刺史の如く有り。王 使を遣はして京都・帯方郡・諸韓國に詣らしめ、及び郡の倭國に使ひするや、皆 津に臨みて捜露し、傳送の文書、賜遺の物をして、女王に詣り、差錯あるを得ざらしむ。[九] ［2―（9）］

①「租」は田租のことで土地から取る税、①「賦」は人頭税である。土地と人から税を取るのは、中国税制の基本であり、集めた税を蓄える①「邸閣」まで備えられていることは、呪術的な王権とは似つかない先進性である。また、②「市」という商業を行う場所を別に設け、それを管理する②「大倭」という役人を置いていることも、中国で言えば春秋・戰國以降の制度となる。殷にも似た卑彌呼の呪術性と、秦漢帝国で最終的に確立する農民への税の賦課とその集積、商業地域の設定とその監督との併存は、そこに何らかの理由を考えなければ説明できない。卑彌呼の対外に向けた開明的な顔を創りあげていた渡来人が、この乖離を埋める存在である。

また、③「女王國より以北」に置かれた「一大率」は、そのまま官名と読む解釈もあるが、交易を監督した「大倭」という官名と揃えて、一人の「大率」と読むべきである。さらに「大率」を準えている「刺史」について、佐伯有清《二〇〇〇》は、次のように説明している。

『後漢書』百官志、州郡条に、十二の州ごとに置いた「刺史」について、「孝武帝、初めて刺史十三人を置く。秩は六百石なり。成帝、更《あらた》めて牧と為す。秩は二千石なり。建武十八年（四二）、復《また》、刺史と為す。十二人、各々一州を主《つかさど》る。其の一州に司隷校尉を属《つ》く。諸州（の刺史）、常に八月を以て所部の郡国を巡行し、囚徒を録し、殿最を考う（軍功や功労、成績を調べる）。初歳（年のはじめ）に、尽く京都《けいと》に詣りて奏事す」とあるように、盗賊を捕え、非常を警戒する官である司隷校尉を配下にし、軍事権をも握っていたのである。

佐伯有清《二〇〇〇》は、倭人傳を読解した書籍のなかで最も優れたものであり、本書も多くこれに依拠しているが、ここの解釈は誤りである。『後漢書』志二十八 百官五は、次のように読むべきである。

> 孝武帝 初めて刺史十三人を置き、秩六百石とす。成帝 更めて牧と爲し、秩二千石とす。建武十八年、復た刺史と爲す。十二人は各〻一州を主り、其の一州は司隷校尉に屬《ぞく》す。諸州 常に八月を以て部する所の郡國を巡行し、囚徒を録して、殿最を考す。初め 歳 盡きれば京都に詣り事を奏す。中興、但だ計吏に因る。（一〇）

後漢の十三州のうち、十二の州は刺史を置いて監察を掌らせたが、一州だけは司隷校尉に属させたのである。その一州は、司隷校尉部と呼ばれ、後漢の首都洛陽、前漢の首都長安を含む最も重要な地域であった。簡単に言えば、首都圏である。現在の日本で、東京だけ「都」知事がいるように、首都圏には、刺史ではなく、司隷校尉が置かれた。司隷校尉は、刺史が管轄する州の監察権を持つように、首都圏への監察権を持つ。それに加えて、百官への監察権までを持つ別格の存在なのである。

このような司隷校尉と刺史との違いは、邪馬臺國への使者も、魚豢も陳壽も常識として知っている。したがって、邪馬臺國が九州にあるならば、首都圏に属することになる③「伊都國」に治所を置く「大率」は、倭國の内での権限は中国の刺史のようではなく、司隷校尉のような権限を持つことになる。伊都國に置かれた「大率」を「刺史」と表現したのは、伊都國が首都圏に属さないためである。すなわち、邪馬臺國は九州にはないことが、文献解釈から証明できるのである。

一方、邪馬臺國がたとえば大和にあれば、伊都國に置かれた「大率」は、まさしく「刺史」と同様、諸国から畏れ憚られる存在である。刺史は、前漢の時代に行政官である郡守（太守）を監察するために、郡の上の行政区分である州に設けられた。その際には、二千石《せき》の俸祿をもらう郡太守を監察する州刺史に、あえて六百石の俸祿しか与えないことで、厳格な調査を行わせようとしていた。後漢末になると、州を単位とする行政官として州牧という官職が州刺史をもとに新設されるが、州刺史もそのまま残っていた（石井仁〈一九九二〉）。ここでは、「大率」は本来の意味での刺史に準えられている。邪馬臺國に派遣された使者は、「大率」が刺史のように、遠方の北九州諸国の監察をしていると理解したのである。

おわりに

最後に、なぜ大率が伊都國に置かれたのかを考察することで、邪馬臺國と九州との関係を検討しよう。『後漢書』東夷傳 倭の条は、基本的には倭人傳を踏襲する記事が多い。ただし、後漢時代の記録など、一部に独自の史料的価値を持つ部分がある。

建武中元二年、①倭の奴國 奉貢して朝賀し、使人は自ら大夫と稱す。倭國の極南界なり。光武 賜ふに印綬を以てす。安帝の永初元年、②倭國の王たる帥升ら、生口百六十人を獻じ、願ひて見えんことを請ふ。③桓・靈の間、倭國大いに亂れ、更〻相《こも》 攻伐し、年を歴るも主無し。一女子有りて名を卑彌呼と曰ふ。年 長ずるも嫁せず、鬼

神の道を事とし、能く妖を以て衆を惑はす。是に於て共立して王と爲す。(一一)

建武中元二（五七）年に、①「奴國」が光武帝に遣使した後、永初元（一〇七）年、②「倭國の王たる帥升ら」は、「生口百六十人」を献上している。川本芳昭〈二〇〇六〉は、帥升を倭國最初の、換言すれば日本最初の王である、とする。この遣使では、百六十人もの多数の生口が献上されており、そこに倭國の並々ならぬ決意が窺われることなどから、このときの遣使は奴國などの個別の国ではなく、それらを統合した上位概念としての「倭國」の誕生を中国に告げる目的があった、とするのである。たしかに、邪馬臺國において最多の朝貢となる、第三回（正始八年）の壹與の献上した生口が「男女三十人」に過ぎないことと比べれば、その決意は理解できよう。

倭國が乱れる桓帝・靈帝の前に、そうした倭國の王が存在したこと、そして倭人傳に、「世ゝ王有り、皆 女王國に統屬す（世有王、皆統屬女王國）」と伊都國のみに記されること、さらに現在までの出土遺物(一二)の傾向を併せて考えると、「帥升」は伊都國王であり、倭國はそれを盟主とする諸国連合国家であった、との川本芳昭〈二〇〇六〉の主張は首肯し得る。

やがて、伊都國王を中心とした諸国連合は、混乱に陥る。それが③「桓・靈の間、倭國大いに亂」ると表現される倭國の大乱である。そして、范曄は、この記録を倭人傳の卑彌呼以前の部分に相当させている。すなわち、次に掲げる倭人傳の「倭國 亂」るの部分を「桓・靈の間、倭國大いに亂」るに当てているのである。

其の國 本《もと》亦た男子を以て王と爲す。住《とど》まること七・八十年、倭國 亂れ、相 攻伐すること歴年、乃ち一女子を共立して王と爲す。名を卑彌呼と曰ふ。鬼道を事とし、能く衆を惑はす。(一三)［2―（11）］

すでに考察したように、「其の國」は倭國を指すため、倭國がもともと王としていた男子とは伊都國王の「帥升」のこととなる。「帥升」が遣使した永初元（一〇七）年から、桓帝（一四六～一六七年）・靈帝（一六七～一八九年）期までは、「七・八十年」の範囲内に収まる。すなわち、邪馬臺國は、伊都國を中心とする諸国家連合の混乱を卑彌呼の「共立」という形で収斂することで、倭國の覇権を掌握したのである。

こうした権力抗争の後、倭國の王となった邪馬臺國の卑彌呼にとって、倭國の内部で最も脅威となるものは、伊都國のある九州を中心とした旧諸国連合である。刺史の役割を果たす大率が伊都國に置かれた理由は、ここにある。しかも、大率が、中国の刺史は持たない、「王 使を遣はして京都・帯方郡・諸韓國に詣らしめ、及び郡の倭國に使ひするや、皆 津に臨みて捜露し、傳送の文書、賜遺の物をして、女王に詣り、差錯あるを得ざらしむ（王遣使詣京都・帯方郡・諸韓國、及郡使倭國、皆臨津捜露、傳送文書・賜遺之物、詣女王、不得差錯）」という、外交への権限を持つことは、邪馬臺國の覇権において大陸との関係がいかに重要であったのか、それを伊都國に握られることがいかに恐怖であったのかを物語る。

すでに述べたように、卑彌呼の呪術的な王権とは対照的な先進的な支配制度、さらには時宜をわきまえた対中国外交は、渡来人が担当していた。大陸からの使者がもたらす文化、あるいは渡来人を邪馬臺國に迎えることは、その覇権の維持にとって必要不可欠なことであった。それにも拘らず、大陸からの使者は伊都國を「常に駐まる所」としていた。川本芳昭〈二〇一二〉が述べるように、伊都國が倭國王として、かつて保持していた「外交」権、及びそれが国内の諸王に示した威令は、邪馬臺國にとって看過し難いものがあった、と考えてよい。大率はそれを抑止するために、伊都國に置かれた。

大率が伊都國に置かれたことは、九州を中心とした弥生時代が終わりを告げ、近畿を中心とする古墳時代の胎動が始まっていく、その権力の移行を象徴する出来事なのである。

《注》

（一）①其國本亦以男子爲王。住七・八十年、倭國亂、相攻伐歷年、乃②共立一女子爲王。名曰卑彌呼。③事鬼道、能惑衆。年已長大、無夫婿、有男弟佐治國。自爲王以來、少有見者。以婢千人自侍、唯有男子一人給飲食、傳辭出入。居處宮室、樓觀・城柵嚴設、常有人持兵守衞（『三國志』卷三十 東夷傳 倭人の条）。

（二）下戶與大人相逢道路、逡巡入草。傳辭說事、或蹲或跪、兩手據地、爲之恭敬。對應聲曰噫。比如然諾（『三國志』卷三十 東夷傳 倭人の条）。

（三）五斗米道については、澤章敏〈二〇〇七〉に研究史の整理がある。静室については、吉川忠夫〈一九八七〉を参照。

（四）其俗、舉事・行來、有所云爲、輒灼骨而卜、以占吉凶。先告所卜、其辭如令龜法、視火坼占兆（『三國志』卷三十 東夷傳 倭人の条）。

（五）其行來、渡海詣中國、恆使一人、不梳頭、不去蟣蝨、衣服垢汚、不食肉、不近婦人、如喪人。名之爲持衰。若行者吉善、共顧其生口・財物。若有疾病、遭暴害、便欲殺之。謂其持衰不謹（『三國志』卷三十 東夷傳 倭人の条）。

（六）殷については、松丸道雄〈一九七〇〉を参照。

（七）正始元年春正月、東倭重譯納貢。焉耆・危須諸國、弱水以南、鮮卑名王、皆遣使來獻。天子歸美宰輔、又增帝封邑（『晉書』卷一 宣帝紀）。

（八）（王）莽既致太平、北化匈奴、東致海外、南懷黃支、唯西方未有加。乃遣中郎將平憲等、多持金幣、誘塞外羌、使獻地、願內屬（『漢書』卷九十九上 王莽傳上）。なお、王莽については、渡邉義浩《二〇一一c》を参照。

（九）①收租賦、有邸閣。②國國有市、交易有無、使大倭監之。③自女王國以北、特置一大率、檢察諸國。諸國畏憚之。常治伊都國、於國中有如刺史。王遣使詣京都・帶方郡・諸韓國、及郡使倭國、皆臨津搜露。傳送文書・賜遺之物、詣女王、不得差錯（『三國志』卷三十 東夷傳 倭人の条）。

（一〇）孝武帝初置刺史十三人、秩六百石。成帝更爲牧、秩二千石。建武十八年、復爲刺史、十二人各主一州、其一州屬司隷校尉。諸州常以八月巡行所部郡國、錄囚徒、考殿最。初歳盡詣京都奏事。中興、但因計吏（『後漢書』志二十八　百官五）。渡邉義浩《二〇一三》を参照。

（一一）建武中元二年、①倭奴國奉貢朝賀、使人自稱大夫。倭國之極南界也。光武賜以印綬。安帝永初元年、②倭國王帥升等、獻生口百六十人、願請見。③桓・靈間、倭國大亂、更相攻伐、歴年無主。有一女子名曰卑彌呼。年長不嫁、事鬼神道、能以妖惑衆。於是共立爲王（『後漢書』列傳八十五　東夷傳　倭の条）。

（一二）考古学の成果に基づき、倭國大乱を倭人社会の中枢が弥生時代から古墳時代への移行期に位置づけることは、たとえば松木武彦〈二〇一五〉を参照。また、弥生時代の中期から前葉にかけて進行した在来伝統を比定するかのような土器製作技術の変革が樂浪郡設置以前の朝鮮半島西北部の土器製作技術の間接的影響を受けた可能性については、石川日出志〈二〇一〇〉を参照。

（一三）其國本亦以男子爲王。住七・八十年、倭國亂、相攻伐歴年、乃共立一女子爲王。名曰卑彌呼。事鬼道、能惑衆（『三國志』巻三十　東夷傳　倭人の条）。

附篇　魏志倭人傳譯注

『三國志』巻三十 東夷傳 倭人の条

1 倭の諸国と道程

（1）帯方郡の東南

【原文】

倭人在帶方東南大海之中、依山島爲國邑。舊百餘國、漢時有朝見者。今使譯所通三十國。

《訓讀》

倭人は帶方の東南たる大海の中に在り、山島に依《よ》りて國邑を爲《な》す。舊《もと》百餘國にして、漢の時に朝見する者有り(一)。今使譯《しえき》通ずる所三十國(二)なり。

（補注）

（一）『漢書』巻二十八下 地理志下に、「(燕地) 夫れ樂浪の海中に倭人有り。分かれて百餘國と爲り、歳時を以て來たりて獻見すとしか云ふ」とある。

（二）後掲される狗邪《くや》國以下の九国と斯馬國以下の二十一国を合わせたものである。

［現代語訳］

倭人は帯方《たいほう》郡の東南にあたる大海の中におり、山や島によって國《くに》や邑《むら》をつくっている。もともと百余國あり、漢の時に朝見《ちょうけん》に来た國もあった。いま使者や通訳の往来があるのは三十國である。

（２）對馬國・壱岐國

【原文】

從郡至倭、循海岸水行、歴韓國、乍南乍東、到其北岸狗邪韓國。七千餘里。

始度一海、千餘里至對馬國。其大官曰卑狗、副曰卑奴母離。所居絶島、方可四百餘里。土地山險、多深林、道路如禽鹿徑。有千餘戸、無良田、食海物自活、乘船南北市糴。

又南渡一海千餘里、名曰瀚海、至一（大）〔支〕(一)國。官亦曰卑狗、副曰卑奴母離。方可三百里、多竹木・叢林、有三千許家、差有田地、耕田猶不足食、亦南北市糴。

《訓読》

郡より倭に至るに、海岸に循《したが》ひて水行し、韓國(二)を歴《へ》、乍《あるい》は南し乍《あるい》は東し、其の北岸の狗邪韓國(三)に到る。七千餘里なり。

始めて一海を度ること、千餘里にして對馬國(四)に至る。其の大官を卑狗と曰ひ、副を卑奴母離と曰ふ。居る所は絶島、方《はう》四百餘里可《ばか》りなり。土地は山険しく、深林多く、道路は禽鹿《きんろく》の徑《こみち》の如し。千餘戸有るも、良田無く、海物を食らひて自活し、船に乗りて南北に市糴《してき》す。

又南に一海を渡ること千餘里、名づけて瀚海と曰ひ、一支國(五)に至る。官を亦た卑狗と曰ひ、副を卑奴母離と曰ふ。方三百里可り、竹木・叢林多く、三千許《ばか》りの家有り。差《やや》田地有り、田を耕すも猶ほ食らふに足らず、亦た南北に市糴す。

（補注）

（一）『三國志』の諸版本は「大」とするが、『梁書』『北史』などは「支」とする。『古事記』で「伊伎國」と呼ばれる壱岐のことであるため、「支」に改める。
（二）韓國は、朝鮮半島南部にあった国名。馬韓・弁韓・辰韓に分かれていた。そのうち弁韓（弁辰）の瀆盧國《とくろ》（大韓民国釜山直轄市）が倭と境界を接していた。
（三）狗邪韓國は、弁辰狗邪國のこと。現在の金海市。加羅・金官とも称される。
（四）對馬國は、現在の対馬。弥生時代後期の木坂遺跡からは、弥生式土器とともに、朝鮮で製作された金海式土器も出土する。
（五）一支國は、現在の壱岐。弥生時代最大の遺跡である原《はる》ノ辻遺跡からは、前漢末から後漢に至る数面の鏡が出土している。

［現代語訳］

帯方郡から倭に行くには、海岸に沿って海を行き、韓國《かん》を経て、あるいは南にあるいは東にすすみ、倭の北方の対岸にある狗邪韓國《くやかん》に到着する。この間は七千余里である。

そこから初めて一つの海を渡り、千余里で對馬國《つしま》に至る。その大官を卑狗《ひこ》といい、副を卑奴母離《ひなもり》という。住んでいるところは絶島（四面を海でかこまれた孤島）で、（広さは）方四百余里ばかりである。土地は山が険しく、深林が多く、道路は獣道《けものみち》のようである。（人家は）千余戸であるが、良田はなく、海産物を食糧として自活し、船に乗って南北から米穀を買い入れている。

また南に一つの海を渡り千余里すすむが、（この海は）名づけて瀚海《かんかい》といい、一支國《いき》に至る。官をまた卑狗《ひこ》といい、副を卑奴母離《ひなもり》という。（広さは）方三百里ばかりで、竹木や叢林が多く、三千ばかりの家がある。田地は少しあるが、田を耕しても食べる分には足りないので、また南北から米穀を買い入れている。

(3) 末盧國・伊都國

【原文】

又渡一海、千餘里至末盧國。有四千餘戸、濱山海居、草木茂盛、行不見前人。好捕魚鰒、水無深淺、皆沈沒取之。

東南陸行五百里、到伊都國。官曰爾支、副曰泄謨觚・柄渠觚。有千餘戸。世有王、皆統屬女王國。郡使往來、常所駐。

《訓讀》

又 一海を渡ること、千餘里にして末盧國に至る(一)。四千餘戸有り、山海に濱《そ》ひて居《す》む。草木 茂盛し、行くに前人を見ず。魚鰒を捕ふることを好み、水は深淺と無く、皆 沈沒して之を取る。

東南に陸行すること五百里にして、伊都國に到る(二)。官を爾支と曰ひ、副を泄謨觚・柄渠觚と曰ふ。千餘戸有り。世〻王有り、皆 女王國に統屬す。郡使 往來するに、常に駐まる所なり。

(補注)

(一) 末盧國は、『古事記』に「末羅縣《まつらのあがた》」と見える後の肥前松浦《ひぜんまつら》郡。唐津湾に沿った桜馬場《さくらのばば》遺跡からは、後漢初めの鏡が出土している。

(二) 伊都國は、『古事記』に「伊斗村」と見える今の福岡県糸島《いとしま》郡のうち旧怡土《いと》郡。三雲南小路《みくもみなみしょうじ》遺跡の弥生中期後半の甕棺《かめかん》墓から、前漢の清白鏡など三十五面が出土した。ここまでの諸国は、『翰苑』に引く『魏略』にも記録されている。

[現代語訳]

また一つの海を渡り、千余里すすむと末盧《まつら》國に至る。（人家は）四千余戸であり、（人々は）山裾《やますそ》や海浜《かいひん》に沿って居住している。草木が茂盛していて、（道を）行っても前に行く人の姿は見えない。魚やあわびを捕えることを得意とし、水が深い浅いをとわず、みな潜ってこれを取る。

東南に陸を行くこと五百里で、伊都《いと》國に到着する。官を爾支《にき》といい、副を泄謨觚《しまこ》・柄渠觚《ひここ》という。（人家は）千余戸である。（この國には）代々王がおり、みな女王國に統属している。（ここは帯方）郡からの使者が（倭國と）往来するときに、常に駐まるところである。

（4）奴國・不彌國

【原文】

東南至奴國百里。官曰兕馬觚、副曰卑奴母離。有二萬餘戸。

東行至不彌國百里。官曰多模、副曰卑奴母離。有千餘家。

《訓読》

東南して奴國(一)に至る百里。官を兕馬觚と曰ひ、副を卑奴母離と曰ふ。二萬餘戸有り。

東に行きて不彌國に至る百里。官を多模と曰ひ、副を卑奴母離と曰ふ。千餘家有り。

(補注)

（一）奴國は、『日本書紀』に「那津《なのつ》」と見える今の福岡県博多市付近。後漢の建武中元《けんむちゅうげん》二（五七）年、光武帝《こうぶてい》より倭の奴國王が金印を賜与されている。地名の比定がほぼ一致するのはここまでである。

［現代語訳］

東南にすすんで奴《な》國に至るまで百里。官を兕馬觚《しまこ》といい、副を卑奴母離《ひなもり》という。（人家は）二万余戸である。

東にすすんで不彌《ふみ》國に至るまで百里。官を多模《たま》といい、副を卑奴母離という。（人家は）千余家である。

（5）投馬國・邪馬臺國

【原文】

南至投馬國、水行二十日。官曰彌彌、副曰彌彌那利。可五萬餘戸。

南至邪馬（壹）〔臺〕(一)國。女王之所都。水行十日、陸行一月。官有伊支馬、次曰彌馬升、次曰彌馬獲支、次曰奴佳鞮。可七萬餘戸。

《訓読》

南して投馬國に至る、水行すること二十日。官を彌彌と曰ひ、副を彌彌那利と曰ふ。五萬餘戸可《ばか》りあり。

南して邪馬臺國に至る。女王の都する所なり。水行すること十日、陸行すること(二)一月。官に伊支馬有り、次を彌馬升と曰ひ、次を彌馬獲支と曰ひ、次を奴佳鞮と曰ふ。七萬餘戸可りあり。

（補注）

（一）『三國志』の諸版本は「壹」とするが、『三國志』を参照して東夷傳を著した『後漢書』などは「臺」とする。

「壹」と「臺」は誤り易い文字であるため、「臺」に改める。邪馬壹國《やまい》と読む説もある。

(二)『史記』巻二 夏本紀に、「陸行には車に乗り、水行には船に乗り、泥行には橇に乗り、山行には檋に乗る」とある。

［現代語訳］

南にすすんで投馬國《とうま》に至る、水を行くこと二十日である。官を彌彌《みみ》といい、副を彌彌那利《みみなり》という。（人家は）五万余戸ばかりである。

南にすすんで邪馬臺國《やまたい》に至る。女王が都を置いているところである。水を行くこと十日、陸を行くこと一月である。官に伊支馬《いきま》があり、次を彌馬升《みましょう》といい、次を彌馬獲支《みなかくき》といい、次を奴佳鞮《ぬかてい》という。（人家は）七万余戸ばかりである。

（6）旁國

【原文】

自女王國以北、其戸數・道里可得略載、其餘旁國遠絶、不可得詳。次有斯馬國、次有已百支國、次有伊邪國、次有都支國、次有彌奴國、次有好古都國、次有不呼國、次有姐奴國、次有對蘇國、次有蘇奴國、次有呼邑國、次有華奴蘇奴國、次有鬼國、次有爲吾國、次有鬼奴國、次有邪馬國、次有躬臣國、次有巴利國、次有支惟國、次有烏奴國、次有奴國。此女王境界所盡。

《訓読》

女王國より以北、其の戸數・道里は略載するを得可きも、其の餘の旁國は遠く絶《へだ》たりて、詳《つまびら》かにするを得可からず。次に斯馬國有り、次に己百支國有り、次に伊邪國有り、次に都支國有り、次に彌奴國有り、次に好古都國有り、次に不呼國有り、次に姐奴國有り、次に對蘇國有り、次に蘇奴國有り、次に呼邑國有り、次に華奴蘇奴國有り、次に鬼國有り、次に爲吾國有り、次に鬼奴國有り、次に邪馬國有り、次に躬臣國有り、次に巴利國有り、次に支惟國有り、次に烏奴國有り、次に奴國有り。(一)此れ女王の境界の盡くる所なり。

(補注)

(一)奴國は、重出。「□奴國」などの誤脱であろうか。「奴國」とそのまま読み、円形に配置された国を巡るとの説もある。

[現代語訳]

女王國より北(にある國々について)は、その戸数や(そこに行く)道里はだいたい記載できるが、その他の旁國《ぼうこく》は遠く絶《へだ》たっており、(戸数や道里を)詳細にすることができない。つぎに斯馬《しま》國があり、つぎに己百支《いおき》國があり、つぎに伊邪《いや》國があり、つぎに都支《とき》國があり、つぎに彌奴《みな》國があり、つぎに好古都《ここと》國があり、つぎに不呼《ふこ》國があり、つぎに姐《しゃ》奴《な》國があり、つぎに對蘇《たいそ》國があり、つぎに蘇奴《そな》國があり、つぎに呼邑《こゆう》國があり、つぎに華奴蘇奴《かなそな》國があり、つぎに鬼《き》國があり、つぎに爲吾《いご》國があり、つぎに鬼奴《きな》國があり、つぎに邪馬《やま》國があり、つぎに躬臣《きゅうしん》國があり、つぎに巴利《はり》國があり、つぎに支惟《きい》國があり、つぎに烏奴《おな》國があり、つぎに奴國がある。これが女王の(支配している)領域の尽きる所である。

(7)郡より一萬二千里の彼方

【原文】

其南有狗奴國、男子爲王。其官有狗古智卑狗。不屬女王。自郡至女王國萬二千餘里。

《訓讀》

其の南には狗奴國(一)有り、男子を王と爲す。其の官に狗古智卑狗有り。女王に屬せず。郡(二)より女王國に至るまで萬二千餘里なり。

（補注）

（一）狗奴國は、大和説では熊野とされることが多い。九州説では熊襲《くまそ》に比定する。

（二）『翰苑』に引く『魏略』は、「郡」ではなく、「帶方」とする。

［現代語訳］

その南には狗奴《くな》國があり、男子を王とする。その官には狗古智卑狗《くこちひく》がある。（この國は）女王に服属していない。帯方郡より女王國に至るまで一万二千余里である。

2．倭國の地誌と政治体制

（1）東南の異民族

【原文】

男子無大小、皆黥面文身。自古以來、其使詣中國、皆自稱大夫。夏后少康之子、封於會稽、斷髮文身、以避蛟龍之害。今倭水人、好沈沒捕魚蛤。文身亦以厭大魚水禽。後稍以爲飾。諸國文身各異、或左或右、或大或小、尊卑有差。

計其道里、當在會稽東治之東。

《訓読》

男子は大小と無く、皆 黥面《げいめん》文身す。(一) 古《いにしへ》より以來、其《そ》の使ひの中國に詣《いた》るや、皆 自ら大夫と稱す。(二) 夏后《かこう》の少康の子、(三) 會稽に封ぜられ、斷髮文身して、以て蛟龍の害を避く。(四) 今 倭の水人、沈沒して魚蛤《ぎょかう》を捕らふるを好む。文身するも亦た以て大魚水禽《すいきん》を厭《おさ》へんとすればなり。後に稍《やうや》く以て飾りと爲す。諸國の文身は各〻異なり、或いは左に或いは右に、或いは大に或いは小に、尊卑 差有り。其の道里を計るに、當《まさ》に會稽の東治(五)の東に在るべし。

(補注)

(一)『禮記』王制篇に、「中國・戎夷、五方の民、皆 性有り。推し移す可からず。東方を夷と曰ふ、髮《はつ》を被《かうむ》り身に文《いれずみ》す。火食せざる者有り。南方を蠻と曰ふ、題《ひたひ》に雕《きざ》み趾《あし》を交《まじ》ふ。火食せざる者有り」とあり、東方の「夷」は「身に文」し、南方の「蠻」は「題に雕」んでいたとする。倭人の習俗とされる「黥面文身（顔面と身体の入れ墨）」は、東方の夷と南方の蠻の性を兼ね備える記述となる。

(二)『後漢書』列傳七十五 東夷傳に、「建武中元二年、倭の奴國 奉貢朝賀す。使人 自ら大夫と稱す」とある。

(三) 夏后は、禹が創設した夏の國號、少康は、夏の第六代の王（『史記』卷二 夏本紀）。少康の子で、會稽に封建された者は、庶子の無余である（『吳越春秋』卷四 越王無余外傳）。

(四)『漢書』卷二十八下 地理志下 粤地の条に、「其の君は禹の後にして、帝少康の庶子と云ふ。會稽に封ぜられ、文身斷髮して、以て蛟龍の害を避く」とある。

(五)『漢書』卷二十八上 地理志上 會稽郡の条に、「冶縣」があり、「本《もと》閩越の地」と顏師古は注を付けている。現在の福建省福州市。

［現代語訳］

（倭人《わじん》の）男子は大人と子供の別なく、みな顔面と身体に入れ墨をしている。古くから、倭の使者は中國に至ると、みな自ら大夫《たいふ》と称する。（中國最初の王朝である）夏の王少康《しょうこう》の庶子〔妾の子の無余《むよ》〕は、會稽《かいけい》に封建されると、髪を切り身体に入れ墨をして（龍の子に似せ）、それにより蛟龍《こうりゅう》の害をさけた。いま倭の水人〔あま〕は、水中に潜って魚や蛤《はまぐり》を捕えることを得意とする。入れ墨をすることはもともと大魚や水鳥を抑えようとするためであった。後にようやくそれを飾りとした。諸國の入れ墨はそれぞれ異なり、あるいは左にあるいは右に、あるいは大きくあるいは小さく、（身分の）尊卑により差があった。（帯方郡からの）その道程の里数を計算すると、（倭國の都のある邪馬臺國は）會稽郡の東治《とうや》縣の東方にあるのだろう。

（2）儋耳と朱崖

【原文】

其風俗不淫。男子皆露紒、以木緜招頭。其衣横幅、但結束相連、略無縫。婦人被髪屈紒、作衣如單被、穿其中央、貫頭衣之。種禾稲・紵麻、蠶桑・緝績、出細紵・縑緜。其地無牛・馬・虎・豹・羊・鵲。兵用矛・楯・木弓。木弓短下長上、竹箭或鐵鏃或骨鏃。所有無、與儋耳・朱崖同。

《訓読》

其の風俗は淫《みだ》れず。男子は皆 露紒《ろけい》し、木緜《もくめん》を以て頭に招《しば》る。其の衣は横幅《わうふく》、但《た》だ結束して相連《あひつら》ね、略《ほ》ぼ縫《ぬ》ふこと無し。婦人は被髪屈紒《くつけい》し、衣を作ること單被《たんぴ》の如く、其の中央を穿《うが》ち、頭を貫《つら》ぬきて之を衣《き》る(一)。禾稲《くわとう》・紵麻《ちよま》を種ゑ、蠶桑《さんそう》・緝績《しふせき》し、細紵《さいちょ》・縑緜《けんめん》を出だす。（二）其の地には牛・馬・虎・豹・羊・鵲《かささぎ》無し。兵には矛・楯・木弓を用《もち》ふ。木弓は下を短く上を長くし、竹箭《ちくせん》には鐵鏃《てつぞく》或《あ》り骨鏃《こつぞく》或り。（三）有無する所、儋耳《たんじ》・朱崖《しゅがい》と同じ。

（補注）

（一）『漢書』巻二十八下 地理志下 粤地の条に、「武帝の元封元年、略して以て儋耳・珠厓郡と爲す。民は皆 布を服すること單被の如く、中央を穿ちて貫頭と爲す」とある。

（二）『漢書』巻二十八下 地理志下 粤地の条に、「男子は耕農して、禾稻・紵麻を種ゑ、女子は桑蠶して織績す」とある。

（三）『漢書』巻二十八下 地理志下 粤地の条に、「馬と虎亡く、民に五畜有り、山に麈・麖多し。兵は則ち矛・盾・刀・木弓弩あり。竹矢は、骨を鏃と爲す或《あ》り」とある。

[現代語訳]

倭人の風俗は乱れていない。男性はみな冠や頭巾をつけず、木綿（の布）で頭を巻いて（はちまきをして）いる。倭人の衣服は広い幅の布を、ただ結び束ねているだけで、ほとんど縫うことはない。女性は総髪をさげ鬢《びん》を曲げ後ろにたらし、衣服をつくること単衣《ひとえ》のようであり、衣の中央に穴をあけ、頭を通してこれを着る（貫頭衣《かんとうい》である）。（人々は）稲や紵麻《ちょま》を植え、桑を栽培し蚕を飼って糸をつむぎ、麻糸・きぬ・綿を産出する。倭人の地には牛・馬・虎・豹・羊・鵲《かささぎ》はいない。武器は矛・楯・木弓を用いる。木弓は下を短く上を長くし、竹の矢には鉄のやじりもあり骨のやじりもある。（倭國の土産文物の）有無の状況は、（ともに海南島にある）儋耳《たんじ》郡や朱崖《しゅがい》郡と同じである。

（3）倭國への好意

【原文】

倭地溫暖、冬夏食生菜、皆徒跣。有屋室、父母兄弟、臥息異處。以朱丹塗其身體、如中國用粉也。食飲用籩豆、手食。其死、有棺無槨、封土作冢。始死停喪十餘日、當時不食肉、喪主哭泣、他人就歌舞飲酒。已葬、擧家詣水中澡浴、以如練沐。

《訓読》

倭の地は溫暖、冬夏 生菜を食らひ、皆 徒跣《とせん》す。(一) 屋室《をくしつ》有り、父母兄弟、臥息《ぐわそく》するに處《ところ》を異にす。朱丹を以て其の身體に塗るは、中國の粉を用ふるが如きなり。食飲には籩豆《へんとう》を用ひ、手もて食らふ。其の死《しかばね》には、棺《くわん》有れども槨《くわく》無く、(二) 土を封じて冢《つか》を作る。始めて死するや停喪すること十餘日、時に當たりて肉を食らはず、喪主は哭泣《こくきふ》し、他人は就きて歌舞飲酒す。已《すで》に葬るや、家を擧げて水中に詣《いた》りて澡浴《そうよく》すること、以て練沐《れんもく》の如《ごと》くす。(三)

（補注）

（一）『三國志』巻五十三 薛綜傳に、「漢の武帝、呂嘉を誅して九郡を開き、交阯刺史を設けて、以て之を鎮監せしむ。山川は長遠にして、習俗 齊しからず。言語は同異し、譯を重ねて乃ち通ず。民は禽獸の如く、長幼 別無く、椎結・徒跣し、貫頭・左衽す」とある。徒跣（はだし）は、交阯（北ヴェトナム）でも見られる習俗とされる。

（二）『論語』先進篇に、「鯉や死せしとき、棺有りて槨無し」とある。

（三）『禮記』雑記篇に、「凡そ喪、小功以上は、虞・附・練・祥に非ざれば沐浴すること無し」とある。

[現代語訳]

倭の地は温暖で、冬でも夏でも生野菜を食べ、皆はだしである。家屋があり、父母兄弟は、寝るときにはそれぞれ場所を別にする。朱《しゅ》や丹《たん》をその身体に塗ることは、中國で白粉《おしろい》を用いるようなものである。飲食には高杯《たかつき》を用いて、手で食べる。その遺体には、棺《かん》はあるが槨《かく》はなく、盛り土をして塚をつくる。人が死ぬとはじめ遺体を家に停《とど》め喪すること十日間あまり、この時には肉食をせず、喪主は哭泣し、その他の人々は歌舞《かぶ》し飲食する。すでに埋葬しおわると、一家をあげて水中に入り澡浴《そうよく》するさまは、（中國における）練沐《れんもく》のようである。

（4）持衰

【原文】

其行來、渡海詣中國、恆使一人、不梳頭、不去蟣蝨、衣服垢汚、不食肉、不近婦人、如喪人。名之爲持衰。若行者吉善、共顧其生口・財物。若有疾病、遭暴害、便欲殺之。謂其持衰不謹。

《訓読》

其の行来《かうらい》、海を渡り中国に詣るには、恒《つね》に一人をして、頭を梳《くしけづ》らず、蟣蝨《きしつ》を去《のぞ》かず、衣服は垢《あか》づき汚《よご》れ、肉を食らはず、婦人を近づけず、喪人の如《ごと》くせしむ。之を名づけて持衰《じさい》と為す。若《も》し行く者吉善《きちぜん》なれば、共に其の生《せい》口《こう》（一）・財物を顧《むく》ゆ。若し疾病有り、暴害に遭《あ》へば、便《すなは》ち之を殺さんと欲す。其の持衰謹《つつし》まざると謂《おも》へばなり。

（補注）

（一）生口は、奴隷。『後漢書』列傳七十五 東夷傳に、「安帝の永初元年、倭の國王たる帥升ら、生口百六十人を獻じ、請見を願ふ」とあるように、倭からの朝貢にも用いられていた。

［現代語訳］

倭人たちが往来のため、海を渡って中國に至るときには、つねにある者に、頭髪を梳《と》かず、虱《しらみ》をとらず、衣服は垢《あか》がつき汚れ、肉を食わず、婦人を近づけず、服喪《ふくも》中のようにさせる。これを名づけて持衰《じさい》という。もし航行が順調であれば、（人々は）ともに生口《せいこう》〔奴隷〕と財物で（その功に）報いる。もし病人が出たり、暴風雨の被害に遭《あ》えば、すぐさま持衰を殺そうとする。その持衰が禁忌《きんき》を守らなかったためと思うからである。

（5）特産物

【原文】

出眞珠・青玉。其山有丹。其木有柟・杼・豫樟・楺・櫪・投橿・烏號・楓香。其竹篠・簳・桃支。有薑・橘・椒・蘘荷、不知以爲滋味。有獮猴・黑雉。

《訓読》

眞珠・青玉を出《いだ》す。其の山には丹有り。其の木には柟《だん》・杼・豫樟・楺・櫪・投橿・烏號・楓香有り。其の竹には篠・簳・桃支あり。薑・橘・椒・蘘荷有るも、以て滋味と爲すを知らず。獮猴・黑雉有り。

［現代語訳］

真珠と青玉《せいぎょく》〔ひすい〕を産出する。倭の山には丹《たん》〔丹砂、水銀と硫黄《いおう》の化合物〕がある。倭の木には柟《だん》〔くすのき〕・杼《ちょ》〔くぬぎ〕・豫樟《よしょう》〔くすのきの一種〕・楺《じゅう》〔ぼけ〕・櫪《れき》〔くぬぎ〕・投橿《とうきょう》〔かし〕・烏号《うごう》〔くわ〕・楓香《ふうこう》〔かえで〕がある。倭の竹には篠《しょう》〔しの〕・簳《かん》〔やたけ〕・桃支《とうし》〔かずら〕がある。薑《きょう》〔しょうが〕・橘《きつ》〔こうじ〕・椒《しょう》〔さんしょう〕・蘘荷《じょうか》

〔みょうが〕があるが、滋味（ある食べ物）とすることを知らない。獮猴《みこう》〔さる〕・黒雉《こくち》〔くろきじ〕がいる。

（6）占い

【原文】

其俗、擧事・行來、有所云爲、輒灼骨而卜、以占吉凶。先告所卜、其辭如令龜法、視火坼占兆。

《訓読》

其の俗、擧事《きょじ》・行來《こうらい》に、云爲《うんい》する所有れば、輒《すなは》ち骨を灼《や》きて卜《ぼく》して、以て吉凶を占ふ。先づ卜ふ所を告げ、其の辭は令龜《れいき》〔一〕の法の如く、火坼《くわたく》を視《み》て兆《きざし》を占《うらな》ふ。

〔補注〕

（一）『春秋左氏傳』文公 傳十六年に、「惠伯、龜に令す」とあり、杜預の注に、「卜事を以て龜に告ぐ」とある。

［現代語訳］

倭の習俗は、行事や旅行、何かしようとするときには、そのたびに骨を灼《や》いて卜《うらな》い、それにより吉凶を占う。先に占うことを告げ、その卜辞《ぼくじ》は（中國の）亀卜《きぼく》のようであり、火による（骨の）さけめを見て（吉凶の）兆《きざし》を占う。

（7）習俗

【原文】

其會同坐起、父子・男女無別。人性嗜酒〔一〕。見大人所敬、但搏手以當跪拜。其人壽考、或百年、或八九十年。

［裴松之注］

［一］魏略曰、其俗不知正歳・四節、但計春耕・秋收爲年紀。

《訓読》

其の會同の坐起《ざき》には、父子・男女の別無し。人の性 酒を嗜《たしな》む。大人《たいじん》の敬《うやま》はれる所を見るに、但だ手を搏《う》ちて以て跪拝《きはい》に當《あ》つ。其の人は壽考《じゅこう》にして（一）、或いは百年、或いは八九十年なり。

［裴松之注］

［一］魏略に曰く、「其の俗 正歳・四節を知らず、但だ春耕・秋收を計《はか》りて年紀と爲す」と。

（補注）

（一）寿考は、長生き。『詩經』大雅 行葦に、「壽考は維《こ》れ祺《めでた》し、以て景福を介《おお》いにす」とある。

［現代語訳］

倭の会合での座席や起居（の順序）には、父子や男女の区別はない。人は性来《せいらい》酒を嗜《たしな》む。大人《たいじん》〔身分の高い人〕が尊敬される所作を見ると、ただ手を打つことで（中國の）跪拝《きはい》に相当させている。倭の人は寿命が長く、あるいは百年、あるいは八、九十年である。

［裴松之注］

［一］『魏略』に、「倭の俗では正月を歳初とすることと（春夏秋冬の）四節を知らず、ただ春の耕作と秋の収穫を目安に年を数えている」とある。

（８）女性の多さ

【原文】

其俗、國大人皆四、五婦、下戶或二、三婦。婦人不淫、不妒忌。不盜竊、少諍訟。其犯法、輕者沒其妻子、重者滅其門戶及宗族。尊卑各有差序、足相臣服。

《訓読》

其の俗、國の大人は皆 四、五婦、下戶も或いは二、三婦あり。婦人 淫《みだ》れず、妒忌《とき》せず。(一) 盜竊《たうせつ》せず、諍訟《さうしよう》少なし。其の法を犯すや、輕き者は其の妻子を沒し、重き者は其の門戶及び宗族を滅す。尊卑は各〻差序有り、相《あひ》 臣服するに足る。

（補注）

（一）『三國志』巻三十　東夷傳　夫餘の条に、「男女 淫れ、婦人 妒《ねた》めば、皆 之を殺す」とある。

［現代語訳］

倭の習俗では、國の大人はみな四、五人の妻（を持ち）、下戶《げこ》〔身分の低い者〕でも二、三人の妻（を持っている）。婦人は乱れず、嫉妬しない。盗みはせず、訴訟は少ない。倭の法を犯せば、軽い者はその妻子を取りあげ、重い者はその家族および一族を滅ぼす。尊卑（の間）にはそれぞれ差異と秩序があり、臣服するに十分である。

（9）国制

【原文】

收租賦、有邸閣。國國有市、交易有無、使大倭監之。自女王國以北、特置一大率、檢察諸國。諸國畏憚之。常治伊都國、於國中有如刺史。王遣使詣京都・帶方郡・諸韓國、及郡使倭國、皆臨津捜露、傳送文書、賜遺之物、詣女王、不得差錯。

《訓読》

租賦を収むるに、邸閣有り。國國に市有り、有無を交易し、大倭(一)をして之を監せしむ。女王國より以北には、特に一の大率(二)を置き、諸國を検察せしむ。諸國 之を畏憚《いたん》す。常に伊都國に治し、國中に於て刺史(三)の如く有り。王 使を遣はして京都《けいと》・帶方郡・諸韓國に詣《いた》らしめ、及び郡の倭國に使ひするや、皆 津《しん》に臨みて捜露《さうろ》し、傳送の文書、賜遺《しい》の物をして、女王に詣《いた》り、差錯《ささく》あるを得ざらしむ。

(補注)

(一) 大倭は、官名。市の交易の監督を職掌とする。

(二) 大率は、官名。邪馬臺國より以北の國々を監察することを職掌とする。

(三) 刺史は、官名。後漢では、州を単位とした監察官であることが多いが、後漢末期には州牧へと継承されていく州の行政官としての性格を帯びる。

[現代語訳]

租《そ》と賦《ふ》を収納するために、邸閣《ていかく》〔倉庫〕がある。國々《くにぐに》には市《いち》があり、有無を交易し、大倭《だいわ》にこれを監督させている。女王國〔邪馬臺國〕より北には、特別に一人の大率《だいそつ》を置き、諸国を監察させている。諸国は大率を畏《おそ》れ憚《はばか》っている。(大率は)常に伊都《いと》國を治所とし、倭國の内で(の権限は中國の)刺史のようである。女王が使者を派遣して京都《けいと》(洛陽《らくよう》)・帶方郡《たいほうぐん》・諸韓國に至らせるとき、および帶方郡が倭國に使者を送るときにも、みな(大率が)津《しん》で臨検して確認し、伝送する文書と、下賜された品物を、女王に届ける際に、間違えることのないようにさせる。

（10）身分

【原文】

下戶與大人相逢道路、逡巡入草。傳辭說事、或蹲或跪、兩手據地、爲之恭敬。對應聲曰噫。比如然諾。

《訓讀》

下戶 大人と道路に相《あひ》逢へば、逡巡《しゅんじゅん》して草に入る。辭を傳へ事を說くに、或いは蹲《うづくま》り或いは跪《ひざまづ》き、兩手は地に據り、之が恭敬を爲す。對應の聲を噫《あい》と曰ふ。比《くら》ぶるに然諾の如し。

［現代語訳］

下戶《げこ》が大人《たいじん》と道で逢えば、（下戸は）後ずさりして（道端の）草むらに入る。言葉を伝え物事を説明する際には、蹲《うづくま》ったり跪《ひざまず》いたりして、両手は地面につけ、恭敬《きょうけい》の意をあらわす。受け応えの声を「あい」という。（中國に）比べると然諾《ぜんだく》のようなものである。

（11）卑彌呼の王權

【原文】

其國本亦以男子爲王。住七、八十年、倭國亂、相攻伐歷年、乃共立一女子爲王。名曰卑彌呼。事鬼道、能惑衆。年已長大、無夫婿、有男弟佐治國。自爲王以來、少有見者。以婢千人自侍、唯有男子一人給飲食、傳辭出入。居處宮室、樓觀・城柵嚴設、常有人持兵守衞。

《訓讀》

其の國 本《もと》亦た男子を以て王と爲す。住《とど》まること七、八十年、倭國 亂れ、(一) 相 攻伐すること歴年、乃《すなわ》ち一女子を共立(二)して王と爲す。名を卑彌呼(三)と曰ふ。鬼道を事とし、能《よ》く衆を惑はす。(四) 年 已に長大なるも、夫婿《ふせい》無く、男弟有りて國を治むるを佐《たす》く。王と爲りてより以來、見ること有る者少なし。婢千人を以て自ら侍《はべ》らし、唯《た》だ男子一人有りて飲食を給し、辭を傳へて出入す。居處の宮室は、樓觀・城柵をば嚴しく設け、常に人有りて兵を持ちて守衞す。

(補注)

(一)『後漢書』列傳七十五 東夷傳 倭の条に、「桓・靈の間、倭國 大いに亂れ、更《こも》ゝ相 攻伐し、歴年 主無し」とある。

(二)『三國志』巻三十 東夷傳 夫餘の条に、「尉仇臺 死し、簡位居立つ。適子無く、孽子の麻餘なるもの有り。位居 死し、諸加 麻餘を共立す」とある。

(三) 卑彌呼は、倭の女王。「ヒミコ」という読み方は、新井白石による。曹魏に朝貢のための使者を派遣し、親魏倭王に封建された(『三國志』巻三十 東夷傳 倭人の条)。

(四)『漢書』巻二十五下 郊祀志下に、「成帝 末年、頗る鬼神を好む、……谷永 上に説きて曰く、「臣 聞くならく、……盛んに奇怪・鬼神を稱する……者は、皆 姦人にして衆を惑はし、左道を酞み詐僞を懷きて、以て世主を欺罔するなり」とある。

[現代語訳]

倭國はもと男子を王としていた。(男王のもと) 七・八十年すると、倭國は乱れて、(國々が) 互いに攻撃し合うことが何年も続き、そこで一人の女性を共に立てて王とした。名を卑彌呼《ひみこ》という。鬼道《きどう》〔巫術・妖術〕を行い、よく人々を眩惑《げんわく》した。歳はすでに年配であるが、夫を持たず、男の弟がおり國の統治を助けている。王となってより以来、

（卑弥呼を）見たことのある者は少ない。婢千人を自分に侍らせ、ただ一人だけ男子がおり飲食を給仕し、言辞を伝えるために出入りしている。（卑弥呼の）居る宮室は、楼観《ろうかん》〔見張り櫓《やぐら》〕と城柵《じょうさく》を厳しく設け、常に人々がおり武器を持って守衛している。

(12) 他の倭種と倭國の大きさ

【原文】

女王國東、渡海千餘里、復有國。皆倭種。又有侏儒國、在其南。人長三、四尺、去女王四千餘里。又有裸國・黒齒國、復在其東南。船行一年可至。

參問倭地、絶在海中洲島之上、或絶或連、周旋可五千餘里。

《訓読》

女王國の東、海を渡ること千餘里に、復《ま》た國有り。皆 倭の種なり。又 侏儒國（一）有り、其の南に在り。人の長《たけ》三、四尺、女王を去ること四千餘里なり。又 裸國（二）・黒齒國（三）有り、復た其の東南に在り。船行すること一年にして至る可し。

倭の地を參問するに、絶えて海中の洲島の上に在り、或いは絶え或いは連なり、周旋 五千餘里可《ばか》りなり。

（補注）

（一）『史記』巻四十七 孔子世家に、孔子が最も背の低い國を「僬僥氏は三尺、短きの至りなり」と述べており、身長が同じである。

（二）『呂氏春秋』愼大覽に、「禹 裸國に之《ゆ》きて、裸して入り、衣して出でしは、因れるなり」とある。

（三）『山海經』海外東經に、「黑齒國 其の北に在り」とある。

［現代語訳］

女王國の東、海を渡ること千余里に、また國がある。いずれも倭の種（族の國）である。また侏儒《しゅじゅ》（こびと）國があり、その南に位置する。人の身長は三、四尺で、女王國から離れること四千余里である。また裸《ら》國・黑齒《こくし》國があり、さらにその東南である。船で行くこと一年で至ることができる。

倭の地を訪ねると、遠く離れた海中の洲島《しゅうとう》の上に（國が）あり、あるいは海に隔てられあるいは陸続きで、周囲五千余里ばかりである。

３、朝貢と回賜および制書

（１）朝貢と回賜、制書

【原文】

景初（二）〔三〕(一)年六月、倭女王、遣大夫難升米等詣郡、求詣天子朝獻。太守劉夏、遣吏將送詣京都。其年十二月、詔書報倭女王曰、制詔親魏倭王卑彌呼。帶方太守劉夏、遣使送汝大夫難升米・次使都市牛利、奉汝所獻男生口四人・女生口六人・班布二匹二丈、以到。汝所在踰遠、乃遣使貢獻、是汝之忠孝、我甚哀汝。今以汝爲親魏倭王、假金印紫綬、裝封付帶方太守、假授汝。其綏撫種人、勉爲孝順。汝來使難升米・牛利涉遠、道路勤勞。今以難升米爲率善中郎將、牛利爲率善校尉、假銀印靑綬、引見勞賜遣還。今以絳地交龍錦五匹〔一〕、絳地縐粟罽十張、蒨絳五十匹、紺青五十匹、荅汝所獻貢直。又特賜汝紺地句文錦三匹、細班華罽五張、白絹五十匹、金八兩、五尺刀二口、銅鏡百枚、眞珠・鉛丹各五十斤、皆裝封付難升米・牛利。還到錄受、悉可以示汝國中人、使知國家哀汝。故鄭重賜汝好物也。

［裴松之注］

［一］臣松之以爲、地應爲綈。漢文帝著皂衣、謂之弋綈、是也。此字不體。非魏朝之失、則傳寫者誤也。

《訓読》

景初《けいしょ》三年の六月、倭の女王、大夫の難升米《なんしょうまい》らを遣《つか》はし郡に詣《いた》らしめ、天子に詣りて朝獻せんことを求む。(二)太守の劉夏《りゅうか》、吏《り》を遣はし將《ひき》ゐ送りて京都《けいと》に詣らしむ。其《そ》の年の十二月、詔書して倭の女王に報じて曰く、「親魏倭王の卑彌呼に制詔す。(三)帶方太守の劉夏、使を遣はして汝の大夫たる難升米・次使たる都市の(四)牛利を送り、汝《なんぢ》の獻《けん》ずる所の男の生口四人・女の生口六人・班布《はんぷ》二匹《ひき》二丈《じょう》を奉りて、以て到る。汝の在る所は踰《はる》かに遠きも、乃ち使を遣はして貢獻するは、是れ汝の忠孝、我甚《はなは》だ汝を哀《いつく》しむ。今汝を以て親魏倭王と爲し、金印紫綬(五)を假し、裝封《さうほう》して帶方太守に付し、汝に假授(六)せしめん。其《そ》れ種人《しゅじん》を綏撫《すいぶ》し、勉《つと》めて孝順を爲せ。汝の來使たる難升米・牛利は遠きを渉り、道路に勤勞せり。今難升米を以て率善中郎將(七)と爲し、牛利を率善校尉(八)と爲し、銀印青綬《ぎんいんせいじゅ》を假し、引見して勞《ねぎら》ひ賜《たま》ひて遣はし還す。今絳地交龍《こうじこうりゅう》の錦五匹、絳地縐粟《こうじしゅくしょく》の罽《けい》十張、蒨絳《せんこう》五十匹、紺青《こんじょう》五十匹を以て、汝の獻ずる所の貢の直《あたひ》に答ふ。又特に汝に紺地句文《こんじこうもん》の錦三匹、細班《さいはん》の華罽《かけい》五張、白絹五十匹、金八兩、五尺の刀二口、銅鏡(九)百枚、眞珠・鉛丹各〻五十斤を賜ひ、皆裝封して難升米・牛利に付す。還り到らば錄受し、悉く以て汝が國中の人に示し、國家の汝を哀しむを知らしむ可し。故に鄭重に汝に好む物を賜ふなり」と。

［裴松之注］

［一］臣松之以爲《おも》へらく、地は應《まさ》に綈に爲《つく》るべしと。漢の文帝皂衣を著《き》れり、之を弋綈と謂ふ、是《これ》なり。此の字

體《てい》をなさず。魏朝の失に非ざれば、則ち傳寫せし者の誤りなり。

（補注）

（一）『三國志』の諸版本は「二」につくるが、『日本書紀』に引用される倭人伝は、景初「三」年につくる。陳壽の執筆意図を考えて、「二」を「三」に改める。

（二）『晉書』巻九十七 四夷傳 倭人の条に、「宣帝の公孫氏を平ぐるや、其の女王 使を遣はし帯方に至らしめて朝見し、其の後 貢聘すること絶えず。文帝 相と作るに及び又 數〻至る。泰始の初め、使を遣はして譯を重ねて入貢す」とあり、『晉書』は、卑彌呼の朝貢が、司馬懿による公孫氏の滅亡後であることを明記している。

（三）制詔は、制書の書き出しの定型句。命令する、という意味。制書は、王や三公を任命する冊書に比べると、一段低い相手に用いる。卑彌呼は、王ではあるが、外臣であるため、国内の王を任命する場合よりも一段低い格式を用いている。大庭脩『親魏倭王』（学生社、一九七一年）を参照。

（四）都市は、官名。市を統括する官。陳介祺『十鐘山房印挙』に、秦のものとされる「都市」の印がある。

（五）金印紫綬は、國王から關中侯までに与えられた印と綬（印を帯びるためのひも、長さは一丈二尺〔二・七六m〕で幅は三尺〔六九cm〕）。『通典』巻十九 歴代王侯封爵に、「（魏の黄初三年）凡そ國王・公・侯・伯・子・男の六等、……關中侯・爵十七級は、皆 金印紫綬なり」とある。

（六）假授は、眞授とは異なり、本来は資格のない者に恩恵として仮に授けること。

（七）率善中郎將は、官名。異民族の有力者に賜与された。

（八）率善校尉は、官名。異民族の有力者に賜与された。校尉は、中郎將よりも武官としての地位が一階下である。

（九）岡村秀典『三角縁神獣鏡の時代』（吉川弘文館、一九九九年）によれば、「銅鏡百枚」は、倭のために特別に製作した三角縁神獣鏡であるという。

［現代語訳］

景初《けいしょ》三（二三九）年の六月、倭の女王（卑彌呼《ひみこ》）は、大夫の難升米《なんしょうまい》たちを派遣し帯方郡《たいほうぐん》に至らせ、天子に拝謁《はいえつ》して朝献《ちょうけん》することを求めた。帯方太守《たいほうたいしゅ》の劉夏《りゅうか》は、屬吏を派遣し（難升米たちを）引率して京都《けいと》（洛陽《らくよう》）に至らせた。その年の十二月、（皇帝の曹芳《そうほう》は）詔書《しょうしょ》を下して倭の女王に報じて次のように言った、「親魏倭王《しんぎわおう》の卑彌呼に制詔《せいしょう》する。帯方太守の劉夏が、使者を派遣して汝《なんじ》の大夫である難升米と次使である都市《とし》の牛利《ぎゅうり》を送り、汝の献じた男性の生口〔奴隷〕四人・女性の生口六人と班布《はんぷ》〔かすりの織物〕二匹《ひき》二丈《じょう》を奉じて、到着した。汝の居る所ははるか遠くにもかかわらず、こうして使者を派遣し貢献してきたことは、汝の忠孝（の現れ）であり、我はたいへん汝を慈《いつく》しむ。いま汝を親魏倭王となし、金印紫綬《きんいんしじゅ》を仮《あた》え、装封《そうほう》〔包装のうえ封印〕して帯方太守に託し、汝に仮授《かじゅ》させよう。それ種族の民を綏撫《すいぶ》し、勉めて孝順《こうじゅん》をいたせ。汝の使者である難升米と牛利は遠きをわたり、道中で苦労をした。（その功を嘉《よみ》し）いま難升米を率善中郎將《そつぜんちゅうろうしょう》となし、牛利を率善校尉《そつぜんこうい》となし、銀印青綬《ぎんいんせいじゅ》を仮《あた》え、引見して労《ねぎら》い賜与して送りかえらせる。いま絳地交龍《こうちこうりゅう》〔濃い赤地に蛟龍《こうりゅう》を描いた〕の錦《にしき》を五匹、絳地縐粟《こうじしゅうしょく》〔濃い赤地の細い縮み織〕の罽《けい》〔毛織物〕を十張、蒨絳《せんこう》〔茜《あかね》染めの布〕五十匹、紺青《こんじょう》〔濃い藍《あい》色の布〕五十匹により、汝が献上した朝貢の品物に答える。また特に汝に紺地句文《こんじこうもん》〔紺地の布地に句連雷門《くれんらいもん》〈ジグザグの文様〉のある〕の錦を三匹、細班《さいはん》〔細かい華《はな》模様を班《まだら》に出した〕の華罽《かけい》〔毛織物〕を五張、白絹を五十匹、金を八両、五尺の刀を二振り、銅鏡を百枚、真珠・鉛丹それぞれ五十斤を賜与し、みな装封して難升米と牛利に託す。（かれらが）帰り着いたら記録して受け取り、すべてを汝の國中の人々に示し、國家《わたし》が汝を慈しんでいることを知らしめよ。このために鄭重に汝に好みの品物を賜与するものである」と。

〔裴松之注〕

〔一〕臣《わたくし》松之が考えるに、地（の字）は綈（の字）につくるべきである。漢の文帝が皀衣《そうい》〔黒い絹の服〕を着た、これを弋綈《よくてい》という、とある（綈が）これである。この（地の）字は意味をなさない。魏朝の（下した詔に）間違いがなければ、伝写した者の誤りである。

（2）往来する使者

【原文】

正始元年、太守弓遵、遣建（中）〔忠〕[一]校尉梯儁等、奉詔書・印綬詣倭國、拜假倭王。幷齎詔、賜金・帛・錦・罽・刀・鏡・采物。倭王因使上表、答謝恩詔。

其四年、倭王、復遣使大夫伊聲耆・掖邪狗等八人、上獻生口・倭錦・絳青縑・緜衣・帛布・丹木弣短弓・矢。掖邪狗等、壹拜率善中郎將印綬。

其六年、詔賜倭難升米黄幢、付郡假授。

《訓讀》

正始《せいし》元年、太守の弓遵[一]、建忠校尉《けんちゅうこうい》の梯儁《ていしゅん》らを遣はし、詔書・印綬を奉《ほう》じて倭國に詣《いた》らしめ、倭王に拜假《はいか》す。幷びに詔《みことのり》を齎《もたら》し、金・帛《はく》・錦・罽《けい》・刀・鏡・采物を賜《たま》ふ。倭王 使に因りて上表し[二]、恩詔《おんしょう》に答謝《とうしゃ》す。

其の四年、倭王、復た使たる大夫の伊聲耆《いせいき》・掖邪狗《えきやく》ら八人を遣はし、生口・倭錦《わにしき》・絳青縑《こうせいけん》・緜衣《めんい》・帛布《はくふ》・丹木《たんぼく》の弣《ゆづか》の短弓・矢を上獻《じょうけん》す。掖邪狗ら、壹《いっ》に率善中郎將の印綬を拜す。

其の六年、詔して倭の難升米に黄幢《こうどう》(四)を賜ひ、郡に付して假授せしむ。

（補注）

（一）『三國志』の諸版本は、「中」につくるが、『日本書紀』に引用される当該条は、「忠」につくる。曹魏に建忠將軍、孫呉に建忠中郎將・建忠都尉があり、「建中」將軍・中郎・都尉の事例が他に見えないため、「中」を「忠」に改める。金文京『三国志の世界』（東方書店、二〇〇五年）は、浙江省嵊県浦口鎮より発見された孫呉の太平二（二五七）年の墓から「建中校尉」と書かれた墓誌が見つかったことから（嵊県文管会「浙江嵊県大塘岭東呉墓」《考古》一九九一―三、一九九一年）、文字を改める必要はないとする。

（二）弓遵は、帯方郡の太守。正始六年、樂浪太守の劉茂とともに濊族を伐ち、そののち、韓族を伐ち戦死した（『三國志』巻三十　東夷傳　濊・韓の条）。

（三）『晉書』巻一　宣帝紀に、「正始元年の春正月、東の倭、譯を重ねて貢を納む。焉耆・危須の諸國、弱水より以南、鮮卑の名王も、皆 使を遣はして來獻す。天子 美を宰輔に歸し、又 帝の封邑を増す」とあり、このときの記録と考えられる。

（四）黄幢は、黄色の旌旗。軍事を指揮するために用いられる。曹魏は、土德の国家で黄色をシンボルカラーとしていた。

［現代語訳］

正始《せいし》元（二四〇）年、帯方太守の弓遵《きゅうじゅん》は、建忠校尉《けんちゅうこうい》の梯儁《ていしゅん》たちを派遣して、詔書《しょうしょ》と印綬《いんじゅ》を奉《ほう》じて倭國に至らせ、（卑彌呼を親魏）倭王に拝仮《はいか》した。ならびに詔《みことのり》をもたらし、金・帛《はく》〔絹〕・錦《にしき》・罽《けい》〔毛織物〕・刀・鏡・采物を賜与した。倭王は（魏からの）使者に託して上表《じょうひょう》し、恩詔《おんしょう》に答謝《とうしゃ》した。

正始四（二四三）年、倭王は、また使者である大夫の伊聲耆《いせいき》と掖邪狗《えきやく》たち八人を派遣して、生口・倭錦《わにしき》・絳青縑《こうせいけん》〔玉虫織の薄手の絹織物〕・緜衣《めんい》〔まわたの服〕・帛布《はくふ》〔白絹の織物〕・丹木《たんぼく》の弣《ゆづか》の短弓〔赤い木のつかの短い弓〕・矢を上献《じょうけん》した。掖邪狗たちは、みな率善中郎將の印綬を拝受した。

正始六（二四五）年、詔して倭の難升米に黄幢《こうどう》〔黄色の旌旗《せいき》〕を賜与し、帯方郡に託して仮授させた。

（3）倭國の乱を見届ける

【原文】

其八年、太守王頎到官。倭女王卑彌呼、與狗奴國男王卑彌弓呼素不和。遣倭載斯・烏越等詣郡、説相攻撃狀。遣塞曹掾史張政等、因齎詔書・黄幢、拜假難升米、爲檄告喩之。

卑彌呼以死、大作冢。徑百餘步、狗葬者奴婢百餘人。更立男王、國中不服、更相誅殺、當時殺千餘人。復立卑彌呼宗女壹與、年十三爲王、國中遂定。政等以檄告喩壹與。壹與遣倭大夫率善中郎將掖邪狗等二十人、送政等還。因詣臺、獻上男女生口三十人、貢白珠五千孔・青大句珠二枚・異文雜錦二十匹。

《訓読》

其の八年、太守の王頎（一）官に到る。倭の女王たる卑彌呼、狗奴國の男王たる卑彌弓呼と素《もと》より和せず。倭の載斯・烏越らを遣はして郡に詣り、相 攻撃する狀《さま》を説かしむ。塞曹掾史の張政らを遣はして、因りて詔書・黄幢を■《もたら》し、難升米に拜假し、檄《げき》を爲《つく》りて之に告喩《こくゆ》す。

卑彌呼 死するを以て、大いに冢《つか》を作る。徑《けい》は百餘步、狗葬する者 奴婢百餘人なり。更《あらた》めて男王を立つるも、國

中 服せず、更《こも》〻相 誅殺し、時に當たりて千餘人を殺す。復た卑彌呼の宗女たる壹與、年十三なるを立てて王と爲し、國中 遂に定まる。政ら檄を以て壹與に告喩す。壹與 倭の大夫の率善中郎將たる掖邪狗ら二十人を遣はして政らの還るを送らしむ。(二) 因りて台《だい》に詣り、男女の生口三十人を獻上し、白珠五千孔《こう》・青大句珠二枚・異文雜錦二十匹を貢《みつ》ぐ。(三)

(補注)

(一) 王頎は、字は孔碩、東萊の人。玄菟太守として高句麗征討に活躍したのち、正始八 (二四七) 年、帶方太守に転任した。景元四 (二六三) 年には、天水太守として蜀漢を滅ぼすことに功績を挙げ、西晉に仕えて汝南太守となった。

(二)『册府元龜』巻九百六十八 外臣部 朝貢第一に、「(正始) 八年、倭國の女王たる壹與、大夫の掖邪狗らを遣はして台に詣らしめ、男女の生口三十人を獻上し、白珠五千枚・青大句珠二枚・異文雜錦二十匹を貢ぐ」とあり、正始八 (二四七) 年のこととされている。

(三)『晉書』巻三 武帝紀に、「(泰始二年) 十一月己卯、倭人 來たりて方物を獻ず。圜丘・方丘を南・北郊に幷はせ、二至の祀を二郊に合す」とあり、倭人は、こののち泰始二 (二六六) 年十一月にも朝貢している。西晉が建国され、南北郊祀を王肅説に従って改めた重要な時期に、それを言祝ぐ使者を送っているのである。

[現代語訳]

正始八 (二四七) 年、帶方太守の王頎《おうき》が官に到着した。倭の女王である卑彌呼は、狗奴《くな》國の男王である卑彌弓呼《ひみきゅうこ》とまえから不和であった。(そこで卑彌呼は) 倭の載斯《さいし》と烏越《うえつ》たちを派遣して帶方郡に至り、(狗奴國と) 互いに攻撃しあっている様子を報告させた。(これに応えて帶方太守の王頎は) 塞曹掾史《さいそうえんし》の張政《ちょうせい》たちを派遣して、それにより (先に帶方郡まで届いていたが送られていなかった）詔書と黄幢をもたらし、（狗奴國との戦いの軍事的指導者である）難升米に拝仮し、檄文《げきぶん》をつくって難升米に告喩《こくゆ》した。

　卑彌呼が死去したため、大いに冢《つか》〔墓地〕を作った。（冢の）径《けい》は百余歩〔約一四四ｍ〕、殉葬《じゅんそう》する者は奴婢《ぬひ》百余人であった。あらためて男王を立てたが、国中は服せず、相互に殺し合い、この時にあたり千余人を殺した。また卑彌呼の同宗の女性である壱與《いよ》という、十三歳（の子）を立てて王となし、國中はようやく定まった。（それを見た）張政たちは檄文により壱與に告喩した。壱與は倭の大夫《たいふ》である率善中郎将《そつぜんちゅうろうしょう》の掖邪狗《えきやく》たち二十人を派遣して、張政たち（の帰国）を送らせた。それにより（掖邪狗たちは洛陽の）尚書臺に至り、男女の生口〔奴隷〕三十人を献上し、白珠《はくしゅ》を五千孔《こう》〔孔《あな》を開けた白珠《しらたま》五千〕・青大句珠《せいだいくしゅ》〔青玉〈ひすい〉で作った勾玉《まがたま》〕を二枚・異文雑錦《いぶんざっきん》〔中国と模様の異なるいろいろな錦〕を二十匹　朝貢した。

文献表

この文献表は、本書中に言及し、また略記した文献を採録したものである。本文中における表記は、単行本を《　》、論文を〈　〉により分け、出版時の西暦年を附して弁別の基準とした。その際、単行本などに再録された論文も初出の西暦年を附し、同一年に複数の単行本・論文のある場合には、ａｂなどを附し、弁別できるように心がけた。文献表でも、それを踏襲するが、単行本には※を附し、単行本に収められた論文は、その直後に＊を附して収録論文であることを示し、論文の初出雑誌を掲げた。また、論題が変更されている場合は、原則として、変更前の論題に統一した。邦文文献は編著者名の五十音順に、中文文献も、便宜的に日本読みによる五十音順に配列し、邦訳は邦文の項目に入れ、旧字体・簡体字は原則として常用漢字に統一した。

〔邦　文〕

青木　栄一　「三国志の歴史地理学」（『新しい漢字漢文教育』四五、二〇〇七年）
赤塚　忠　『荘子』（集英社、一九七七年）
赤堀昭（他補注）「博物志校箋」（『東方学報』（京都）五九、一九八七年）
東　潮　「『三国志』東夷伝の文化環境」（『国立民俗博物館研究報告』一五一、二〇〇九年）
伊瀬仙太郎　「西羌の由来について」（『歴史における民衆と文化』国書刊行会、一九八二年）
伊瀬仙太郎　「秦漢の界別政策と羌族の反乱」（『立正大学人文科学研究所年報』二一、一九八四年）
井波陵一（編）『魏晉石刻資料選注』（京都大学人文科学研究所、二〇〇五年）
井上　晃　「三国時代の山越に就て」（『史観』一七、一九三八年）
井上　光貞　『日本国家の起源』（岩波書店、一九六〇年）

井上　光貞　「邪馬台国の政治構造―牧健二博士に捧ぐ」（『シンポジウム邪馬台国』創文社、一九六六年）
井上　光貞　『日本の歴史』１（中公文庫、二〇〇五年）
池内　宏　「曹魏の東方経略」（『史苑』二―六、一九二九年、『満鮮史研究』上世編、祖国社、一九五一年に所収）
池田　秀三　「緯書鄭氏学研究序説」（『哲学研究』五四八、一九八三年）
池田　秀三　「『国語』韋昭注への覚え書」（『中国の礼制と礼学』朋友書店、二〇〇一年）
池田　知久　『荘子』（講談社学術文庫、二〇一四年）
石井　仁　「参軍事考―六朝軍府僚属の起源をめぐって」（『文化』五一―三・四、一九八八年）
石井　仁　「諸葛亮・北伐軍団の組織と編制について―蜀漢における軍府の発展形態」（『東洋史論集』四、一九九〇年）
石井　仁　「漢末州牧考」（『秋大史学』三八、一九九二年）
石井　仁　『曹操　魏の武帝』（新人物往来社、二〇〇〇年、『魏の武帝　曹操』として新人物文庫より二〇一〇年に再刊）
石井　仁　「三国時代の軍事制度」（『三国志シンポジウム』大東文化大学文学部中国学科、二〇〇六年）
石川日出志　「弥生時代中期前半における土器製作技術の革新とその背景に関する予察」（『明治大学人文科学研究所紀要』六七、二〇一〇年）
石母田　正　『日本の古代国家』（岩波書店、一九七一年）
板野　長八　「何晏王弼の思想」（『東方学報』（東京）一四―一、一九四三年）
板野　長八　「班固の漢王朝神話」（『歴史学研究』四七九、一九八〇年）
市村瓚次郎　「唐以前の福建及び台湾に就いて」（『東洋学報』八―一、一九一八年、『支那史研究』春秋社松柏館、一九三九年に所収）
上野　祥史　「赤烏年前後の呉鏡の製作動向―泉屋博古館所蔵の赤烏元年銘対置式神獣鏡の位置づけ」（『泉屋博古館紀要』二三、二〇〇七年）
上田　正昭　「邪馬台国問題の再検討」（『日本史研究』三九、一九五八年）
内田　吟風　『北アジア研究』鮮卑・柔然・突厥篇（同朋舎出版、一九七五年）a
内田　吟風※『北アジア研究』匈奴篇（同朋舎出版、一九七五年）b
内田　吟風＊「南匈奴に関する研究」（『東洋史研究』一―三、一九三六年）

内田　吟風　「古代アジア海上交通考」（『江上波夫教授古稀記念論集　民族・文化篇』（山川出版社、一九七七年）
内田　吟風　「後漢永初の羌乱について」（『東洋史苑』二四・二五、一九八五年）
梅原　末治　「漢三国六朝紀年鏡銘集録増補（其六）」（『史学』一六―三、一九三七年）
江畑　　武　「『三国志』の成立年次」「『三国志』の材料について―三国の国史について」（『阪南論集』人文・自然科学編三六―二、三、二〇〇〇、〇一年）
榎　　一雄　「魏志倭人伝の里程記事について」（『歴史』一―一、一九四七年）
愛媛大学東アジア古代鉄文化研究センター（編）『曹操高陵の発見とその意義―三国志　魏の世界』（汲古書院、二〇一一年）
小倉　芳彦　「華夷思想の形成」（『思想』五〇三、一九六六年、『中国古代政治思想研究』岩波書店、一九七〇年に所収）
小谷　仲男　『大月氏―中央アジアに謎の民族を尋ねて』（東方書店、二〇一〇年）
尾崎雄二郎　「邪馬臺国について」（『人文』一六、一九七〇年）
大上　正美　『阮籍・嵆康の文学』（創文社、二〇〇〇年）
大川富士夫　「『古本三国志』をめぐって」（『立正大学文学部論叢』六二、一九七八年）
大沢　勝茂　「漢代における西羌の動向―特に『後漢書』西羌伝から見て」（『アジア文化研究』七、二〇〇〇年）
大庭　　脩　『親魏倭王』（学生社、一九七一年）
大庭　　脩　『秦漢法制史の研究』（創文社、一九八二年）
大庭　　脩　『古代中世における日中関係史の研究』（同朋舎出版、一九九六年）
大平　幸代　「博物の士「張華」像のゆらぎ―雷煥とのかかわりをめぐって」（『叙説』四〇、二〇一三年）
大淵　忍爾　「中国における民族的宗教の成立(1)、(2)」（『歴史学研究』一七九、一八〇、一九五七年、『初期の道教―道教史の研究　其の一』創文社、一九九一年）
太田　侑子　「中国古代における夫婦合葬墓」（『史学』四九―四、一九八〇年）
太田　侑子　「中国古代における夫婦合葬―その発生と展開および家族制度との関わり」（『中国の歴史と民俗』第一書房、一九九一年）
大森　志郎　『魏志倭人伝の研究』（宝文館、一九五五年）
岡田　英弘　『倭国の時代』（文藝春秋、一九七六年、朝日文庫に一九九四年に収録）

岡本　健一『邪馬台国論争』（講談社選書メチエ、一九九五年）

岡村　秀典『三角縁神獣鏡の時代』（吉川弘文館、一九九九年）

岡安　　勇「後漢時代の北辺防備官の任用政策について—特に護羌校尉を中心として」（『史滴』一四、一九九三年）

加賀　栄治『中国古典解釈史』魏晋篇（勁草書房、一九六四年）

河南省文物考古研究所（編）、渡邉義浩（監訳）・谷口建速（訳）『曹操墓の真相』（国書刊行会、二〇一一年）

笠井　新也「卑弥呼即ち倭迹迹日百襲姫命（一）」（『考古学雑誌』一四—七、一九二四年）

片山　章雄「吐魯番・敦煌発見の『三国志』写本残巻」（『東海史学』二六、一九九一年）

鎌田　重雄「郡国の上計」（『史潮』一二—三・四、一九四三年、『秦漢政治制度の研究』日本学術振興会、一九六二年に所収）

鎌田　茂雄『中国仏教史』第一巻（東京大学出版会、一九八二年）

川合　康三「身を焼く曹植」（『三国志研究』五、二〇一〇年）

川勝　義雄※『六朝貴族制社会の研究』（岩波書店、一九八二年）

川勝　義雄＊「貴族制社会と孫呉政権下の江南」（『中国中世史研究』東海大学出版会、一九七〇年）

川手　翔生「嶺南士氏の勢力形成をめぐって」（『史観』一六七、二〇一二年）a

川手　翔生「嶺南士氏交易考」（『史滴』三四、二〇一二年）b

川本　芳昭「山越再論」（『佐賀大学教養学部研究紀要』二三、一九九一年）

川本　芳昭※『魏晋南北朝時代の民族問題』（汲古書院、一九九八年）

川本　芳昭＊「六朝における蛮の理解についての一考察—山越・蛮漢融合の問題を中心として見た」（『史学雑誌』九五—八、一九八六年）

川本　芳昭『中国史のなかの諸民族』（山川出版社、二〇〇四年）

川本　芳昭※『東アジア古代における諸民族と国家』（汲古書院、二〇一五年）

川本　芳昭＊「倭国における対外交渉の変遷について—中華意識の形成と太宰府の成立との関連から見た」（『史淵』一四三、二〇〇六年）

川本　芳昭＊「三国期段階における烏桓・鮮卑について—交流と変容の観点から見た」（『国立歴史民俗博物館研究報告』五一、

二〇〇九年）
川本　芳昭＊「倭の五王の自称と東アジアの国際情勢」（『史淵』一四九、二〇一二年）
菊地　大「孫呉政権の対外政策について」（『駿台史学』一一六、二〇〇二年）
菊地　大「三国呉「嘉興元年」鏡についての一試論」（『明大アジア史論集』七、二〇〇二年）
喜田　貞吉「漢籍に見えたる倭人記事の解釈」（『歴史地理』三〇―四、五、六、一九一七年）
金　文京『三国志の世界』（講談社、二〇〇五年）
久保　靖彦「後漢初頭の烏桓について―護烏桓校尉に関する一考察」（『史苑』二四―一、一九六三年）
熊谷　滋三「後漢の羌族内徙策について」（『史滴』九、一九八八年）
車崎　正彦「三角縁神獣鏡の年代と古墳出現の年代」（『史観』一五九、二〇〇八年）
後藤　均平「士燮」（『史苑』三二―一、一九七二年）
小林　仁「中国・南京出土の三国呉の青瓷鉄絵に関する諸問題」（『東洋陶磁』三八、二〇〇九年）
小林　春樹「三国時代の正統理論について」（『東洋研究』一三九、二〇〇一年）
小林　行雄『古墳時代の研究』（青木書店、一九六一年）
佐伯　有清「回顧と展望」（『史学雑誌』七九―五、一九七〇年）
佐伯　有清『研究史　邪馬台国』（吉川弘文館、一九七一年）
佐伯　有清『邪馬台国基本論文集』Ⅰ～Ⅲ（創元社、一九八一～八二年）
佐伯　有清『研究史　戦後の邪馬台国』（吉川弘文館、一九八二年）
佐伯　有清『魏志倭人伝を読む（上）（下）』（吉川弘文館、二〇〇〇年）
佐伯　有清『邪馬台国論争』（岩波書店、二〇〇六年）
佐々木正治「曹操高陵発掘調査の最新成果と考古学的意義」（『三国志研究』七、二〇一二年）
佐々木満実「漢代和蕃公主考―「和親」との関係を中心に」（『お茶の水史学』五四、二〇一一年）
佐竹　保子「張華の文学に見られる『老子』の影」（『日本中国学会報』四九、一九九七年、『西晉文学論』汲古書院、二〇〇二年に所収）
佐藤　長『チベット歴史地理研究』（岩波書店、一九七八年）

佐藤　礼子「天台外典利用をめぐる考察―天台注釈書に引用された『博物志』のある一条より」（『六朝学術学会報』一一、二〇一〇年）
桜井　龍彦「郭璞『山海経』注の態度」（上）（下）（『中京大学教養論叢』三四―四、三五―一、一九九四年）
澤　章敏「五斗米道研究の現状と課題」（『三国志研究』二、二〇〇七年）
沢田　勲『匈奴』（東方書店、一九九六年）
塩沢　裕仁『千年帝都 洛陽―その遺跡と人文・自然環境』（雄山閣、二〇一〇年）
重松　明久『邪馬台国の研究』（白陵社、一九六九年）
重松　俊章「孫呉の対外発展と遼東との関係」（『九州帝国大学法文学部十周年記念 哲学史学文学論文集』岩波書店、一九三七年）
設楽博己（編）『三国志がみた倭人たち―魏志倭人伝の考古学』（山川出版社、二〇〇一年）
柴田　聡子「姜維の北伐と蜀漢後期の政権構造」（『三国志研究』四、二〇〇九年）
白鳥　庫吉「倭女王卑弥呼考」（『東亜之光』五―六・七、一九一〇年）
白鳥　庫吉「隋書の流求国の言語について」（『民族学研究』一―三、一九二五年、『白鳥庫吉全集』第九巻、岩波書店、一九七一年に所収）
白鳥　庫吉「卑弥呼問題の解決」（『オリエンタリカ』一、一九四八年、『白鳥庫吉全集』第一巻、岩波書店、一九六九年に所収）
末木文美士・梶山雄一『観無量寿経・般舟三昧経』（講談社、一九九二年）
末松　保和「太平御覧に引かれた倭国に関する魏志の文に就て」（『青丘学叢』一、一九三〇年）
菅　政友『菅政友全集』（国書刊行会、一九〇七年）
杉本直治郎「三国時代における呉の対南策」（『東南アジア史研究』Ⅰ、日本学術振興会、一九五六年）
鈴木　俊「倭人伝の史料的研究」（『東亜論叢』六、一九四八年）
鈴木　中正「漢・魏革命と黄巾軍」（『中国史における革命と宗教』東京大学出版会、一九八二年）
妹尾　達彦「人類史と東アジア史の時代区分」（『中国史の時代区分の現在』汲古書院、二〇一五年）
關尾　史郎「山越の「漢化」についての覚書―川本芳昭「六朝における蛮の理解についての一考察」を読む」（『上智史学』三

四、一九八九年）
闞尾　史郎「曹魏政権と山越」（『東アジア史の展開と日本　西嶋定生博士追悼論文集』山川出版社、二〇〇〇年）
仙石　知子「中国小説における「女をさらう猿」の展開」（『日本中国学会報』六七、二〇一五年）
曽我部静雄「上計吏と朝集使」（『国士館大学人文学会紀要』二、一九七〇年）
田中　順子「自推状としての張華「鷦鷯賦」」（『中国文学論集』一五、一九八六年）
田中　俊明「魏の東方経略をめぐる問題点」（『古代武器研究』九、二〇〇八年）
田中麻紗巳「『春秋公羊解詁』の「太平」について」（『人文論叢』三六、一九八八年、『後漢思想の探究』研文出版、二〇〇三年に所収）
田村専之助「魏略魏志東夷伝の性質」（『歴史学研究』一〇―七、八、一九四〇年）
平　秀道「魏の文帝と圖讖」（『竜谷大学論集』四〇四、一九七四年）
平　秀道「蜀の昭烈帝と讖緯」（『竜谷大学論集』四〇九、一九七七年）
高橋　健自「考古学上より観たる耶馬台国」（『考古学雑誌』一二―五、一九二二年）
高橋　康浩『韋昭研究』（汲古書院、二〇一一年）
武田　幸男「三韓社会における辰王と臣智」（『朝鮮文化研究』三、一九九七年）
武光誠・山岸良二（編）『改定版　邪馬台国事典』（同成社、一九九八年）
谷口　房男※『華南民族史研究』（緑蔭書房、一九九六年）
谷口　房男＊「諸葛孔明の異民族政策」（『華南民族史研究』緑蔭書房、一九九七年）
茶谷　満「後漢洛陽城の可視領域と皇帝陵との空間関係―洛陽都城圏の様相に関する基礎的考察」（『年報人類学研究』三、二〇一三年）
張　志清「漢代陵墓考古と曹操高陵」（『曹操高陵の発見とその意義』汲古書院、二〇一一年）
張楚金、竹内理三『翰苑』（太宰府天満宮文化研究所、一九七七年）
陳　顕泗「朱応、康泰が使節として扶南へ出た年代について」（『東南アジア　歴史と文化』一七、一九八八年）
津田　資久「『魏略』の基礎的研究」（『史朋』三一、一九九八年）
津田　資久「陳寿伝の研究」（『北大史学』四一、二〇〇一年）

土屋　昌明　「後漢における思過と首過について―自伝文学との関連を考えるために」（『道教文化への展望』平河出版社、一九九四年）
鶴間　和幸　「漢律における墳丘規定について」（『東洋文化』六〇、一九八〇年）
手塚　隆義　「親魏倭王考」（『史苑』二三―二、一九六三年）
手塚　隆義　「孫権の夷洲・亶洲遠征について」（『史苑』二九―三、一九六九年）
戸川　貴行　「東晋南朝における建康の中心化と国家儀礼の整備について」（『七隈史学』一三、二〇一一、『東晉南朝における伝統の創造』汲古書院、二〇一五年）
藤堂明保・竹田晃・影山輝国『倭国伝―中国正史に描かれた日本』（講談社、二〇一〇年）
藤間　生大　『埋もれた金印―女王卑弥呼と日本の黎明』（岩波書店、一九五〇年）
豊田　有恒　「魏志「東夷伝」における原初の北東アジア諸民族に関する論攷」（『北東アジア研究』一、二〇〇一年）
那珂　通世　『那珂通世遺書』（大日本図書、一九一五年）
内藤虎次郎　「卑弥呼考」（『芸文』一―二・三・四、一九一〇年）
内藤　湖南　『支那史学史』（弘文堂、一九四九年、『内藤湖南全集』第一巻、筑摩書房、一九七〇年）
中林　史朗　「後漢末・晉初に於ける地方学者の動向―巴蜀地方における譙周グループを中心として」（『土浦短期大学紀要』九、一九八一年）
丹羽　兌子　「蔡邕伝おぼえがき」（『名古屋大学文学部研究論集』五六、一九七二年）
西　　順蔵　「嵆康たちの思想」（『一橋論叢』四三―三、一九六〇年）、「嵆康の釈私論の一つの解釈」（『福井博士頌寿記念　東洋思想論集』一九六〇年）
西嶋　定生※『中国古代国家と東アジア世界』（東京大学出版会、一九八三年）
西嶋　定生＊「親魏倭王冊封に至る東アジアの情勢」（『古代史論叢』上巻、吉川弘文館、一九七八年）
西嶋　定生　『邪馬台国と倭国―古代日本と東アジア』（吉川弘文館、一九九四年）
西嶋　定生　『倭国の出現―東アジア世界のなかの日本』（東京大学出版会、一九九九年）
仁藤　敦史　「卑弥呼の王権と朝貢―公孫氏政権と魏王朝」（『国立歴史民俗博物館研究報告』一五一、二〇〇九年）
長谷部英一　「魏晉南北朝の暦論」（『中国哲学研究』三、一九九一年）

橋本増吉「耶馬台国及び卑彌呼に就て」(『史学雑誌』二一―一〇、一一、一二、一九一〇年)
橋本増吉『東洋史上より見たる日本上古史研究』第一篇 邪馬台国論考「戸数の問題」(大岡山書店、一九三二年、改訂増補版は、東洋文庫、一九五六年)
塙博「東・西羌の区分に関する一考察」(『史滴』二、一九八一年)
林田愼之助「魏晋南朝文学に占める張華の座標」(『日本中国学会報』一七、一九六五年、『中国中世文学評論史』創文社、一九七九年に所収)
原田淑人「徐福の東海に仙薬を求めた話」(『Museum』八四、一九五八年、『東亜古文化論考』吉川弘文館、一九六二年に所収)
樋口隆康「画文帯神獣鏡と古墳文化」(『史林』四三―五、一九六〇年)
日原利国「華夷観念の変容」(『哲学研究』四七―八、一九八四年、『漢代思想の研究』研文出版、一九八六年に所収)
平勢隆郎「景初の年代に関する試論」(『日中律令制の諸相』東方書店、二〇〇二年)
福井重雅「蔡邕と『独断』」(『史観』一〇七、一九八三年、『陸賈『新語』の研究』汲古書院、二〇〇二年に所収)
福井重雅『漢代官吏登用制度の研究』(創文社、一九八八年)
福井重雅『漢代儒教の史的研究―儒教の官学化をめぐる定説の再検討』(汲古書院、二〇〇五年)
福永光司「何晏の立場―その学問と政治理念」(『愛知学芸大学研究報告』人文科学 七、一九五八年、『魏晋思想史研究』岩波書店、二〇〇五年に所収)
藤井重雄「陳寿伝について」(『新潟大学教育学部紀要』人文・社会科学編一八、一九七六年)
船木勝馬「後漢後期の鮮卑について―檀石槐時代を中心として」(『東洋大学紀要』文学篇一九、一九六五年)
船木勝馬「三国時代の鮮卑について」(『中央大学文学部紀要』八〇、一九七六年)
船木勝馬「烏桓校尉・匈奴中郎将をめぐる諸問題」(『江上波夫教授古稀記念論集』歴史編、山川出版社、一九七七年)
船木勝馬『古代遊牧騎馬民の国』(誠文堂新光社、一九八九年)
古田武彦「邪馬壹国」(『史学雑誌』七八―九、一九六九年)
堀敏一「異民族支配からみた三国時代の位置」(『東アジア世界の形成―中国と周辺国家』汲古書院、二〇〇六年)
堀池信夫「鄭玄学の展開」(『三国志研究』七、二〇一二年)

牧　健二「女王卑彌呼等倭の女王国王の共立」(『龍谷大学経済学論集』一―一、一九六一年)
牧田　諦亮「高僧伝の成立」(『東方学報』(京都) 四四、四八、一九七一、一九七五年、『中国仏教史研究』第三、大東出版社、一九八九年に所収)
間嶋　潤一※『鄭玄と『周礼』―周の太平国家の構想』(明治書院、二〇一〇年)
間嶋　潤一＊「鄭玄『尚書注』と『尚書大伝』―周公居摂の解釈をめぐって」(『東洋史研究』六〇―四、二〇〇二年)
前田　正名「一世紀後半・二世紀の河西」(『アジア諸民族における社会と文化―岡本敬二先生退官記念論集』国書刊行会、一九八四年)
町田　隆吉「二・三世紀の南匈奴について―『晉書』巻一〇一劉元海載記解釈試論」(『社会文化史学』一七、一九七九年)
町田　隆吉「『漢趙記』佚文考―唐修『晉書』の一側面」(『東洋史論』一、一九八〇年)
松尾亜季子「蜀漢の南中政策と「西南シルクロード」」(『三国志研究』六、二〇一一年)
松木　武彦「卑弥呼「共立」前に起こった「倭国(大)乱」とは何か」(『古代史研究の最前線　邪馬台国』洋泉社、二〇一五年)
松田　徹「対外政策よりみた遼東公孫氏政権―三国時代の辺境独立政権」(『中国研究』三、一九九四年)
松田　徹「遼東公孫氏政権の滅亡と災異記事」(『麗澤大学論叢』一二、二〇〇一年)
松田　稔『『山海経』の基礎的研究』(笠間書院、一九九五年)
松田　稔『『山海経』の比較的研究』(笠間書院、二〇〇六年)
松田　寿男「アジア史に於けるインドシナ諸国の役割」(『歴史教育』一五―一〇・一二、一九四一年、『松田寿男著作集』四、六興出版、一九八七年に所収)
松丸　道雄「殷周国家の構造」(『岩波講座　世界歴史』四、一九七〇年)
松本　幸男「『四庫提要』の「博物志」評価について」(『学林』一一、一九八八年)
松本　幸男「博物志佚文補正(上)(下)」(『学林』一二、一三、一九八九年)
三木太郎(著)、渡辺三男(監修)『邪馬台国研究事典』Ⅲ・Ⅳ　文献目録(新人物往来社、一九八九年)
三崎　良章「遼東公孫氏政権と非漢民族」(『教育と研究』二八、二〇一〇年)
三崎　良章『五胡十六国　中国史上の民族大移動(新訂版)』(東方書店、二〇一二年)

三品 彰英 「邪馬台の位置—その研究史的考察」(『オリエンタリカ』一、一九四八年)
三品 彰英 『邪馬台国研究総覧』(創元社、一九七〇年)
三津間弘彦 「『後漢書』の槃瓠伝説と『風俗通義』」(『大東文化大学中国学論集』二九、二〇一一年)
御手洗 勝 「地理的世界観の変遷—鄒衍の大九州説に就いて」(『東洋の文化と社会』六、一九五七年、『古代中国の神々』創文社、一九八四年に所収)
御手洗 勝 「再び鄒衍の大九州説について—安居氏の批判に答える」(『哲学』(広島) 一三、一九六一年)
満田 剛 「王沈『魏書』研究」(『創価大学大学院紀要』二〇、一九九九年)
満田 剛 「韋昭の『呉書』について」(『創価大学人文論集』一六、二〇〇四年)
満田 剛 「蜀漢・蒋琬政権の北伐計画について」(『創価大学人文論集』一八、二〇〇六年)
満田 剛 「劉表政権について—漢魏交替期の荊州と交州」(『創価大学人文論集』二〇、二〇〇八年)
宮川 尚志 「張陵と張角」(『池田末利博士古稀記念 東洋学論集』池田末利博士古稀記念事業会、一九八〇年、『中国宗教史研究』第一、同朋舎出版、一九八三年に所収)
宮宅 潔 「魏・蜀・呉の正統論」(『三国鼎立から統一へ—史書と碑文をあわせ読む』研文出版、二〇〇八年)
室賀 信夫 「魏志倭人伝に描かれた日本の地理像」(『神道学』一〇、一九五六年)
室賀 信夫 「魏志倭人伝と裴秀の地図」(『日本上古史研究』一—五、一九五七年)
村田 哲也 「孫呉政権の軍事力形成と山越討伐の一考察」(『東洋史苑』四七、一九九六年)
森三樹三郎 『六朝士大夫の精神』(同朋舎出版、一九八六年)
森本 淳※ 『三国軍制と長沙呉簡』(汲古書院、二〇一二年)
森本 淳＊ 「後漢末の涼州の動向」(『池田雄一教授古稀記念アジア史論叢』燎原書店、二〇〇八年)
柳瀬喜代志 「呉王朝受命譚考— 『三国志』注所載話をめぐって」(『中国詩文論叢』一三、一九九四年)
山尾 幸久 「魏志倭人伝の史料批判」(『立命館文学』二六〇、一九六七年)
余昊奎、井上直樹(訳) 「三世紀前半の東アジアの国際情勢と高句麗の対外政策」(『朝鮮学報』二二七、二〇一三年)
楊寛(著) 尾形勇・太田有子(共訳)『中国皇帝陵の起源と変遷』(学生社、一九八一年、増補版は楊寛『中国古代陵寝制度史研究』上海古籍出版社、一九八五年)

吉川 忠夫※『六朝精神史研究』（同朋舎出版、一九八四年）
吉川 忠夫＊「踞食論争をめぐって」（『田村博士頌寿東洋史論叢』一九六八年）
吉川 忠夫＊「真人と革命」（『東洋史研究』一七―五、一九七八年）
吉川 忠夫 「蜀における讖緯の学の伝統」（『讖緯思想の総合的研究』国書刊行会、一九八四年）
吉川 忠夫※『中国人の宗教意識』（創文社、一九九八年）
吉川 忠夫＊「静室考」（『東方学報』（京都）五九、一九八七年）
吉川 忠夫 「中国六朝時代における宗教の問題」（『思想』一九九四―四、一九九四年）
吉本 道雅 「烏桓史研究序説」（『京都大学文学部研究紀要』四九、二〇一〇年）
和田 清 「魏の東方経略と扶余城の問題―高句麗に関する二征戦」（『東洋学報』三二、一九五〇年、『東亜史研究』満州篇、東洋文庫、一九五五年に所収）
和田 圭子 「東西交渉史論―朱応・康泰の扶南遣使について」（『鹿児島大学教養部史録』一六、一九八三年）
渡辺信一郎 「天下の領域構造―戦国秦漢期を中心に」（『京都府立大学学術報告』人文・社会五一、一九九九年、『中国古代の王権と天下秩序―日中比較史の視点から』校倉書房、二〇〇三年に所収）
渡邉義浩・吉井明「世界史教育における「中心―周縁」論をめぐる若干の問題」（『僻地教育研究』四九、一九九五年）
渡邉 義浩※『後漢国家の支配と儒教』（雄山閣出版、一九九五年）
渡邉 義浩＊「後漢の外戚について」（『史峯』五、一九九〇年）
渡邉 義浩＊「後漢時代の党錮について」（『史峯』六、一九九一年）
渡邉義浩・小林春樹（編）『全譯後漢書』志（二）律暦（汲古書院、二〇〇四年）
渡邉 義浩※『三国政権の構造と「名士」』（汲古書院、二〇〇四年）
渡邉 義浩＊「蜀漢政権の成立と荊州人士」（『東洋史論』六、一九八八年）
渡邉 義浩＊「蜀漢政権の支配と益州人士」（『史境』一八、一九八九年）
渡邉 義浩＊「三国政権形成前史―袁紹と公孫瓚」（『吉田寅先生古稀記念 アジア史論集』東京法令出版、一九九七年）
渡邉 義浩＊「孫呉政権の形成」（『大東文化大学漢学会誌』三八、一九九九年）
渡邉 義浩＊「孫呉政権の展開」（『大東文化大学漢学会誌』四〇、二〇〇〇年）

渡邉義浩＊「浮き草の貴公子　何晏」（『大久保隆郎教授退官紀念論集　漢意とは何か』東方書店、二〇〇一年）a
渡邉義浩＊「「寛」治から「猛」政へ」（『東方学』一〇二、二〇〇一年）b
渡邉義浩＊「曹操政権の形成」（『大東文化大学漢学会誌』四〇、二〇〇一年）c
渡邉義浩＊「呻吟する魂　阮籍」（『中華世界の歴史的展開』汲古書院、二〇〇二年）a
渡邉義浩＊「死して後已む—諸葛亮の漢代的精神」（『大東文化大学漢学会誌』四一、二〇〇二年）b
渡邉義浩＊「三国時代における「公」と「私」」（『日本中国学会報』五五、二〇〇三年）a
渡邉義浩＊「「史」の自立—魏晉期における別伝の盛行について」（『史学雑誌』一一二—四、二〇〇三年）b
渡邉義浩＊「九品中正制度における「孝」」（『大東文化大学漢学会誌』四一、二〇〇二年）c
渡邉義浩＊「所有と文化」（『中国—社会と文化』一八、二〇〇三年）c
渡邉義浩※『後漢における「儒教国家」の成立』（汲古書院、二〇〇九年）
渡邉義浩＊「「魏公卿上尊號奏」にみる漢魏革命の正統性」（『大東文化大学漢学会誌』四三、二〇〇四年）
渡邉義浩＊「後漢儒教の固有性—『白虎通』を中心として」（『両漢の儒教と政治権力』汲古書院、二〇〇五年）b
渡邉義浩＊「後漢における礼と故事」（『両漢における易と三礼』汲古書院、二〇〇六年）b
渡邉義浩＊「鄭箋の感生帝説と六天説」（『両漢における詩と三伝』汲古書院、二〇〇七年）a
渡邉義浩＊「両漢における春秋三伝と国政」（『両漢における詩と三伝』汲古書院、二〇〇七年）b
渡邉義浩＊「両漢における天の祭祀と六天説」（『両漢儒教の新研究』汲古書院、二〇〇八年）a
渡邉義浩＊「両漢における華夷思想の展開」（『両漢儒教の新研究』汲古書院、二〇〇八年）b
渡邉義浩＊「「受禅表」碑における『尚書』の重視」（『三国志研究』三、二〇〇八年）c
渡邉義浩※『西晉「儒教国家」と貴族制』（汲古書院、二〇一〇年）
渡邉義浩＊「司馬氏の台頭と西晉の建国」（『大東文化大学漢学会誌』四六、二〇〇七年）c
渡邉義浩＊「杜預の左傳癖と西晉の正統性」（『六朝学術学会報』六、二〇〇五年）a
渡邉義浩＊「杜預の諒闇制と皇位継承問題」（『大東文化大学漢学会誌』四四、二〇〇五年）c
渡邉義浩＊「嵇康の歴史的位置」（『六朝学術学会報』七、二〇〇六年）a
渡邉義浩＊「王肅の祭天思想」（『中国文化—研究と教育』六六、二〇〇八年）d

渡邉 義浩＊「陳寿の『三国志』と蜀学」(『狩野直禎先生傘寿記念三国志論集』三国志学会、二〇〇八年) e
渡邉 義浩＊「西晋における華夷思想の変容」(『大東文化大学漢学会誌』四八、二〇〇九年) a
渡邉 義浩＊「陸機の君主観と「弔魏武帝文」」(『大東文化大学漢学会誌』四九、二〇一〇年) a
渡邉 義浩 「理念の帝国―王莽の世界観と「大一統」」(『ユーラシアを渡る哲学・思想』明治書院、二〇一一年)
渡邉 義浩 『「三国志」の政治と思想』(講談社選書メチエ、二〇一二年) a
渡邉 義浩 『魏志倭人伝の謎を解く』(中公新書、二〇一二年) b
渡邉 義浩 『王莽 改革者の孤独』(大修館書店、二〇一二年) c
渡邉 義浩 「郭象の『荘子注』と貴族制―魏晋期における玄学の展開と君主権力」(『六朝学術学会報』一三、二〇一二年) b
渡邉義浩・藤高裕久・渡邉将智(編)『全譯後漢書』志(七)百官(汲古書院、二〇一三年)
渡邉 義浩 「鄭玄『論語注』の特徴」(『東洋の思想と宗教』三一、二〇一四年) a
渡邉 義浩※『「古典中国」における文学と儒教』(汲古書院、二〇一五年)
渡邉 義浩＊「三国時代における「文学」の政治的宣揚―六朝貴族制形成史の視点から」(『東洋史研究』五四―三、一九九五年)
渡邉 義浩＊「曹丕の『典論』と政治規範」(『三国志研究』四、二〇〇九年) b
渡邉 義浩＊「経国と文章―建安における文学の自覚(一)」『林田愼之助博士傘寿記念 三国志論集』三国志学会、二〇一二年) a
渡邉 義浩＊「陸機の文賦と「文学」の自立」(『中国文化―研究と教育』七一、二〇一三年)
渡邉 義浩＊「蔡琰の悲劇と曹操の匈奴政策」(『三国志研究』九、二〇一四年) b
渡邉 義浩＊「阮籍の『荘子』理解と表現」(『東洋の思想と宗教』三二、二〇一五年)

〔中 文〕

伊 永 文 「論呂布」(『社会科学研究』一九八六―六、一九八六年)

殷　憲「曹操墓石牌的書法及其他」（『書法叢刊』二〇一二―六、二〇一二年）
王永平『孫呉政治与文化史論』（上海古籍出版社、二〇〇六年）
王　媛「《博物志》的成書、体例与流伝」（『中国典籍与文化』二〇〇六―四、二〇〇六年）
王　媛「范寧《博物志佚文》補正」（『古籍整理研究学刊』二〇〇九―五、二〇〇九年）
王　旭『金石萃編』（『石刻史料新編』新文豊出版公司、一九八二年）
王慶献「烏桓鮮卑勢力消長」（『内蒙古大学学報』哲学社会科学版、一九九一―四、一九九一年）
王素・宋少華・羅新「長沙走馬楼簡牘整理的新収穫」（『文物』一九九九―五、一九九五年）
王仲殊「関于日本三角縁神獣鏡的問題」（『考古』一九八一―四、一九八一年）
王仲殊「日本三角縁神獣鏡綜論」（『考古』一九八四―五、一九八四年）
王仲殊「論日本〝仿制三角縁神獣鏡〟的性質以及与所謂〝船載三角縁神獣鏡〟的関係」（『考古』二〇〇〇―一、二〇〇〇年）
王仲犖『魏晉南北朝史』上冊（上海人民出版社、一九七一年）
王定璋「譙周与陳寿」（『蜀学』一、二〇〇六年）
王　平「論東漢対南匈奴的政策」（『白城師範学院学報』二二―一、二〇〇八年）
王　鵬「当代《呉越春秋》研究簡述」（『黄山学院学報』七―五、二〇〇五年）
汪向栄・夏応元（編）『中日関係史資料彙編』（中華書局、一九八四年）
汪　鈪「天発神讖碑續考」（『羅雪堂先生全集』第六編、台湾大通書房、一九七六年）
汪紹楹（校注）『捜神記』（中華書局、一九七九年）
河南省文物考古研究所（編著）『曹操墓真相』（科学出版社、二〇一〇年）
何天朝「両漢皇朝解決北方民族事務的統治機構―〝護烏桓校尉〟」（『内蒙古師大学報』漢文哲学社会科学版、一九八七―一、一九八七年）
何天明「東胡到鮮卑檀石槐時期的政権演変」（『陰山学刊』二一―三、二〇〇八年）
韓国河「東漢帝陵有関問題的探討」（『考古与文物』二〇〇七―五、二〇〇七年）
韓国河「東漢帝陵変制原因探析」（洛陽市第二文物工作隊（編）『洛陽漢魏陵墓研究論文集』文物出版社、二〇〇九年）

許　永璋「亶州新探」(『中国史研究』一九九七―一、一九九七年)
厳　輝「邙山東漢帝陵地望的探索之路」(『中国文物報』二〇〇六年一一月三日)
胡玉春「南匈奴与東漢的政治関係及其社会変革」(『内蒙古社会科学』漢文版、二八―六、二〇〇七年)
胡守為「山越与宗部」(『史学論文集』広東人民出版社、一九八〇年)
湖南省博物館(編)『長沙馬王堆一号漢墓』(文物出版社、一九七三年)
顧　農「《博物志》与《拾遺記》」(『古典文学知識』二〇一二―一、二〇一二年)
呉永章「孫呉与岭南関係述略」(『江海学刊』一九八八―五、一九八八年)
呉　騫『国山碑考』(『叢書集成初編』商務印書館、一九三九年)
呉佑和「譙周和他在史学上的貢献」(『歴史文献研究』五、一九九四年)
孔広林(輯)『通徳遺書所見録』(中文出版社、一九七三年)
孔　繁『魏晉玄学和文学』(浙江人民出版社、一九九一年)
康家璋「試論檀石槐軍事聯盟時期的鮮卑社会変革」(『社科縦横』二四―五、二〇〇九年)
黄暁芬『中国古代葬制の伝統と変革』(勉誠出版、二〇〇〇年)
黄　烈『中国古代民族史研究』(人民出版社、一九八七年)
朱紹侯「三国民族政策優劣論」(『河南師大学報』一九八一―三、一九八一年)
朱大渭「《隆中対》与夷陵之戦」(『江漢学報』一九六二―三、一九六二年、『六朝史論』中華書局、一九九八年に所収)
祝鴻傑「《博物志校証》補校」(『文献』一九九四―一、一九九四年)
周一良「論諸葛亮」(『歴史研究』一九五四―三、一九五四年、『周一良集』第一巻、江寧教育出版社、一九九八年に所収)
周在浚「天発神讖碑考」(『羅雪堂先生全集』第六編、台湾大通書房、一九七六年)
周錫銀・李紹明・冉光栄『羌族史』(四川民族出版社、一九八四年)
周生春『呉越春秋輯考匯考』(上海古籍出版社、一九九七年)
徐徳麟『三国志講話』(羣聯出版社、一九五五年)
葉国慶「三国時山越分布之区域」(『禹貢』二―八、一九三四年)
葉哲明「東呉的海外拓展和衛温・諸葛直従章安出使台湾考略」(『台州師専学報』一九八一―二、一九八一年)

翦伯賛「董卓之乱与三国鼎立局面之序幕」(『北京大学学報』哲学社会科学版、一九八八—二、一九八八年)
曾聖益「蜀漢譙周及其礼学—以清人輯佚書所見爲説」(『経学研究論叢』五、一九九八年)
孫功述『氏族研究』(甘粛人民出版社、二〇〇五年)
孫志敏「論公孫氏政権滅亡的原因」(『赤峰学院学報』漢文哲学社会科学版、二七—三、二〇〇六年)
大葆台漢墓発掘組・中国社会科学院考古研究所『北京大葆台漢墓』(文物出版社、一九八九年)
中国科学院考古研究所満城発掘隊「満城漢墓発掘紀要」(『考古』一九七二—一、一九七二年)
中国社会科学院考古研究所・河北省文物管理処『満城漢墓発掘報告』(文物出版社、一九八〇年)
張雲樵・張莉「対遼東公孫氏政権的剖析」(『北華大学学報』社会科学版、一—三、二〇〇〇年)
張久和「鮮卑興盛原因初探」(『内蒙古社会科学』漢文版、二二—六、二〇〇一年)
張作耀「曹操征烏桓是域内統一戦争」(『煙台大学学報』哲学社会科学版、一九九九—一、一九九一年)
張晉「探析烏桓三次南遷中的騎兵因素」(『陰山学刊』二八—二、二〇一五年)
張崇根「三国孫呉経営台湾考」(『安徽大学学報』一九八一—一、一九八一年)
張大可※『三国史研究』(甘粛人民出版社、一九八八年)
張大可＊「試論董卓及其涼州兵団」(『西北史地』一九八五—四、一九八五年)
張大可＊「論三国時期的民族政策」(『三国史研究』甘粛人民出版社、一九八八年)
張澍(輯)『諸葛亮集』(中華書局、一九六〇年)
趙彦衛『雲麓漫鈔』(中華書局、一九九六年)
趙紅梅「烏桓朝貢東漢王朝探微」(『社会科学輯刊』二〇一一—六、二〇一一年)
趙振華『洛陽東漢黄腸石題銘研究』(北京図書館出版社、二〇〇八年)
趙明「東漢対西羌長期作戦的原因与教訓」(『中国史研究』一九九四—一、一九九四年)
趙立新『西晉末年至東晉時期的「分陝」政治—分権化現象下的朝廷与州鎮』(花木蘭文化出版社、二〇〇九年)
陳建梅『孫呉政区地理研究』(岳麓書院、二〇〇八年)
陳可畏「東越、山越的来源和発展」(『歴史論叢』一、一九六四年)
陳中凡「論《呉越春秋》為漢晉間的説部及其在芸術上的成就」(『文学遺産増刊』七、一九五九年)

陳博「試論韋昭《呉書》的特点及其価値」(『歴史文献研究』五、一九九五年)
陳冰「従《博物志》中看晉代以前的中国古代民俗」(『文教資料』二〇〇九―一九、二〇〇九年)
陳序経『匈奴史稿』(中国人民大学出版社、二〇〇七年)
陳勇「董卓進京述略」(『中国史研究』一九九五―四、一九九五年)
陳立『白虎通疏証』(中華書局、一九九四年)
邸富生「三国時期公孫氏政権対遼東的統治」(『遼寧師院学報』一九七九―五、一九七九年)
田余慶※『秦漢魏晉史探微』重訂本(中華書局、二〇〇四年)
田余慶＊「《隆中対》再認識」(『歴史研究』一九八九―五、一九八九年)
唐長孺※『魏晉南北朝史論叢』(生活・読書・新知三聯書店、一九五五年、『唐長孺文集』一 魏晉南北朝史論叢、中華書局、二〇〇一年に再録)
唐長孺＊「孫呉建国及漢末江南的宗部与山越」(『魏晉南北朝史論叢』生活・読書・新知三聯書店、一九五五年)
鄧安生「蔡邕的思想与文化成就」(『天津師大学報』一九九九―五、一九九五年)
馬植傑「三国時的匈奴和烏桓、鮮卑」(『三国史』人民出版社、一九九三年)
馬長寿『烏桓与鮮卑』(上海人民出版社、一九六二年)
馬長寿『氐与羌』(上海人民出版社、一九八四年)
白翠琴「曹魏的周辺問題及民族政策―魏晉南北朝民族政策探究之一」(『西北史地』一九八九―三、一九八九年)
白翠琴「烏桓与東郡鮮卑的内遷及其発展」(『魏晉南北朝民族史』四川民族出版社、一九九六年)
范寧(校證)『博物志校證』(中華書局、一九八〇年)
万繩楠「論諸葛亮的〝治実〟精神」(『魏晉南北朝史論稿』安徽教育出版社、一九八三年)
閔海霞・崔明徳「試論南匈奴内附于漢的原因及其影響」(『魯東大学学報』哲学社会科学版、二四―一、二〇〇七年)
傅楽成「孫呉与山越之開発」(『文史哲学報』三、一九五一年、『漢唐史論集』聯経出版事業公司、一九七七年に所収)
北京市古墓発掘弁公室「大葆台西漢木槨墓発掘簡報」(『文物』一九七七―六、一九七七年)
北京市大葆台西漢博物館(編)『西漢「黄腸題湊」葬制的考古発掘与研究』(北京燕山出版社、二〇一三年)
蒲慕州『墓葬与生死―中国古代宗教之省思』(聯経出版事業公司、一九九三年)

方　詩　銘※『曹操・袁紹・黄巾』（上海社会科学院出版、一九九五年）
方　詩　銘＊「剣客・軽侠・壮士―呂布与并州軍事集団」（『史林』一九八八―一、一九八八年）
方　詩　銘＊「董卓対東漢政権的控制及其失敗」（『史林』一九九二―二、一九九二年）
方　詩　銘『三国人物散論』（上海古籍出版社、二〇〇〇年）
蒙　　　黙「試論漢代西南民族中的"夷"与"羌"」（『歴史研究』一九八五―一、一九八五年）
余　　　尭「東漢羌人起義」（『甘粛師大学報』哲学社会科学版、一九八一―一、一九八一年）
楊懿・王舒彦「論漢末呂布」（『襄樊学院学報』三三―一、二〇一二年）
楊　国　宜「東呉平定皖南山越戦争的性質及其歴史作用」（『安徽史学』一九六〇―二、一九六〇年）
楊　代　欣「論譙周」（『諸葛亮与三国文化』成都出版社、一九九三年）
楊　哲　峰「従陵到冢―関于東漢"懿陵"的思考」（『中国文物報』二〇〇八年二月一日、洛陽市第二文物工作隊（編）『洛陽漢魏陵墓研究論文集』文物出版社、二〇〇九年）
羅　　　欣「浅論《博物志》的哲学思想」（『和田師範専科学校学報』二六―四、二〇〇六年）
羅　振　玉「天発神讖碑補考」（『羅雪堂先生全集』第六編、台湾大通書房、一九七六年）
羅　宗　強『玄学与魏晋士人心態』（中国社会科学出版社、一九八七年）
李　祖　桓『仇池国志』（書目文献出版社、一九八六年）
李　大　龍「簡論曹操対烏桓的征討及意義」（『史学集刊』二〇〇五―三、二〇〇五年）
李　大　龍「簡論曹魏王朝的鮮卑政策―以王雄刺殺軻比能為中心」（『黒竜江民族叢刊』一一八、二〇一〇年）
李　培　棟「魚豢"発蒙"」（『文史哲』一九九三―三、一九九三年）
李　　　莎「論両漢時期烏桓・鮮卑南遷的原因及対漢匈奴関係的影響」（『咸陽師範学院学報』二七―三、二〇一二年）
劉運好（校注整理）『陸士龍文集校注』（鳳凰出版社、二〇一〇年）
劉　学　銚『匈奴史論』（南天書局、一九八七年）
劉　学　銚『鮮卑史論』（南天書局、一九九四年）
劉　之　祥「山越考」（『史地学報』三―四、一九二四年）、
劉　振　東「東漢諸侯王墓考古発現与研究」（洛陽市第二文物工作隊（編）『洛陽漢魏陵墓研究論文集』文物出版社、二〇〇九

年）
劉尊志『漢代諸侯王墓研究』（社会科学文献出版社、二〇一二年）
林幹（編）『匈奴史論文選集』（中華書局、一九八三年）
林幹『匈奴歴史年表』（中華書局、一九八四年）
林幹『匈奴通史』（人民出版社、一九八六年）
林幹「両漢時期〝護烏桓校尉〟略考」（『内蒙古社会科学』一九八七―一、一九八七年）
林旅芝『鮮卑史』（波文書局、一九七三年）
呂思勉「山越」（『呂思勉読史札記』上海古籍出版社、一九八二年）
梁嘉彬「呉志孫権伝夷州亶州考証」（『大陸雑誌』四七―一、一九七三年）
黎虎「蜀漢〝南中〟政策二三事」（『歴史研究』一九八四―四、一九八四年、『魏晉南北朝史論』学苑出版社、一九九九年）
黎虎「孫権対遼東的経略」（『魏晉南北朝史論』学苑出版社、一九九九年）
魯迅「会稽禹廟窆石考」（『魯迅全集』第八巻 集外集拾遺補編、人民文学出版社、一九八一年）
盧青峰「東漢帝陵有関陪葬墓問題的思考」（洛陽市第二文物工作隊（編）『洛陽漢魏陵墓研究論文集』文物出版社、二〇〇九年）
盧丁・工藤元男（主編）『羌族歴史文化研究』（四川人民出版社、二〇〇〇年）

あとがき

本書は、『三國志』巻三十　鮮卑・烏桓・東夷傳の一部である「魏志倭人傳」に描かれた邪馬臺國に関する記録を中国側から見る試みであると共に、『三國政権の構造と「名士」』（汲古書院、二〇〇四年）を承けた二冊目の三國時代を中心とする研究書でもある。

本書執筆の契機は、『魏志倭人伝の謎を解く―三国志から見る邪馬台国』（中央公論新社、二〇一二年）を出版した際に受けたご意見やご批判に答えることにある。とりわけ、石川日出志明治大学教授からは、懇切丁寧なご指導をいただいた。『魏志倭人伝の謎を解く』では、編集者の求めもあり、九州説か大和説かを明記するため、纏向遺跡を重視した。しかし、箸墓をはじめ、諸天皇陵に本格的な考古学調査を行われていない現状において、考古学者ではないわたしが、自分の感想を研究書に記すことは学問的ではない。そこで、本書では、文献学的に論証し得る、邪馬臺國は北九州には存在しない、という見解に留めた。

第一篇は、「魏志倭人傳」に含まれる偏向が生じた国際関係を把握するために、後漢の民族政策の二類型を論じた第一・第二章、曹魏の異民族政策が、諸葛亮への対応を契機に変貌していくことを論ずる第三章、蜀漢・孫吳の国際秩序を論ずる第四・第五章を置いた。それらの国際関係を踏まえたうえで、倭人傳がどのように偏向して描かれたのか、という問題を第六章で論じた。

第二篇は、第七章で明らかにしたような「魏志倭人傳」に含まれる偏向を傍証するために、建造した皇后陵を放棄するほどの經學の規定性の強さを論じた第八章、『三國志』が隠匿した孫吳の正統性を石刻資料から解明した第九章、陳壽を抜擢し、『三國志』の世界観に大きな影響を与えた張華の『博物志』における世界観を異民族蔑視に焦点を当てた第十章を置いた。

本書を構成する諸章の中で、かつて発表した論文集・雑誌と論文題目は、次のとおりである。

序　章「三国時代における国際関係と文化」（『新しい漢文教育』五九、二〇一四年）・『魏志倭人伝の謎を解く──三国志から見る邪馬台国』（中央公論新社、二〇一二年）の一部を加筆・改変

第一章「後漢の匈奴・烏桓政策と袁紹」（『WASEDA RILAS JOURNAL』三、二〇一五年）

第二章「後漢の羌・鮮卑政策と董卓」（『三国志研究』一〇、二〇一五年）

第三章「曹魏の異民族政策」（『史滴』三七、二〇一五年）

第四章「諸葛亮の外交政策」（『東洋研究』一九〇、二〇一三年）

第五章「孫呉の国際秩序と亶洲」（『三国志研究』八、二〇一三年）

第六章・第七章「『三国志』東夷伝　倭人の条に現れた世界観と国際関係」（『三国志研究』六、二〇一一年）・『魏志倭人伝の謎を解く──三国志から見る邪馬台国』（中央公論新社、二〇一二年）の一部を加筆・改変

第八章「鄭玄の経学と西高穴一号墓」（『早稲田大学大学院文学研究科紀要』五九─一、二〇一四年）

第九章「孫呉の正統性と国山碑」（『三国志研究』二、二〇〇七年）

第十章「張華『博物志』の世界観」（『史滴』三六、二〇一四年）

終　章『魏志倭人伝の謎を解く──三国志から見る邪馬台国』（中央公論新社、二〇一二年）の一部を加筆・改変

附篇は、現在準備している『全譯三國志』の一部となる予定であるが、倭人傳の全体を通覧しやすいように、通常よりも多くのふりがなを附して収録した。

目に持病を抱えるため、得意としない校正については、わたしよりも「三国志」に詳しい早稲田大学大学院文学研究科の袴田郁一君と、『「古典中国」における文学と儒教』の校正もお願いした筑波大学の稀代麻也子さんにお願いした。また、本書の刊行には、『全譯後漢書』でお世話になっている汲古書院があたってくれた。三井久人社長、編集の柴田聡子さんには、今回もご迷惑をかけた。すべての人に深謝を捧げる。

二〇一六年二月二七日

渡邉　義浩

著者紹介

渡邉　義浩（わたなべ　よしひろ）

1962年　東京都に生まれる

1991年　筑波大学大学院博士課程歴史・人類学研究科史学専攻修了、文学博士

1992年　北海道教育大学講師（教育学部函館分校）

現　在　早稲田大学文学学術院教授

著　書　『三国政権の構造と「名士」』（汲古書院、2004年）

『後漢における「儒教国家」の成立』（汲古書院、2009年）

『西晉「儒教国家」と貴族制』（汲古書院、2010年）

『英雄たちの志　三国志の魅力』（汲古書院、2015年）

『「古典中國」における文学と儒教』（汲古書院、2015年）

編　書　『両漢の儒教と政治権力』（汲古書院、2005年）

『両漢における易と三礼』（汲古書院、2006年）

『両漢における詩と三伝』（汲古書院、2007年）

『両漢儒教の新研究』（汲古書院、2008年）

『魏晉南北朝における貴族制の形成と三教・文学』（汲古書院、2011年）

『中国新出資料学の展開』（汲古書院、2013年）

訳　書　『全譯後漢書』（汲古書院、2001年～）既刊17冊

三國志よりみた邪馬臺國

――国際関係と文化を中心として――

二〇一六年四月二七日　発行

著　者　渡　邉　義　浩

題　字　関　　　俊　史

発行者　三　井　久　人

印刷所　モリモト印刷

発行所　汲　古　書　院

〒102-0072　東京都千代田区飯田橋二―五―四

電　話〇三（三二六五）九七六四

FAX〇三（三二二二）一八四五

ISBN978－4－7629－6571－5　C3022

全譯後漢書　本巻十八冊　別冊一（後漢書研究便覧）　渡邉義浩主編　既刊十七冊

①本紀（一）　一〇〇〇〇円
②本紀（二）　一〇〇〇〇円
③律暦志　九〇〇〇円
④禮儀志　九〇〇〇円
⑤祭祀志　九〇〇〇円
⑥天文志　九〇〇〇円
⑦五行志　一〇〇〇〇円
⑧郡國志　一〇〇〇〇円
⑨百官志　九〇〇〇円
⑩輿服志　九〇〇〇円
⑪列傳（一）　一〇〇〇〇円
⑫列傳（二）　一二〇〇〇円
⑬列傳（三）　一二〇〇〇円
⑭列傳（四）　一〇〇〇〇円
⑮列傳（五）　一三〇〇〇円
⑯列傳（六）　一〇〇〇〇円
⑰列傳（七）　一五〇〇〇円
⑱列傳（八）　近刊

後漢における「儒教國家」の成立　渡邉義浩著　八〇〇〇円
三國政権の構造と「名士」　渡邉義浩著　一〇〇〇〇円
西晉「儒教國家」と貴族制　渡邉義浩著　一五〇〇〇円
「古典中國」における文學と儒教　渡邉義浩著　八〇〇〇円
英雄たちの志　三国志の魅力　渡邉義浩著　二〇〇〇円

（表示価格は二〇一六年四月現在の本体価格）

—汲古書院刊—